JN436330

東洋古典譯註叢書 45

# 譯註 唐宋八大家文抄

## 歐陽脩1

李相夏 譯註

傳統文化硏究會

# 東洋古典譯註叢書를 발간하면서

우리의 古典國譯事業은 민족문화 진흥의 기초사업으로 1960년대부터 政府 支援으로 古文獻 現代化 작업을 추진하여 많은 成果를 거두었다. 당시 이 사업 추진의 先行課題로 東洋古典이라 일컬어지는 중국의 基本古典을 먼저 飜譯하여야 한다는 學界의 주장이 있었음에도 불구하고 우리 고전이 아니라는 일부의 偏狹한 視覺과 財政 事情 등으로 인하여 배제되어 왔다.

전통적으로 중국의 기본고전은 우리 歷史와 함께 숨쉬며 각종 교육기관의 教科書로 활용됨은 물론이고 지식인들의 必讀書가 되어 왔으며, 우리 文化의 基底에 자리잡고 거의 모든 방면의 體系와 根幹을 형성하여 왔다. 그래서 학문연구의 기본서 역할을 해왔을 뿐만 아니라 오늘날에도 우리의 國學徒 및 東洋學 研究者들에게 같은 역할을 하고 있음은 주지의 사실이다. 그럼에도 불구하고 中國古典은 우리 것이 아니라 하여 專門機關의 飜譯對象에 포함하지 않음으로써, 대부분 原典에서의 직접 번역이 아닌 重譯이나 拔萃譯의 방식이 주를 이루면서 教養水準으로 出版되어 왔다.

오늘날 東洋 三國 중에서 우리의 東洋學 연구가 가장 부진한 이유는, 東洋基本古典에 대한 폭넓은 이해의 부족과 漢文古典 讀解力의 저하에 기인함을 우리는 솔직히 인정하여야 한다. 따라서 이들 중국고전에 대한 신뢰할 만한 國譯이 이루어지는 것이 한국학 연구를 촉진시키는 시급한 先行課題라 할 수 있다.

이에 韓國學 및 東洋學의 연구와 古典現代化의 基盤構築을 위해서는, 전문기관으로 하여금 동양고전을 단기간에 각 분야의 專門 研究者와 漢學者가 상호 협동하여 연구번역하여 飜譯의 傳統性과 效率性, 研究의 專門性을 높일 수 있도록 政策的 配慮가 있어야 한다.

이에 本會에서는 元老 및 中堅 漢學者와 斯界의 專攻者로 하여금 協同研究飜譯하여 공부하는 사람들이 믿고 引用하거나 깊이 있는 註釋 등을 활용할 수 있게 하고, 知識

人들의 教養을 증진시켜 줄 수 있는 東洋古典의 國譯書 간행을 지속적으로 추진해 왔다. 근래에 다행히 이 사업에 대하여 각계 지도층의 폭넓은 이해와 지원에 힘입어 2001년도부터 國庫補助를 받아 東洋古典譯註叢書를 간행하게 되었다. 이를 계기로 우리 先學의 註釋과 見解를 반영하는 등 국역사업의 內實을 기하게 되었음을 이 자리를 빌어 衷心으로 감사드리며, 아울러 國譯에 參與하신 관계자 여러분의 勞苦에 깊은 謝意를 표한다.

끝으로 우리의 이러한 작업은 오랜 역사 위에 축적된 先賢들의 業績과 現代學問을 이어주는 튼튼한 架橋와 礎石이 되어 진정한 韓國學과 東洋學 발전에 기여할 것을 굳게 믿으며, 21세기를 우리 文化의 世紀로 열어 가는 밑거름이 되도록 우리의 力量을 本 事業에 경주하고자 한다. 江湖諸賢의 부단한 관심과 지원을 기대해 마지않는다.

社團法人 傳統文化硏究會 會長 李啓晃

# 解 題

李相夏(한국고전번역원 교수)

## 1. 이 책에 대하여

이 책은 ≪唐宋八大家文抄≫에 들어 있는 ≪宋大家歐陽文忠公文抄≫를 번역한 것이다. 이 책의 내용을 살펴보기에 앞서 唐宋八大家와 ≪唐宋八大家文抄≫를 먼저 소개할 필요가 있다.

唐宋八大家란 唐나라 韓愈, 柳宗元과 宋나라 歐陽脩, 蘇洵, 蘇軾, 蘇轍, 曾鞏, 王安石 등 여덟 명의 저명한 문장가를 지칭하는 말이다.

唐나라 때 韓愈와 柳宗元은 六朝時代 이후 내용이 없고 화려한 四六文에 반대하여 秦漢 이전의 古文으로 돌아갈 것을 주장, 儒家思想을 바탕으로 한 간결하고 뜻을 충실히 전달하는 문장을 지었다. 이것이 이른바 古文運動이다. 그러나 韓愈와 柳宗元이 세상을 떠나자 고문운동은 기세가 약해지고, 그 반동으로 唐나라 말기부터 다시 六朝時代와 같은 唯美的인 騈儷文이 유행하기 시작하였다. 北宋 때에 와서 歐陽脩가 韓愈의 문장을 전범으로 삼아서 알기 쉽고 유려한 문장을 지었고, 韓愈의 영향 아래에 蘇洵, 蘇軾, 蘇轍, 曾鞏, 王安石 등 뛰어난 문장가가 출현하였다.

당송팔대가란 명칭은 宋나라 西山 眞德秀가 처음으로 사용했고, 그 뒤를 이어 唐順之가 팔대가의 문장을 선집하여 ≪文編≫을 편찬했으며, 明나라 茅坤이 바로 이 책의 저본이 되는 ≪唐宋八大家文抄≫ 164권을 편찬하였다.

茅坤(1512~1601)은 古文에 조예가 깊었고, 司馬遷과 歐陽脩의 문장을 특히 좋아하였다. 그는 擬古派라 불리는 明나라 때 前後七子들의 '文必秦漢論'에 반대하여 王愼中·唐順之·歸有光 등과 더불어 唐宋의 古文을 배울 것을 주장하였다. 그래서 文學史에서 이들을 明代의 唐宋派로 일컫는다.

茅坤이 엮은 ≪唐宋八大家文抄≫는 모두 164권인데 ≪韓愈文抄≫ 16권, ≪柳宗元

文抄≫ 12권, ≪歐陽脩文抄≫ 33권, ≪蘇洵文抄≫ 10권, ≪蘇軾文抄≫ 28권, ≪蘇轍文抄≫ 20권, ≪曾鞏文抄≫ 10권, ≪王安石文抄≫ 20권이다. 이 ≪唐宋八大家文抄≫에는 각 작가의 文抄마다 목록 앞에 서문과 작가의 傳을 실어놓아 작가의 문학세계와 생애의 대강을 알 수 있게 하였으며, 각 작품마다 제목 아래 編者인 茅坤 자신의 評語를 달아놓아 그 작품의 문학적 특징과 要旨를 알 수 있게 해놓았다. 이 책은 실제로 唐宋八大家라는 명칭이 보편적으로 사용되는 데 결정적인 기여를 하였다. 淸나라 때 桐城派가 편찬한 ≪古文約選≫, ≪古文辭類纂≫ 등도 이 책을 저본으로 삼았으니, 唐宋古文의 교재 역할을 톡톡히 하였던 것이다.

≪唐宋八大家文抄≫는 明나라 萬曆 연간(1573~1619)에 杭州에서 처음 간행되었다. 그 후에 茅坤의 손자인 茅著가 〈五代史抄〉와 〈新唐書抄〉를 추가하고 訂正하여, 崇禎 4년(1631)에 간행한 重刊本이 세상에 유통되었다. 이 책도 중간본이다.

이 책이 간행된 뒤에도 淸나라 때 儲欣의 ≪唐宋十大家全集錄≫, 沈德潛의 ≪唐宋八家文讀本≫ 등이 간행되었다. 그러나 우리나라에 유행한 것은 어디까지나 이 ≪唐宋八大家文抄≫이다. 조선시대에 正祖가 이 책을 다시 정선해 ≪唐宋八子百選≫을 편찬하여 문장의 전범으로 삼게 하였고, 일본에서 간행된 ≪漢文大系≫에 실린 沈德潛의 ≪唐宋八家文讀本≫도 이 책을 저본으로 삼은 것이다.

≪宋大家歐陽文忠公文抄≫는 ≪唐宋八大家文抄≫ 중에서 29권부터 60권까지 모두 32권 분량에 해당한다. 歐陽文忠公은 宋나라 歐陽脩(1007~1072)를 가리킨다. 그는 자가 永叔, 호가 醉翁, 만년에는 六一居士라 했으며, 吉州 廬陵 사람이므로 廬陵이라고도 불렀다.

이 책은 科文인 八股體를 짓는 데 도움이 되는 글들을 많이 수록하였다고 한다. 그래서인지 문학적인 글보다 時務를 논한 것이나 論과 같은 글들이 비교적 많은 분량을 차지한다. 이 책은 첫머리에 〈歐陽文忠公文抄引〉이란 제목으로 편자인 茅坤의 서문이 실려 있고, 그 다음에 〈歐陽文忠公本傳〉이란 제목으로 歐陽脩의 傳이 실려 있어, 그의 문학과 생애에 대해 비교적 자세히 알 수 있게 한다. 〈歐陽文忠公文抄引〉에서 이렇게 말하였다.

> 내가 ≪唐書≫·≪五代史≫를 읽고 따로 鈔本을 만들었는데, 이제 세상에 간행되어 있는 그 문집을 초록하되 황제에게 올린 書·疏 6편을 첫머리에 싣고,

다음으로 箚子와 狀 53편을 싣고, 다음으로 表·啓 22편을 싣고, 다음으로 書 25편을 싣고, 다음으로 論 35편을 싣고, 다음으로 序 31편과 傳 2편을 싣고, 다음으로 記 25편을 싣고, 다음으로 神道碑銘·墓誌銘 47편을 싣고, 다음으로 墓表·祭文·行狀 23편을 싣고, 다음으로 頌·賦와 기타 雜文 10편을 실어, 이를 정리하여 32권으로 만들었다.

현재 유통되는 책은 처음 茅坤이 편찬했을 때와는 체제와 卷數가 조금 다른데 이는 茅坤의 손자 茅著가 수정·보완하여 중간본을 간행하면서 그렇게 된 듯하다. 이 책의 내용에 대해서는 매 편마다 모곤의 評이 있고, 또 역자가 제목에 註를 달아서 간략히 설명해두었으므로, 여기서는 중요한 작품들만 소개한다.

1권의 〈通進司上皇帝書〉와 〈準詔言事上書〉 2편의 上書에서는 주로 조정의 개혁에 대한 견해를 개진하였다. 여기서 구양수의 정치적 才略과 식견을 알 수 있다. 특히 〈通進司上皇帝書〉는 후대의 문호들로부터 '經濟의 大文章'이란 평가를 받았다.

2권에서 8권까지에는 疏, 箚子, 狀 도합 57편이 실려 있다. 이 글들은 조정 관료 또는 지방관으로 있으면서 대부분 실무에 관해 논한 것이다. 그 내용을 보면, 米穀의 漕運, 黃河의 水利, 거란·西夏와의 國交 및 邊方의 분쟁 등 당대의 급무들이 많다. 이를 통해 구양수의 관리로서의 식견을 알 수 있다. 그러나 이러한 글들은 宋나라 당대의 실무를 논한 것이라 우리나라 독자의 문학적 흥미를 유발하기는 어렵다.

包拯을 비판을 〈論包拯除三司使上書〉 한 편만 소개한다. 嘉祐 4년(1059), 宋祁를 三司使에 임명하였다. 이때 송기의 형 宋庠이 執政하고 있었으므로 송기를 삼사사에 임명해서는 안 된다는 여론이 많았다. 이에 송상이 송기를 외직에 내보낼 것을 청하고, 포증을 대신 그 자리에 앉혔다. 그런데 포증은 송기가 益州에 있을 때 친하게 지낸 사이였다. 구양수는 이 일은 옳지 않다고 하면서 포증이 의리와 절조를 지켜서 임명을 받지 말았어야 옳다고 비판하였다. 청렴하고 강직하여 包靑天으로 널리 알려진 포증을 두고 염치없다고 비판한 것이다.

9권에는 表·啓 22편이 실려 있다. 여기에 실린 작품들은 황제의 은혜에 감사하는 뜻으로 올리는 글들이라 騈儷文으로 되어 있어, 구양수 산문의 특색을 잘 보여주지는 못한다.

10, 11권에는 書簡文 25편이 실려 있다. 서간문에서는 구양수의 교유관계를 알 수

있다. 이 중 〈上范司諫書〉는 당시 司諫으로 있던 范仲淹이 諫言을 하지 않은 것에 대해 실망하는 뜻을 말하면서, 범중엄에게 간언을 하도록 재촉한 글이다. 이 글은 韓愈의 〈爭臣論〉에 비견되는 명문장으로 ≪古文眞寶≫에도 실려 있다. 원집인 ≪文忠集≫에는 구양수의 知己인 梅堯臣과 주고받은 편지가 46편으로 가장 많은 비중을 차지하는데, 이 책에는 한 편도 실려 있지 않다.

12, 13, 14권에는 論 15편이 실려 있다. 구양수의 論 중에서는 〈本論〉, 〈朋黨論〉, 〈縱囚論〉이 대표적인 작품들이다.

〈本論〉은 韓愈의 〈原道〉의 취지를 이은 것으로 上・中・下 3편으로 구성되어 있다. 그 개략은 정치에 있어서 근본이 되는 五事, 즉 財用을 풍족하게 하는 것, 兵力을 강화하는 것, 制度를 바로 세우는 것, 人材를 임용하는 것, 名分을 높이는 것을 중시하고, 禮義로 夷狄을 진압해야 하며, 불교를 배척해야 한다는 것이다.

〈朋黨論〉에서는 붕당은 군자와 소인 두 가지가 있는데, 소인은 이익을 위해 붕당을 만들기 때문에 이익이 다하면 교제가 멀어지므로 거짓 붕당이고, 군자는 道義를 지키고 忠信을 실천하므로 참된 붕당이라 하였다. 따라서 군주는 군자의 참된 붕당을 장려하고 소인의 거짓 붕당은 배척해야 한다고 주장하였다.

〈縱囚論〉에서는 唐 太宗이 자신의 德治를 과장하기 위해 세상 사람들을 속인 것이라고 하였다. 즉 唐 太宗이 사형수 390명을 모두 풀어주고 기한 안에 와서 사형을 받게 했는데 한 명도 도망친 자 없이 기한 안에 돌아오자, 태종이 사형수들을 모두 사면했다는 것에 대해, 이러한 일은 군자도 하기 어려운데 소인이 했다고 하니, 믿을 수 없다고 비판하였다. 〈朋黨論〉과 〈縱囚論〉은 ≪古文眞寶≫에도 실려 있다.

15, 16권에는 史論 20편이 실려 있는데 이 중에는 〈五代史伶官傳論〉이 유명하다.

17, 18, 19권에는 序 31편, 傳 2편이 실려 있다. 이 중에는 〈梅聖兪詩集序〉, 〈釋秘演詩集序〉, 〈送徐無黨南歸序〉, 〈六一居士傳〉 등이 널리 알려져 있다.

〈梅聖兪詩集序〉에서 "대개 세상에 전해지는 시들은 대부분이 옛날 곤궁한 사람들에게서 나온 것이다.……대개 곤궁할수록 시가 더욱 좋아지는 것이니, 그렇다면 시가 사람을 곤궁하게 하는 것이 아니라, 곤궁한 사람이라야만 시가 좋아지는 것이다.〔蓋世所傳詩者 多出於古窮人之辭也……蓋愈窮則愈工 然則非詩之能窮人 殆窮者而後工也〕" 한 말은 인구에 회자된다. 〈送徐無黨南歸序〉는 ≪古文眞寶≫에 실려 있다.

20, 21권에는 記 25편이 실려 있다. 이 중에서 〈相州晝錦堂記〉, 〈豐樂亭記〉, 〈醉翁

亭記〉가 널리 알려진 작품들인데, 그 중에서도 〈醉翁亭記〉가 특히 뛰어난 작품으로 알려져 있다. 이 글에서 23개의 '而'자, 21개의 '也'자, 18개의 '者'자, 14개의 '之'자를 써서 독특한 문장을 구사한 것이 큰 특색이다. 朱子가 어떤 사람에게 이 〈취옹정기〉 원고를 구입하였는데, 첫 구절에서 滁州는 사면에 산이 있다는 말을 수십 자로 표현하다가 마지막에 "環滁皆山也" 다섯 자로 압축했다고 한다. 구양수가 얼마나 진지한 자세로 글을 썼는지 알 수 있다. 〈相州晝錦堂記〉, 〈醉翁亭記〉는 ≪고문진보≫에 실려 있다.

22, 23권에는 碑銘 9편이 실려 있고, 24권에서 29권까지에는 墓誌銘 37편이 실려 있고, 30권에는 墓表 12편이 실려 있다. 이 중에 〈瀧岡阡表〉, 〈尹師魯墓誌銘〉, 〈梅聖兪墓誌銘〉, 〈石曼卿墓表〉가 대표작이라 할 수 있다.

〈瀧岡阡表〉는 구양수의 아버지 歐陽觀에 대한 墓表이다. 그 첫머리에 "슬프다! 우리 선친께서 세상을 떠나 瀧岡에 안장된 지 60년 만에 그 아들 구양수가 비로소 그 무덤에 墓表를 세우니, 감히 늦게 한 것이 아니라 때를 기다렸던 것이다.〔嗚呼 惟我皇考崇公卜吉于瀧岡之六十年 其子修始克表於其阡 非敢緩也 蓋有待也〕"로 시작하여 4세에 아버지를 여의고 60년 동안 살아온 심정을 절절히 서술하는 한편, 어머니 鄭氏의 말을 빌어서 선친의 청렴하고 인자한 관직 생활을 잘 서술하였다.

〈尹師魯墓誌銘〉에서는 知己인 尹洙에 대해, 당대에 문학과 논변이 뛰어나다는 명망은 있었지만 窮達과 禍福에 흔들리지 않았던 그의 절개가 옛 군자에게 손색이 없다는 점은 사람들이 모른다고 하였다.

31권에는 祭文 9편, 行狀 2편이 실려 있다. 이 중에서 〈祭尹師魯文〉과 〈祭梅聖兪文〉은 知己인 尹洙와 梅堯臣에 대한 제문이다.

마지막 32권에는 頌, 賦, 雜著 10편이 실려 있다. 이 중에 가을 소리를 생동감 있게 묘사한 〈秋聲賦〉가 가장 널리 알려진 작품이다. 그리고 〈記舊本韓文後〉, 〈讀李翺文〉, 〈書梅聖兪藁後〉는 당나라 韓愈, 李翺의 산문과 친구인 梅堯臣의 시를 읽고 쓴 글들로 구양수의 문학을 연구하는 데 매우 중요한 작품으로 알려져 있다.

## 2. 歐陽脩의 生涯

구양수는 宋나라 眞宗 景德 4년(1007) 6월 21일 四川省 沔陽에서 출생하였다. 그의 선조는 본래 吉州 廬陵의 望族이었으나 그의 나이 4세 때 아버지를 여의었다. 그의 아버지 歐陽觀은 四川省의 判官이었는데 마음이 선량하여 죄인을 판결할 때에 매우 신중하였고, 무고한 사람을 해칠까 늘 염려했다고 한다. 그래서 그가 쌓은 음덕이 많았기에 구양수의 어머니는 구양수에게 아버지 얘기를 하면서 "나는 네가 앞으로 성공할 수 있을지는 모르겠지만, 그러나 네 부친은 반드시 훌륭한 후손이 있으리라고 믿는다." 고 했다 한다.

아버지의 사후에 구양수는 어머니를 따라 백부인 歐陽曄이 推官으로 있는 隨州(지금의 湖北)로 가서 생활하였다. 집안이 가난하여 그의 어머니 鄭氏는 갈대로 땅에 써서 구양수에게 글자를 가르쳤다. 10세 무렵 구양수는 이웃에게서 책을 빌려 읽으며 혹 손수 베끼기도 했는데, 다 베끼기도 전에 내용을 줄줄 욀 수 있을 정도로 총명하였고, ≪昌黎先生文集≫ 6권을 읽고 크게 감명을 받아 古文에 뜻을 두게 되었다.

구양수는 仁宗 天聖 원년(1023) 17세 때 처음으로 隨州의 鄕試를 보았지만 그의 用韻이 官韻에 맞지 않다는 이유로 낙방하였고, 天聖 5년에는 禮部試에 낙방하였다. 天聖 6년, 당시의 名士인 胥偃을 찾아가 자신의 지은 글을 보여주었다. 서언은 구양수의 문장에 감탄하여 구양수를 자신의 문하에 받아들였다. 그해 겨울 구양수는 서언과 함께 宋나라의 수도인 開封으로 갔고, 天聖 7년 봄에 國子監에서 거행한 考試에서 수석으로 합격하였으며, 가을에는 國學의 解試에서 또 수석으로 합격하였다.

天聖 8년 24세 때 구양수는 정월에 禮部試(進士試)에 수석으로 급제하였고, 3월에는 崇政殿 御試에서 甲科 14等으로 합격하여 將仕郎 試秘書省校書郞 西京留守推官에 임명되었다. 그 이듬해 낙양에 부임한 구양수는 尹洙, 梅堯臣 등과 사귀며 古文과 詩歌를 지어 명성을 떨치기 시작했고, 스승 胥偃의 딸과 혼인한다. 이때부터 구양수는 이때부터 본격적으로 고문에 깊이 빠져들었다. 27세 때 구양수의 아내가 출산하다가 17세의 나이로 사망한다. 이해에 承奉郎으로 승진하였다.

仁宗 景祐 원년(1034), 從8品 宣德郎으로 진급하였고 임기가 차서 낙양에서 襄城으로 돌아왔다. 試大理評事 兼監察御使에 제수되었고, 鎭南軍節度掌書記 館閣校勘에 임명되었다. 諫議大夫 楊大雅의 딸을 아내로 맞았으나 이듬해 부인 楊氏가 사망하였다.

이제 출세의 길이 열렸으나 구양수는 성품이 質直하여 不義를 보면 참지 못하였다. 景祐 3년(1036)에 范仲淹이 呂夷簡에게 국정의 폐단을 지적하였다가 朋黨으로 지목당해 饒州로 좌천당하였다. 당시 尹洙 등은 글을 올려 범중엄을 구하려 노력하다가 함께 좌천당하였는데, 정작 知諫院으로 있던 高若訥만은 간언을 올리지 않았고 도리어 축출해야 한다고 주장하였다. 이때 구양수가 〈與高司諫書〉란 편지를 보내어 인간의 염치도 모르는 자라고 꾸짖었다가 夷陵縣令으로 좌천당하였다. 후일에 범중엄이 陝西로 나가면서 구양수를 從事官으로 임명하자, 구양수가 웃으면서 "예전의 일이 어찌 자신의 이익을 도모하기 위해서 한 것이겠습니까. 함께 물러나는 것은 괜찮아도 함께 진출하지는 말아야 합니다."라고 말하며 사양했다.

이 시기에 거의 1,000년에 이르는 정치적 혼란시대를 다룬 역사서인 ≪五代史記≫를 저술했다. 이 책에서 그는 엄격하고 공정한 史觀에 입각하여 정치적 소외세력인 순교자, 반란자, 매국노 등에 대해서도 별도의 지면을 할애하여 기술하였으니, 이는 종전에는 없었던 매우 파격적인 것이었다.

景祐 4년(1037) 31세 때 구양수는 薛奎의 딸을 아내로 맞았고, 그해 12월 光化軍 乾德令으로 轉任되었다. 34세 때에는 다시 館閣校勘을 맡아서 ≪崇文總目≫을 편수하였고 太子中允으로 전임되었다. 이해 장남 發이 출생했다. 35세 때 ≪숭문총목≫을 완성하고 集賢校理로 전임되었다.

仁宗 慶曆 2년(1042) 4월에 知禮院이 되어 시대의 폐단을 지적하는 글을 올리고 外任을 자청, 滑州通判이 되었다.

慶曆 3년 37세 때 仁宗이 言路를 넓히기 위해 諫官의 수를 늘리면서 구양수 등을 知諫院으로 삼고, 余靖을 右正言으로 임명하였다. 그리하여 이해 4월에 구양수는 수도인 開封으로 돌아왔다. 오래지 않아 구양수는 同修起居注에 임명되었고, 불과 한 달 만에 右正言 知制誥에 임명되었다.

慶曆 4년 8월, 龍圖閣直學士 河北轉運按察使에 제수되었고, 11월에는 朝散大夫로 승진하고 信都縣開國子에 봉해져 식읍 5백 호를 하사받았다. 이해 河東路轉運使의 命을 받들고 河東에 갔다. 송나라 개국공신 潘美가 河東 지방을 통수할 때 도적들에게 침략받는 책임을 회피하려고 변방 백성들에게 이주정책을 펴서, 변방 일대 農地에 농경을 금하고 空地로 비워두었다. 이것을 禁地라고 하는데, 이후로 空地가 매우 광범하게 발생하였다. 이때 구양수가 解禁을 하여 다시 농사를 지을 수 있게 청하였다.

呂夷簡이 재상을 그만두고 간신인 夏竦이 樞密使가 되었는데, 다시 추밀사를 빼앗아 杜衍에게 임명하고, 富弼・韓琦・范仲淹 등을 선발해 임용하였다. 이에 강직한 학자인 石介가 〈慶曆聖德詩〉를 지어서 간사한 자를 물리치기 쉽지 않고 어진 이를 등용하기 어려움을 말하면서 은근히 하송을 지목하자, 하송이 노하여 자기편들과 합세하여 黨論을 조작, 범중엄・두연・한기 및 구양수를 지목하여 黨人이라 하였다. 구양수가 이에 유명한 〈朋黨論〉을 지어 인종에게 올렸다. 그의 나이 39세 때의 일이다. 차남 奕이 출생하였다.

이로부터 구양수는 반대편의 비방과 공격을 받게 되었다. 景祐 2년(1035)에 구양수의 妹夫 張龜正이 세상을 떠나자 구양수의 누이가 어린 딸을 데리고 구양수에게 와서 의지하였다. 10년 뒤인 慶曆 5년(1045)에 어떤 사람이 장귀정의 재산으로 전답을 사서 구양수의 문서로 만들어놓고, 구양수를 지목하여 재물을 탐내어 의리를 배신하였다고 誣告하였다. 이른바 '歐陽脩外甥女張氏案'이라는 사건인데, 이로 말미암아 구양수는 知制誥 知滁州로 좌천되었다. 滁州에 있으면서 유명한 〈醉翁亭記〉를 지었다. 이때부터 醉翁이란 호를 쓰기 시작했다.

慶曆 7년에 사면되었고 開國伯에 봉해져 식읍 3백 호를 더 받았다. 이해 삼남 棐가 출생하였다. 그 이듬해 起居舍人 知揚州로 자리를 옮겼다.

仁宗 皇祐 원년(1049), 知穎州로 부임하여 西湖의 경치를 보고 은퇴한 후 이곳에 은거하리라 생각하였다. 이해 4월에 禮部郎中으로 전임하였고, 8월에 龍圖閣直學士로 복직하였다. 이듬해 知應天府를 거쳐 10월에 吏部郎中으로 전임되었다.

皇祐 4년 46세 때 母親 鄭氏가 사망하여 관직을 떠났다. 이듬해 喪期를 마치고 조정에 들어가니, 구양수의 머리털이 하얗게 센 것을 보고 인종이 측은히 여겨 判流內銓에 임명하였다. 이에 구양수가 다시 기용될 것을 두려워한 반대편이 구양수가 내시들을 가려서 도태시킬 것을 청하는 내용의 奏疏를 작성하였다는 소문을 퍼트리고 그 奏疏를 위조하였다. 이 주소가 都下에 돌아다니자 내시들이 이를 갈았다. 楊永德이란 자가 무고한 말로 구양수를 中傷, 외직으로 내쫓아 知同州로 보내니, 여론이 억울하게 생각하여 구양수를 구하는 의논이 많았다. 그래서 마침내 구양수를 조정에 머물러두어 翰林學士가 되게 하고 史館修撰에 임명해 ≪新唐書≫를 編修하게 하였다.

인종 至和 2년(1055), 49세 때 知蔡州 右諫議大夫가 되었고, 이듬해 樂安郡開國侯에 봉해졌다. 그 이듬해 51세 때 權知禮部貢擧 禮部侍郎 三班院判官에 제수되었다. 이 시기에 구양수는 조정에 있으면서 천하의 인재를 등용하는 것을 자기 책임으로 삼았다.

이미 景祐 연간부터 尹洙와 함께 古文을 장려하였고, 이로 말미암아 천하의 학자들에게 고문에 가까운 글을 지으라는 조칙이 내려졌다. 그리하여 선비들이 모두 고문을 짓게 되었고, 구양수는 드디어 천하 문장의 宗匠이 되었다. 과거시험의 위원장격인 權知貢擧로 있을 때 당시 文風의 폐단을 깊이 염려하여 이전에 괴벽한 문장을 지어 과거에 급제한 자들을 거의 다 축출하고, 平淡하고 典要한 문장을 추구하여 文風이 크게 바뀌었다.[1] 이때 구양수가 발탁한 인재는 蘇軾·蘇轍 형제와 曾鞏 등이 있고, 蘇洵·王安石 등을 조정에 천거하기도 하였다.

嘉祐 3년(1058)에는 龍圖閣學士 權知開封府가 되었다. 包靑天으로 잘 알려진 전임자인 包拯은 위엄으로 開封을 다스렸는데, 구양수는 모든 일을 순리대로 처결하고 위엄을 내세우지 않았다. 어떤 사람이 왜 그렇게 하느냐고 묻자, "사람의 재주와 성품은 저마다 장단점이 있으니, 실로 잘하는 것을 버리고 못하는 것을 억지로 할 수는 없다." 하였다 한다.

嘉祐 5년 ≪新唐書≫가 완성되자 禮部侍郞에 제수되고 樞密副使가 되었고, 그 이듬해에는 부재상에 해당하는 參知政事가 되었다.

英宗 治平 元年(1064) 58세 때에는 吏部侍郞이 되어 英宗 초년의 親政을 도왔다. 조정에서 토론할 때 옳지 못한 사안에 대해서는 강력하게 爭執하니, 영종이 구양수를 대면한 자리에서 칭찬하여 말하기를 "성품이 강직하여 사람들의 원망을 피하지 않는다."고 했다 한다.

治平 3년 60세 때부터 사직을 청하였으나 윤허받지 못하였고, 61세 때에는 觀文殿學士 刑部尙書로 知亳州가 되었다. 이후 致仕를 청한 것이 여섯 차례였으나 끝내 영종이 따라주지 않아 62세 때에는 兵部尙書로 자리를 옮기고 知靑州가 되었다. 그 후 檢校太保 宣徽南院使 判太原府에 제수되어 세 차례 사양했으나 받아들여지지 않았다.

神宗 熙寧 3년(1070) 64세 때 知蔡州로 자리를 옮겼다. 이때부터 六一居士란 호를 썼다. 그 이듬해 觀文殿學士 太子少師로 致仕하고, 자신이 그토록 노년을 보내고자 했던 潁州로 돌아왔다.

熙寧 5년 7월에 장남 發 등과 함께 자신의 문집인 ≪六一居士集≫을 編定하고 그달에 세상을 떠났다. 太子太師에 추증되었고, 시호는 文忠이다.

구양수의 생애를 압축하면 宋代 문학에 古文을 다시 도입하고 儒敎의 원리를 통해 政界를 개혁하고자 노력했다고 할 수 있다. 그는 자신이 장려하여 키워준 王安石의 新法 중 농민에게 낮은 이자로 대출해주는 靑苗法을 반대하였고, 유교의 원리에 입각하

---

1) ≪唐宋八大家文抄≫ 〈歐陽文忠公本傳〉, "權知貢擧 文士以新奇相尙 文體大壞 修深革其弊 前以怪僻在高第者 黜之幾盡 務求平淡典要 士人初怨 怒罵譏中 稍信服 已而文格變而復正"

여 당시의 정계를 강력하게 비판하였으며, 유능한 인재들을 적극 추천했다. 그는 韓愈의 抑佛政策을 지지했으나 韓愈보다는 온건한 입장이었다.

이 밖에도 역사가로서 구양수는 지방관으로 있으면서 ≪新五代史≫를 편찬하고, 조정에 돌아와서는 宋祁 등과 함께 ≪新唐書≫를 편찬하였다. 金石文 수집을 좋아하여, ≪集古錄≫을 정리하여 사료 편찬에 금석문을 활용하였으며, 畵家로서는 새로운 文人畵의 경지를 개척하였다. 그가 남긴 저서는 역사서 외에도 도합 150권이 넘으며, 그의 서재는 1만 권이 넘는 책과 고대의 문학 유품 및 고고학 자료들로 가득 차 있었다고 한다.

## 3. 歐陽脩의 文學

구양수의 문학은, 文에서는 韓愈를 계승하여 宋代에 古文運動을 부활시켰고, 詩에서는 형식에 치우치고 섬약한 西崑體의 風格을 지양하고 宋詩의 새로운 지평을 열었다고 평가할 수 있다.

≪唐宋八大家文抄≫의 편자 茅坤은 서문에서 구양수의 문학을 이렇게 논평하였다.

西漢 이래로 太史公 司馬遷만을 유독 일컫는 것은 그 문장이 거침없이 치닫고 비분해 오열하듯 하여 정신을 쏟는 곳에 왕왕 문장을 엮고 서술함에 있어 오묘한 경지를 홀로 얻었기 때문이니, 비유하자면 瀟湘, 洞庭湖 가에서 仙姬를 만났을 때 멀리서 볼 수는 있고 가까이 다가갈 수 없는 것과 같다. 수백 년이 지나서 韓昌黎(韓愈)가 나타났으나 그는 문호를 따로 열었다. 그리고 또 3백 년이 지나 歐陽子가 나타났다.

나는 그가 당대의 將相·學士·大夫 등의 墓誌·碑表를 찬술한 것과 ≪五代史≫에서 梁·唐 두 시대의 本紀 및 기타 명신의 雜傳 등을 찬술한 것을 읽어보았더니, 太史公과 거의 高下를 겨룰 만한 것이었다. 그런데도 歐陽子가 벗에게 보내 글을 논한 편지에서는 이러한 글들을 전혀 언급하지 않은 것은 무슨 까닭인가?

또 奏疏와 箚子 같은 글들은 자신의 뜻을 잘 개진하고 利害를 분별하여 오로지 임금을 感悟시키는 것으로 말하자면, 漢나라에서는 晁錯·賈誼에 비길 만하고 唐나라에서는 魏徵·陸贄에 비길 만하다. 宋 仁宗이 일찍이 조정 신하들에게 말하기를 "구양수처럼 뛰어난 사람을 어디에서 얻었는가?" 한 것은 아마도 이 때문일 것이다.

序・記, 書・論 같은 글들도 비록 한창려의 영향을 받은 것이 많으나, 그 자태가 거침없이 나와 특유의 운치와 文瀾을 이루어 읽는 사람으로 하여금 '一唱三歎'에 여운이 끊이지 않게 한다. 내가 그래서 그의 글을 유독 좋아하여 망령되이 생각하기를 '세상의 문인 학사들 중 태사공의 뛰어난 경지를 얻은 이는 오직 구양자 한 사람뿐이다.' 하였던 것이다.

구양수의 문장을 司馬遷에 비긴 것은 문장가에게는 최고의 찬사가 아닐 수 없다.

구양수는 산문뿐 아니라 詩・賦・詞 등 모든 문학 장르에 능하였지만, 여기서는 주로 이 책과 관련하여 산문의 특색에 대해 서술하겠다. 구양수의 작품은 송나라 周必大가 편집하여 ≪歐陽文忠公全集≫으로 간행하였는데, 산문은 대략 5백 편에 가깝다. 이에 대한 諸家의 논평을 소개한다.

먼저 蘇洵은 구양수에게 올린 편지에서,

> 집사의 문장은 여유롭고 曲盡하여 왕복하여 백 구비로 꺾여도 조리가 시원스러워 間斷이 없으며, 기운이 다하고 말이 극도에 이르러 말을 급하게 하고 의론을 남김없이 다할 때에도 느긋하고 한가로워 어렵게 글을 쓰느라 고생하는 태도가 없습니다.…집사의 문장은 孟子・韓子의 문장이 아니고 歐陽子의 문장입니다.[2)]

하였다. 그의 아들 蘇轍은,

> 공은 문장에 있어서 천부적인 재능이 넉넉하여 상세하고 간략함이 법도에 맞았고, 조용하게 변화하여 聲色을 크게 과장하지 않는데도 이치가 절로 通暢하여 짧은 글이든 큰 논변이든 짓지 못하는 것이 없었다.[3)]

---

2) ≪古文眞寶≫ 後集 7권 〈上歐陽內翰書〉, "執事之文 紆餘委備 往復百折 而條達疎暢 無所間斷 氣盡語極 急言竭論 而容與閒易 無艱難勞苦之態……執事之文 非孟子韓子之文 而歐陽子之文也"

하였다. 蘇軾은,

> 구양자는 大道를 논하는 것은 韓愈와 같고, 일을 논하는 것은 陸贄와 같고, 일을 기록하는 것은 司馬遷과 같고, 詩賦는 李白과 같으니, 이는 내 말이 아니라 천하 사람들의 말이다.4)

하였으니, 여러 大家들의 장점을 集大成했다고 극찬한 것이다. 또한 소식은 "구양자는 오늘날의 韓愈이다." 하였다.

이 밖에도 구양수의 문장에 대해 논평한 글들을 보면 대체로 문장이 자연스럽고 조리가 통창하며 모든 문체에 두루 능하다고 하였다. 구양수의 산문은 대개 議論 쪽은 浩蕩하고 雄健하며 격조가 높고 기세가 세찬 반면, 抒情 쪽은 감정이 풍부하고 音韻이 그윽하고 맑다고 한다. 이에 대해 曾鞏은 "인위적인 법도를 제거하여 다듬은 흔적 없이 자연스럽다.〔絶去刀尺 渾然天成〕" 하였고, 韓琦는 "자연스럽게 얻어서……다듬은 흔적이 보이지 않는다.〔得之自然……不見痕迹〕" 하였다.5)

구양수 산문의 영향을 가장 많이 받은 사람은 曾鞏과 蘇軾이다. 曾鞏의 문장은 風格에서 구양수와 매우 흡사하다. 소식은 구양수의 산문을 더욱 계승 발전시켰다고 할 수 있다. 嘉祐 2년(1057) 知貢擧로 있으면서 구양수는 소식의 〈上梅直講書〉를 읽고 감탄하여 "소식의 서찰을 읽으매 나도 모르게 땀이 났다. 통쾌하고 통쾌하도다! 이 늙은이가 그에게 한 걸음을 양보해 길을 비켜주어야겠다. 기쁘고 기쁘다."6) 하였다.

구양수는 韓愈를 계승하여 文을 통하여 道를 밝혀야 한다고 생각했다. 그래서 그는 경전 공부를 중시하였고, 경전을 통해 도를 알아야 한다고 하였다. 그러나 한편 구양수는 문학 공부에도 매우 심혈을 기울였으며, 문장을 지을 때 修辭를 매우 중시하여 반복해 고치고 다듬었다. 그는 문장을 지음에 있어 三多의 원칙을 주장했으니, 많이

---

3) 蘇轍 ≪欒城集≫(四庫全書本) 後集 23권 〈歐陽文忠公墓道碑〉, "公之於文 天材有餘 豐約中度 雍容俯仰 不大聲色 而義理自勝 短章大論 施無不可"

4) ≪古文眞寶≫ 後集 8권 〈六一居士集序〉, "歐陽子論大道似韓愈 論事似陸贄 記事似司馬遷 詩賦似李白 此非余言也 天下之言也"

5) 歐陽脩 ≪文忠集≫(四庫全書本) 附錄 3권, 〈墓碣銘 幷序〉.

6) 上同書 149권 〈與梅聖兪書〉, "讀軾書 不覺汗出 快哉快哉 老夫當避路放他出一頭地也 可喜可喜"

보고 많이 짓고 많이 생각해야 한다는 것이다.[7] 그는 또 "나의 평생 문장은 三上에서 지은 것이 많으니, 말 위와 베게 위와 측간 위에서이다."[8] 하였다.

위에서 언급했거니와 구양수는 문장에서 平淡하고 典要함을 추구하였는데, 이는 韓愈의 문장을 배운 결과이다. 그리하여 그의 문장은 간결하고 평이하며 자연스럽고 논리적이다. 그는 자신이 문학의 대가일 뿐 아니라 知貢擧, 樞密副使, 參知政事 등 조정의 높은 지위에 있으면서 蘇洵, 蘇軾, 蘇轍, 曾鞏, 王安石 등을 이끌어서 宋代에 古文運動을 주도한 문단의 盟主였다는 점에서도 문학사에서 높이 평가되고 있다.

## 4. 우리나라 文學에 끼친 影響

구양수는 거의 모든 문학 장르에 탁월한 재능을 보였지만, 그래도 그의 특장은 산문에 있다고 할 수 있다.

구양수의 문집은 늦어도 고려 중기 이전에 우리나라에 들어와서 널리 읽혔던 것으로 확인된다. 조선 中宗 때에는 그의 문집인 ≪居士集≫ 50권을 국가에서 간행하였으며, 선집인 ≪歐文抄≫도 널리 읽혔다.[9] 구양수와 蘇軾의 서간문을 선별해 모은 ≪歐蘇手簡≫은 世宗이 특히 좋아하였으며, 서간문 학습의 교재로 널리 읽혔다.

뿐만 아니라 구양수의 글이 실려 있는 ≪古文眞寶≫, ≪文章軌範≫, ≪文章正宗≫, ≪唐宋八大家文抄≫ 등이 우리나라에 들어와 속속 간행되었고, 正祖는 당송팔대가의 고문 100편을 손수 선별하여 ≪唐宋八子百選≫을 편찬하기도 하였다. 이는 正祖가 朱子의 서간문 100편을 모아서 ≪朱書百選≫을 편찬한 것과 같은 맥락에서 이루어진 것으로 그가 당송고문을 매우 중시했음을 알 수 있다.

우리나라에서 구양수의 문장을 배운 사람이 많지만 農巖 金昌協(1651~1708)은 특히 구양수의 문장에 대한 이해가 깊어 탁월한 논평들을 내었다. 끝으로 구양수 문장에 대한 농암의 총평 몇 가지를 소개한다. 개별 작품에 대한 논평은 각 작품에 가서 인용하기로 한다.

---

7) 陳師道 ≪後山集≫ 23권 〈詩話〉, "永叔謂爲文有三多 看多 做多 商量多也"

8) ≪文忠集≫ 127권 〈歸田錄〉, "余平生所作文章 多在三上 乃馬上枕上厠上也"

9) 黃一權, 〈韓國에서의 歐陽脩 산문 전파와 평가에 관한 연구〉, ≪中國語文學≫ 제53집 (2009. 6) 193~217쪽 참조.

韓愈의 碑誌文은 곧바로 서술하고, 구양수의 비지문은 錯綜하여 서술한다. 韓愈 문장의 체제는 근엄하니 그 뛰어남이 字句를 빚어내는 데 있고, 구양수 문장은 말이 雅馴하니 그 뛰어남이 篇章의 변화에 있다.[10)]

韓愈는 文格이 바르고 힘이 크며, 구양수는 운치가 飄逸하고 변화가 원만하다.[11)]

韓愈는 ≪尙書≫·≪春秋左氏傳≫의 법을 숭상하였고, 구양수는 風騷와 司馬遷의 맛을 얻었다.[12)]

韓愈의 글은 鼓舞하여 읽으매 사람으로 하여금 기운이 일게 하며, 구양수의 글은 詠歎하여 읽으매 사람으로 하여금 심취하게 한다.[13)]

≪詩經≫ 〈國風〉과 〈離騷〉의 맛으로 문장을 지은 분은 오직 歐陽公뿐이다. 혹자가 "〈豐樂亭記〉, 〈峴山亭記〉 같은 글이 그러한가?" 하기에 "그에 가깝다. 그러나 이 글들뿐 아니라 다른 글들도 대체로 모두 그렇다. 반복하여 영탄하는 곳을 보면 바로 그러한 것이다." 하였다.[14)]

王弇州(명나라 王世貞)는 스스로 班固와 司馬遷을 배웠다고 하고서 碑誌에서 敍事할 때 힘을 다해 摹寫하여 마치 古人을 뒤따라 잡으려는 것처럼 하지만, 기실 宋代의 구양수·왕안석에 훨씬 못 미친다. 지금 歐陽公이 지은 碑誌들을 읽어보면 綱領을 이끌어내고 요긴한 곳들을 착종하여 갖가지 법을 다 갖추었으며, 간략하면서도 모든 사적을 다 포괄하고 상세하면서도 서술이 번다하지 않으며,

---

10) ≪農巖集≫ 34권 〈雜識 外篇〉, "韓碑多直敍 歐碑多錯綜 韓體謹嚴 其奇在於句字陶鑄 歐語雅馴 其奇在於篇章變化"

11) 上同, "韓格正而力大 歐調逸而機圓"

12) 上同, "韓本尙書左氏之法 歐得風騷太史之旨"

13) 上同, "韓文鼓舞 讀之使人氣作 歐文詠歎 讀之使人心醉"

14) 上同, "以國風離騷之旨爲文章 唯歐公爲然 或曰 如豐樂亭峴山亭記之類 是否 曰 近之 然不獨此也 他文大抵皆然 觀其反復詠歎處 卽是"

意思는 한가롭되 실정은 곡진히 묘사하였다. 게다가 그 風神이 돋보이는 곳은 왕왕 마치 그림과도 같으니, 鹿門 茅坤이 "태사공 사마천의 정수를 얻었다."고 한 것이 바로 이를 두고 한 말이다.15)

谿谷(張維)의 문장은 전아하고 이치에 맞아 비록 송나라 대가에 가까운 듯하지만 너무 평이하고 완만하다. 송나라 문장으로 구양공 같은 분은 비록 느긋하고 평이하며 부드럽고 느슨한 듯하지만, 奉事나 奏箚에서 利害를 지적하고 사정을 摹寫함이 곡진하고 절실해서 사람의 골수에 파고드는 듯하여, 군주가 들으면 마음을 움직여 開悟하지 않을 수 없게 한다. 그 序·記·碑誌·祭文 등의 글들은 風神이 굳세고 아름다우며 音調가 飄逸하고 跌宕하여 잠깐 사이에 感慨하고 一唱三歎의 여운이 있어, 왕왕 탄식해 한숨을 쉬다 숨이 끊어지려는 듯한 곳이 있다. 이것이 계곡이 미칠 수 없는 까닭이다.16)

15) 上同, "王弇州自謂學班馬 其爲碑誌敍事 極力摹畫 若將以追踵古人 而其實遠不及宋之歐王 今讀歐公諸碑誌 其提挈綱領 錯綜關節 種種有法 簡而能該 詳而不繁 意度閒暇 而情事曲盡 風神生色處 又往往如畫 茅鹿門以爲得太史公之髓者此也"

16) 上同, "谿谷之文 典則理致 雖近宋大家 然失之太平緩 宋文如歐公 雖若寬平和緩 而其封事奏箚 指陳利害 摸寫事情 委曲深切 刺骨透髓 令人主聽之 不得不動心開悟 其序記碑誌祭文等文 風神遒麗 音調逸宕 俯仰感慨 一唱三歎 往往有歔欷欲絶處 此所以不可及也"

# 凡 例

1. 本書는 東洋古典譯註叢書 ≪唐宋八大家文抄≫ 歐陽脩의 제1책이다.

2. 본서는 戊申字本 ≪唐宋八大家文抄≫(國會圖書館 所藏本, 刊年未詳)를 저본으로 하고, ≪文忠集≫ 및 ≪唐宋八大家文鈔 校注集評≫(高海夫 主編, 三秦出版社, 北京, 1998)을 참고하여 校勘하였다.

3. 본 譯註는 원전의 傳統性과 번역의 現代性을 구현하기 위해 노력하였다.

4. 原文에 懸吐하고 번역하였다.

5. 原文의 分節은 ≪唐宋八大家文鈔 校注集評≫을 참고하되, 단락이 길 경우에는 역자의 재량으로 재차 분절하여 가능한 한 原文이 한 면의 반을 넘지 않도록 하였다.

6. 번역은 原義에 충실하게 하되, 이해가 어려운 부분은 意譯 또는 보충역을 하였다.

7. 譯註는 인용문의 출전과 故事와 難解語, 그리고 사건의 역사적인 배경, 인물, 관직에 관한 사항을 밝히되 ≪唐宋八大家文鈔 校注集評≫ 등을 참고하였다.

8. 題下註를 달아 독자들의 이해를 돕고자 하였다.

9. 본서에 사용된 주요 符號와 略號는 다음과 같다.

   “ ” : 對話, 각종 引用
   ‘ ’ : “ ” 안에서 再引用, 强調
   ( ) : 原文 중의 괄호는 漢字의 音, 同字, 通用字, 俗字의 正字,
   번역문 중의 괄호는 간단한 註釋
   ≪≫ : 書名이나 典據
   〈 〉 : 篇章名, 作品名, 原文의 補充, 補充譯
   〔 〕 : 번역문과 뜻은 같으나 音이 다른 한자와 한문

# 參考書目

≪唐宋八大家文抄≫(戊申字本), 國會圖書館 所藏本.

≪漢文大系≫, 新文豊出版有限公司, 臺北, 1978.

高海夫 主編, ≪唐宋八大家文鈔 校注集評≫, 三秦出版社, 1998.

郭魯鳳, 〈歐陽脩 散文硏究〉, ≪中國學硏究≫ 제3집, 1988.

―――, 〈歐陽脩 經學硏究〉, ≪中國學硏究≫ 제5집, 1990.

郭正忠, ≪歐陽脩評傳≫, 黃一權 번역, 學古房, 2009.

金昌協, ≪農巖集≫, 한국고전번역원, 1996.

黃一權, 〈韓國에서의 歐陽脩 산문 전파와 평가에 관한 연구〉, ≪中國語文學≫ 제53집, 2009.

# 目 次

卷3 箚子



卷4 箚子

卷5 箚子



卷6 狀

## 卷7 狀



## 卷8 狀

## 歐陽文忠公文抄引* ≪歐陽文忠公文抄≫의 서문

* 引은 文體의 일종으로 짧은 序文이라 할 수 있다. 곧 서문의 시초 격인데, 唐나라 이후로 유행하였다.

西京以來로 獨稱太史公遷은 以其馳驟跌宕하고 悲慨嗚咽하여 而風神所注에 往往於點綴指次에 獨得妙解하니 譬之覽仙姬於瀟湘洞庭之上에 可望而不可近者라 累數百年而得韓昌黎나 然彼固別開門戶也요 又三百年而得歐陽子라 予覽其所序次當世將相學士大夫墓誌碑表와 與五代史所爲梁唐二紀와 及他名臣雜傳하니 蓋與太史公略相上下者라 然歐陽子所與友人論文書에 絶不之及은 何也오 又如奏疏劄子는 當其善爲開陳하고 分別利害하여 一切感悟主上하얀 於漢可方晁錯賈誼요 於唐可方魏徵陸贄라 宋仁廟嘗諭庭臣曰 歐陽脩를 何處得來오하니 殆亦由此라 序記書論은 雖多得之昌黎나 而其姿態橫生하여 別爲韻折하여 令人讀之에 一唱三歎하여 餘音不絶[1)]하니 予所以獨愛其文하여 妄謂世之文人學士得太史公之逸者는 獨歐陽子一人而已라호되 而世之人或予信하며 或不予信하고 又或訾其間不免俗調處하니 嗟乎라 抑誠有之라도 太史公之傳仲尼弟子與循吏處에 抑豈能與刺客同工哉아 觀之日月이 猶有抱珥[2)]에 可知之矣라

西漢 이래로 太史公 司馬遷만을 유독 일컫는 것은 그 文章이 거침없이 치닫고 비분해 오열하듯 하여 정신을 쏟는 곳에 왕왕 문장을 엮고 서술함에 있어 오묘한 경지를 홀로 얻었기 때문이니, 비유하자면 瀟湘, 洞庭湖 가에서 仙姬를 만났을 때 멀리서 볼 수는 있고 가까이 다가갈 수 없는 것과 같다. 수백 년이 지나서 韓昌黎(韓愈)가 나타났으나 그는 문호를 따로 열었다. 그리고 또 3백 년이 지나 歐陽子가 나타났다.

나는 그가 당대의 將相·學士·大夫 등의 墓誌·碑表를 찬술한 것과 ≪五代史≫에서 梁·唐 두 시대의 本紀 및 기타 명신의 雜傳 등을 찬술한 것을 읽어보았더니,

태사공과 거의 高下를 겨룰 만한 것이었다. 그런데도 구양자가 벗에게 보내 글을 논한 편지에서는 이러한 글들을 전혀 언급하지 않은 것은 무슨 까닭인가?

또 奏疏와 箚子 같은 글들은 자신의 뜻을 잘 개진하고 利害를 분별하여 오로지 임금을 感悟시키는 것으로 말하자면, 漢나라에서는 晁錯·賈誼에 비길 만하고 唐나라에서는 魏徵·陸贄에 비길 만하다. 宋 仁宗이 일찍이 조정 신하들에게 말하기를 "구양수처럼 뛰어난 사람을 어디에서 얻겠는가?" 한 것은 아마도 이 때문일 것이다.

序·記·書·論 같은 글들도 비록 한창려의 영향을 받은 것이 많으나, 그 자태가 거침없이 나와 특유의 운치와 文瀾을 이루어 읽는 사람으로 하여금 '一唱三歎'에 여운이 끊이지 않게 한다. 내가 그래서 그의 글을 유독 좋아하여 망령되이 생각하기를 '세상의 문인 학사들 중 태사공의 뛰어난 경지를 얻은 이는 오직 구양자 한 사람뿐이다.' 하였던 것이다. 그런데 세상 사람들 중 어떤 이는 나를 믿고, 어떤 이는 나를 믿지 못하며, 또 어떤 이는 구양자의 문장 중 俗調를 면치 못한 곳을 헐뜯기도 하였다.

아아! 그러한 곳이 참으로 있다 하더라도, 태사공이 仲尼의 弟子와 循吏에 대한 列傳을 쓴 곳에서 어찌 〈刺客列傳〉을 쓸 때와 같은 투로 글을 쓸 수 있었겠는가? 해와 달에도 오히려 抱珥가 있는 것을 보면 알 수 있을 것이다.

1) 一唱三歎 餘音不絶 : ≪禮記≫ 〈樂記〉에 "淸廟의 瑟은 붉은 絃으로 되어 있고 소리가 느릿하여서 한 사람이 선창하면 세 사람이 화답하여 餘音이 있다.〔淸廟之瑟 朱弦而疏越 壹倡而三嘆 有遺音者矣〕" 하였다. 詩文이 매우 뛰어남을 뜻한다.

2) 抱珥 : 태양 양쪽에 생기는 반원형의 기운으로 상서롭지 못한 조짐이라 한다. ≪呂氏春秋 明理≫

予讀唐書五代史別有鈔하고 今錄其文集行世者하되 首上皇帝書疏六首하고 次箚子幷狀五十三首하고 次表啓二十二首하고 次書二十五首하고 次論三十五首하고 次序三十一首傳二首하고 次記二十五首하고 次神道碑銘墓誌銘四十七首하고 次墓表祭文行狀二十三首하고 次頌賦他雜著一十首하여 釐爲三十二卷하노라 噫라 姪桂 嘗以予酷愛歐陽公敍事當不讓太史公遷하고 且前曰 歐陽公이 撰五代史에 當時將相이

特竝齷齪하여 不足數은 況兵戈之後에 禮崩樂壞라 故其文章所表見止此하니 假令同太史公하여 抽石室[1]之書하여 傳次春秋戰國及先秦楚漢之際면 豈特是而已哉아 譬之컨댄 一人焉은 入天子圖書琬琰(완염)[2]之藏하여 而陳周彝漢鼎犧樽雲罍하여 以相博古하고 一人焉은 特入富人者之室하여 所可指次者가 陶埴菽食而已라하야늘 予唯唯러라 嗟乎라 世之欲覽歐陽子之全인댄 必合予他所批注唐書五代史而讀之라야 斯得之矣라 歸安 鹿門 茅坤은 題하노라

내가 ≪唐書≫·≪五代史≫를 읽고 따로 鈔本을 만들었는데, 이제 세상에 간행되어 있는 그 문집을 초록하되 황제에게 올린 書·疏 6편을 첫머리에 싣고, 다음으로 箚子와 狀 53편을 싣고, 다음으로 表·啓 22편을 싣고, 다음으로 書 25편을 싣고, 다음으로 論 35편을 싣고, 다음으로 序 31편과 傳 2편을 싣고, 다음으로 記 25편을 싣고, 다음으로 神道碑銘·墓誌銘 47편을 싣고, 다음으로 墓表·祭文·行狀 23편을 싣고, 다음으로 頌·賦와 기타 雜文 10편을 실어, 이를 정리하여 32권으로 만들었다.

아! 조카 桂는 일찍이 내가 歐陽公의 敍事가 응당 太史公 司馬遷에 못지않는 것을 매우 좋아한다고 여기고, 또 나아와 말하기를 "구양공이 ≪五代史≫를 찬술하였는데, 당시 將相들은 모두 器局이 작은 사람들이라 말할 것이 못 되었습니다. 더구나 전쟁이 일어난 뒤로 禮樂이 붕괴되었기 때문에 그 문장에서 표현한 바가 이런 정도에 그쳤던 것입니다. 가사 태사공과 같이 石室의 책을 뽑아서 춘추전국시대 및 秦·楚·漢 시대의 사실을 기록했다면 어찌 이런 정도에 그쳤겠습니까. 비유하자면 한 사람은 천자의 도서와 琬琰(완염)이 보관되어 있는 창고에 들어가 周彝·漢鼎·犧樽·雲罍 등을 늘어놓고서 고대의 器物들을 박람하고, 한 사람은 단지 부자의 방에 들어가 손으로 가리켜 볼 수 있는 것이 질그릇과 곡식뿐인 것과 같습니다." 하기에 내가 "그렇다 그렇다." 하였다.

세상에서 歐陽子 저술의 전모를 보고자 하는 사람은 반드시 이 책 외에 내가 批注한 ≪唐書≫·≪五代史≫를 합하여 보아야 알 수 있을 것이다.

歸安人 鹿門 茅坤은 적노라.

1) 石室 : 돌로 지은 집과 금으로 만든 상자라는 '石室金匱'의 준말로, 漢나라의

藏書閣을 뜻한다. 司馬遷의 ≪史記≫ 〈自序〉에 "석실금궤의 책을 뽑아 서술하고 편집했다." 하였다.

2) 琬琰(완염) : 周나라 때 弘璧과 함께 西序에 보관되어 있던 寶玉이다. ≪書經≫ 〈周書 顧命〉에 "옥을 5중으로 하며 보물을 진열하니, 적도와 대훈과 홍벽과 완염은 서서에 있고, 대옥과 이옥과 천구와 하도는 동서에 있다.〔越玉五重 陳寶 赤刀 大訓 弘璧 琬琰 在西序 大玉 夷玉 天球 河圖 在東序〕" 하였다.

## 歐陽文忠公本傳 文忠公 歐陽脩의 本傳

**歐陽脩**는 **字永叔**이니 **永豐人**이라 **脩四歲而孤**러니 **母鄭氏有女節**하고 **以荻畫地**하야 **敎脩書字**라 **稍長**에 **從隣里借書讀**하야 **或手抄之**러니 **抄未竟而成誦**이라 **擧進士**하야 **有聲**하고 **補西京留守推官**하고 **召試學士院**[1]하고 **遷鎭南軍節度掌書記館閣校勘**[2]하다

歐陽脩는 자가 永叔이니 永豐 사람이다. 구양수가 4살 때 부친을 잃었는데, 어머니 鄭氏가 여성의 凡節이 있었고 갈대로 땅에 써서 구양수에게 글자를 가르쳤다. 조금 성장해서는 이웃에서 책을 빌려 읽으며 혹 손수 베꼈는데, 다 베끼기도 전에 책을 줄줄 욀 수 있었다. 進士試에 합격하여 명성이 있었고 西京留守의 推官에 보임되었다. 召命을 받고 〈조정에 들어가〉 學士院試官이 되었고 鎭南軍節度使掌書記 館閣校勘으로 자리를 옮겼다.

1) 召試學士院：召命을 받고 조정에 들어가 學士院試官이 된 것이다. 학사원은 翰林學士院이다. 시관은 宋나라 때 있었던 제도로, 정식으로 임명되기 전에 임시로 맡는 벼슬이다.
2) 鎭南軍節度掌書記館閣校勘：鎭南軍節度使가 약칭이고 全稱은 江南西路兵馬都摠管 知洪州 鎭南軍管內觀察使이다. 掌書記는 절도사의 屬官으로 문서를 관장한다. 館閣校勘은 宋나라 때 京官이 되거나, 선발되어 史館의 校勘이 된 자를 일컫는 말이다. 구양수가 景祐 원년(1034)에 이 관직을 맡았다.

**脩爲人質直閎廓**하야 **見義敢爲**하야 **機穽在前**에 **直行不顧**라 **每放逐困躓輒數年**이러니 **及復振起**하야도 **終不改其操**라 **范仲淹貶知饒州**에 **諫官高若訥獨不言**이어늘 **脩遺書責之**라가 **坐謫峽州夷陵令**[1]하다 **稍遷至太子中允館閣校勘**하다 **修崇文總目**할새 **改集賢校理**하고 **知太常禮院**이러니 **數論天下事**하고 **以貧求補外**하야 **得通判滑州**하다

歐陽脩는 사람됨이 質直하고 도량이 커서 의로운 일을 보면 과감히 실행하여 덫과 함정이 앞에 있어도 곧바로 나아가고 망설이지 않았다. 그래서 매양 조정에서 放逐되어 곤란과 낭패를 겪은 것이 몇 해씩 되었는데, 다시 기용되어 벼슬길에 나와서도 끝내 그 지조를 굽히지 않았다. 范仲淹이 知饒州로 좌천될 때 諫官 高若訥이 홀로 諫言을 올리지 않았다. 이에 구양수가 편지를 보내 책망하였다가 연좌되어 峽州 夷陵令으로 좌천되었다. 그리고 차츰 승진하여 太子中允 館閣校勘이 되었다. 崇文總目을 편수할 때 集賢校理로 자리를 옮겼고 知太常禮院이 되었는데 자주 천하의 일을 논하였다. 집안이 가난하다는 이유로 외직으로 나가게 해줄 것을 청하여 通判滑州가 되었다.

1) 范仲淹貶知饒州……坐謫峽州夷陵令 : 范仲淹은 宋나라 蘇州 吳縣 사람으로 자는 希文, 시호는 文正이다. 仁宗 때의 名相으로 과감히 직언을 하여 여러 가지 훌륭한 정사를 시행하였으며, 문장에 뛰어났다.

宋 仁宗 景祐 3년(1036) 范仲淹이 呂夷簡에게 국정의 폐단을 지적하였다가 朋黨으로 지목당해 饒州로 좌천당하였다. 당시 尹洙 등은 글을 올려 범중엄을 구하려 노력하다가 함께 좌천당하였는데, 정작 知諫院으로 있던 高若訥만은 간언을 올리지 않았고 도리어 축출해야 한다고 주장하였다. 이때 구양수가 〈與高司諫書〉란 편지를 보내어 인간의 염치도 모르는 자라고 꾸짖었다가 함께 좌천당하였다.

뒤에 범중엄이 陝西로 나가면서 구양수를 從事官으로 임명하자, 구양수가 웃으면서 "예전의 일이 어찌 자신의 이익을 도모하기 위해서 한 것이겠습니까. 함께 물러나는 것은 괜찮아도 함께 진출하지는 말아야 합니다.〔昔者之擧 豈以爲己利哉 同其退不同其進 可也〕"라고 말하며 사양했다. ≪宋史 歐陽脩傳≫

仁宗增諫官員하야 用天下名士할새 召脩知諫院이러니 未幾에 用脩同修起居注하고 閱月에 拜右正言知制誥라 初呂夷簡[1]罷相에 夏竦爲樞密使러니 復奪之하야 代以杜衍하고 同時進用富弼韓琦范仲淹等하다 石介作慶曆聖德詩[2]하야 言退姦不易進賢之難하되 而終篇意在夏竦하니 竦不悅하야 因與其黨으로 造爲黨論하야 目仲淹衍及脩爲黨人이어늘 脩乃上朋黨論하고 又上疏言杜衍韓琦范仲淹富弼相繼罷去하니 爲

**黨論者尤惡脩異己**하고 **又善言其情狀**하야 **至使內侍藍元震上疏**러니 **賴仁宗終不之信**하다

仁宗이 간관의 定員을 늘려 천하의 명사들을 등용하면서 歐陽脩를 불러 知諫院에 임명하였다. 오래지 않아 구양수를 同修起居注에 임명하였고, 한 달이 지나 右正言知制誥에 임명하였다.

당초에 呂夷簡이 재상을 그만둘 적에 夏竦이 樞密使가 되었는데, 다시 추밀사를 빼앗아 杜衍으로 대신하게 하였다. 동시에 富弼・韓琦・范仲淹 등을 선발해 임용하였다. 이에 石介가 〈慶曆聖德詩〉를 지어서 간사한 자를 물리치기 쉽지 않고 어진 이를 등용하는 어려움을 말하면서, 마지막 편에서 의중을 하송에게 두었다. 하송이 노하여 그들의 黨과 더불어 黨論을 조작하여 범중엄・두연・한기 및 구양수를 지목하여 黨人이라 하였다.

구양수가 이에 〈朋黨論〉을 지어 올렸고, 또 상소하여 두연・한기・범중엄・부필이 서로 이어서 재상을 그만둔 것을 논하니, 당론을 만든 자들이 구양수가 자기들과 다르고, 게다가 자기들의 情狀을 잘 말한 것을 더욱 싫어하였다. 그리하여 심지어 內侍 藍元震을 시켜 상소까지 하게 했으나, 다행히도 인종이 끝내 그들을 믿어주지 않았다.

1) 呂夷簡 : 979~1044. 宋나라 壽州 사람으로 자는 坦夫이다. 眞宗 咸平 3년(1000)에 進士가 되어 參知政事가 되었다. 仁宗 연간에 諫官 范仲淹에게 붕당을 지었다는 이유로 탄핵을 받아 파직되었다. 뒤에 국경 지방에서 난리가 일어나 어려운 때를 당하자 범중엄을 천거하였다.

2) 夏竦爲樞密使……慶曆聖德詩 : 夏竦(985~1051)의 자는 子喬, 시호는 文莊으로 德安 사람이다. 宋나라 때의 姦臣이다. 石介(1005~1045)의 자는 守道이다. 宋나라 때의 저명한 학자로 徂徠先生이라 불렸고 강직한 성품을 지녔다.

呂夷簡・夏竦 등이 파면되고, 范仲淹・富弼・韓琦 등이 정권을 잡으면서, 歐陽脩・余靖・蔡襄 등이 諫官이 되자, 忠良들이 등용되고 小人들이 쫓겨난 것을 直集賢院으로 있던 石介가 기뻐하여 〈慶曆聖德詩〉를 지었다. 그 대략에 “여러 현인들을 등용하기를 마치 띠를 뽑듯이 하고, 큰 간신을 제거하기를 마치 며느리발톱을 뽑듯이 하네.〔衆賢之進 如茅斯拔 大奸之去 如距斯脫〕”라고

하였다. ≪宋元學案≫

脩使河東하야 其所建議尤多러니 會保州兵叛이어늘 出脩爲龍圖閣直學士河北都轉運使하다 初脩出河北할새 仁宗面諭曰 勿爲久居計하고 有事言來하라한데 脩對曰 諫官乃得風聞이라 今在外使事有指하니 越職은 罪也라하니 仁宗曰 有事어든 但以聞이니 勿以中外爲詞하라하니 爲黨論者愈益惡之라 乃坐用張氏奩中物買田立歐氏貲券하야 左遷知制誥知滁州[1)]하다

歐陽脩가 使命을 받고 河東에 가서 건의한 바가 더욱 많았는데, 마침 保州의 군사들이 반란을 일으키거늘 구양수를 내보내 龍圖閣直學士 河北都轉運使로 삼았다.

당초 구양수가 河北으로 나갈 때 仁宗이 면대한 자리에서 이르기를 "오래 머물 생각을 하지 말고 일이 있거든 말하라." 하였다. 구양수가 대답하기를 "諫官이라야 風聞을 듣고 보고할 수 있습니다. 지금은 외직에 있으면서 사명의 일로 지시를 받은 것이 있으니, 직분을 넘는 것은 죄입니다." 하니, 인종이 "일이 있거든 단지 보고할 뿐이니, 내직·외직을 나누어 말하지 말라." 하였다.

이에 黨論을 만든 자들이 더욱 미워하였다. 그래서 마침내 '張氏에게 시집간 누이의 재물로 전답을 사서 歐陽氏의 문서로 만들었다.'는 죄목에 걸려 知制誥 知滁州로 좌천되었다.

1) 乃坐用張氏奩中物買田立歐氏貲券 左遷知制誥知滁州：景祐 2년(1035) 구양수의 妹夫 張龜正이 세상을 떠났다. 이에 구양수의 누이가 어린 딸을 데리고 구양수에게 와서 의지하였다. 10년 뒤인 慶曆 5년(1045)에 어떤 사람이 장귀정의 재산으로 전답을 사서 구양수의 문서로 만들어놓고, 구양수를 지목하여 재물을 탐내어 의리를 배신하였다고 誣告하였다. 이른바 '歐陽脩外甥女張氏案'이라는 사건인데, 이로 말미암아 구양수는 知制誥 知滁州로 좌천되었다. ≪涑水紀聞≫

久之에 遷起居舍人知揚州하고 徙潁州하고 復龍圖閣直學士知應天府러니 以母憂去하다 旣免喪入見하니 仁宗惻然하야 怪脩髮白하고 問在外幾年이며 今年幾何오하야

恩意甚至하고 命判流內銓[1)]하니 小人恐脩復用하야 僞爲脩奏乞澄汰內侍하니 書騰都下에 宦者切齒라 楊永德者 陰以言中脩[2)]하야 出知同州하니 外議不平하야 論救者衆이라 遂留判修唐書하야 爲翰林學士하고 加史館修撰하야 勾當三班院하다 改侍讀學士하야 知蔡州러니 未行에 復爲翰林學士判太常寺하다

오래 지나서 起居舍人 知揚州로 자리를 옮겼고, 다시 穎州로 옮기고 龍圖閣直學士 知應天府가 되었는데 모친상으로 관직을 떠났다. 喪期를 마치고 조정에 들어가 알현하니 仁宗이 측은하게 여기면서 歐陽脩의 머리털이 하얗게 센 것을 이상하게 여기고 "외직에 있은 지 몇 해이며 올해 나이가 몇인가?" 하고 물으며 은혜로운 뜻이 매우 지극하였고 判流內銓에 임명하였다.

小人들이 구양수가 다시 기용될 것을 두려워하여, 구양수가 내시들을 가려서 도태시킬 것을 청하는 내용의 奏疏를 작성하였다고 위조하였다. 이 주소가 都下에 돌아다니자 내시들이 이를 갈았다. 楊永德이란 자가 무고한 말로 구양수를 中傷하자, 〈조정에서 그를〉 외직으로 내쫓아 知同州로 보내니, 외부의 여론이 불평하여 의논을 내어 구양수를 구하려는 이들이 많았다. 그래서 마침내 조정에 머물게 하여 ≪唐書≫를 編修하게 하고 翰林學士로 삼고, 史館修撰에 임명해 三班院을 임시로 맡게 하였다. 그 뒤에 侍讀學士로 직책이 바뀌어 知蔡州에 임명되었는데, 출행하기 전에 다시 翰林學士 判太常寺가 되었다.

1) 久之……命判流內銓 : 起居舍人은 慶曆 8년(1048), 知應天府는 皇祐 2년(1050)에 되었고, 모친상은 皇祐 4년에 당하였다. 流內銓은 吏部에 속하는 관서로, 관리의 入流와 資級의 考課 評定을 맡는 벼슬이다. 至和 원년(1054)에 맡았다.

2) 楊永德者 陰以言中脩 : 楊永德은 仁宗 楊淑妃의 조카로, 뒤에 내시가 되었다. 사람됨이 방자하고 교활하여 남의 비방을 잘하였다. 至和 원년에 구양수를 중상하여, 구양수가 知同州로 폄출되었다.

脩在朝에 以奬進天下士爲己任하야 延譽慰薦하야 極其力而後已하다 於經術에 治其大旨하고 不爲章句하고 不求異於諸儒하다 景祐中에 與尹洙[1)]皆爲古學이러니 已而有

詔戒天下學者爲文使近古하니 學者盡爲古文하야 而脩之文章이 遂爲天下宗匠이러라 蜀人蘇洵嘗論脩文章이 詞令雍容似李翶하며 切近實當似陸贄하고 而脩之才亦似過此二人이러니 至脩作唐書五代史하얀 敍事不媿劉向班固也러라 權知貢擧할새 文士以新奇相尙하야 文體大壞어늘 脩深革其弊하야 前以怪僻在高第者를 黜之幾盡하고 務求平淡典要하니 士人初怨怒罵譏라가 中稍信服하야 已而文格變而復正하다

歐陽脩는 조정에 있으면서 천하의 선비들을 장려하여 기용하는 것을 자기 책임으로 여겨, 칭찬하고 천거하여 힘을 다하고 난 뒤에 그만두었다. 經을 연구할 때는 大旨를 파악하고 章句에 얽매지 않았으며 諸儒와 다른 견해를 내려고 하지 않았다.

景祐 연간에 尹洙와 함께 古學을 하였는데 이윽고 천하의 학자들에게 古文과 가까운 글을 지으라는 조칙이 내려졌다. 이에 학자들이 모두 고문을 짓게 되자, 구양수의 문장이 드디어 천하의 宗匠이 되었다. 蜀 지방 사람 蘇洵이 일찍이 구양수의 문장을 논하기를 "詞令이 雍容하기는 李翶와 같고 사실이 逼近하기는 陸贄와 같다. 그러나 구양수의 재주가 이 두 사람보다 뛰어난 듯하다." 하였는데, 구양수가 ≪唐書≫ · ≪五代史≫를 纂修함에 이르러서는 敍事가 劉向 · 班固에 못지않았다.

權知貢擧로 있을 때 문사들이 新奇함을 숭상하여 문체가 크게 무너졌다. 구양수가 그 폐단을 깊이 개혁하여 이전에 괴벽한 문장을 지어 과거에 급제한 자들을 거의 다 축출하고 平淡하고 典要한 문장을 힘써 구하니, 선비들이 처음에는 원망하고 노하여 욕하고 헐뜯다가 중도에는 차츰 信服하여, 이윽고 문장의 體格이 변하여 바름으로 돌아갔다.

1) 尹洙 : 宋나라 때 河南府, 즉 지금의 洛陽 사람으로 자는 師魯이다. 문학에 조예가 깊었고 구양수와 함께 고문운동을 제창하였다. 저서에 ≪河南先生集≫이 있다.

拜右諫議大夫하야 判尙書禮部하고 又判秘閣秘書省하고 加兼侍讀한대 辭不受하고 同修玉牒[1]兼龍圖閣學士하고 權知開封府하다 承包拯[2]威嚴之後하야 一切循理하야 不事風采하니 或以爲言이어늘 脩曰人材性各有短長하니 實不能舍所長하고 彊其所短이라하다 以給事中罷하야 同提擧諸司庫務하고 改群牧使하다 唐書成에 拜禮部侍郎하고

**爲樞密副使**러니 **未幾**에 **參知政事**하야 **預定策英宗初年親政事**[3)]하다 **慈聖光獻太后垂簾**할새 **脩與二三大臣**으로 **佐祐兩宮**[4)]하고 **鎭撫四海**하다 **執政聚議**에 **事有未可**어든 **脩未嘗不力爭**하고 **臺諫**[5)]**官至政事堂**[6)]**論事**에 **往往面折其短**하니 **英宗嘗面稱脩曰 性直不避衆怨**이라하다

右諫議大夫에 제수되어 禮部尙書가 되고, 또 秘閣秘書省의 장관이 되고 게다가 侍讀을 兼帶하게 되었는데 사양해도 받아들여지지 않았고, 同修玉牒이 되어 龍圖閣學士를 겸대하고 權知開封府가 되었다. 包拯이 위엄으로 다스린 뒤를 이어받아 모든 일을 다 이치에 따라 처리하여 위엄을 부리지 않으니, 혹자가 이 점에 대해 말하자 歐陽脩가 “사람의 재주와 성품은 저마다 장단점이 있으니, 실로 잘하는 것을 버리고 못하는 것을 억지로 하게 할 수는 없다.” 하였다. 給事中으로 벼슬을 그만두고 同提擧諸司庫務를 맡다가 群牧使로 자리가 바뀌었다. ≪唐書≫가 완성되자 禮部侍郎에 제수되고 樞密副使가 되었다. 오래지 않아 參知政事가 되어 英宗 초년에 親政하는 일에 대한 계책을 정하는 데 참여하였다.

慈聖光獻太后가 수렴청정할 때 구양수가 두세 명 대신들과 함께 兩宮을 보좌하고 사해를 鎭撫하였다. 執政으로서 사람들을 모아 의논할 때 사안에 불가한 것이 있으면 구양수가 힘써 爭執하지 않은 적이 없었으며, 臺諫의 관원들이 政事堂에 와서 事案을 논의할 때 구양수가 왕왕 면전에서 그 잘못을 꺾으니, 영종이 한번은 구양수를 대면한 자리에서 칭찬하여 말하기를 “성품이 강직하여 뭇사람들의 원망을 피하지 않는다.” 하였다.

1) 修玉牒 : 황족의 譜牒을 정리하는 일을 맡은 관직이다.
2) 包拯 : 廬州 合肥 사람으로 자는 希仁이다. 開封府를 맡고 있을 때 법을 집행하는 것이 엄정하여 당시에 “청탁이 이르지 못하니, 閻羅 같은 包老가 있기 때문이다.〔關節不到 閻羅包老〕”는 말이 있었다. ≪宋史 包拯傳≫
3) 英宗初年親政事 : 嘉祐 8년(1063) 3월에 仁宗이 죽고 뒤를 이은 英宗은 아직 어린데다 즉위한 지 오래지 않아 또 병이 들었다. 그래서 慈聖光獻太后, 즉 曹太后가 임시로 수렴청정하여 국사를 다스리다가 그 이듬해 여름에 영종에게 정사를 돌려주었다. ≪唐宋八大家文鈔 校注集評≫에는 이 뒤에 ‘見韓琦傳

英宗初年未親政事' 12자가 있다.

4) 兩宮 : 英宗과 慈聖光獻太后를 가리킨다. 당시에 英宗과 慈聖光獻太后가 서로 사이가 좋지 않았는데, 구양수가 韓琦 등과 母子 사이를 잘 주선하고 內外를 鎭安하였다.

5) 臺諫 : 御史臺와 諫院의 합칭이다. 어사대는 조정의 百官을 규찰하고 탄핵하는 일을 관장하고, 간원은 임금을 規諫하는 일을 관장하였다.

6) 政事堂 : 唐·宋時代 재상이 공무를 보던 것을 일컫는 말이다. 당나라 때 처음 이 명칭이 생겼는데, 처음에는 門下省에 두었다가 후에 中書省으로 옮겼다. 唐 開元 11년(723)에 中書門下로 명칭을 바꾸었다. 北宋 때에 와서는 中書內省에 정사당을 설치하여 호칭을 간략히 中書라고만 하고 樞密院과 政事와 軍事를 나누어 관장하게 하였으며, 이 두 기관을 합하여 二府라 불렀다. 哲宗 元豐 연간에 제도를 고친 뒤로는 尙書省의 都堂을 재상이 집무를 보는 곳으로 삼아 도당을 정사당이라 불렀다.

**自嘉祐以後**로 **朝廷務惜名器**[1]하야 **而進人之路稍**陿이어늘 **脩屢建言**하니 **遂詔韓琦曾公亮趙**槩**及脩各擧五人**이러니 **其後中選者多在淸近**하고 **朝廷亦稍收其用矣**라 **又因暇日**하야 **盡以百司所行兵民官吏財用**에 **中書所當知者**로 **集爲總目**이러니 **上有所問**이어든 **宰相以總目對**라 **脩以奉祠假家居**[2]할새 **上遣內侍就中書閣**[3]하야 **取而閱之**러니 **蔣之奇讒之**[4]라 **脩遂稱疾力解機務**하여 **以觀文殿學士刑部尙書知**亳州하니 **年六十矣**라 **乞致仕者六**에 **不從**하고 **遷兵部尙書**하고 **知靑州**하다 **除檢校太保宣徽南院使判太原府**하야 **三辭不受**하고 **徙知蔡州**하야 **以老病乞骸骨**하니 **章數上**에 **乃爲觀文殿學士太子少師致仕**하다 **卒年六十有六**이라 **贈太子太師**하고 **諡文忠**이라

嘉祐 이후로 조정이 名器를 아끼는 데 힘써 인재를 등용하는 길이 차츰 좁아졌다. 歐陽脩가 누차 건의하니, 마침내 韓琦·曾公亮·趙槩 및 구양수에게 명하여 각기 다섯 사람씩 천거하게 했다. 그 후에 이때 선발된 사람들이 淸宦·近臣의 자리에 많이 있었고, 조정에서도 차츰 그들을 수용하였다.

또 구양수는 한가한 여가에 百司가 집행하는 軍民·官吏의 財用 중 中書省에서 알아야 할 내용을 모두 모아서 ≪總目≫을 만들었는데, 황제가 물으면 재상이 ≪총

목≫을 가지고 대답하였다. 구양수가 祠官을 맡아서 家居하고 있을 때 황제가 내시를 보내 中書閣에 가서 ≪총목≫을 가져오게 하여 보았는데, 蔣之奇가 참소하였다. 이에 구양수가 병을 칭탁하여 機務를 벗어줄 것을 힘써 청하여 觀文殿學士 刑部尙書로 知亳州가 되니, 나이 60세였다.

致仕를 청한 것이 6차례였으나 끝내 황제가 따라주지 않았고, 兵部尙書로 자리를 옮기고 知靑州가 되었다. 檢校太保 宣徽南院使 判太原府에 제수되어 3차례 사양했으나 받아들여지지 않았다. 知蔡州로 자리를 옮겨 늙고 병들었다는 이유로 사직을 청하니, 사직소가 몇 차례 올라가자 그제야 觀文殿學士・太子少師로 致仕하게 되었다. 卒했을 때 나이 66세였다. 太子太師에 추증되었고, 시호는 文忠이다.

1) 名器 : 爵位와 그에 따른 수레와 옷 따위를 뜻하는 것으로, 관작을 가리키는 말이다. '名'은 벼슬 이름이고 '器'는 車服을 말한다.
2) 家居 : 관직이 없이 집안에 거처하는 것이다.
3) 中書閣 : 중서성에 있는 전각으로, 전적과 문서를 보관하는 곳이다.
4) 蔣之奇讒之 : 蔣之奇(1031~1104)의 자는 穎叔, 常州 宜興 사람이다. 그의 말이 구양수의 뜻과 합치하여, 구양수가 천거하여 殿中侍御史가 되었다. 그러나 治平 4년(1067) 구양수를 시기한 蔣之奇가 애매하게 癡情 사건을 꾸며 誣告하고 엄하게 탄핵할 것을 건의하였다. 이 사건으로 구양수는 좌천되었다. 그러나 구양수를 신임한 神宗이 사건을 밝혀 무고임이 드러나자, 장지기는 이 일로 黜斥되었다.

**脩議濮園[1]事**에 **雖不叶群議**나 **然結髮立朝**에 **讜直不回**하야 **身任衆怨**하야 **至於白首而謗訕不已**하되 **卒以不汚**하고 **年六十**에 **以論政不合**으로 **固求去位**하니 **可謂有君子之勇矣**라

歐陽脩가 濮園의 문제를 의논할 때는 주장이 남들과 맞지 않았다. 그러나 성년이 되어 조정에 들어간 뒤로 직언하여 굽히지 않고서 뭇사람들의 비방을 한 몸으로 떠안아 백발에 이르러서도 비방이 그치지 않았지만 마침내 자신을 더럽히지 않았고, 60세에 정사를 논한 것이 맞지 않았다는 이유로 굳이 사직을 청하였으니, 군자의 용맹이라 할 만하다.

1) 濮園 : 宋 英宗의 생부인 濮安懿王의 무덤이다. 英宗이 후계자 없이 죽은 仁宗의 뒤를 이어 황제가 된 뒤, 자기의 생부 濮安懿王을 숭봉하려고 하였다. 이때 濮王을 皇伯이라 호칭해야 한다는 范純仁과 司馬光 등의 주장과, 皇考라고 호칭해야 한다는 韓琦와 歐陽脩 등의 주장이 대립했다. 뒤에 범순인 등이 조정에서 축출되었다.

**脩博極群書**하야 **好學不倦**하고 **集三代以來金石**하야 **刻爲二千卷**한대 **校正史氏百家訛謬之說爲多**라 **所著易童子問三卷詩本義十四卷居士集五十卷內外制奏議四六集又四十餘卷**이라 **子**는 **發奕棐辨**이라

歐陽脩는 여러 서적들을 博覽하며 학문을 좋아해 마지않았으며, 三代 이래의 金石文을 모아서 판각하여 2천 권을 만들었다. 그중에서 史家와 百家들의 잘못된 설을 바로잡은 것이 많다. 저술은 ≪易童子問≫ 3권, ≪詩本義≫ 14권, ≪居士集≫ 50권이고, ≪內外制奏議四六集≫이 또 40여 권이다. 아들은 發, 奕, 棐, 辨이다.

# 上書

## 01. 通進司上皇帝書* 通進司에서 황제께 올리는 글

* 이 글은 宋 仁宗 康定 원년(1040)에 지은 것이다. 歐陽脩가 景祐 원년(1034) 5월에 玉署의 추천으로 6월에 宣德郎에 제수되었다. 이후 大理評事 兼監察御史 등을 거쳐 강정 원년 10월에 太子中允이 되었다. 이 무렵을 전후하여 쓴 것으로 보인다. 黃震, 孫琮 등 중국의 문호들은 이 글을 전통적으로 '經濟의 大文章'이라고 평하였다. 通進司는 관서 이름으로, 주로 章奏를 관장하던 부서이다.

**覽此書**에 **反覆利害**하고 **洞悉事機**라 **歐陽公少時**에 **已具宰相之略如此**하니 **不可不知**라

이 글을 읽어보면 반복해서 利害得失을 말하고 일의 核心을 환히 다 알고 있다. 歐陽公이 젊은 시절에 이미 재상의 才略을 갖추고 있음이 이와 같았으니, 알지 못해서는 안 된다.

**月日**에 **宣德郎守**[1]**太子中允充館閣校勘 臣 歐陽脩**는 **謹昧死再拜**하야 **上書于皇帝闕下**하노이다 **臣伏見國家自元昊叛逆**[1]**關西用兵以來**로 **爲國言事者衆矣**라 **臣初竊爲三策**하야 **以料賊情**이나 **然臣迂儒不識兵之大計**라 **始猶遲疑**하야 **未敢自信**이러니 **今兵興既久**에 **賊形已露**하니 **如臣素料**가 **頗不甚遠**이라 **故竊自謂有可以助萬一而塵聽覽者**하야 **謹條以聞**하노니 **惟陛下仁聖**은 **寬其狂妄之誅**면 **幸甚**이라

모월 모일에 宣德郎 守太子中允 充館閣校勘 臣 歐陽脩는 삼가 죽음을 무릅쓰고 두 번 절하고서 황제의 闕下에 글을 올립니다.

신이 삼가 보건대 국가가 元昊의 반역이 關西에서 있은 뒤로 국가를 위해 정사를 말한 사람이 많았습니다. 신이 처음에 세 가지 계책을 세워서 적의 실정을 헤아릴 것을 주장했습니다. 그러나 신은 오활한 선비라 兵事의 큰 계책을 알지 못하기에 처음에는 오히려 머뭇거리고 의심하면서 감히 자신하지 못하였습니다.

이제 병란이 일어난 지 오래라 적의 형세가 이미 다 드러나고 보니 신이 평소에 짐작했던 바와 그리 다르지 않습니다. 그래서 신의 계책이 만분의 일이라도 도움이 될 수 있다고 여겨 감히 성상의 이목을 더럽히며 삼가 조목조목 열거해 아뢰오니, 어질고 성스러우신 폐하께서는 狂妄한 죄를 너그러이 용서해주시면 매우 다행이겠습니다.

1) 守 : 代行한다는 말과 같다. 잠시 직무를 署理하는 것으로, 대개 직급이 낮으면서 비교적 높은 관직을 대행하는 것을 가리킨다.

2) 元昊叛逆 : 元昊는 일명은 李曩霄이고 어릴 때의 자는 嵬理다. 선대에는 본래 李氏였는데, 宋나라로부터 趙氏 성을 하사받았다. 宋 仁宗 寶元 원년(1038)에 西蜀 일대에서 일어나 稱帝하여 국호를 夏라 하고 송나라에 맞서 여러 차례 교전하다가, 慶曆 4년(1044)에 비로소 表를 올려 稱臣하고 송나라와 화친을 맺었다. ≪宋史 西夏傳≫

夫關西弛備而民不見兵者가 二三十年矣라 使賊萌亂之初에 藏形隱計하야 卒然而來하면 當是時하야 吾之邊屯寡弱하며 城堡未完하고 民習久安而易驚하며 將非素選而敗怯하니 使其羊驅豕突이면 可以奮然而深入이라 然國威未挫하며 民力未疲라 彼得城而居에 不能久守하고 虜掠而去에 可邀擊其歸하니 此下策也라 故賊知而不爲之라 戎狄侵邊이 自古爲患이니 其攻城掠野에 敗則走하고 而勝則來가 蓋其常事니 此中策也라 故賊兼而用之라 若夫假僭名號하야 以威其衆하고 先擊吾之易取者一二하야 以悅其心하고 然後에 訓養精銳하야 爲長久之謀라 故其來也에 雖勝而不前하고 不敗而自退하니 所以誘吾兵而勞之也요 或擊吾東하고 或擊吾西하야 乍出乍入하니 所以使吾兵分備多而不得減息也라 吾欲速攻하면 賊方新銳요 坐而待戰하면 彼則不來라 如此相持不三四歲에 吾兵已老하며 民力已疲하고 不幸又遇水旱之災하야 調斂不勝而盜

賊群起하니 彼方奮其全銳하야 擊吾困弊가 可也요 使吾不堪其困하야 忿而出攻하야 決於一戰이라도 彼以逸而待吾勞가 亦可也요 幸吾苦兵하야 計未知出하야 遂求通聘하야 以邀歲時之賂하고 度吾困急하야 不得不從이 亦可也니 是吾力一困이면 則賊謀無施而不可라 此兵法所謂不戰而疲人兵者니 上策也어늘 而賊今方用之라

대저 關西에 防備가 느슨해지고 백성들이 兵亂을 보지 못한 지가 2, 30년입니다. 가사 적이 병란이 싹튼 당초에 모습을 감추고 계책을 숨기고 있다가 갑자기 공격해 온다고 해보겠습니다. 이러한 때를 당해서 우리 邊方에 둔치고 있는 군사들은 숫자가 적고 약하며, 城郭과 堡壘는 완전하지 못하고, 백성들은 오래도록 편안한 데 익숙해져서 쉽게 놀라며, 장수는 평소 선발한 사람이 아니라 겁이 많습니다. 그러니 양을 몰고 돼지가 치달리듯 적이 쳐들어온다면 기세를 떨치며 깊숙이 쳐들어올 수 있을 것입니다. 그러나 국가의 위세가 아직 꺾이지 않았고 백성의 기운이 아직 지치지 않았으니, 저들이 성을 빼앗아 차지하고 있더라도 오래도록 지키지 못하고, 노략질을 하고 떠나가면 돌아가는 적군을 요격할 수 있을 것입니다. 이는 下策입니다. 그러므로 적이 알고도 하지 않은 것입니다.

戎狄이 변방을 침입하는 것은 예로부터 우환거리이니, 성곽을 공격하고 들판을 노략질할 때 패배하면 달아나고 승리하면 쳐들어오는 것은 늘 있는 일입니다. 이것은 中策입니다. 그러므로 적이 겸하여 쓰는 것입니다.

저 天子의 名號를 僭濫되게 사용하여 자기 무리들에게 위세를 부리고, 우리 쪽의 취하기 쉬운 한두 곳을 먼저 공격하여 자기 무리들의 마음을 즐겁게 하고, 그런 뒤에 精銳兵을 훈련해 양성하여 장구한 계책을 도모합니다. 그런 까닭에 저들이 올 때에 비록 승리해도 앞으로 나아오지 않고 패배하지 않아도 스스로 퇴각하니, 이는 우리 군사를 유인하여 수고롭게 하는 것입니다. 혹은 우리의 동쪽을 치고 혹은 우리의 서쪽을 쳐서 언뜻 나왔다가 언뜻 들어가니, 이는 우리 군사로 하여금 나누어 방비할 곳을 많게 하여 兵力을 줄이거나 休息하지 못하게 하는 것입니다. 우리들이 速攻하고자 하면 저들은 士氣衝天한 新銳이고, 우리들이 앉아서 싸움을 걸어오기를 기다리면 저들은 오지 않습니다.

이와 같이 서로 버틴 지 3, 4년도 못 되어서 우리 군사는 이미 쇠약해지고 백성들

의 힘은 이미 지쳤습니다. 게다가 불행히도 홍수와 가뭄의 재해를 만나 租稅는 감당하지 못하고 도적은 떼 지어 일어나니, 저들은 바야흐로 온전한 銳氣를 떨쳐 困弊한 우리를 공격할 수도 있을 것이고, 가사 우리가 곤폐함을 견디지 못해 분노하여 나와서 공격하여 一戰을 결행하더라도 저들은 편안히 쉰 군사를 가지고 지친 우리를 기다릴 수 있을 것이고, 우리가 전쟁에 지친 나머지 아무런 대책을 낼 수 없는 것을 다행으로 여겨 마침내 화친을 청해 歲時의 뇌물을 요구하거나 우리의 사정이 곤궁하고 급박하여 따르지 않을 수 없음을 헤아릴 수 있을 것입니다. 이는 우리의 힘이 한 번 곤궁해지면 적의 계책은 어느 쪽이든 불가할 게 없는 것입니다. 이것이 병법에서 이른바 '싸우지도 않고 남의 병력을 지치게 한다.'는 것이니, 上策입니다. 적이 바야흐로 쓰고 있습니다.

今三十萬之兵이 食於西者가 二歲矣어늘 又有十四五萬之鄕兵[1]이 不耕而自食其民하니 自古未有四五十萬之兵이 連年仰食하고 而國力不困者也라 臣聞元昊之爲賊이 威能畏其下하고 恩能死其人이라 自初僭叛으로 嫚書已上하고 逾年而不出이라가 一出則鋒不可當이라 執劫蕃官하고 獲吾將帥하야 多禮而不殺[2]하니 此其兇謀所蓄이 皆非倉卒者也라 奈何彼能以上策而疲吾어늘 吾不自知其已困하며 彼爲久計以撓我어늘 我無長策而制之哉아 夫訓兵養士하야 伺隙乘便하야 用間出奇가 此將帥之職也니 所謂閫外之事[3]而君不御者可也라 至於外料賊謀之心하며 內察國家之勢하야 知彼知此하야 因謀制敵은 此朝廷之大計也니 所謂廟筭而勝者也니 不可以不思라 今賊謀可知니 以久而疲我耳요 吾勢可察이니 西人已困也라 誠能豐財積粟하야 以紓西人하고 而完國壯兵하면 則賊謀沮而廟筭得矣리라

지금 30만의 병력이 서쪽 변방에서 군량을 먹고 있는 지가 2년인데, 또 14, 5만의 鄕兵이 농사를 짓지도 않고서 백성들의 식량을 먹고 있으니, 예로부터 4, 50만의 병력이 해를 이어 남의 힘에 의지해 먹고 살면서 국력이 困乏해지지 않은 경우는 있지 않았습니다.

신은 듣건대 元昊라는 적은, 威嚴은 아랫사람들을 두렵게 할 수 있고 恩惠는 사람

들로 하여금 자기를 위해 죽게 할 수 있다고 합니다. 처음 반란을 일으켰을 때부터 거만한 國書를 이미 올렸고, 해를 넘겨서도 나오지 않다가 한 번 나왔다 하면 그 예봉을 감당할 수 없었습니다. 변방의 관원을 잡아서 협박하고 우리 장수를 사로잡음에 예우하여 죽이지 않은 경우가 많았으니, 이는 그 마음속의 흉측한 계책이 창졸간에 나온 것이 아닙니다.

어이하여 저들은 좋은 계책으로 우리를 지치게 하거늘 우리는 이미 지친 줄 스스로 알지 못하며, 저들은 장구한 계책을 써서 우리를 흔드는데 우리는 이를 제압할 훌륭한 계책이 없단 말입니까.

대저 병졸을 훈련하고 군사를 양성하고서 틈을 엿보고 형편을 타서 간첩을 쓰고 奇計를 내는 것이 바로 將帥의 職分이니, 이른바 閫外의 일로서 임금이 다스리지 않는 것이 옳습니다. 밖으로는 적들이 가진 계책의 내심을 헤아리고 안으로는 국가의 형세를 살펴서 적을 알고 나를 알아 計謀로 적을 제어하는 것은 조정의 큰 계책입니다. 이는 이른바 廟堂에서 계책을 세워서 승리한다는 것이니, 생각하지 않아서는 안 됩니다.

지금 적의 계책을 알 수 있으니 지구전을 써서 우리를 지치게 하려는 것이고, 우리의 형세를 알 수 있으니 서쪽 변방 사람들이 이미 지쳤습니다. 진실로 재물을 풍족히 갖추고 식량을 잘 비축하여 서쪽 변방 사람들을 편안히 풀어주고 국가를 완전하게 하고 군병을 씩씩하게 하면 적의 계책이 꺾이고 묘당의 계책이 이루어질 것입니다.

1) 鄕兵 : 지방의 안정을 담당하는 병력이다. ≪宋史≫ 〈兵志〉에 "향병은 호적에서 선발하거나 士民의 응모를 받아 뽑은 군사들로 사는 지역에서 군대를 결성하여 지방을 방위하는 역할을 한다." 하였다.

2) 自初僭叛……多禮而不殺 : 寶元 원년(1038) 원호가 宋나라에 반기를 들었을 때 스스로 '大夏皇帝'라고 칭하며 天授禮法延祚로 연호를 고쳤다. 이듬해부터 송나라에 사신과 國書를 보냈다. 본문의 嫚書란 바로 이 국서를 가리킨다.

康定 원년(1040)에 西夏가 金明寨를 공격하여 이때 그곳의 蕃官인 都監 李士彬 父子가 모두 생포되었고, 이에 장군 石元孫과 劉平 등이 구원하러 갔다가 역시 생포되었다. 그러나 西夏는 이들을 죽이지 않고 예우하여 회유하려

하였다. ≪宋史 西夏傳≫

3) 閫外之事 : 지방의 軍權을 맡은 장수의 일을 뜻한다. 閫은 도성문으로 閫外之職의 약칭인바, 옛날 장수를 임명하여 외지로 보낼 적에 임금이 장수에게 당부하기를 "도성문 안은 과인이 통제하고, 도성문 밖은 장군이 통제하라.〔閫以內 寡人制之 閫以外 將軍制之〕" 한 데서 유래하였다. ≪史記 張釋之馮唐列傳≫

夫兵은 攻守而已라 然皆以財用爲强弱也니 守非財用而不久는 此不待言이라 請試言攻호리라 昔秦席六世之强하야 資以事胡라가 卒困天下而不得志[1]하고 漢因文景之富力하야 三擧而纔得河南[2]하고 隋唐은 突厥吐蕃이 常與中國相勝敗하야 擊而勝之有矣요 未有擧而滅者라 秦漢尤强者로되 其所攻이 今元昊之地가 是也라 況自劉平陷沒[3]로 賊鋒熾銳하야 未嘗挫衄하니 攻守之計는 非臣所知라 天威所加에 雖終期於掃盡이나 然臨邊之將이 尙未聞得賊釁隙하야 挫其兇鋒하니 是攻守皆未有休息之期하고 而財用不爲長久之計니 臣未見其可也라

대저 兵事란 攻擊과 守備일 뿐입니다. 그러나 모두 財用으로 强弱이 결정되는 것이니, 수비에 재용이 아니면 오래 버틸 수 없다는 것은 말할 필요도 없습니다.

이제 공격에 대해 한번 말해보겠습니다. 옛날에 秦나라는 6代에 걸친 富强을 깔고 앉아서 이를 바탕으로 삼아 胡를 공격하다가 마침내 천하를 곤궁하게만 하고 뜻을 이루지 못했습니다. 漢나라는 文帝와 景帝의 부강한 힘을 인하여 세 차례 군사를 일으켰으나 겨우 河南 지방을 얻었을 뿐이었습니다. 隋・唐 때는 突厥과 吐藩이 늘 중국과 서로 승패를 주고받아 중국이 공격하여 승리하는 경우는 있으되 군사를 일으켜 멸망시킨 경우는 없었습니다. 秦・漢은 그중에서도 더욱 강한 나라인데, 공격한 지역이 바로 지금 元昊의 땅입니다. 더구나 劉平이 패전한 이후로 적의 기세가 맹렬해져서 꺾이고 패한 적이 없습니다.

공격과 수비의 계책은 신이 알 바가 아닙니다. 폐하의 위엄이 미치는 바에 끝내 적을 다 소탕할 것을 기약하였으나, 변방을 지키는 장수들 중 적의 틈을 찾아서 흉포한 기세를 꺾은 이가 있다는 말을 들은 적이 없습니다. 이는 공격과 수비 모두 휴식할 시기가 없고 財用 역시 장구한 계책을 세우지 못한 것이니, 신은 옳다고 생

각지 않습니다.

1) 六世之强……卒困天下而不得志 : '六世之强'은 秦나라 孝公・惠文王・文王・昭王・孝文王・莊襄王, 여섯 임금 때의 부강함을 말한다. '不得志'는 秦나라가 六國을 멸망시킨 다음 河南 지방을 차지하고 萬里長城을 쌓아 匈奴를 방어했으나, 결국 말엽에 크게 혼란해지고 흉노에게 시달림을 받았던 것을 가리킨다.
2) 漢因文景之富力 三擧而纔得河南 : 漢나라 文帝와 景帝는 '與民休息' 정책을 써서 나라를 평안하고 부강하게 만들었다. 이를 '文景之治'라고 한다. 武帝에 이르러 흉노가 元光 4년(B.C. 131), 元朔 원년(B.C. 128)과 2년, 3차에 걸쳐 上谷과 漁陽 지방을 공격해왔다. 이에 漢나라는 군대를 보내 물리치고, 河南 지방을 수복한 뒤 朔方郡과 五原郡을 설치하였다. ≪漢書 武帝本紀≫
3) 劉平陷沒 : 宋 康定 원년(1040)에 西夏가 金明寨를 공격하였다. 이에 鄜延・環慶 두 지방의 副都總管 劉平이 구원하러 가서 安城을 지키다가 성이 함락되고 유평은 적에게 사로잡혔다. ≪續資治通鑑≫

**四五十萬之人**이 **坐而仰食**이나 **然關西之地**에 **物不加多**하며 **關東所有**를 **莫能運致**하고 掊**克細碎**를 **旣以無益而罷之矣**라 **至於鬻官入粟**[1]에 **下無應者**하야 **改法**権**貨**[2]**而商旅不行**하니 **是四五十萬之人**이 **惟取足於西人而已**니 **西人何爲而不困**이리오 **困而不起爲盜者**는 **須水旱爾**라 **外爲賊謀之所疲**하고 **內遭水旱而多故**하니 **天下之患**을 **可勝道哉**아

4, 50만 명의 사람들이 앉아서 양식을 받아 먹고 있습니다. 그러나 關西 지방에 물산이 더 보태지지 않으며 關東에 있는 물산을 운반해 올 수 없고, 자질구레하게 세금을 긁어모으는 것은 이미 무익한 것이라 하여 그만두었습니다. 관아에서 곡식을 사서 국고에 들여도 아래에서 호응하는 자가 없어, 법을 바꾸어 국가가 전매하는 바람에 상인들이 다니지 않는 데 이르렀으니, 이는 4, 50만 명의 사람들이 오직 서쪽 지방 사람들에게 의지해서 사는 것입니다. 서쪽 지방 사람들이 어찌 곤궁해지지 않겠습니까. 곤궁해도 일어나 도적이 되지 않는 자는 틀림없이 홍수와 가뭄을 만나게 됩니다. 밖으로는 외적의 계책에 시달리고 안으로는 홍수와 가뭄을 만나 변고가

많으니, 천하의 우환을 이루 다 말할 수 있겠습니까.

1) 糴官入粟 : 常平倉 제도를 말한다. 곡식이 수확되는 여름과 가을에 관가에서 시장 가격보다 높은 값에 곡식을 사서 비축해놓았다가 겨울과 봄, 혹은 기근이 심한 해에 시장 가격보다 낮은 값에 곡식을 내어놓는 제도이다. 그러나 관가에서도 상인들과 다를 바 없이 이익을 좇아 매매하였기 때문에, 다음 문구에서 "호응하는 자가 없다."고 하였던 것이다.
2) 榷貨 : 국가가 전매하는 것이다. 宋나라 때 稅收를 증가시키기 위해 차·소금·술·철 등을 국가가 전매하여, 민간에서 팔 수 없게 한 것이다.

夫關西之物이 不能加多하니 則必通其漕運而致之요 漕運已通이라도 而關東之物不充이면 則無得而西矣라 故臣以謂通漕運盡地利權商賈三術竝施하면 則財用足而西人紓하며 國力完而兵可久하야 以守以攻이 惟上所使라 夫小瑣目前之利는 旣不足爲長久之謀니 非旦夕而可效라 故爲長久而計者는 初若迂愚而可笑나 在必而行之면 則其利博矣라 故臣區區不敢避迂愚之責하고 請上便宜三事하노니 惟陛下裁擇하소서

대저 關西의 물산이 더 많아질 수 없으니 반드시 漕運을 소통해서 운반해 와야 하고, 漕運이 소통되더라도 關東의 물산이 충분하지 못하면 관서로 운반해 올 수 없을 것입니다. 그러므로 신은 생각건대 조운을 소통하는 것, 地利를 다하는 것, 상인들의 이익을 공평하게 해주는 것, 이 세 가지 방법을 다 시행하면 재용이 풍족하여 서쪽 지방 사람들이 넉넉해질 것이며 국력이 완전하여 군사를 오래 유지할 수 있어, 수비든 공격이든 윗사람이 시키는 대로 할 수 있을 것입니다.

대저 자잘한 目前의 이익은 이미 장구한 계책이 될 수 없으니 朝夕의 짧은 기간에 효과를 볼 수 있는 것이 아닙니다. 그러므로 장구한 기간을 두고 계책을 세우는 자는 처음에는 迂闊하고 어리석어 가소로운 듯하지만 기필코 시행한다면 그 이익이 클 것입니다. 그러므로 구구한 신은 오활하다는 꾸짖음을 감히 피하지 않고 편의한 계책 3가지를 올릴까 하오니, 폐하께서 헤아려 선택하소서.

其一曰通漕運이니 臣聞今爲西計者가 皆患漕運之不通이로되 臣以謂但未求之耳라 今

**京師在汴**하야 **漕運不西**어늘 **而人之習見者**가 **遂以爲不能西**하니 **不知秦漢隋唐**이 **其都在雍**[1] **則天下之物**을 **皆可致之西也**라 **山川地形**이 **非有變易於古**라 **其路皆在**하니 **昔人可行**이어늘 **今人胡爲而不可**리오

첫째는 漕運을 소통하는 것입니다. 신은 듣건대 오늘날 서쪽 변방을 위해 계책을 내는 사람들이 모두 조운이 통하지 못하는 것을 근심합니다. 그러나 신은 다만 소통할 방도를 찾지 않았을 뿐이라 생각합니다.

지금 수도가 汴京에 있어 조운이 서쪽으로 통하지 못하고 있는데, 이런 상태를 익히 보아온 사람들은 마침내 서쪽으로 통할 수 없다고 생각하니, 秦·漢·隋·唐은 그 수도가 雍州에 있었으므로 천하의 물산을 모두 서쪽으로 옮겨갈 수 있었다는 사실을 모르는 것입니다. 산천의 지형이 옛날과 바뀌지 않아 당시의 길들이 모두 있으니, 옛사람들이 갈 수 있었거늘 지금 사람들이라고 어찌하여 갈 수 없겠습니까.

1) 雍 : 現 陝西省 중부와 甘肅省 동북부 青海 일대를 이른다. 渭水의 북쪽, 葱嶺의 동쪽에 있었다. 秦나라의 咸陽, 漢나라의 洛陽, 隋나라와 唐나라의 長安 등 역대 왕조의 수도가 모두 이 지역에 세워졌다.

**漢初**에 **歲漕山東粟數十萬石**하니 **是時**에 **運路未修**하야 **其漕尙少**하고 **其後武帝益修渭渠**[1]하야 **至漕百餘萬石**하고 **隋文帝時**에 **沿水爲倉**하야 **轉相運置**하야 **而關東汾晉**[2]**之粟**이 **皆至渭南**하야 **運物最多**하니 **其遺倉之迹**이 **往往皆在**라 **然皆尙有三門**[3]**之險**이라 **自唐裴耀卿**[4]**又尋隋迹**하야 **於三門東西置倉**하고 **開山十八里**하야 **爲陸運以避其險**하고 **卒泝河而入渭**하니 **當時歲運不減二三百萬石**이러라 **其後劉晏**[5]**遵耀卿之路**하야 **悉漕江淮之米**하야 **以實關西**하니 **後世言能經財利而善漕運者**에 **耀卿與晏爲首**러라

漢나라 초기에 해마다 山東의 곡식 수십만 석을 漕運하였습니다. 이때 漕運路가 정비되지 못해서 조운하는 물산이 아직 적었고, 그 후에 武帝가 渭渠를 더욱 정비하여 백여만 석을 조운하기 이르렀습니다.

隋 文帝 때에는 물길을 따라 곡식 창고를 설치하여 곡식을 운반하여 비축해두었습니다. 그리하여 關東과 汾水·晉水 일대의 곡식이 모두 渭水 이남 지역에 모여들

어 물산을 운반함이 매우 많았으니, 당시의 창고 터가 왕왕 남아 있습니다. 그러나 모두 三門山 지역의 험한 물길이 있습니다.

그래서 唐나라 裵耀卿이 隋나라 때의 창고 터를 다시 찾아서 삼문산 동서쪽에 창고를 설치하고, 산길 18리를 열어 陸運을 하여 험한 물길을 피하고, 마침내 黃河를 거슬러 올라 渭水로 들어갔습니다. 당시 해마다 운송하는 곡물이 2, 3백만 섬을 밑돌지 않았습니다. 그 후에 劉晏이 배요경이 연 길을 따라 江淮(長江과 淮水) 일대의 미곡을 모두 조운하여 關西 지역에 채웠습니다. 그래서 후세 사람들이 財利를 잘 경영하고 조운을 잘한 사람을 말할 때 배요경과 유안을 으뜸으로 쳤습니다.

1) 渭渠 : 漢 武帝 때 뚫은 運河로, 지금 陝西省 西安市 남쪽에 있다.
2) 關東汾晉 : 관동은 函谷關 동쪽 지역이다. 汾晉은 汾水와 晉水 일대로, 現 山西省 지역에 해당한다.
3) 三門 : 三門山으로 三門峽이라고도 한다. 河南省 陝縣 동북쪽 黃河 내에 있는 험준한 산 모양의 섬으로, 곧 鬼門島, 神門島, 人門島이다. 황하가 이곳을 경유할 때 세 갈래로 갈라져 鬼門, 神門, 人門을 이루는데 물길이 몹시 격하며, 이곳을 지나자마자 砥柱石이 버티고 있어 황하 뱃길의 가장 험한 난관이 되었다. 隋唐 이래 漕運의 가장 큰 고심거리였다.
4) 裵耀卿 : 唐 玄宗 때의 사람으로 字는 煥之이고 稷山 사람이다. 開元 연간(713~741)에 黃門侍郎 同中書門下平章事가 되었고 이어 轉運使가 되었다. 현종 때 三門 동쪽에 창고를 세우고 삼문협의 물살을 피하여 육로로 운반할 것을 건의하였다. 이렇게 하면 삼문의 險關을 피할 수 있고 비용을 절약할 수 있는 이점이 있는데, 이렇게 절감된 비용을 가지고 배요경은 義倉制度를 만들어 제반 사회문제를 해결하는 데 쓸 것을 건의하였다. ≪舊唐書 食貨志≫
5) 劉晏 : 字는 士安으로 唐나라 曹州 南華 사람이다. 7세에 신동으로 발탁되어 秘書省正字가 되었다. 재정에 밝아 安史의 亂 이후 궁핍해진 당나라 경제를 안정시키는 데 큰 기여를 하였다.

今江淮之米 歲入于汴者가 六百萬石이니 誠能分給關西면 得一二百萬石足矣라 今兵之食汴漕者가 出戍甚衆하니 有司不惜百萬之粟하야 分而及之에 其患者三門阻

其中爾니 今宜浚治汴渠[1)]하야 使歲運不阻니 然後按求耀卿之迹하야 不憚十許里陸運之勞하면 則河漕通而物可致하고 且紓關西之困이라 使古無法이라도 今有可爲면 尙當爲之온 況昔人行之而未遠하니 今人行之而豈難哉아 耀卿與晏初理漕時에 其得尙少러니 至其末年하얀 所入十倍니 是可久行之法明矣라 此水運之利也라

지금 江淮 일대의 미곡이 해마다 汴水로 들어오는 것이 6백만 섬이니, 진실로 關西 지역에 나누어줄 수 있다면 1, 2백만 섬을 얻으면 충분할 것입니다. 지금 군병들 중 변수로 조운한 곡식을 먹는 자가 매우 많이 변방에 나가 수자리를 서고 있습니다. 有司가 백만 섬의 곡식을 아까워하지 않고 이들에게 나누어 보내줌에 문제가 되는 것은 三門山이 그 중간을 막고 있는 것입니다.

지금 汴渠를 준설하여 歲運이 막히지 않게 한 뒤에 裴耀卿이 열었던 길의 자취를 다시 찾아서 10여 리 거리를 육로로 운송하는 수고를 꺼리지 않는다면, 黃河의 조운이 통하여 물산을 운반해 보낼 수 있고 관서의 곤궁한 형편을 풀 수 있을 것입니다. 옛날에 법이 없었다 하더라도 지금 할 수 있다면 응당 해야 할 터인데 하물며 옛사람이 한 지 오래지 않으니, 지금 사람이 하는 것이 어찌 어렵겠습니까. 裴耀卿과 劉晏이 처음 조운을 다스릴 때에는 얻어지는 곡물이 오히려 적었는데 말년에 이르러서는 들어오는 곡물이 열 배가 되었으니, 이는 오랫동안 시행할 만한 법임이 분명합니다. 이것이 水運의 이익입니다.

1) 汴渠 : 汴水의 옛 물길을 이용해서 만든 운하이다.

臣聞漢高祖之入秦에 不由東關[1)]而道南陽[2)]하고 過酈析[3)]而入武關[4)]이러니 曹操等起兵誅董卓에도 亦欲自南陽道丹析而入長安하고 是時에 張濟又自長安으로 出武關하고 奔南陽[5)]하니 則自古用兵往來之徑也라 臣嘗至南陽하야 問其遺老하니 云自鄧西北至永興六七百里에 今小商賈往往行之라하다 初漢高入關에 其兵十萬이니 夫能容十萬兵之路가 宜不甚狹而險也라 但自洛陽爲都로 行者皆趨東關하니 其路久而遂廢라 今能按求而通之면 則武昌漢陽郢復襄陽梁洋金商均房光化[6)]沿漢之地十一二州之物을 皆可漕而頓之南陽이요 自南陽爲輕車人輦而遞之하되 募置遞兵하야 爲十五

六舖하면 則十餘州之物이 日日入關而不絶이라

신은 듣건대 漢 高祖가 秦나라에 들어갈 때 東關을 통하지 않고 南陽을 지나갔으며, 酇·析을 지나서 武關에 들어갔습니다. 曹操 등이 군사를 일으켜 董卓을 주벌할 때도 역시 南陽으로부터 丹·析을 지나서 長安에 들어갔으며, 이때 張濟가 또 장안으로부터 武關을 나와 南陽으로 달아났습니다. 곧 이곳은 예로부터 군사를 쓸 때 왕래하는 길이었습니다.

신이 일찍이 남양에 이르러 노인들에게 물어보니, "鄧州로부터 서북쪽으로 永興에 이르기까지가 6, 7백 리인데 지금 작은 장사치들이 왕왕 그 길을 다닌다."라고 하였습니다. 당초 한 고조가 관문에 들어갈 때 그 군사가 10만이었으니, 10만의 군사를 받아들일 수 있는 길이 의당 매우 좁고 험하지는 않을 것입니다. 다만 洛陽이 수도가 되고나서 길 가는 사람들이 모두 동관으로 달려가니, 그 길이 오랜 세월 사람이 안 다녀 황폐해지고 말았습니다.

지금 그 길을 찾아서 통하게 하면 武昌·漢陽·郢·復·襄陽·梁·洋·金·商·均·房·光化 등 漢水 연안의 11, 2州의 곡물을 모두 南陽에 옮겨놓을 수 있을 것입니다. 그리고 남양으로부터 가벼운 수레와 사람이 끄는 수레로 그 곡물을 옮기되 운송하는 병사를 모집하여 15, 6곳의 역참을 두면, 10여 州의 곡물이 날마다 무관으로 들어와 끊이지 않을 것입니다.

1) 東關 : 函谷關의 이칭이다. 함곡관이 秦나라 수도 咸陽의 동쪽 대문에 해당하기 때문에 이렇게 부른 것이다.

2) 南陽 : 現 河南省 南陽市이다.

3) 酇折 : 折은 析의 오자이다. 酇과 析 모두 河南省이 있던 縣 이름이다. 酇은 現 菊潭縣이고, 析은 지금의 內鄉이다.

4) 武關 : 秦나라 수도 함양의 남쪽 관문으로 析縣 서쪽 170리 거리에 있었다. 現 陝西省 商州 동쪽에 해당한다.

5) 張濟又自長安……奔南陽 : 張濟는 자가 元江이고 張酺의 증손으로 儒學을 좋아하고 경전에 밝았다. 동탁의 부하로서 동탁이 죽임을 당한 뒤 李傕과 郭汜가 권력을 휘두를 때 驃騎將軍 平陽侯로 있었다. 뒤에 武關을 나가서 난군 속에 섞여서 南陽에 이르렀다가 화살을 맞고 죽었다.

6) 武昌漢陽郢復襄陽梁洋金商均房光化 : 모두 宋나라 때 지명으로 漢水와 揚子江 유역에 있다. 現 湖北省과 陝西省 두 지역에 속한다.

沿漢之地에 山多美木하야 近漢之民이 仰足而有餘하니 以造舟車가 甚不難也라 前日陛下深恤有司之勤하야 內賜禁錢數十萬하야 以供西用이러니 而道路艱遠하야 輦運踰年에 不能畢至하고 至於軍裝輸送하얀 多苦秋霖하야 邊州已寒에 冬服尙滯於路하니 其艱如此라 夫使州縣綱吏[1]로 遠輸京師하야 轉冒艱滯然後得西하니 豈若較南陽之旁郡하야 度其道里入于武關與至京師遠近等者與其尤近者하야 皆使直輸于關西아 京師之用이 有不足이어든 則以禁帑出賜有司者하야 代而充用이니 其迂曲簡直이 利害較然矣라 此陸運之利也라

漢水 연안 지역에는 산에 좋은 목재가 많아 한수 인근의 백성들이 이것에 의지하여 넉넉히 생계를 유지할 수 있으니, 이것으로써 배와 수레를 만드는 것이 매우 어렵지 않습니다. 지난날 폐하께서 有司의 노고를 몹시 가엽게 여겨 궁중에서 官庫의 금 수십만 냥을 내어 서쪽 변방의 용도로 지급했습니다. 그러나 도로가 험하고 멀어 수레로 운반함에 해를 넘겨도 다 도착하지 못하였습니다. 그리고 軍裝의 수송으로 말하자면 가는 동안 가을 장맛비에 많이 시달려 변방 고을에 날씨가 이미 추워졌는데도 겨울옷은 아직 도로에서 지체되고 있으니, 그 고생스러움이 이와 같습니다. 대저 州縣의 綱吏로 하여금 멀리 京師로 수송하게 한 다음 다시 고생을 겪고 도중에서 지체된 뒤에야 서쪽에 당도할 수 있게 하니, 어찌 南陽 주변의 고을들을 비교해 武關에 들어가기까지와 경사에 이르기까지의 도로의 遠近이 같은 곳과 거리가 더욱 가까운 곳을 헤아려 모두 그 지역에서 직접 關西로 수송하게 하느니만 하겠습니까. 경사의 財用이 부족하면 內帑庫의 재물을 꺼내어 有司에게 주어서 대신 비용에 충당하게 하면 될 것이니, 어느 쪽이 더 우회적이고 어느 쪽이 더 간편한 방법인지 그 이해는 분명히 알 수 있을 것입니다. 이것이 陸運의 이로운 점입니다.

1) 綱吏 : 輸送員을 모아서 운반하는 일을 주관하는 관원이다. 綱은 수송원을 모아서 동행하는 것을 말한다.

其二曰盡地利니 臣聞昔之畫財利者는 易爲工하고 今之言財利者는 難爲術이라하니 昔者之民은 賦稅而已라 故其不足은 則鑄山煮海하고 榷酒與茶하며 征關市而筭舟車라도 尙有可爲之法하야 以苟一時之用이러니 自漢魏迄今에 其法日增하고 其取益細하야 今取民之法이 盡矣라 昔者에 賦外之征하야 以備有事之用이러니 今盡取民之法하야 用於無事之時하야 悉以冗費而糜之矣니 至卒然有事하얀 則無法可增이라

둘째는 地利를 다하는 것입니다. 신이 듣건대 옛날에 財利를 계획하는 것은 공효가 되기 쉽고, 오늘날 재리를 말하는 것은 방법이 되기 어렵다고 합니다. 옛날의 백성은 세금만 낼 뿐이었습니다. 그러므로 부족한 부분은 동전을 주조하고 소금을 건조하며 술과 차를 전매하며 관문과 시장에 세금을 징수하고 배와 수레에 통행세를 부과하더라도 외려 해결할 수 있는 방법이 있어 일시적인 소용을 그럭저럭 댈 수 있었습니다.

漢·魏 이후로 지금에 이르기까지 그 세금의 법이 날로 증가하고 세금을 거두는 명목도 날로 세밀해지니 지금 백성에게 세금을 거두는 법은 남김없이 거둔다 할 정도입니다. 옛날에는 賦外의 세금으로 유사시의 용도에 대비했는데, 지금은 백성에게 세금 깡그리 거두는 법을 일 없이 한가한 때에 써서 죄다 쓸데없는 비용으로 소모해버리니, 갑자기 큰일을 만나면 세금을 더 거둘 방법이 없습니다.

然獨猶有可爲者하니 民作而輸官者已勞어늘 而遊手之人方逸하며 地之産物者耕不得代[1)]어늘 而不墾之土가 尙多라 是民有遺力하고 地有遺利니 此可爲也라 況歷視前世用兵者가 未嘗不先營田이라 漢武帝時兵興用乏이어늘 趙過爲畎田人犁之法[2)]하야 以足用하고 趙充國攻西羌에 議者爭欲出擊하되 而充國深思全勝之策하야 能忍而待其弊하야 至違詔[3)]罷兵而治屯田하되 田於極邊하야 以遊兵而防鈔寇하니 則其理田不爲易也로되 猶勉爲之라 後漢之時에 曹操屯兵許下[4)]에 强敵四面하니 以今視之컨댄 疑其旦夕戰爭而不暇라 然用棗祗韓浩之計[5)]하야 建置官田하야 募民而田近許之地하야 歲得穀百萬石이러니 其後郡國皆田하야 積穀無數하고 隋唐田制尤廣하야 不可勝擧라 其勢艱而難田은 莫若充國하고 迫急而不暇田은 莫如曹操라 然皆勉焉하야 不以迂緩

而不田者는 知地利之博而可以紓民勞也라

그러나 그래도 해볼 만한 것이 있으니, 백성들이 농사를 지어서 국가에 실어보내는 것이 이미 수고로운데 하는 일 없이 놀고 있는 사람들은 바야흐로 편안하며, 땅에서 물산을 생산하는 것은 해를 걸러 休耕할 수 없는데 개간하지 않은 땅은 아직도 많습니다. 이는 백성들에게 남은 힘이 있고 땅에 남은 이익이 있는 것이니, 이것이 해볼 만한 것입니다.

더구나 전대에 用兵한 이들을 훑어보면 屯田을 우선하지 않은 적이 없었습니다. 漢 武帝 때 전쟁이 일어나 군량이 부족해지자 趙過가 농토를 나누어 번갈아 경작하는 법과 소를 이용해 경작하는 법을 만들어서 곡식을 넉넉하게 하였습니다. 趙充國이 西羌을 공격할 때 의논하는 이들은 다투어 출동해 공격하기를 바랐지만 조충국은 全勝을 거둘 계책을 깊이 생각하여 잘 참아서 적이 지칠 때를 기다리느라, 심지어 詔命을 어기고 군사 출동을 중지하고서 둔전을 설치하되 極邊에다 둔전을 개간하여 한가히 노는 군병으로 적의 침입을 막았으니, 그 둔전을 설치함이 쉽지 않았을 텐데도 힘써 하였습니다.

後漢 때에는 曹操가 許下에 둔전을 설치할 때 사방에 강적이 있었으니, 지금 시점에서 본다면 조만간 전쟁이 일어날 지경이라 겨를이 없었을 듯합니다. 그러나 棗祗·韓浩의 계책을 써서 官田을 설치, 백성을 모집하여 허하와 가까운 땅에 둔전을 개간하여 해마다 곡식 백만 석을 수확하였는데, 그 후에 郡·國이 모두 둔전을 설치하여 곡식을 비축한 것이 무수하였고, 隋·唐은 田制가 더욱 넓어서 이루다 일일이 열거할 수 없습니다.

그 형세가 곤란하여 둔전을 하기 어렵기로는 조충국의 경우만 한 것이 없고 형세가 급박하여 둔전을 할 겨를이 없기로는 조조의 경우만 한 것이 없었습니다. 그러나 모두 힘써 했지 현실에 어두운 계책이라 하여 둔전을 하지 않음이 없었던 것은 地利가 넓어서 백성들의 수고를 덜어줄 수 있음을 알았기 때문입니다.

1) 耕不得代 : 代는 옛날에 地力을 유지하기 위해서 해를 걸러서 耕作과 休耕을 하는 것이다. '耕不得代'는 경작에서 그렇게 하지 못한다는 의미이다.

2) 趙過爲畎田人犁之法 : 趙過는 漢 武帝 때 사람으로 농업에 조예가 깊었던 사

람이다. 그가 搜粟都尉로 있으면서 농토를 번갈아 쉬게 하며 경작하는 代田法을 시행했고 소를 이용해 경작하는 방법을 고안했으며, 耕耘·落種 등에 사용되는 농기구를 제작했다고 한다.

甽田은 농토에 수로를 내어서 1畝의 토지를 3甽·3壟으로 만들어 해마다 땅을 바꾸어 경작함으로써 地力을 회복시키는 방법이다. 人犂는 소에 쟁기를 메워 사람이 끌어서 경작하는 것이다.

3) 趙充國攻西羌……至違詔 : 趙充國은 漢나라 때 명장으로 자는 翁孫이다. 그는 용맹과 지략을 갖추었으며 사방 오랑캐의 정세를 잘 알아 武帝 때는 흉노를 정벌한 공이 있었다. 宣帝 때 西羌이 반란을 일으키자 72세의 고령으로 칙명을 받고 나가서 이들을 평정하고 屯田을 설치하였다. 이때 西羌을 급히 공격하라는 황제의 詔令을 몇 차례나 어기고 군대 출동을 중지하고 屯田을 설치하여 힘을 비축했다. 뒤에 營平侯에 봉해졌다. ≪漢書 趙充國傳≫

4) 許下 : 許昌을 가리킨다. 後漢 建安 원년(B.C. 196)에 조조가 獻帝를 맞이하여 이곳에 도읍을 정하고, 도읍 주위에다 둔전을 설치하였다.

5) 棗祗韓浩之計 : 棗祗는 삼국시대 魏나라 사람으로 本姓은 棘氏였는데 원수의 성씨를 피하여 棗氏로 바꾸었다. 陳留太守로 있을 때 가뭄이 심하여 식량이 부족해지자, 백성을 모집하여 둔전을 설치하였다.

韓浩는 삼국시대 河內 사람으로 자는 元嗣이다. 孟津에서 董卓에 맞서 싸울 때 동탁이 한호의 장인 頭陽을 포로로 삼아 불렀으나 가지 않았다. 이로 인해 袁涉과 夏侯惇에게 높이 평가받았다. 역시 둔전을 설치하는 것을 주장하였다. 曹操는 建安 원년에 조지와 한호 두 사람의 건의를 받아들여 둔전을 실시했다. ≪三國志 魏志 武帝本紀≫

今天下之土가 不耕者多矣니 臣未能悉言하고 謹擧其近者하리이다 自京以西에 土之不闢者가 不知其數하니 非土之瘠而棄也라 蓋人不勤農與夫役重而逃爾라 久廢之地가 其利數倍於營田하니 今若督之使勤與免其役이면 則願耕者衆矣라 臣聞鄕兵[1]之不便於民을 議者方論之矣라 充兵之人이 遂棄農業하고 託云敎習하야 聚而飮博하며 取資其家하야 不顧無有어늘 官吏不加禁하고 父兄不敢詰하니 家家自以爲患也라 河東河北關西之鄕兵은 此猶有用이어니와 若京東西者는 平居不足以備盜하며 而水旱適

**足以爲盜**라 **其尤可患者**는 **京西**는 **素貧之地**라 **非有山澤之饒**하여 **民惟力農是仰**이어늘 **而今三夫之家一人五夫之家二人爲游手**하니 **凡十八九州**에 **以少言之**라도 **尙可四五萬人**이 **不耕而食**하니 **是自相糜耗而重困也**라 **今誠能盡驅之**하야 **使耕于棄地**하되 **官貸其種**하고 **歲田之入**을 **與中分之**를 **如民之法**하고 **募吏之習田者爲田官**[2)]하야 **優其課最而誘之**하면 **則民願田者衆矣**라

지금 천하의 土地 중 耕作하지 않는 것이 많습니다. 신이 다 말씀드리지는 못하고 가까운 지역만 들어보겠습니다. 京師 서쪽에 개간되지 않은 땅이 不知其數이니, 이는 토질이 척박해서 버려둔 것이 아니라 대개 사람이 농사에 힘쓰지 않고 身役이 무거워서 도망친 것입니다. 오랫동안 버려져 있는 땅은 그 地利가 屯田을 운영하는 것보다 몇 배가 되니, 지금 만약 농사에 힘쓰도록 독책하고 身役을 면제해주면 농사 짓기를 원하는 사람이 많을 것입니다.

신이 듣건대 鄕兵 제도가 백성들에게 불편을 끼치는 것에 대해 의논하는 이들이 말하고 있다고 합니다. 兵役에 충당된 사람들이 드디어 농업을 버리고 군사훈련을 핑계로 삼아 모여서 술을 마시거나 도박을 일삼으며, 자기 집에서 재물을 가져와 집안 형편을 생각하지 않습니다. 그럼에도 관리들이 금지하지 않고 부형들도 감히 꾸짖지 못하니, 집집마다 근심거리로 여기고 있습니다. 河東·河北·關西의 향병은 그래도 쓸모가 있지만 경사 동쪽과 서쪽 지역의 경우 평시에는 도적을 방비하기에 부족하며 홍수와 가뭄이 든 때에는 단지 도적이 되기에 알맞습니다.

더욱 근심할 만한 것이 있습니다. 경사 서쪽은 본디부터 가난한 곳이라 山林과 川澤의 넉넉함이 없어 백성들이 오직 농사만 믿고서 사는데, 지금 세 사내가 있는 집은 한 사람이, 다섯 사내가 있는 집은 두 사람이 향병이 되어 일손을 놀리고 있으니, 무릇 18, 9州에 적게 잡아서 말해도 오히려 4, 5만 명이 농사를 짓지 않고 밥을 먹는 셈입니다. 이는 우리 자체 안에서 서로 힘을 소모하여 더욱 곤궁하게 만드는 것입니다. 이제 이런 사내들을 죄다 몰아서 버려진 땅에 농사를 짓게 하되 국가가 곡식 종자를 빌려주고 歲田의 수입을 백성들의 법과 같이 국가와 경작자가 공평하게 나누고, 관리 중에서 농사에 익숙한 자를 모집하여 田官을 삼아서 실적이 뛰어난 자를 우대하면 둔전을 원하는 백성들이 많을 것입니다.

1) 鄕兵 : 지방의 治安과 守備를 위해 조직한 병사로, 戶籍에서 선발하거나 자원 입대를 받아 결성한 군사조직이다. ≪宋史 兵志≫
2) 田官 : 농사 업무를 관장하는 관리를 말한다. 농사 감독과 세금, 곡식의 출납 등의 업무를 두루 맡는다.

**太宗皇帝[1]時**에 **嘗貸陳蔡[2]民錢**하야 **使市牛而耕**하고 **眞宗皇帝[3]時**에 **亦用耿望之言[4]**하야 **買牛湖南而治屯田**이라 **今湖南之牛歲賈于北者**가 **皆出京西**하니 **若官爲買之**면 **不難得也**요 **又宜重爲法**하야 **以困所謂私牛之客者**하야 **使不容於民而樂爲官耕**이라 **凡民之家有牛者**를 **使自耕**이면 **則牛不足而官市者不多**라 **且鄕兵本農也**어늘 **籍而爲兵**하여 **遂棄其業**이라 **今幸其去農未久**하야 **尙可復驅還之田畝**하야 **使不得群游而飮博**하야 **以爲父兄之患**하니 **此民所願也**라

太宗皇帝 때 일찍이 陳·蔡 지역 백성들에게 官錢을 빌려주어 소를 사서 농사를 짓게 하였고, 眞宗황제 때에도 耿望의 말을 받아들여 湖南 지역에서 소를 사서 둔전을 개간하였습니다. 지금 호남 지역의 소를 해마다 북쪽에서 사는 것이 모두 京師 서쪽에서 나오니, 만약 국가가 이를 산다면 어렵지 않을 것이요, 또 무겁게 법을 만들어서 이른바 소를 사사로이 매매하는 사람들을 곤란하게 만들어서 백성들 사이에서 용납되지 못하게 하여 국가의 경작을 즐거이 하게 해야 할 것입니다. 무릇 백성들 중 집안에 소를 가진 자들로 하여금 자기 농사를 짓게 하면 소는 부족하고 국가가 사들이는 것도 많지 못할 것입니다.

게다가 향병은 본래 농사를 짓는 사람들인데, 軍籍에 넣어서 병사를 만들어 마침내 본업을 버리게 한 것입니다. 지금 다행히도 농사를 버린 지 오래지 않으므로 다시 이들을 몰아서 농토로 되돌려보내 떼를 지어 놀며 술 마시고 도박하여 부형의 걱정거리가 되지 않게 할 수 있으니, 이것이 백성들의 바람입니다.

1) 太宗皇帝 : 宋 太宗인 趙光義이다.
2) 陳蔡 : 지명이다. 陳은 陳州로 現 河南省 南陽 일대이며, 蔡는 蔡州로 하남성 上蔡·新蔡 일대이다.
3) 眞宗皇帝 : 宋 眞宗인 趙恒이다.

4) 耿望之言 : 耿望은 당시 知襄州로 있던 관리이다. 묵은 전답, 황무지에 둔전을 설치하여 운영할 것을 건의하였다. 토지를 상・중・하 세 등급으로 나누고 장정 500명을 調發하여 제방을 쌓고, 荊州와 湖南의 소 700마리를 사서 둔전을 실시하자고 주장하였다.

**一夫之力**이 **以逸而言**이면 **任耕縵田**[1]**一頃**이니 **使四五萬人皆耕**하야 **而久廢之田**이 **利又數倍**면 **則歲穀不可勝數矣**라 **京西之分**에 **北有大河**[2]가 **南至漢而西接關**하니 **若又通其水陸之運**이면 **所在積穀**을 **惟陛下詔有司而移用之耳**라

한 사내의 힘이 편안히 일하는 것을 기준으로 말하면 縵田 1頃을 경작할 수 있습니다. 따라서 4, 5만 명으로 하여금 모두 농사를 짓게 하여, 오래 묵었던 농토에서 이익이 몇 배나 나게 하면 歲穀은 이루 다 헤아릴 수 없을 것입니다. 경사 서쪽 分野에 북쪽에는 大河가 남쪽으로 흘러 漢水에 이르고 서쪽으로 函谷關과 접하니, 만약 또 水陸의 운송을 소통하시면 곳곳마다 쌓은 곡식들을 오직 폐하께서 有司에게 詔命을 내려 옮겨다 쓰기만 하시면 될 것입니다.

1) 縵田 : 밭두둑이나 도랑을 만들지 않은 밭을 말한다. 직파법으로 농사를 짓는데, 생산량이 아주 낮았다.
2) 大河 : 黃河를 가리킨다.

**其三曰權商賈**니 **臣聞秦廢王法**하고 **啓兼幷**[1]하니 **其上侵公利**하고 **下刻細民**하야 **爲國之患**이 **久矣**라 **自漢以來**로 **嘗欲爲法而抑奪之**나 **然不能也**라 **蓋爲國者興利日繁**하고 **兼幷者趨利日巧**하야 **至其甚也**하얀 **商賈坐而權國利**하니 **其故非他**라 **由興利廣也**일새라 **夫興利廣**이면 **則上難專**하니 **必與下而共之然後**에 **通流而不滯**라 **然爲今議者**는 **方欲奪商之利**하야 **一歸於公上而專之**라 **故奪商之謀益深**이면 **則爲國之利益損**이라

셋째는 商人들의 利益을 公平하게 해주는 것입니다. 신은 듣건대 秦나라가 王法을 폐지하고 兼倂을 열었으니, 위로는 公利를 침탈하고 아래로는 백성을 착취하여 국가의 근심이 된 지가 오래입니다. 漢나라 이래로 법을 만들어서 이들을 억제하고 이들의 부당한 이익을 빼앗으려 했으나 그렇게 할 수 없었습니다. 대개 국가를 다스

리는 자는 이익을 일으킴이 날로 많아지고 겸병하는 자는 이익을 추구함이 날로 교묘해져서 심지어는 상인들이 가만히 앉아서 국가의 이익을 저울질하니, 그 까닭은 다른 것이 아니라 이익을 일으킴이 넓기 때문입니다.

대저 이익을 일으킴이 넓으면 윗사람이 독차지하기 어려우니 반드시 아랫사람들과 함께한 뒤에야 유통하여 막히지 않습니다. 그러나 오늘날 의논하는 이들은 바야흐로 상인들의 이익을 빼앗아서 오로지 조정에다 돌려서 조정이 독차지하게 하고자 합니다. 그런 까닭에 상인의 이익을 빼앗으려는 계획이 깊어지면 깊어질수록 국가의 이익은 더욱 줄어들게 마련입니다.

1) 秦廢王法 啓兼併 : 그러므로 秦나라 商鞅이 周나라의 井田제도를 없애고 논밭의 경계인 阡陌과 封疆을 틔웠다고 한다. 이것이 곧 논밭의 兼併을 허락한 것이다. ≪史記 商君列傳≫ 唐나라 白居易의 〈議井田阡陌策〉에 "정전의 천맥을 무너뜨려 전지를 넓히는 일이 일어나자, 겸병하는 길이 열려서, 심지어 빈곤한 자에게는 발을 세울 곳이나 송곳 하나 찌를 땅도 없게 하고, 부강한 자에게는 산과 들의 이끗을 멋대로 장악하게 하였다.〔阡陌作則兼幷之門開 至使貧苦者無容足立錐之地 富强者專籠山絡野之利〕" 하였다.

**前日有司**가 **屢變其法**[1]하니 **法每一變**이면 **則一歲之間**에 **所損數百萬**이어늘 **議者不知利不可專**하고 **欲專而反損**하야 **但云 變法之未當**이라하야 **變而不已**하니 **其損愈多**라 **夫欲十分之利皆歸于公**이라도 **至其虧少**하얀 **十不得三**하니 **不若與商共之**하야 **常得其五也**라

지난날 有司가 누차 그 法을 바꾸니, 법이 한 번 바뀔 때마다 한 해 사이에 줄어드는 이익이 수백만이거늘, 의논하는 이들은 이익은 독차지할 수 없고 독차지하고자 하면 도리어 이익이 줄어든다는 것을 알지 못하고서, 단지 바뀐 법이 온당치 못하다 하여 법을 바꾸기를 그치지 않으니, 줄어드는 이익이 더욱 많아졌습니다. 대저 십분의 이익 모두를 조정에 돌리고자 하더라도 이익이 줄어듦에 이르러서는 10분의 3도 얻지 못하니, 상인들과 이익을 공유하여 늘 10분의 5를 얻는 것만 못합니다.

1) 前日有司 屢變其法 : 宋 仁宗 때 군사 동원, 홍수, 가뭄 등이 빈번하여 국가의

수입이 줄어들자, 前後로 官府에서 국가가 차와 소금 등을 專賣하는 법을 만들어서 稅收의 증대를 꾀하였다.

**今爲國之利多者**는 **茶與鹽耳**라 **茶自變法已來**로 **商賈不復**하야 **一歲之失**을 **數年莫補**라 **所在積朽**하야 **棄而焚之**하니 **前日議者屢言三說之法**[1]**爲便**하니 **有司旣以詳之矣**라 **今誠能復之**하야 **使商賈有利而通行**이면 **則上下濟矣**라 **解池**[2]**之鹽**이 **積若山阜**하니 **今宜暫下其價**하야 **誘群商而散之**하되 **先爲令曰 三年將復舊價**라하면 **則貪利之商**이 **爭先而輳矣**리라 **夫茶者生於山而無窮**하며 **鹽者出於水而不竭**하니 **賤而散之**라도 **三年十未減其一二**라 **夫二物之所以貴者**는 **以能爲國資錢幣爾**라 **今不散而積之**면 **是惜朽壤也**니 **夫何用哉**리오

오늘날 국가의 많은 이익이 되는 것은 차와 소금입니다. 차는 법을 바꾼 이래로 상인들이 다시 오지 않아서 한 해의 손실을 몇 해 동안 보완하지 못하여 곳곳마다 쌓인 차가 썩어서 내버려 불태우고 있는 실정입니다. 지난날 의논하는 이가 三說의 법이 편리함을 누차 말하였으니, 有司가 이미 상세히 알고 있을 것입니다. 지금 참으로 이 법을 다시 시행하여 상인들에게 이익이 있게 해서 통행하게 한다면 국가와 상인, 上下의 일이 서로 잘 풀릴 것입니다.

解池의 소금이 산더미처럼 쌓여 있습니다. 지금 잠시 그 값을 내려 상인의 무리들을 끌어들여 소금을 각지로 흩어서 팔게 하되, 먼저 명령하기를 "3년 뒤에는 본래의 값을 회복할 것이다." 하십시오. 그렇게 하면 이익을 탐내는 상인들이 앞다투어 몰려들 것입니다.

대저 차란 것은 산에서 생산되어 무궁하고, 소금이란 것은 물에서 생산되어 무궁하니, 그 값을 싸게 하여 흩어서 팔더라도 3년 동안 10분의 1, 2도 수량이 줄지 않을 것입니다. 대저 차와 소금, 두 가지 물산이 비싼 것은 국가의 자본, 財貨가 될 수 있기 때문입니다. 그런데 지금 이것들을 쌓아두고 흩지 않는다면 이는 썩은 흙을 아끼는 격이니 무슨 소용이 있겠습니까.

1) 三說之法 : 三分法이라고도 한다. 宋나라 建興 연간 이래로 서북쪽에 오래 군사를 주둔해두고 그 부근에서 상인들을 모집, 곡식과 건초를 납부하게 하고 상인

들이 사는 지역의 원근에 따라 값을 책정하여 동남방에서 나는 차로 배상을 하였다. 그러다가 차가 부족해지자 至道 원년(995)에 일부는 돈으로 배상하고 일부는 香藥과 象牙로 배상하고 일부는 차로 배상하였다. 이를 삼분법이라 한다.

2) 解池：河東郡 解縣, 現 山西省 運城市에 있는 중국 최대의 소금 호수로, 중국 소금의 70%를 생산하고 있다.

**夫大商之能蓄其貨者**가 **豈其錙銖躬自鬻於市哉**리오 **必有販夫小賈**가 **就**[1]**而分之**니 **販夫小賈**는 **無利則不爲**라 **故大商不妬販夫之分其利者**가 **恃其貨博**하야 **雖取利少**라도 **貨行流速**이면 **則積少而爲多也**라 **今爲大國者**가 **有無窮不竭之貨**로되 **反妬大商之分其利**하야 **寧使無用而積爲朽壤**은 **何哉**오 **故大商之善爲術者**는 **不惜其利而誘販夫**하고 **大國之善爲術者**는 **不惜其利而誘大商**하니 **此與商賈共利取少而致多之術也**라 **又今商賈之難以術制者**는 **以其積貨多而不急故也**라 **利厚則來**하고 **利薄則止**하야 **不可以號令召也**라 **故每有司變法**에 **下利既薄**하야 **小商以無利而不能行**하니 **則大商方幸小商之不行**하야 **適得獨賣其貨**하니 **尙安肯勉趨薄利而來哉**아 **故變法而刻利者**는 **適足使小商不來而爲大商賈積貨也**라 **今必以術制商**인댄 **宜盡括其居積之物**하고 **官爲賣而還之**하야 **使其貨盡而後變法**이라

대저 큰 상인이 재물을 불릴 수 있었던 것이 어찌 자잘구레한 물건까지 자신이 직접 시장에 내다 팔아서이겠습니까. 반드시 販賣를 맡은 작은 상인들이 그중에서 나누어 파는데, 판매를 맡은 작은 상인은 이익이 없으면 하지 않습니다. 그러므로 판매상이 자기 이익을 나누어 가지는 것을 큰 상인이 질투하지 않는 것은 자기의 재물이 많아서 비록 가지는 이익이 적더라도 재물의 유통이 빠르면 적은 것을 쌓아서 많게 할 수 있다고 믿기 때문입니다.

지금 大國을 다스리는 이가 무궁하여 다하지 않는 재물을 가졌으면서도 도리어 큰 상인이 자기 이익을 나눠 가지는 것을 질투하여 차라리 재물을 쓸모없게 만들지언정 쌓아두어 썩게 하는 것은 무슨 까닭입니까. 그러므로 방법을 잘 쓰는 큰 상인은 자기 이익을 아끼지 않고 판매상을 유인하며, 방법을 잘 쓰는 큰 나라는 자기 이익을 아끼지 않고 큰 상인을 유인하니, 이것이 상인과 이익을 공유하여 적은 것을

모아 많은 것을 이루는 방법입니다.

그리고 지금 상인들을 방법으로 제어하기 어려운 것은 그들이 쌓아둔 재물이 많아서 형편이 다급하지 않기 때문입니다. 이익이 많으면 오고 이익이 적으면 그치니, 호령으로 오게 할 수 없습니다. 그러므로 매양 有司가 법을 바꿀 때마다 아랫사람들의 이익이 이미 적어져 작은 상인들이 이윤이 없어 장사를 할 수 없게 되었습니다. 그렇게 되면 큰 상인들은 바야흐로 작은 상인들이 장사하지 못하는 것을 다행으로 여겨 때마침 그 재물을 홀로 專賣할 수 있거늘, 어찌 애써 작은 이익을 추구해서 오려 하겠습니까. 그러므로 법을 바꾸어서 이익을 착취하는 것은 작은 상인을 오지 못하게 하고 큰 상인들을 위해 재물을 쌓아두는 셈입니다. 지금 굳이 방법을 써서 상인들을 제압한다면 의당 그들이 쌓아둔 재물을 죄다 거두어들이고 국가가 이를 팔아서 그들에게 돌려주어 그들의 재물이 다하게 한 뒤에 법을 바꾸어야 할 것입니다.

1) 就 : 就中과 같다. 즉 '그중에서'라는 뜻이다.

夫大商以利爲生하니 一歲不營利하면 則有惶惶之憂라 彼必不能守積錢而閑居하야 得利雖薄이라도 猶將勉而來니 此變法制商之術也라 夫欲誘商而通貨인댄 莫若與之共利니 此術之上也라 欲制商使其不得不從인댄 則莫若痛裁之하야 使無積貨니 此術之下也라 然此可制茶商耳요 若鹽者는 禁益密則冒法愈多而刑繁이라 若乃縣官自爲鬻市之事는 此大商之不爲니 臣謂行之難久者也라 誠能不較錙銖而思遠大면 則積朽之物散而錢幣通하야 可不勞而用足矣라 臣愚不足以知時事어니와 若夫堅守以捍賊이라가 利則出而擾之하되 凡小便宜를 願且委之邊將하소서 至于積穀與錢하여 通其漕運하면 不二三歲而國力漸豐하며 邊兵漸習하고 賊鋒漸挫而有隙可乘이리니 然後에 一擧而滅之가 此萬全之策也라 願陛下以其小者責將帥하고 謀其大計而行之하시면 則天下幸甚이라 臣脩昧死再拜하노이다

대저 큰 상인은 이익을 가지고서 살아가니 한 해 동안 이익을 얻는 일을 하지 못하면 조급하고 불안한 기색이 있을 것입니다. 저들은 필시 쌓아둔 돈을 지키고서 한가롭게 있지 못하고, 이윤 획득이 아무리 적더라도 외려 애써 오게 될 것이니, 이

것이 법을 바꾸어 상인을 제어하는 방법입니다. 대저 상인을 유인하여 재물을 유통시키고자 한다면 그들과 이익을 공유하는 것이 가장 좋으니, 이것이 좋은 방법입니다. 상인을 제어하여 그들로 하여금 호령을 따르지 않을 수 없게 하고자 한다면 그들을 통렬히 제어하여 재물을 쌓아두지 못하게 해야 하니, 이것은 좋지 못한 방법입니다.

그러나 이런 방법은 茶商을 제어할 수 있을 뿐입니다. 소금의 경우는 禁法이 치밀해질수록 범법 사례가 더욱 많아져 형벌이 늘어납니다. 縣官이 직접 소금을 파는 일 같은 것으로 말하자면 이는 큰 상인들도 하지 않는 것이니, 신은 오래 시행되기 어려운 방법이라 생각합니다. 진실로 작은 것을 따지지 않고 원대한 것을 생각한다면 쌓여 썩고 있는 물건이 판매되고 화폐가 유통되어 수고하지 않아도 재용이 풍족할 것입니다.

어리석은 신이 時事를 알지 못하지만 만약 견고히 지켜서 적을 막다가 형세가 이로우면 출동하여 적을 교란시키되, 무릇 작은 便宜는 원컨대 우선 邊將에게 맡겨두소서. 돈과 곡식이 쌓여 조운이 소통되는 데 이르면 2, 3년이 못 되어서 국력이 점차 풍부해지고 변방의 군사들이 점차 단련되며 적의 예봉은 점차 꺾여 틈을 노릴 만하게 될 것입니다. 그런 뒤에 일거에 섬멸하는 것이 萬全의 계책입니다.

원컨대 폐하께서는 작은 것은 장수에게 맡기고 큰 계책을 도모하시면 천하가 매우 다행할 것입니다. 신 歐陽脩는 죽음을 무릅쓰고 재배합니다.

## 02. 準詔言事上書* 詔書를 받고 言事하여 올리는 글

* 이 글은 仁宗 慶曆 2년(1042) 5월에 지어졌다. 당시 契丹이 汴京으로 사신을 보내와서 晉陽 및 瓦橋關 이남 10縣의 땅을 요구하였다. 이에 富弼이 거란에 가서 講和를 맺어 宋나라는 해마다 은 10만 냥, 명주 10만 필을 거란에 더 보내게 되었다. 西夏도 변방을 침범했는데 송나라 군사가 대적하지 못하고 패전하는 바람에 서하의 군사가 깊이 쳐들어와서 渭州까지 노략질하고 갔다. 이 해 5월에 仁宗이 三館의 신료들에게 조서를 내려 封事를 올릴 것을 명하니, 歐陽脩가 당세의 급무를 세 가지 폐단·다섯 가지 일〔三弊五事〕로 정리하여

이 글을 올렸다.

言事는 임금에게 諫言을 올리거나 정사에 대해 의견을 개진하는 것이다. ≪荀子≫ 〈大略〉에 "맹자가 세 번 선왕을 만났으나 언사하지 않았다.〔孟子三見宣王 不言事〕" 하였다.

**歐公經略**을 **已具見其概矣**라

歐陽公의 經營의 대략을 이미 잘 알 수 있다.

**月日**에 **臣脩謹昧死再拜**하야 **上書于皇帝陛下**하노이다 **臣近準詔書**하니 **許臣上書言事**라 **臣學識愚淺**하야 **不能廣引深遠**하야 **以明治亂之原**하고 **謹採當今急務**하야 **條爲三弊五事**[1)]하야 **以應詔書所求**하노니 **伏惟陛下裁擇**하소서

모월 모일에 신 歐陽脩는 삼가 죽음을 무릅쓰고 두 번 절하고 황제폐하께 글을 올립니다. 신이 근자에 詔書를 받으니 신에게 글을 올려 言事하도록 허락하는 것이었습니다. 신은 학식이 어리석고 얕아서 深遠한 사실을 널리 인용하여 治亂의 원인을 밝히지 못하고, 삼가 當世의 急務를 모아서 세 가지 弊端과 다섯 가지 일로 정리하여 조서의 요구에 부응하오니, 삼가 바라옵건대 폐하께서 헤아려 선택하소서.

1) 三弊五事 : 三弊는 세 가지 폐단, 즉 號令이 신중하지 못한 것, 賞罰이 분명하지 못한 것, 實效를 거두도록 책려하지 않는 것이다. 五事는 다섯 가지 일, 즉 軍士, 將帥, 財用, 군사를 부리는 方策, 일을 맡길 만한 臣下에 관한 것이다.

**臣聞自古王者之治天下**에 **雖有憂勤之心**이나 **而不知致治之要**면 **則心愈勞而事愈乖**하며 **雖有納諫之明**이나 **而無力行之果斷**이면 **則言愈多而聽愈惑**이라 **故爲人君者**는 **以細務而責人**하고 **專大事而獨斷**하니 **此致治之要術也**라 **納一言而可用**이면 **雖衆說**이라도 **不得以沮之**니 **此力行之果斷也**라 **如此二者**면 **天下無難治矣**라

신은 듣건대 예로부터 王者가 천하를 다스림에 비록 국사에 대해 근심하고 애쓰는 마음이 있다 하더라도 善治를 이룰 요긴한 방법을 알지 못하면 마음이 수고로울수록 일은 더욱 어긋나며, 비록 諫言을 받아들이는 현명함이 있다 하더라도 힘써

實行하는 果斷性이 없으면 올라오는 말이 많을수록 임금의 귀는 더욱 현혹됩니다.

그러므로 임금 된 이는 작은 일은 남들에게 맡기고 큰일만 오로지 맡아서 홀로 결단합니다. 이것이 정치의 요긴한 방법입니다. 한마디 말을 받아들여서 그 말이 쓸 만하면 비록 뭇사람들의 말이라도 이를 막을 수 없으니, 이는 힘써 실행하는 과단성입니다. 이 두 가지대로 한다면 천하를 다스리기에 어려움이 없을 것입니다.

伏見國家가 自大兵一動[1]으로 中外騷然하니 陛下思社稷之安危하고 念兵民之疲弊하야 四五年來에 聖心憂勞가 可謂至矣라 然而兵日益老하고 賊日益强이라 併九州之力하야 討一西戎小者하되 尙無一人敢前하고 今又北戎大者가 違盟而動[2]하니 其將何以禦之리오 從來所患者夷狄이러니 今夷狄叛矣요 所惡者盜賊이러니 今盜賊起矣요 所憂者水旱이러니 今水旱作矣요 所賴者民力이러니 今民力困矣요 所須者財用이러니 今財用乏矣라 陛下之心이 日憂於一日하고 天下之勢가 歲危於一歲하니 此臣所謂用心雖勞나 不知求致治之要者也라 近年에 朝廷開廣言路하야 獻計之士가 不下數千이라 然而事緖轉多에 枝梧不暇라 從前所採가 衆議紛紜이나 至於臨事하얀 誰策可用이리오 此臣所謂聽言雖多나 不如力行之果斷者也라

삼가 보건대 국가에서 大兵을 한 번 움직인 뒤부터 中外가 소란하니, 폐하께서 사직의 안위를 생각하고 軍民의 피폐를 염려하여 4, 5년 이래 聖心의 걱정이 지극했다 할 만합니다. 그러나 군사는 날로 피로해지고 적은 날로 강해지기에 九州의 힘을 아울러서 일개 西戎의 작은 적을 토벌하되 오히려 한 사람도 감히 앞으로 나아가는 자가 없었습니다. 그런데 지금 또 北戎의 큰 적(거란)이 盟約을 어기고 움직이니 장차 어떻게 막을 것입니까.

종래 근심했던 것은 夷狄이었는데 지금 이적이 배반하였고, 미워했던 것은 盜賊이었는데 지금 도적이 일어났고, 걱정했던 것은 洪水와 가뭄이었는데 지금 홍수와 가뭄이 생겼고, 의뢰했던 것은 百姓의 힘이었는데 지금 백성의 힘이 피곤하고, 필요한 것은 財用이었는데 지금 재용이 부족합니다. 그래서 폐하의 마음이 날이 갈수록 더욱 근심에 잠기고 천하의 형세가 해가 갈수록 더욱 위태해지니, 이것이 신이 이른바 "마음 씀이 비록 수고롭더라도 善治를 이룰 요긴한 방법을 찾을 줄 알지 못한다."

는 것입니다.

근년에 조정이 言路를 열고 넓혀서 계책을 올리는 선비가 수천 명을 밑돌지 않았습니다. 그러나 국가에 일은 갈수록 많아져 지탱하기에도 겨를이 없습니다. 종전에 채택한 것은 분분한 衆論이었는데 막상 일을 만났을 때는 누구의 계책을 쓸 수 있었습니까. 이것이 신이 이른바 "말을 들음이 아무리 많다 한들 과단성 있게 힘써 실행에 옮기느니만 못하다."는 것입니다.

1) 大兵一動 : 慶曆 2년(1042) 西夏가 대군을 이끌고 好水川(現 寧夏自治區 隆德縣)을 공격하여 宋나라 수비군을 전멸시켰다. 이어 定川寨(現 寧夏自治區 固原縣)를 침범하자, 송나라에서 涇原副都部署 葛懷敏을 파견하여 막았다. 그러나 이 전투에서 宋軍은 대패하여 葛懷敏은 전사하고 9천여 명의 병사들이 포로가 되었으며, 西夏의 군사들은 渭州까지 들어가 노략질하고 백성들을 잡아 돌아갔다. ≪宋史 外國傳≫

2) 北戎大者 違盟而動 : 北戎은 遼나라를 세운 거란족을 가리킨다. 송나라가 西夏의 군사에게 大敗한 틈을 타, 요나라는 맹약을 어기고 남침하여 晉陽과 關南 10개 현을 할양해달라고 요구했다.

伏思聖心所甚憂而當今所尙闕者가 不過曰無兵也와 無將也와 無財用也와 無禦戎之策也와 無可任之臣也니 此五者는 陛下憂其未有而臣謂今皆有之라 然陛下未得而用者는 未思其術也라 國家創業之初에 四方割據하야 中國地狹하고 兵民不多라 然尙能南取荊楚[1]하고 收僞唐[2]하고 定閩嶺[3]하며 西平兩蜀[4]하며 東下幷潞[5]하며 北窺幽燕[6]하니 當時所用兵財將吏가 其數幾何리오 惟善用之라 故不覺其少어든 何況今日承百年祖宗之業하고 盡有天下之富强하야 人衆物盛이 十倍國初라 故臣敢言有兵하고 有將하고 有財用하고 有禦戎之策하고 有可任用之臣이라 然陛下皆不得而用者는 其故何哉오 由朝廷有三大弊[7]故也라 何謂三大弊오 一曰不愼號令이요 二曰不明賞罰이요 三曰不責功實이니 此三弊因循于上하면 則萬事弛慢하야 廢壞於下라 臣聞號令者天子之威也요 賞罰者天子之權也니 若號令不信하며 賞罰不當하면 則天下不服이라 故又須責臣下以功實이니 然後號令不虛出하고 而賞罰不濫行이라 是

**以愼號令**과 **明賞罰**과 **責功實 此三者**는 **帝王之奇術也**라

삼가 생각건대 성상께서 마음속으로 몹시 근심하시는 것이면서 지금 아직도 부족한 것은 軍士가 없고, 將帥가 없고, 財用이 없고, 적을 막는 方策이 없고, 일을 맡길 臣下가 없다는 것에 불과합니다. 이 다섯 가지는, 폐하께서는 없다고 근심하시고 신은 지금 모두 있다고 하는 것입니다. 그런데 폐하께서 이것을 쓰지 못하시는 것은 그 방법을 생각하지 않으시기 때문입니다.

국가가 創業하던 당초에 사방에서 割據하여 중국은 땅이 좁고 軍民이 많지 않았습니다. 그럼에도 남쪽으로 荊楚를 취하고 僞唐을 거두고 閩嶺을 평정했으며, 서쪽으로 兩蜀을 평정했으며, 동쪽으로 幷潞를 함락시켰으며, 북쪽으로 幽燕을 엿보았습니다. 당시에 쓴 병력과 재물, 장수와 관리들의 수량이 얼마였겠습니까. 오직 잘 썼기 때문에 수량이 적은 줄도 알지 못했던 것입니다. 더구나 오늘날은 祖宗 백 년의 왕업을 이어받았고 천하의 富强을 다 가져 사람이 많고 물산이 풍성하기가 國初보다 열 배나 됩니다. 그러므로 신은 감히 병력이 있고, 장수가 있고, 財用이 있고, 일을 맡길 만한 신하가 있다고 하는 것입니다.

그런데도 폐하께서 모두 쓰지 못하시는 것은 그 까닭이 무엇이겠습니까. 조정에 세 가지 큰 폐단이 있기 때문입니다. 무엇을 세 가지 큰 폐단이라고 하는가 하면, 첫째는 號令이 신중하지 못한 것, 둘째는 賞罰이 분명하지 못한 것, 셋째는 實效를 거두도록 책려하지 않는 것입니다. 이 세 가지 큰 폐단이 위에서 계속해 반복되면 만사가 느슨히 풀려 아래에서 무너지게 됩니다.

신이 듣건대 호령이란 것은 천자의 威嚴이고 상벌이란 것은 천자의 權威이니, 만약 호령이 미덥지 않고 상벌이 마땅하지 않으면 천하가 복종하지 않을 것입니다. 이런 까닭에 호령을 신중히 하고, 상벌을 분명히 하고, 실효를 거두도록 책려하는 것이 제왕의 뛰어난 정치 방법입니다.

1) 南取荊楚 : 宋 太祖 乾德 원년(963)에 출병하여 荊南과 湖南을 취한 사실을 가리킨다. 荊・楚는 現 湖北・湖南 일대에 해당한다. 당시에 高季興이 세운 南平과 劉言이 세운 荊, 두 나라가 이 지역에 있었다.

2) 收僞唐 : 僞唐은 李煜이 세운 南唐을 가리키는데 그 도성이 金陵에 있었다. 송

태조 開寶 8년(975)에 남당을 멸망시켰다.

3) 定閩嶺 : 閩嶺은 現 福建省 지역으로 五代 때 王延鈞이 세운 閩國이 있었다.

4) 西平兩蜀 : 前蜀·後蜀을 가리킨다. 전촉은 王建이 세운 나라이고 후촉은 孟知詳이 세운 나라인데 965년에 송나라가 병합하였다.

5) 東下幷潞 : 幷은 現 山西 汾水 중류 일대이고, 潞는 現 山西 長治縣이다. 幷州는 五代 때 北漢의 정부가 있던 곳이다. 開寶 2년(969) 송 태조가 潞州로부터 출병하여 北漢에 진격하였고, 太平興國 4년(979)에 송 태종이 북한을 멸망시켰다.

6) 北窺幽燕 : 幽는 幽州로 治所가 現 北京 서남쪽에 해당하는 薊縣에 있었다. 燕은 燕京이다. 938년 遼나라가 幽州를 南京으로 삼고 일명 燕京이라 하였는데 당시에는 거란에 점령되었었다. 太平興國 4년(979)과 雍熙 3년(986)에 송 태종이 출병하여 유주·연경 일대를 수복하고자 했다.

7) 三大弊 : ≪文忠集≫에는 '大'자가 없다. ≪文忠集≫은 이하 本集으로 표기한다.

**自古人君**이 **英雄如漢武帝**와 **聰明如唐太宗**이 **皆知用此三術**하야 **而自執威權之柄**이라 **故所求無不得**하고 **所欲皆如意**라 **漢武好用兵**하니 **則誅滅四夷**하고 **立功萬里**하야 **以快其心**이라 **欲求將**이면 **則有衛霍**[1]**之材**하야 **以供其指使**하며 **欲得賢才**면 **則有公孫董汲**[2]**之徒**하야 **以稱其意**라 **唐太宗好用兵**하니 **則誅突厥**하고 **服遼東**하야 **威振夷狄**하야 **以逞其志**라 **欲求將**이면 **則有李靖李勣**[3]**之徒**하야 **入其駕馭**하고 **欲得賢士**면 **則有房杜**[4]**之徒**가 **在其左右**하니 **此二帝者**는 **可謂所求無不得**하고 **所欲皆如意**니 **無他術也**라 **惟能自執威權之柄耳**라

예로부터 임금 중 漢 武帝 같은 영웅, 唐 太宗 같은 총명한 이들은 모두 이 세 가지 방법을 써서 스스로 威嚴과 權威를 손에 쥐었습니다. 그러므로 구하는 것은 얻지 못함이 없었고 바라는 것은 모두 뜻대로 되었습니다.

한 무제가 用兵을 좋아하였으니, 四夷를 정벌하여 萬里 밖에까지 공적을 세워서 자기 마음을 후련히 풀었습니다. 장수를 구하고자 하면 衛青·霍去病 같은 인재가 있어 그 지휘 아래 들어왔고, 어진 인재를 얻고자 하면 公孫弘·董仲舒·汲黯 같은 무리가 있어 그 뜻에 부합하였습니다.

당 태종이 用兵을 좋아하였으니, 突厥을 정벌하고 遼東을 복종시켜 그 위세를 夷狄에까지 떨쳐 자기 뜻을 맘껏 펼쳤습니다. 장수를 구하고자 하면 李靖·李勣 같은 사람들이 그 휘하에 들어왔고 어진 선비를 얻고자 하면 房玄齡·杜如晦 같은 사람들이 그 좌우에 있었습니다.

이 두 황제의 경우 구하는 것은 얻지 못함이 없고 바라는 것은 뜻대로 되지 않음이 없다고 할 만합니다. 이는 다른 방법이 없고, 오직 스스로 위엄과 권위를 손에 쥘 수 있었기 때문입니다.

1) 衛霍 : 漢 武帝 때 장수인 衛青과 霍去病의 병칭이다. 위청은 河東 平陽 사람으로 자는 仲卿이다. 元朔 2년(B.C. 127)부터 元狩 4년(B.C. 119)에 이르기까지 전후로 일곱 차례 출전하여 匈奴를 정벌, 누차 전공을 세우고 河南의 땅을 수복하여 朔方郡을 설치하였다. 벼슬은 大將軍에 이르고 長平侯에 봉해졌다.

곽거병 역시 하동 평양 사람으로 위청의 누이의 아들이다. 18세 때 侍中이 되었고 말타기와 활쏘기를 잘하였다. 여섯 차례나 흉노 정벌에 나서서 사막을 지나 멀리 狼居胥山까지 이르렀다. 冠軍侯에 봉해지고 驃騎將軍이 되었다.

2) 公孫董汲 : 公孫弘·董仲舒·汲黯을 가리킨다. 모두 漢 武帝 때의 謀臣이다. 공손홍은 菑川 薛 땅 사람이며, 獄吏 출신으로 박사가 되었다. 그는 법과 실무에 밝아서 儒家의 학설로 법령을 해석하여 무제의 중앙집권 정책에 많은 도움을 주었다.

동중서는 廣川 사람으로 젊어서 ≪春秋公羊傳≫을 전공했고, 賢良科에서 올린 對策이 무제의 마음에 들어서 신임을 크게 받고 江都相에 제수되었다.

급암은 濮陽 사람으로 東海太守가 되었고, 후에 召命을 받고 조정에 들어와 九卿이 되었다. 그는 直諫을 잘하기로 이름났다.

3) 李靖李勣 : 李靖과 李勣을 가리킨다. 이정은 唐나라 京兆 三原 사람으로 본명은 藥師이며 병법에 정통하였다. 당나라 초기에 李世民을 따라 王世充을 정벌하였고, 그 후에 蕭銑을 정벌하는 데 참가했고 輔公祏의 擧義를 진압했다. 貞觀 2년(628)에 代州行軍總管이 되어서 돌궐을 격파하였고, 정관 4년에 頡利可汗을 생포하였으며, 또 西海道行軍大總管이 되어 吐谷渾(토욕혼)을 격파하여 衛國公에 봉해졌다.

이적은 曹州 离狐 사람으로 本姓은 徐이고 이름은 世勳이다. 태종을 따라 王世充・竇建德・劉黑闥을 격파하였고, 이정을 따라 東突厥을 정벌, 英國公에 봉해졌다.

4) 房杜 : 房玄齡과 杜如晦을 가리킨다. 방현령은 자가 喬이고, 濟州 臨淄 사람으로, 부친 房彦謙은 隋나라 司隸刺史를 지냈다. 李世民이 渭水를 점령했을 때 투신하여 唐나라 건국 초의 정치를 맡았는데, 貞觀之治를 이룬 秦王府 18학사 가운데 가장 첫 번째 인물이다. 문장과 글씨에도 뛰어났다.

두여회는 자가 克明이고 京兆 杜陵 사람이다. 그의 집안은 北周와 隋나라에서 벼슬을 했는데, 이세민에게 발탁되어 진왕부 兵曹參軍이 되었다. 방현령과 함께 이세민의 정치를 보좌하여 큰 공을 세웠다.

伏惟陛下는 以聖明之姿로 超越二帝하고 又盡有漢唐之天下라 然而欲禦邊則常患無兵하고 欲破賊則常患無將하고 欲贍軍則常患無財用하고 欲威服四夷則常患無策하고 欲任使賢材則常患無人하니 是所求皆不得하고 所欲皆不如意니 其故無他라 由不用威權之術也라 自古帝王이 或爲强臣所制하고 或爲小人所惑하면 則威權不得出於己라 今朝無强臣之患하고 又無小人獨任之惑하야 內外臣庶가 尊陛下如天하고 愛陛下如父하야 傾耳延首하야 願聽陛下之所爲라 然何所憚而不爲乎아 若一日赫然奮威權以臨之하면 則萬事皆辦이니 何患五者之無리오 奈何爲三弊之因循一事之不集가 臣請言三弊호리라

삼가 생각건대 폐하께서는 聖明의 姿品이 이 두 황제보다 훨씬 뛰어나시고, 또 漢・唐의 천하를 다 소유하고 계십니다. 그런데도 변방을 지키고자 하면 늘 兵力이 없음을 근심하시고, 적을 격파하고자 하면 늘 將帥가 없음을 근심하시고, 軍需를 넉넉히 지급하고자 하면 늘 財用이 없음을 근심하시고, 四夷를 복종시키고자 하면 늘 方策이 없음을 근심하시고, 어진 人材를 任用하고자 하면 늘 사람이 없음을 근심하십니다. 이는 구하는 것이 모두 얻지 못하는 것이고 바라는 것이 모두 뜻대로 되지 않은 것입니다. 그 까닭은 다름이 아니라 위엄과 권위를 잡는 방법을 쓰지 않기 때문입니다.

예로부터 제왕이 혹 强臣에게 제압되고 혹 小人에게 미혹되면 위엄과 권위가 자기에게서 나오지 못하게 됩니다. 지금 조정에 强臣의 근심이 없고 소인이 권력을 독차지해서 생기는 미혹이 없어, 내외의 신하들이 폐하를 하늘처럼 존숭하고 폐하를 아버지처럼 사랑하여 귀를 기울이고 머리를 늘여서 폐하께서 하시는 바대로 따르고자 하고 있습니다. 그런데 무엇을 꺼려서 하지 않으십니까.

만약 어느 날 불끈 일어나서 위엄과 권위를 떨쳐서 君臨하시면 만사가 모두 이루어질 터이니, 이 다섯 가지가 없음을 근심하겠습니까. 그런데 어찌하여 세 가지 폐단이 계속 반복되어 한 가지 일도 이루어지지 못하는 것입니까. 신이 이제 세 가지 폐단을 말해보겠습니다.

**夫言多變則不信**하고 **令頻改則難從**하나니 **今出令之初**에 **不加詳審**하고 **行之未久**에 **尋又更張**하야 **以不信之言**으로 **行難從之令**이라 **故每有處置之事**에 **州縣知朝廷未是一定之命**하니 **則官吏咸相謂曰 且未可**[1]**行**이니 **不久必須更改**라하고 **或曰 備禮行下**[2]하면 **略與**[3]**應破指揮**라하면 **旦夕之間**에 **果然又變**하야 **至於將吏更易**에 **道路疲於送迎**하고 **符牒**[4]**縱橫**에 **上下莫能遵守**하니 **中外臣庶**가 **或聞而歎息**하고 **或聞而竊笑**하니 **歎息者有憂天下之心**이요 **竊笑者有輕朝廷之意**라 **號令如此**하니 **欲威天下**인들 **其可得乎**아 **此不愼號令之弊一也**라

대저 말이란 많이 변하면 미덥지 않고 명령은 자주 바뀌면 따르기 어려운 법입니다. 그런데 지금은 명령을 내는 당초에 상세히 살피지 않고 시행된 지 오래지 않아 이내 또 바꾸어, 미덥지 않는 말로 따르기 어려운 명령을 내립니다. 그러므로 매양 처리할 일이 있으면 州縣이, 조정이 내린 것이 하나로 확정된 명령이 아님을 알기에, 관리들이 서로 말하기를 "우선 아직 시행해서는 안 된다. 머잖아 반드시 바뀔 것이다." 하고, 혹은 "禮物을 갖추어 行下하면 대략 명령을 파할 것이다." 합니다. 그러면 조석의 사이에 과연 명령이 또 변합니다. 그리하여 장수와 관리가 바뀔 때에 전송하고 영접하느라 沿道의 백성들이 지치고 符牒이 어지러이 오가서 상하가 준수할 수 없는 지경에 이르니, 中外의 臣民들이 혹은 듣고서 탄식하고 혹은 듣고서 몰래 웃습니다. 탄식하는 사람은 천하를 근심하는 마음이 있고 몰래 웃는 사람은 조정

을 가볍게 보는 마음이 있습니다. 호령이 이와 같으니, 천하에 위엄을 세우고자 한들 될 법이나 하겠습니까. 이것이 호령이 신중하지 못한 것이니, 첫째 弊端입니다.

1) 可 : 本集에는 '要'자로 되어 있다.
2) 行下 : 公文을 보내어 하급 부서로 하달하는 것이다.
3) 與 : 저본의 '無'자를 ≪欽定四庫全書考證≫에 따라 '與'자로 고쳤다. ≪宋史≫와 本集에도 '與'자로 되어 있다.
4) 符牒 : 符移와 關牒의 병칭으로 사람을 징집하거나 물자를 조달할 것을 명하는 공문이다.

用人之術이 不過賞罰이라 然賞及無功이면 則恩不足勸하며 罰失有罪면 則威無所懼하야 雖有人이라도 不可用也라 太祖時에 王全斌破蜀而歸에 功不細矣로되 犯法一貶에 十年不問[1)]하니 是時에 方討江南이라 故黜全斌하야 與諸將立法하니 太祖神武英斷所以能平定天下者는 其賞罰之法이 皆如此也라 自關西用兵[2)]이 四五年矣로되 大將以無功罷者가 依舊居官하니 軍中見無功者不妨得好官하면 則諸將誰肯立功이리오 裨將畏懦逗留者는 皆當斬罪어늘 或暫貶而尋遷하고 或不貶而依舊하니 軍中見有罪者不誅하면 則諸將誰肯用命이리오 所謂賞不足勸威無所懼라 賞罰如此요 而欲用人이 其可得乎아 此不明賞罰之弊二也라

사람을 쓰는 방법은 賞罰에 불과합니다. 그러나 功勞가 없는 자에게 상이 미치면 은혜가 사람들을 권면하기에 부족하고, 죄가 있는 자에게 벌이 내리지 않으면 위엄에 두려워하지 않아서 비록 사람이 있더라도 쓸 수 없을 것입니다. 그래서 太祖 때 王全斌이 蜀을 정벌하고 돌아옴에 공로가 작지 않았지만 범법해 한 번 좌천된 뒤로 10년 동안 돌보지 않고 그대로 두었던 것입니다. 이때 바야흐로 江南을 토벌하던 터라 그래서 왕전빈을 축출함으로써 諸將들에게 법을 세웠던 것이니, 태조께서 神武와 英斷으로 천하를 평정하실 수 있었던 것은 상벌의 법이 모두 이와 같았기 때문입니다.

關西로 군사가 출동한 지 4, 5년이나 되었지만 대장은 공로가 없다는 이유로 파면되었던 자가 여전히 그 자리에 눌러 있으니, 軍中에서 공로가 없는 자도 좋은 관

직을 차지하는 데 아무 문제가 없다는 것을 보면 어느 장수가 戰功을 세우려 하겠습니까. 副將들 중 나약하여 전진하지 않는 자는 모두 참수해야 하거늘 혹은 잠시 貶職했다가 오래지 않아 자리를 옮겨주고 혹은 폄직하지도 않은 채 그 자리에 그대로 두니, 군중에서 죄가 있는 자가 처벌받지 않는 것을 보면 어느 장수가 명령을 따르려 하겠습니까. 신이 말한 "상은 권면하기에 부족하고 위엄에 두려워하지 않는다."는 것입니다. 상벌이 이와 같고서 사람을 쓰고자 하는 것이 될 법이나 하겠습니까. 이것이 상벌이 분명하지 못한 것이니, 둘째 弊端입니다.

1) 太祖時……十年不問 : 王全斌은 宋나라 幷州 太原 사람이다. 五代 때 後唐·後晉·後周 세 왕조에 걸쳐 벼슬하여 相州留後에 이르렀다. 宋나라 建隆 원년(960)에 慕容延釗(소)와 더불어 李筠의 난리를 평정하여 그 공로로 安國軍節度使에 제수되었다. 乾德 2년(964) 겨울에 송나라가 後蜀을 정벌할 때 西川行營前軍部署에 임명되어 군사 3만을 거느리고 鳳州 지방으로 가서 연전연승을 거둔 뒤 마침내 劍門을 함락시켰다. 乾德 3년 겨울에 군대가 錦州 魏城에 주둔하니 후촉의 임금 孟昶이 表文을 받들고 稱臣하며 항복하였다. 그러나 成都에 들어간 뒤 방탕한 짓을 일삼고 군사들을 단속하지 않아 후촉 군사의 반란을 초래했다는 이유로 좌천되어 崇義軍節度觀察留侯가 되었다. 開寶 말년에 武寧軍節度使가 되었으니, 좌천된 뒤로 근 10년 만이었다.

2) 關西用兵 : 康定 원년(1040)부터 西夏의 임금 元昊가 계속 송나라에 쳐들어와서 송나라 군사가 누차 패하였다. 그래서 송나라는 知延州 范仲淹의 계책을 채택하여 관서 방어를 위해 대대적으로 군사를 보냈다.

自兵動以來로 處置之事不少나 然多有名而無實하니 臣請略言其一二하리니 則其他可知리라 數年以來로 點兵不絶하야 諸路之民이 半爲兵矣나 其間老弱病患短小怯懦者가 不可勝數하니 是有點兵之虛名이요 而無得兵之實數也라 新集之兵이 所在敎習하야 追呼上下에 民不安居하고 主敎者非將領之材요 所敎者無旗鼓之節[1]하니 往來州縣에 愁歎嗷嗷라 旣多是老病小怯之人이요 又無訓齊精練之法하니 此有敎兵之虛名而無訓兵之實藝也라

군사가 출동한 이래 처리한 일이 적지 않지만 有名無實한 경우가 많습니다. 신이 그중 한두 가지를 대략 말씀드릴 터이니, 그 나머지는 알 수 있을 것입니다.

몇 해 이래 군사 징집이 끊이지 않아 각 지방의 백성들 중 반이 군사가 되었습니다. 그러나 그중에는 老弱者・病者・矮小한 자・怯弱한 자가 헤아릴 수 없이 많으니, 이는 군사 징집이란 虛名만 있고 군사의 實數는 없는 것입니다. 새로 징집한 군사들이 곳곳에서 훈련해 쫓아다니며 고함을 치는 통에 백성들이 편안히 지내지 못하고, 훈련을 맡은 자는 將領의 재목이 아니고 훈련받는 자들은 지휘에 따르는 절도가 없으니, 州縣을 왕래할 때 백성들이 걱정하고 탄식하여 원성이 가득합니다. 이미 노약자・병자・왜소한 자・겁약한 자가 대부분이고 게다가 제대로 훈련하는 법도 없으니, 이는 군사를 훈련한다는 허명만 있고 군사를 훈련하는 실제 技藝는 없는 것입니다.

1) 旗鼓之節 : 군대에서 지휘를 따르는 절도이다. 옛날에는 군대에서 깃발과 북으로 진퇴의 절도를 삼았다.

**諸路州軍**이 **分造器械**하니 **工作之際**에 **已勞民力**하고 **輦運般送**에 **又苦道塗**라 **然而鐵刃不剛**하며 **筋膠不固**하고 **長短大小**가 **多不中度**어늘 **造作之所**는 **但務充數而速了**하야 **不計所用之不堪**하고 **經歷官司**[1]에 **又無檢責**하니 **此有器械之虛名而無器械之實用也**라 **以草草之法**으로 **教老怯之兵**하야 **執鈍折不堪之器械**하면 **百戰百敗**는 **理在不疑**라 **臨事而悟**인들 **何可及乎**리오 **故事無大小**히 **悉皆鹵莽**하니 **則不責功實之弊三也**라 **臣故曰 三弊因循於上**이면 **則萬事弛慢**하야 **廢壞於下**라 **萬事不可盡言**일새 **臣請言大者五事**호리라

각 지방의 군사들이 분담하여 무기를 만들고 있으니 제작할 때 이미 백성들이 수고롭고, 만든 무기를 수레에 실어 운송하느라 또 도로에서 고생합니다. 그런데도 쇠로 만든 창검의 날은 강하지 못하고 힘줄과 아교로 만든 활은 튼튼하지 못하며, 길이와 크기가 모두 법도에 맞지 않습니다. 그런데도 제작하는 곳에서는 단지 수량만 채우는 데 힘써 빨리 만들 뿐 사용할 수 있는지는 생각하지 않고, 官司를 거칠 때에도 점검하지 않습니다. 이는 무기라는 허명만 있고 무기의 실용은 없는 것입니다.

어설픈 방법으로 늙고 겁약한 군사를 훈련하여 둔하고 잘 부러져 쓸모없는 무기를 잡게 하면 백전백패일 것은 이치상 의심할 나위가 없습니다. 막상 일에 임하여 깨달은들 무슨 소용이 있겠습니까. 그러므로 큰 일 작은 일 할 것 없이 죄다 거칠고 엉성하니, 이것이 실효를 거두도록 책려하지 않은 것이니, 셋째 弊端입니다.

신이 그런 까닭에 "세 가지 폐단이 위에서 계속 반복되면 만사가 느슨히 풀려 아래에서 무너지게 됩니다." 한 것입니다. 만사를 다 말할 수는 없으니, 신은 그중에서 큰 것 다섯 가지만 말하고자 합니다.

1) 官司 : 그 일을 주관하는 부서이다. 여기서는 무기를 관장하는 부서를 가리킨다.

其一曰兵이라 臣聞攻人以謀요 不以力이며 用兵鬪智요 不鬪多라하니 前代用兵之人이 多者常敗하고 少者常勝이라 漢王尋等以百萬之兵으로 遇光武九千人而敗[1]하니 是多者敗而少者勝也요 苻堅以百萬之兵으로 遇東晉二三萬人而敗[2]하니 是多者敗而少者勝也요 曹操以三十萬靑州兵으로 大敗於呂布하고 退而歸許하야 復以二萬人으로 破袁紹十四五萬[3]하니 是用兵多則敗하고 少則勝之明驗也라 況於夷狄에 尤難以力爭이요 只可以計取니 李靖破突厥於定襄에 只用三千人하고 其後破頡利於陰山에 亦不過一萬[4]하니 蓋兵不在多요 能以計取爾라 故善用兵者는 以少爲多하고 不善用者는 雖多而愈少也라 爲今計者인댄 添兵則耗國하고 減兵則破賊이라 今沿邊之兵이 不下七八十萬하니 可謂多矣라 然訓練不精하고 又有老弱虛數하니 則十人不當一人이라 是七八十萬之兵不當七八萬人之用이라 加之軍無統制하야 分散支離하니 分多爲寡는 兵法所忌라 此所謂不善用兵者 雖多而愈少니 故常戰而常敗也라 臣願陛下赫然奮威하야 勅勵諸將하야 精加訓練하고 去其老弱하면 七八十萬中에 可得五十萬數라 古人用兵이 以一當百은 今旣未能이어니와 但得以一當十이면 則五十萬精兵이 亦可當五百萬兵之用이니 此所謂善用兵者以少而爲多니 古人所以少而常勝者以此也라 今不思實效하고 但務添多하야 耗國耗民하니 積以年歲에 賊雖不至나 天下已困矣라 此一事也라

그 첫째는 軍士입니다. 신은 듣건대 "남을 공격함에는 계책을 쓰고 힘을 쓰지 않으며, 군사를 씀에는 계책을 다투고 많음을 다투지 않는다." 하였으니, 前代에 用兵

한 사람들은 군사가 많은 쪽이 늘 패하고 군사가 적은 쪽이 늘 이겼습니다.

漢나라 때 王尋 등이 백만의 군사로 光武帝의 9천 군사를 만나서 패하였으니 이는 많은 쪽이 패하고 적은 쪽이 이긴 것이고, 苻堅이 백만의 군사로 東晉의 2, 3만 군사를 만나서 패하였으니 이 또한 많은 쪽이 패하고 적은 쪽이 이긴 것입니다. 그리고 曹操가 30만 青州兵으로 呂布에게 대패하고 퇴각하여 許都로 돌아와서 다시 2만 군사로 袁紹의 14, 5만 군사를 격파하였습니다. 이는 용병은 많으면 패하고 적으면 이긴다는 분명한 증거입니다.

하물며 夷狄에 대해서는 더욱이 힘으로 다투기 어렵고 단지 계책으로 승리해야 합니다. 李靖이 定襄에서 突厥의 군사를 대파할 때 단지 3천의 군사를 썼고 그 후 陰山에서 頡利可汗을 격파할 때도 불과 1만 명을 썼을 뿐이니, 대개 용병은 군사가 많은 데 달려 있지 않고 계책으로 승리할 수 있느냐에 달려 있을 뿐입니다. 그러므로 용병을 잘하는 자는 적은 군사를 많은 군사로 삼고, 용병을 잘하지 못하는 자는 비록 군사가 많더라도 더욱 적어지게 되는 것입니다.

오늘날의 계책을 세운다면, 군사를 보태면 국력을 소모하고 병사를 줄이면 적을 격파할 수 있습니다. 지금 변방 부근의 군사가 7, 80만을 밑돌지 않으니, 많다 할 만합니다. 그러나 훈련이 정밀하지 못하고 게다가 虛數에 불과한 노약자들이 있으니, 열 사람이 한 사람을 당하지 못합니다. 이는 7, 80만의 군사가 7, 80만의 역할을 해내지 못하는 것입니다. 게다가 군대에 통제가 없어 흩어져 제멋대로 움직이니, 많음이 나뉘어 적음이 되는 것은 병법에 꺼리는 바입니다. 이것이 이른바 "용병을 잘하지 못하는 자는 비록 군사가 많더라도 더욱 적어지게 된다."는 것이니, 그러므로 싸울 때마다 패하는 것입니다.

신은 바라건대 폐하께서 불끈 위엄을 떨쳐 장수들을 勅勵하여 정밀히 훈련시키고 노약자들을 추려내면 7, 80만 중에서 50만 정도를 얻을 수 있을 것입니다. 옛사람이 용병할 때 한 사람으로써 백 사람을 當敵했던 것이야 지금 할 수 없겠지만, 단지 한 사람으로써 열 사람을 당적한다면 50만 정예병이 5백만 군사의 역할을 할 수 있을 것이니, 이것이 이른바 "용병을 잘하는 자는 적은 군사를 많은 군사로 삼는다."는 것입니다. 옛사람이 적은 군사로 늘 이겼던 것은 이 때문입니다. 지금 실효는 생각하지 않고 단지 군사의 숫자만 더 보태는 데 힘써서 국가와 백성의 힘을 소모하니, 이런 상태로 세월이 가면 외적이 비록 오지 않을지라도 천하가 이미 곤궁해질 것입니다. 이것이 한 가지 일입니다.

1) 漢王尋等以百萬之兵 遇光武九千人而敗 : 王尋은 王莽의 大司徒이다. 왕망 地皇 3년(A.D. 22) 그가 大司空 王邑과 더불어 군사 백만을 거느리고 現 洛陽 북쪽인 潁川에 이르러 광무제 劉秀의 수천 명 군사와 싸워서 대패하였다.

2) 苻堅以百萬之兵 遇東晉二三萬人而敗 : 東晉 孝武帝 太元 8년(383)에 前秦의 황제 부견이 백만 대군을 거느리고 南下하여 晉나라를 공격하자, 진나라에서는 謝玄 등에게 8만 군사를 거느리고 막게 했다. 淝水를 사이로 양쪽 군사가 대치하였는데 사현이 정예병 8천 명으로 비수를 건너가 결전을 벌려 부견의 대군을 대파하였다. 이 전투를 淝水大戰이라 하여 赤壁大戰·官渡大戰과 함께 중국 三大戰의 하나로 꼽는다.

3) 曹操以三十萬靑州兵……破袁紹十四五萬 : 後漢 獻帝 初平 3년(192) 겨울에 曹操가 황건적의 군대를 진압하고 항복한 군사 30여만 명을 얻어서 靑州兵이라 이름하였다. 그리고 興平 원년(194) 여름에 조조가 청주병을 거느리고 呂布와 濮陽에서 싸워서 대패하였다.

 建安 4년(199) 가을에 袁紹가 10여만 군사를 거느리고 조조를 공격하였는데 당시 조조의 군사는 1만에 불과했다. 양쪽 군사가 官渡에서 오래 대치하다가 建安 5년 10월에 조조의 군사가 내분을 일으킨 원소의 대군을 대파하였다. 이를 官渡大戰이라 한다.

4) 李靖破突厥於定襄……亦不過一萬 : 唐 太宗 貞觀 4년(630)에 돌궐 부족이 반란을 일으키자 李靖이 군사 3천 명을 거느리고 밤중에 定襄을 기습하니, 임금인 頡利可汗이 패하여 鐵山으로 달아났다. 이정이 또 1만 명의 기병을 거느리고 습격하여 힐리가한을 생포하였다. 이에 당나라의 영역이 북으로 陰山에서 大漠에까지 이르렀다. 陰山은 現 河套 이북 大漠 이남의 산들의 총칭이다.

其二曰將이라 臣又聞古語曰 將相無種이라 故或出於奴僕하고 或出於軍卒하고 或出於盜賊하니 惟能不次而用之라야 乃爲名將耳라 國家求將之意雖勞나 選將之路太狹이라 今詔近臣擧將하되 而限以資品하니 則英豪之士在下位者를 不可得矣요 試將材者하되 限以弓馬一夫之勇하니 則智略萬人之敵을 皆遺之矣요 山林奇傑之士召

而至者를 以其貧賤而薄之하여 不過與一主簿借職하야 使其快快而去하니 則古之屠釣飯牛之傑[1)]을 皆激怒而失之矣라 至於無人可用하얀 則寧用龍鍾跛躄庸懦暗劣之徒하야 皆委之要地하고 授之兵柄하니 天下三尺童子皆爲朝廷危之라 前日澶淵之卒이 幾爲國家生事[2)]하니 此可見也어늘 議者不知取將之無術하고 但云當今之無將臣이라하니 願陛下革去舊弊하고 奮然精求하야 有賢豪之士어든 不須限以下位하고 有智略之人이어든 不必試以弓馬하고 有山林之傑이어든 不可薄其貧賤이니 惟陛下能以非常之禮待人이면 人臣亦將以非常之效報國이니 又何患於無將哉아 此二事也라

둘째는 將帥입니다. 신은 또 듣건대 옛말에 "將相은 종자가 없다." 하였습니다 그러므로 혹은 奴僕 중에서도 나오고 혹은 군졸 중에서도 나오고 혹은 도적 중에서도 나왔으니, 오직 常規에 구애되지 않고 기용해야 비로소 명장이 될 수 있습니다. 국가가 장수를 구하는 뜻은 비록 간절하나 장수를 선발하는 길은 너무 좁습니다.

지금 近臣에게 詔命을 내려 장수를 천거하게 하되 資級과 품계로 제한하시니 호걸스런 사람으로서 낮은 지위에 있는 자를 얻을 수 없으며, 장수의 능력을 시험하되 一夫의 용맹인 弓馬로 제한하니 萬人을 대적할 수 있는 지략을 갖춘 사람을 모두 놓치게 되며, 산림의 뛰어난 선비로서 조정에서 불러도 오지 않는 자를 현재 빈천하다 하여 박대하고 불과 일개 主簿와 같은 직함만 있는 자리를 주어 그들로 하여금 불쾌히 여겨 떠나게 하니, 옛날의 백정 노릇을 하고 낚시를 하고 소를 먹였던 걸출한 인물과 같은 자들을 모두 격노하게 해 잃게 될 것입니다.

그리하여 쓸 만한 사람이 없어지는 데 이르러서는 아예 못난이, 절름발이, 나약한 자, 용렬한 자들을 중요한 자리에 앉히고 兵權을 주니, 천하의 삼척동자도 모두 조정에 대해 위태하다고 여깁니다. 지난날 澶淵(전연)의 병졸들이 거의 국가에 일을 낼 뻔했으니, 여기서 알 수 있습니다. 그런데도 의논하는 이들은 장수를 얻는 방법을 알지 못하고 단지 지금은 좋은 장수가 없다고 합니다.

원컨대 폐하께서는 舊弊를 혁신하고 과감하게 찾아서 어질고 호걸스런 사람이 있으면 굳이 낮은 지위로 제한하지 말고, 지략을 갖춘 사람이 있으면 굳이 弓馬로 시험하지 말고, 山林의 뛰어난 인물이 있으면 貧賤하다고 薄待하지 말아야 할 것입니다. 폐하께서 비상한 禮로 사람을 대우하시면 臣下도 장차 비상한 功效로 나라에

보답할 것이니, 장수가 없음을 또 어찌 근심하겠습니까. 이것이 둘째 일입니다.

1) 古之屠釣飯牛之傑：屠釣는 周나라 건국을 도운 太公望 呂尙을 가리키고, 飯牛는 춘추시대 齊나라 재상이 된 甯戚을 가리킨다. 태공망은 재상이 되기 전에 朝歌에서 소를 잡는 백정 일을 하였고, 渭水 가에서 낚시질을 하였다 한다. ≪文選 讓開府表≫ 영척은 가난한 나머지 제나라에 가서 남의 달구지를 끌며 품일꾼 노릇을 하였다. 하루는 소에게 풀을 뜯기면서 어지러운 세상을 한탄하는 노래를 불렀는데 齊 桓公이 그 노래를 듣고 "이상하도다. 노래를 부르는 이는 범상한 자가 아니다." 하고는 재상으로 등용하여 그에게 국정을 맡겼다. ≪呂氏春秋 擧難≫

2) 前日澶淵之卒 幾爲國家生事：미상이다. 澶淵은 못 이름으로 現 河南 濮陽 서쪽에 그 터가 있다. ≪續資治通鑑長編≫에는 郭承祐가 知澶州로 있을 때의 일일 것이라는 주석을 달아놓았지만 자세한 상황은 알 수 없다.

**其三曰財用**이라 **臣又聞善治病者**는 **必醫其受病之處**하며 **善救者**는 **必尋其起弊之原**이라하니 **今天下財用困乏**하니 **其弊安在**오 **起於用兵而費大故也**라 **漢武好窮兵**하야 **用盡累世之財**하니 **當時勒兵單于臺**가 **不過十八萬**[1]이로되 **尙能困國力**이어든 **況未若今日七八十萬連四五年而不罷**하야 **所以罄天地之所生**하고 **竭萬民之膏血**하되 **而用不足也**라 **今雖有智者**나 **物不能增而計無所出矣**라 **惟有減冗卒之虛費**하야 **練精兵而速戰**하야 **功成兵罷**하면 **自然足矣**라 **今兵有可減之理**로되 **而無人敢當其事**하고 **賊有速擊之便**하되 **而無將敢奮其勇**하야 **後時敗事**에 **徒耗國而耗民**하니 **此三事也**라

셋째는 財用입니다. 신은 또 듣건대 "病을 잘 치료하는 사람은 반드시 그 병이 난 곳을 치료하고, 救濟를 잘하는 사람은 반드시 그 弊端이 일어난 根源을 찾는다." 하였습니다. 지금 천하에 재용이 궁핍하니, 그 폐단이 어디에 있겠습니까. 군사를 동원하여 경비가 커진 데 기인하는 것입니다.

漢 武帝는 武力을 남용하기를 좋아하여 몇 대에 걸쳐 쌓아둔 재용을 다 쓰는 바람에, 당시 單于臺에서 조련한 군사가 겨우 18만에 불과했지만 오히려 국력을 곤궁하게 하였습니다. 더구나 그것은 오늘날 7, 80만 군사를 4, 5년 그치지 않고 동원하

여 천지간에서 자라는 것을 다 소진하고 萬民의 膏血을 다 짜냈었는데도 재용이 부족한 것보다 나은 경우입니다.

지금은 비록 지혜로운 자가 있더라도 재물은 더 증가할 수 없고 계책은 짜낼 바가 없을 것입니다. 오직 쓸모없는 군졸이 쓰는 헛된 비용을 줄여 정예병을 훈련해서 速戰을 벌여 전공을 이루고 군사 동원을 그친다면 자연 재용이 넉넉해질 것입니다. 지금 군사는 줄여야 할 이치가 있는데도 그 일을 감히 떠맡을 사람이 아무도 없고, 적은 속히 쳐야 할 이치가 있는데도 감히 용맹을 떨치고 나설 장수가 없어, 시기를 늦추다 일을 망치고 한갓 국가의 힘과 백성의 힘을 소모할 뿐이니, 이것이 셋째 일입니다.

1) 漢武好窮兵……不過十八萬 : 漢나라가 건국한 뒤 武帝 때까지 70여 년 동안 국가에 전쟁이 없어 재물과 곡식이 창고에 가득 쌓였다. 무제가 전쟁을 좋아하여 사방으로 국경을 넓힌 까닭에 국가의 재용이 고갈되었다.

≪漢書≫ 〈武帝本紀〉에 "元封 원년(B.C. 110) 겨울 10월에……친히 군사를 거느리고 雲陽에서 출발하여 上郡·西河·五原을 거쳐 長城으로 나와 북쪽으로 單于臺에 오르고 朔方에 이르러 河北을 굽어보며 18만 기병을 조련하니, 깃발이 천여 리에 걸쳐 이어지고 위엄이 흉노를 진동했다.〔元封元年冬十月……親帥師焉 行自雲陽 北歷上郡·西河·五原, 出長城 北登單于臺 至朔方 臨北河 勒兵十八萬 騎旌旗徑千餘里 威振匈奴〕"하였다.

**其四曰禦戎之策**이라 **臣又聞兵法曰 上兵伐謀**하고 **其次伐交**[1]라하니 **北虜與朝廷通好**[2]가 **僅四十年**에 **不敢妄動**이러니 **今一旦發其狂謀**[3]**者**는 **其意何在**오 **蓋見中國頻爲元昊所敗**라 **故敢啓其貪心**하야 **伺隙而動爾**니 **今若勅勵諸將**하야 **選兵秣馬**하야 **疾入西界**하야 **但能痛敗昊賊一陣**하면 **則吾軍威大振**하고 **而虜計沮矣**니 **此所謂上兵伐謀者也**라 **今論事者皆知北虜與西賊通謀**하야 **欲併二國之力**하야 **窺我河北陝西**하니 **今若我能先擊敗其一國**하면 **則敵勢減半**하야 **不能獨擧**니 **此兵法所謂伐交者也**라 **元昊地狹**하고 **賊兵不多**하니 **向來攻我**에 **傳聞北虜常有助兵**이라 **今若虜中自有點集之謀**어늘 **而元昊驟然被擊**이면 **必求助於北虜**리니 **北虜分兵助昊**면 **則可牽其南寇之力**이요 **若不助昊**면 **則二國有隙**하야 **自相疑貳**리니 **此亦伐交之策也**라 **假令二國剋期**하야 **分路來**

寇라도 我能先期大擧하면 則元昊蒼皇自救不暇니 豈能與北虜相爲表裏리오 是破其素定之約하고 乖其剋日之期라 此兵法所謂親而離之者니 亦伐交之策也라 元昊叛逆以來로 幸而屢勝하야 常有輕視諸將之心하니 今又見朝廷北憂戎虜하야 方經營於河朔[4]하고 必謂我師不能西出이라하리니 今乘其驕怠면 正是疾驅急擊之時니 此兵法所謂出其不意者니 此取勝之上策也라 前年西將有請出攻者하니 當時賊氣方盛하고 我兵未練하되 朝廷尙許其出師어든 況今元昊有可攻之勢하니 此不可失之時라 彼方幸吾憂河北而不虞我能西征하야 出其不意하니 此可攻之勢也라 自四路分師[5]가 今已半年이니 訓練恩信에 兵已可用이라 故近日屢奏小捷하니 是我師漸振하고 賊氣漸衂이니 此可攻之勢也라 苟失此時하야 而使二虜先來면 則吾無策矣라 臣願陛下密詔執事之臣하야 熟議而行之하소서 此四事也라

넷째는 적을 막는 方策입니다. 신은 또 듣건대, 병법에 "用兵의 上策은 계책을 공격하고, 그 다음은 親交를 맺은 나라를 공격한다." 하였습니다. 北虜(거란)가 우리 조정과 화친을 맺은 지 40년 동안 감히 망동하지 못했는데 지금 하루아침에 터무니없는 계책을 낸 것은 그 의도가 어디에 있겠습니까. 중국이 자주 元昊(서하)에게 패하는 것을 보았기 때문에 감히 탐욕을 부려 틈을 엿보아 움직이려는 것입니다.

지금 만약 詔書를 내려 장수들을 면려하여 병사를 뽑고 말에 여물을 먹여서 신속히 서쪽 땅으로 들어가 賊徒 원호의 一陣을 통렬히 격파할 수만 있다면, 우리 군사의 위세는 크게 떨치고 저들의 계책은 꺾일 것입니다. 이것이 이른바 "용병의 상책은 계책을 공격한다."는 것입니다.

지금 國事를 논하는 이들은 모두 北虜와 西賊(원호)이 서로 함께 모의하여 두 나라의 힘을 합쳐서 우리의 河北과 陜西 지역을 엿보고 있다는 사실을 알고 있습니다. 지금 만약 우리가 먼저 그중 한 나라를 먼저 쳐서 꺾으면 적의 세력이 반으로 줄어 홀로 움직이지 못할 것입니다. 이것이 이른바 "친교를 맺은 나라를 공격한다."는 것입니다.

원호의 땅은 좁고 적병은 많지 않으니, 예전에 우리를 공격할 때 들리는 소문에 늘 北虜가 군사를 원조했다고 합니다. 지금 만약 북로 자체적으로 어느 곳에 군사를 집

결하려는 계획이 있거늘 원호가 갑자기 공격을 받게 된다면 필시 북로에게 도움을 요청할 것입니다. 북로가 군사를 나누어 원호를 돕는다면 남쪽을 공격하려던 북로의 힘을 끌어낼 수 있을 것이며, 만약 원호를 돕지 않는다면 이 두 나라 사이에 틈이 생겨 서로 의심하게 될 것입니다. 이 또한 친교를 맺은 나라를 공격하는 계책입니다.

가령 두 나라가 시기를 정하여 길을 나누어 침공해 오더라도 우리가 저들보다 먼저 크게 군사를 출동하면 원호가 황급하여 자신을 구하기에도 겨를도 없을 터이니, 어찌 북로와 서로 表裏가 될 수 있겠습니까. 이는 이미 정해놓은 적들의 약속을 깨뜨리고 정해놓은 적의 공격 시기를 어긋나게 하는 것입니다. 이것이 병법에서 이른바 "친한 사이를 이간시킨다."는 것이니, 이 또한 친교를 맺은 나라를 공격하는 계책입니다.

원호가 反逆한 이래 요행히 누차 승리하여 평상시 우리 장수들을 가볍게 보는 마음이 있습니다. 지금 또 우리 조정이 북쪽으로 戎虜(거란)를 근심하여 바야흐로 河朔에서 방어 태세를 갖추는 것을 보고 필시 우리 군사가 서쪽으로 나오지 못할 것이라 생각할 것입니다. 이제 그 驕慢하고 怠慢한 틈을 탄다면 이야말로 신속히 쳐들어가서 급히 적을 공격할 때입니다. 이것이 병법에서 이른바 "뜻하지 않은 공격을 한다."는 것이니, 이것이 승리를 취하는 上等의 計策입니다.

年前에 서쪽 변방의 장수 가운데 出兵하여 공격하자고 청한 자가 있었습니다. 당시 적의 기세는 바야흐로 강성하고 우리 병사는 훈련되지 못한 상황이었음에도 조정에서는 오히려 출병을 허락하였습니다. 더구나 지금은 원호를 공격할 수 있는 형세가 있으니, 이는 놓칠 수 없는 때입니다. 저들은 바야흐로 우리가 河北을 근심하는 것을 다행으로 여기고, 우리가 서쪽으로 쳐들어가 뜻하지 않은 공격을 하여 저들의 의표를 찌를 수 있음은 염려하지 않으니 이는 공격할 수 있는 형세입니다.

네 지역에 장수를 나눈 지가 지금 벌써 반년이 되었으니, 그동안 훈련하고 은혜와 믿음을 보였으니 군사들이 이미 쓸 만할 것입니다. 그러므로 근일에 누차 작은 勝捷을 거두었다고 보고해 왔습니다. 이는 우리 군사들이 점차 사기를 떨치고 적의 기세가 점차 꺾이고 있는 것입니다. 이는 공격할 수 있는 형세입니다. 진실로 이때를 잃어 두 나라로 하여금 먼저 공격해 오게 한다면 우리는 대책이 없을 것입니다. 신은 원컨대 폐하께서 일을 맡은 신하들에게 은밀히 조서를 내려 熟議하여 시행하도록 하소서. 이것이 넷째 일입니다.

1) 兵法曰……其次伐交 : 上兵은 用兵의 上策이다. 伐謀는 적이 공격의 계획을 세우고 있을 때 선제공격을 가하여 그 계획을 무력화시키는 것이다. 伐交는 적국의 동맹국을 공격하여 이간을 하여 두 나라의 외교관계를 단절시킴으로써 적의 세력을 약화시키는 것이다. 이 구절은 ≪孫子兵法≫ 〈謀攻〉에 보인다.

2) 北虜與朝廷通好 : 北虜는 거란을 가리킨다. 宋나라 景德 원년(1004)에 거란의 군사가 대거 南下하여 황하 북쪽 澶州 부근을 침공하였다. 宋 眞宗이 친히 戰線에 와서 督戰하였다. 거란의 統軍使인 蕭撻覽이 화살을 맞고 전사하자 거란의 사기가 크게 꺾여 쌍방이 화친을 맺고 이른바 '澶淵之盟'을 체결하였다.

3) 今一旦發其狂謀 : 慶曆 2년(1042) 3월에 遼나라가 蕭英과 劉六符를 사신으로 보내 關南 땅을 떼어줄 것을 송나라에 요구했고, 5월에는 幽州에 군사를 집결시켜 놓고 송나라를 침공하겠다고 선포하였다. ≪宋史 仁宗本紀≫

4) 河朔 : 황하 이북 지역을 가리키는 말이다.

5) 四路分帥 : 慶曆 원년(1041) 10월에 陝西 沿邊을 나누어 秦鳳, 涇原, 環慶, 鄜延(부연) 4路로 만들고 각각 經略使, 按撫使, 招討使를 두었다. ≪宋史 地理志≫

其五曰可任之臣이라 臣又聞仲尼曰 十室之邑에 必有忠信[1)]이라하니 況今文武列職하여 徧於天下하니 其間에 豈無材智之臣이리오마는 而陛下總治萬機之大에 旣不暇盡識其人이라 故不能躬自進賢而退不肖하고 執政大臣은 動拘舊例하야 又不敢進賢而退不肖하고 審官吏部三班[2)]之職은 但掌文簿差除而已요 又不敢越次進賢而退不肖하니 是上自天子下至有司히 無一人得進賢而退不肖者라 所以賢愚混雜하고 僥倖相容하야 三載一遷[3)]에 更無精別하고 平居無事에 惟患太多而差遣不行이라가 一旦臨事要人에 常患乏人使用하니 自古任官之法이 無如今日之繆也라 今議者或謂擧主[4)]轉官爲進賢이요 犯罪黜責爲退不肖라하니 此不知其弊之深也라 大凡善惡之人이 各以類聚라 故守廉愼者는 各擧淸幹之人하고 有贓汚者는 各擧貪濁之人하며 好徇私者는 各擧請求之人하고 性庸暗者는 各擧不材之人이어늘 朝廷不問是非하고 但見擧主數足이면 便與改官하니 則淸幹者進矣요 貪濁者亦進矣며 請求者亦進矣요 不材者亦進矣라

溷淆如此어늘 便可爲進賢之法乎아 方今黜責官吏에 豈有澄清糾擧之術哉아 惟犯贓之人을 因民論訴者라야 乃能黜之耳라 夫能舞弄文法而求財賂者는 亦强黠之吏니 政事必由己出이라 故雖誅剝豪民하야도 尙或不及貧弱이어니와 至於不材之人하얀 不能主事라 衆胥群吏가 共爲姦欺하면 則民無貧富요 一時受弊라 以此而言컨댄 則贓吏與不材之人이 爲害等耳라 今贓吏는 因自敗者라야 乃加黜責이라 十不去其一二하고 至於不材之人하얀 上下共知而不問하야 寬緩容姦이라 其弊如此어늘 便可爲退不肖之法乎아 賢不肖旣無別이면 則宜乎設官雖多而無人可用也라 臣願陛下明賞罰하고 責功實하면 則材皆列於陛下之前矣라 臣故曰 五者皆有나 然陛下不得而用者는 爲有弊也라하노이다

다섯째는 任用할 만한 臣下입니다. 신은 또 듣건대 仲尼는 "열 가구쯤 되는 작은 고을에도 반드시 忠信한 사람이 있다." 하셨습니다. 하물며 지금 文·武의 官職을 맡은 사람들이 천하에 두루 퍼져 있으니, 그 가운데 어찌 才能과 智慧를 갖춘 신하가 없겠습니까.

그렇지만 폐하께서 번다하기 이를 데 없는 政務를 총괄하시느라 이미 그 사람들을 다 아실 겨를이 없기 때문에 몸소 어진 이를 등용하고 불초한 이를 퇴출하지 못하시고, 執政大臣은 번번이 舊例에 구애되어 또 감히 어진 이를 등용하고 불초한 이를 퇴출하지 못하시고, 審官·吏部·三班의 직위에 있는 사람들은 단지 文簿·差除를 맡을 뿐 감히 차서를 뛰어넘어 어진 이를 등용하고 불초한 이를 퇴출하지 못하고 있습니다. 이것이 위로는 천자로부터 아래로는 有司에 이르기까지 한 사람도 어진 이를 등용하고 불초한 이를 퇴출할 수 있는 이가 없는 것입니다.

그런 까닭에 어진 이와 어리석은 이가 뒤섞이고 요행으로 관직에 오르는 길이 용납되어 3년에 한 번 관직을 옮김에 있어 사람의 능력을 정밀히 가리지 않아, 평상시 일 없을 때에는 관원이 너무 많아서 이루 다 差任할 수 없을까 걱정하다가, 하루아침에 막상 일을 만나 사람이 필요할 때면 쓸 사람이 부족함을 늘 걱정하니, 예로부터 관원을 임용하는 법이 지금처럼 잘못된 경우는 없었습니다.

오늘날 의논하는 이는 혹 擧主가 승진한 것을 두고 어진 이를 등용했다 하고, 죄를 범하여 문책당한 것을 두고 불초한 이를 퇴출했다 하니, 이는 그 폐단이 깊음을

알지 못하는 것입니다.

무릇 善한 사람과 惡한 사람은 저마다 자기 部類끼리 모이는 법입니다. 그러므로 廉恥와 愼重함을 지키는 사람은 저마다 淸廉하고 有能한 사람을 薦擧하며, 賂物을 좋아하는 사람은 저마다 貪慾스런 사람을 천거하며, 私慾을 따르기를 좋아하는 사람은 저마다 請託을 일삼는 사람을 천거하며, 性品이 庸劣한 사람은 저마다 無能한 사람을 천거합니다.

그런데도 조정은 옳고 그름을 따지지 않고 다만 擧主가 수가 채워졌는지만 보고는 곧바로 관직을 바꾸어 주니, 청렴하고 유능한 사람도 등용되고 탐욕스런 사람도 등용되고 청탁을 일삼는 사람도 등용되고 무능한 자도 등용됩니다. 혼탁하기가 이와 같거늘 이를 어진 인재를 등용하는 법으로 삼을 수 있겠습니까.

지금 관리를 축출함에 어찌 혼탁함을 맑게 하고 규제해 바로잡는 방법이 있겠습니까. 뇌물을 받아먹은 사람을 백성들의 告訴가 들어와야 비로소 축출할 수 있을 따름입니다.

대저 法條文을 농락하여 뇌물을 받아먹으려는 자들은 역시 强暴하고 교활한 관리이니, 政事가 필시 자기 손에 쥐어져 있을 것입니다. 그러므로 비록 부유한 백성들의 재산을 수탈할지언정 가난한 백성들에게 수탈이 미치지는 않습니다. 그러나 무능한 자로 말하자면 자신이 일을 주관할 수가 없습니다. 그래서 하급 관리와 아전들이 함께 농간을 부리면 백성들은 부유한 사람이고 가난한 사람이고 할 것 없이 동시에 그 폐해를 입게 됩니다. 이로써 말하면 뇌물을 먹는 관리와 무능한 자가 해를 끼치는 것은 같습니다.

지금 뇌물을 먹는 관리는 스스로 파탄을 드러낸 자라야 축출하니 열 명 중 한두 명도 제거할 수 없고, 무능한 사람으로 말하자면 윗사람 아랫사람들이 모두 그 사실을 알고도 불문에 부쳐 너그럽게 농간을 용납합니다. 그 폐단이 이와 같거늘 불초한 자를 퇴출하는 법으로 삼을 수 있겠습니까.

어진 이와 불초한 이의 구별이 없으면 관직을 설치한 것이 비록 많더라도 쓸 만한 사람이 없을 것입니다. 신은 원컨대 폐하께서는 賞罰을 분명히 하고 실효를 거두도록 책려하소서. 그렇게 하시면 인재가 모두 폐하의 앞에 늘어설 것입니다. 신은 그러므로 "이 다섯 가지는 모두 있지만 폐하께서 쓰지 못하시는 것은 폐단이 있기 때문입니다."라고 하는 것입니다.

1) 仲尼曰……必有忠信 : ≪論語≫ 〈公冶長〉에 보인다. 원문은 다음과 같다. "子曰 十室之邑 必有忠信如丘者焉 不如丘之好學也"
2) 審官吏部三班 : 審官은 審官院으로 宋나라 때 京兆와 조정 관원들의 考課를 맡았던 부서이다. 吏部는 六部의 하나로 관원의 발탁・품계・封爵・考課 등의 일을 맡았던 부서이다. 三班은 송나라 초기에 供奉官・殿直・殿前承旨를 가리키는 말이었는데, 太平興國 6년(981)에 點檢三班公事를 설치하여 武官・三班・使臣의 名籍을 총괄, 직임을 差定하고 실적을 考課하는 일을 하게 하였다. ≪續資治通鑑長編≫
3) 三載一遷 : 宋나라 제도에 관원은 3년 동안 한 자리를 맡고 임기가 차면 다른 자리로 옮기게 되어 있는 것을 말한다.
4) 擧主 : 관원을 보증하여 薦擧한 사람이다. 천거된 사람인 擧人을 벼슬에 제수할 때는 그 告身에 천거된 사유와 천거한 사람의 성명을 기록해두었다가, 후일 그 행적이 천거한 내용과 같지 않을 경우에는, 본인은 물론 천거한 사람도 벌을 받는다. 그러나 거인이 변절하거나 법을 어길 염려가 있으면 천거한 사람은 그 잘못 천거한 실수를 자수하고 그 죄를 면하였다. 이를 擧主連坐法이라 한다. ≪宋史 選擧志≫

**三弊五事**를 **臣旣已詳言之矣**로니 **惟陛下擇之**하면 **天下之務**가 **不過此也**라 **方今天文變於上**하고 **地利逆於下**하며 **人心怨於內**하고 **四夷攻於外**라 **事勢如此矣**니 **非是陛下遲疑寬緩之時**라 **惟願爲社稷生民留意**하소서 **臣脩昧死再拜**하노이다

세 가지 폐단과 다섯 가지 일을 신이 이미 상세히 말하였으니, 폐하께서 채택하시면 천하의 일이 이것에 지나지 않을 것입니다. 지금 위로는 天文이 변하고 아래로는 地利가 역행하며, 人心은 나라 안에서 원망하고 四夷는 나라 밖에서 공격하고 있습니다. 事勢가 이와 같으니 폐하께서 머뭇거리고 느긋하게 계실 때가 아닙니다. 오직 바라건대 社稷과 生民을 위해 유의하소서. 신 歐陽脩는 죽음을 무릅쓰고 재배하옵니다.

宋大家歐陽文忠公文抄 卷2

# 書・疏・箚子

## 01. 論臺諫官言事未蒙聽允書* 臺諫 官員이 言事하여 윤허를 받지 못한 것을 논한 글

* 이 글은 仁宗 至和 2년(1055)에 지어진 것이다. 이해 6월에 歐陽脩가 글을 올려 "人望에 맞지 않고 누차 過誤를 저질렀다."고 재상 陳執中을 論劾하였다. 그러나 이 글에 대해 批答이 없자 外職으로 보내줄 것을 자청하여, 翰林侍讀學士 集賢殿修撰으로 직위가 바뀌어 知蔡州로 나가게 되었다. 이에 侍御史 趙抃과 知制誥 劉敞이 글을 올려 만류할 것을 청하여 7월에 예전 직위를 다시 맡게 되었다.

劾去陳執中에 以好疑自用起眼目하야 以下六七層委曲打出이 如川雲如嶺月하야 其出不窮이라

陳執中을 論劾하면서 "남을 疑心하기를 좋아하고 자기 마음대로 한다."는 말로 眼目을 일으켜, 그 이하로 6, 7층 자세히 議論을 만들어 낸 것이 마치 시내에 비친 구름, 산마루의 달과 같아서 의논이 나오는 것이 무궁하다.

臣聞自古有天下者가 莫不欲爲治君而常至於亂하고 莫不欲爲明主而常至於昏者는 其故何哉오 患於好疑而自用也라 夫疑心動於中이면 則視聽惑於外하고 視聽惑이면 則忠邪不分하고 而是非錯亂하니 忠邪不分하고 而是非錯亂이면 則擧國之臣이 皆可疑라 旣盡疑其臣이면 則必自用其所見이니 夫以疑惑錯亂之意而自用則多失이니 失則其國之忠臣이 必以理而爭之하되 爭之不切이면 則人主之意難回요 爭之切이면 則

激其君之怒心하야 而堅其自用之意니 然後君臣爭勝이라 於是에 邪佞之臣이 得以因隙而入하야 希旨順意하야 以是爲非하며 以非爲是하야 惟人主之所欲者를 從而助之라

신은 듣건대 예로부터 天下를 所有한 사람은 잘 다스리는 임금이 되기를 바라지 않는 이가 없지만 늘 混亂한 데 이르고, 밝은 임금이 되기를 바라지 않는 이가 없지만 늘 昏暗한 데 이르는 것은 그 까닭이 무엇이겠습니까? 남을 의심하기를 좋아하고 자기 마음대로 하는 데 문제가 있습니다. 대저 疑心이 가슴속에서 움직이면 보고 듣는 것이 밖에서 疑惑되고, 보고 듣는 것이 의혹되면 忠邪가 분간되지 못하고 是非가 錯亂하니, 충사가 분간되지 못하고 시비가 착란하면 온 나라의 신하들이 모두 의심스럽게 됩니다.

이미 신하들을 모두 의심한다면 반드시 자기 소견대로 할 것이니, 대저 의혹하고 착란한 뜻을 가지고서 자기 마음대로 한다면 과실이 많게 마련입니다. 過失이 있으면 그 나라의 忠臣이 반드시 이치로써 諫爭할 터인데, 간쟁이 간절하지 않으면 임금의 뜻을 돌리기 어렵고 간쟁이 간절하면 임금의 노여운 마음을 격발하여 자기 마음대로 하려는 뜻을 굳게 만들 것입니다. 그런 뒤에는 임금과 신하가 서로 이기려고 다투게 됩니다. 이에 간사한 신하가 그 틈을 타고 들어가 임금의 뜻에 영합하고 순응하여 옳은 것을 그르다 하고 그른 것을 옳다 하면서, 오직 임금이 바라는 바를 따라서 도와줍니다.

夫爲人主者가 方與其臣爭勝이라가 而得順意之人하면 樂其助己하야 而忘其邪佞也라 乃與之幷力하야 以拒忠臣하니 夫爲人主者拒忠臣而信邪佞이면 天下無不亂하고 人主無不昏也라 自古人主之用心이 非惡忠臣而喜邪佞也며 非惡治而好亂也며 非惡明而欲昏也라 以其好疑自用而與下爭勝也니 使爲人主者豁然去其疑心하고 而回其自用之意하면 則邪佞遠而忠言入이니 忠言入하면 則聰明不惑하고 而萬事得其宜하여 使天下尊爲明主하며 萬世仰爲治君이리니 豈不臣主俱榮而樂哉아 與其區區自執하야 而與臣下爭勝하야 用心益勞而事益惑者로 相去遠矣라

대저 임금 된 이가 바야흐로 신하와 서로 이기려고 다투다가 뜻에 순응하는 신하

를 얻게 되면 자기를 도와주는 것을 즐겁게 여겨 奸邪한 자라는 것을 잊고 맙니다. 그리하여 그와 힘을 합쳐서 忠臣을 막으니, 대저 임금된 이가 충신을 막고 간사한 자를 믿으면 천하는 혼란하지 않은 경우가 없고 임금은 혼암하지 않은 경우가 없습니다.

예로부터 임금의 마음 씀이 충신을 미워하고 간신을 좋아하는 것이 아니며, 治世를 싫어하고 亂世를 좋아하는 것이 아니라, 의심하기를 좋아하고 자기 마음대로 하다가 신하와 이기려고 다투기 때문입니다. 따라서 임금된 이가 후련히 의심을 없애고 자기 마음대로 하려는 뜻을 돌린다면 간사한 신하가 멀어지고 충성스런 말이 들어올 터이니, 충성스런 말이 들어오면 聰明이 흐려지지 않고 萬事가 마땅하게 잘 되어서 천하가 밝은 임금으로 尊崇하고 만세에 잘 다스린 임금으로 推仰할 것입니다.

이렇게 되면 어찌 신하와 임금이 모두 영광스럽고 즐겁지 않겠습니까. 구구하게 자기 주장을 고집해 신하와 이기려고 다투어 마음 씀은 더욱 수고롭고 일은 더욱 미혹되는 경우와는 거리가 멉니다.

**臣聞[1)]書載仲虺稱湯之德曰 改過不悋(吝)**이라하고 **又戒湯曰自用則小[2)]**라하니 **成湯**은 **古之聖人也**로되 **不能無過而能改過**하니 **此其所以爲聖也**라 **以湯之聰明**으로 **其所爲不至於繆戾矣**나 **然仲虺猶戒其自用**하니 **則自古人主惟能改過**하고 **而不敢自用然後**에 **得爲治君明主也**라

신은 듣건대 ≪書經≫에 실려 있기를 仲虺가 湯임금의 덕을 칭찬하기를 “허물을 고침에 인색하지 않다.” 하였고, 또 탕임금을 경계하기를 “자기 마음대로 하면 작아진다.” 하였습니다. 成湯은 옛날의 聖人인데도 허물이 없을 수 없었습니다. 하지만 허물을 고칠 수 있었으니, 이것이 성인이 된 까닭입니다.

탕임금의 총명으로 보아 하는 일이 잘못된 데 이르지는 않았을 것입니다. 그럼에도 중훼는 오히려 자기 마음대로 하는 것을 경계하였으니, 예로부터 임금이 자기 허물을 고칠 수 있고 감히 자기 마음대로 하지 않아야 잘 다스리는 임금, 밝은 임금이 될 수 있습니다.

1) 臣聞 : 本集에는 이 앞에 “月日 具官臣歐陽某 謹昧死再拜上書于體天法道欽文

聰武聖神孝德皇帝闕下"가 있다.

2) 書載仲虺稱湯之德曰……又戒湯曰自用則小 : ≪書經≫〈商書 仲虺之誥〉에 보인다. 관련 구절을 소개하면 다음과 같다. "用人惟己 改過不吝 克寬克仁 彰信兆民 予聞曰能自得師者王 謂人莫己若者亡 好問則裕 自用則小"

臣伏見宰臣陳執中[1)]은 自執政以來로 不叶人望하고 累有過惡하야 招致人言이어늘 而執中遷延하야 尙玷宰府라 陛下憂勤恭儉하며 仁愛寬慈하시니 堯舜之用心也라 推陛下之用心이면 天下宜至於治者久矣로되 而紀綱日壞하며 政令日乖하야 國日益貧하며 民日益困하야 流民滿野하며 濫官滿朝하니 其亦何爲而致此오 由陛下用相이 不得其人也라

신은 삼가 보건대 宰臣 陳執中은 집정이 된 뒤로 사람들의 바람에 부합하지 못하고 누차 과오를 저질러 사람들의 비난을 초래했습니다. 그런데도 執中이 천연덕스럽게 자리에 눌러앉아서 여태 재상의 官府를 더럽히고 있습니다.

폐하께서는 國事를 근심하여 勤勉하며 恭遜하고 儉約하시며 어질고 사랑하며 寬大하고 慈愛로우시니 堯・舜의 마음 씀입니다. 폐하의 마음 씀을 미루어간다면 천하가 의당 治世에 이른 지가 오래였어야 할 것입니다.

그런데도 기강은 날로 무너지고 政令은 날로 어긋나, 국가는 날로 빈곤해지고 백성은 날로 곤궁해집니다. 그래서 유랑하는 백성이 들판에 가득하고 탐욕스런 관리가 조정에 가득합니다. 대체 무엇 때문이 이렇게 된 것이겠습니까. 폐하께서 재상을 기용함에 그만 한 사람을 얻지 못했기 때문입니다.

1) 陳執中 : 宋나라 洪州 사람으로 자는 昭譽다. 寶元 원년(1038)에 同知樞密院事에 제수되었고, 慶曆 5년(1045)에 同平章事 兼樞密使가 되어 8년간 재상 노릇을 하였다. 재상직을 수행하는 동안 아무런 공적이 없어 蘇軾에게 '俗吏'라는 혹평을 받았다.

近年에 宰相多以過失因言者罷去[1)]어늘 陛下不悟宰相非其人하고 反疑言事者好逐宰相하시니 疑心一生에 視聽旣惑하야 遂成自用之意하야 以謂宰相當由人主自去니 不可因言者而罷之라 故宰相雖有大惡顯過라도 而屈意以容之하고 彼雖惶恐하야 自欲求

去라도 而屈意以留之하고 雖天災水旱에 饑民流離하야 死亡道路라도 皆不暇顧하고 而屈意以用之하니 其故非他라 直欲沮言事者爾니 言事者何負於陛下哉아 使陛下上不顧天災하고 下不恤人言하야 以天下之事로 委一不學無識諂邪狠愎之執中而甘心焉하니 言事者本欲益於陛下어늘 而反損聖德者多矣라 然而言事者之用心이 本不圖至於此也라 由陛下好疑自用而自損也라

근년에 宰相이 過失 때문에 言官으로 인하여 파직된 이가 많습니다. 폐하께서는 재상이 적임자가 아니었음을 깨닫지 못하시고 도리어 言事한 사람들이 재상을 쫓아내기를 좋아한다고 의심하시니, 의심이 한 번 생기자 보고 들음이 이미 미혹되어 마침내 자기 마음대로 하시려는 뜻을 이루고 말았습니다. 그리하여 재상은 응당 임금 마음에 따라 관직을 떠나야지 언관으로 말미암아 파면되어서는 안 된다고 여기셨습니다. 그런 까닭에 재상이 비록 큰 죄악이나 드러난 잘못이 있다 하더라도 뜻을 굽혀 포용하시고, 저 재상들이 비록 황공하여 스스로 관직을 떠나고자 하여도 뜻을 굽혀 머물게 하셨습니다. 그 까닭은 다른 것이 아닙니다. 단지 언사한 자를 막고자 하시는 것일 뿐이니, 언사한 자가 폐하께 무슨 잘못을 저질렀습니까.

폐하로 하여금 위로는 하늘의 재앙을 돌아보지 않게 하고 아래로는 사람의 말을 두려워하지 않게 하여, 천하의 일을 일개 不學無識하며 간사하고 흉악한 陳執中에게 맡겨두고 편안히 여기게끔 하였으니, 언사한 자는 본래 폐하께 유익하게 하고자 했던 것인데 도리어 성상의 덕을 손상한 것이 많게 되었습니다. 그러나 언사한 자의 마음 씀이 본래 이런 결과에 이르리라 생각했던 것은 아닙니다. 폐하께서 의심하기를 좋아하고 자기 마음대로 하셨기 때문에 스스로 덕을 손상하시게 된 것입니다.

1) 近年 宰相多以過失因言者罷去 : 皇祐 원년(1049)부터 至和 2년(1055)에 이르기까지 宋庠, 文彦博, 龐籍, 梁適 등이 전후로 재상의 직책에서 파면되었다.

今陛下用執中之意益堅하고 言事者攻之愈切하니 陛下方思有以取勝於言事者라 而邪佞之臣이 得以因隙而入하야 必有希合陛下之意者가 將曰 執中宰相이니 不可以小事逐이요 不可使小臣動搖라하고 甚者則誣言事者欲逐執中而引用他人하리니

陛下方患言事者上忤聖聰이라 樂聞斯言之順意하고 不復察其邪佞而信之라 所以拒言事者益峻하고 用執中益堅이라

지금 폐하께서는 陳執中을 信任하는 뜻이 더욱 굳고 言事한 자는 공격함이 더욱 간절하니, 폐하께서는 바야흐로 언사한 자를 이기고자 생각하고 있습니다. 그래서 간사한 신하가 틈을 타고 들어갈 수 있어, 반드시 폐하의 뜻에 영합하기를 희구하는 자가 장차 "집중은 재상이니 작은 일로 내쫓아서는 안 된다. 小臣에게 휘둘리게 해서는 안 된다."라고 하고, 심한 경우에는 언사한 자가 집중을 쫓아내고 다른 사람을 끌어다 쓰려 한다고 誣惑할 것입니다.

폐하께서는 바야흐로 언사한 자가 위로 聖上의 聰明을 거스르는 것을 걱정하시던 터라 마음에 쏙 드는 이 말을 듣기를 좋아하여 더 이상 그 사특함을 살피지 않고 신임하시게 됩니다. 그런 까닭에 언사한 자를 막는 것이 더욱 준엄하고 집중을 신임하는 마음이 더욱 견고해집니다.

夫以萬乘之尊으로 與三數言事小臣으로 角必勝之力하니 萬一聖意必不可回하면 而言事者亦當知難而止矣라 然天下之人與後世之議者가 謂陛下拒忠言庇愚相하리니 以陛下爲何如主也아 前日御史論梁適罪惡에 陛下赫怒하야 空臺而逐之[1)]러니 而今日御史又復敢論宰相하야 不避雷霆之威하며 不畏權臣之禍[2)]하니 此乃至忠之臣也라 能忘其身而愛陛下者也어늘 陛下嫉之惡之하며 拒之絶之라 執中爲相에 使天下水旱流亡하야 公私困竭하고 而又不學無識하고 憎愛挾情하야 除改差繆하야 取笑中外하고 家私穢惡이 流聞道路어늘 阿意順旨하야 專事逢君하니 此乃諂上傲下愎戾之臣也어늘 陛下愛之重之하야 不忍去之라

대저 萬乘의 尊貴함으로 몇몇 언사하는 작은 臣下들과 必勝의 힘으로 다투니, 만일 성상의 뜻을 반드시 돌리지 못한다면 언사한 자들도 응당 어려운 줄 알아서 그만둘 것입니다. 그러나 천하 사람들과 후세의 의논하는 이들은 폐하께서 충성스런 간언을 막고 어리석은 재상을 비호했다고 할 터이니, 폐하를 두고 어떠한 군주라 하겠습니까.

전날에 御史가 梁適의 죄악을 논하자 폐하께서는 불끈 노하시어 어사대를 비워 어사들을 죄다 내쫓으셨습니다. 그런데 지금 어사가 또다시 재상을 감히 논하여 雷霆의 위엄을 피하지 않고 權臣의 禍를 두려워하지 않고 있습니다. 이는 지극히 충성스런 신하로 자기 일신을 잊고 폐하를 사랑하는 자입니다. 그런데도 폐하께서는 미워하고 싫어하며 막고 끊으셨습니다.

執中이 재상이 되어서는 천하로 하여금 水災와 旱災로 백성들이 流離乞食하여 공사간에 군핍하게 하였습니다. 게다가 그 자신 불학무식하고 愛憎의 사감으로 일을 처리해 관직을 임명하는 것이 어긋나서 中外에 웃음거리가 되었으며, 자기 집안의 추악한 소문이 길에 떠돌고 있습니다. 그런데도 아첨하는 뜻으로 폐하의 뜻을 따라 국사를 전횡하고 임금의 뜻에 영합하였으니, 이는 바로 위에는 아첨하고 아래에는 오만하게 구는 剛愎하고 패악한 신하입니다. 그런데도 폐하께서 애지중지하시어 차마 관직에서 내보내지 못하십니다.

1) 前日御史論梁適罪惡……空臺而逐之 : 梁適은 자가 仲賢이고 東平 사람이다. 翰林學士 梁顥의 아들로, 어려서 부친을 여의었다. 부친의 遺文을 모아 책으로 만들어 올리자, 眞宗이 "양호에게 아들이 있구나." 하고 칭찬하였다. 그가 同平章事로 있던 至和 2년(1055)에 殿中侍御史 馬遵, 吳中復 등이 권세를 부리고 탐욕스럽다는 점을 극론하였다. 이 때문에 파면되어 知鄭州로 나갔다.

2) 不避雷霆之威 不畏權臣之禍 : 雷霆은 제왕의 위엄을 뜻하고, 여기서 권신은 재상을 가리킨다.

陛下睿智聰明하야 群臣善惡을 無不照見하니 不應倒置如此요 直由言事者太切하야 而激成陛下之疑惑爾어늘 執中不知廉恥하고 復出視事하니 此不足論이라 陛下豈忍因執中하야 上累聖德하고 而使忠臣直士로 卷舌於明時也리오 臣願陛下廓然回心하야 釋去疑慮하야 察言事者之忠하며 知執中之過惡하고 悟用人之非하야 法成湯改過之聖하고 遵仲虺自用之戒하야 盡以御史前後章疏出付外廷하야 議正執中之過惡하야 罷其政事하고 別用賢材하야 以康時務하고 以拯斯民하고 以全聖德하면 則天下幸甚이라 臣以身叨恩遇하야 職在論思[1]라 意切言狂에 罪當萬死로소이다

폐하께서는 슬기롭고 총명하여 신하들의 善惡을 비추어보지 못함이 없으시니, 응당 이처럼 전도된 일을 하실 리가 없습니다. 단지 언사한 자가 너무 간절하게 말한 탓에 폐하의 의혹을 격발시키고 말았던 것인데, 執中이 廉恥를 알지 못하고 다시 조정에 나와서 政務를 보고 있으니, 이는 말할 것도 못 됩니다. 폐하께서는 어찌 차마 집중 때문에 위로 聖德에 누를 끼치고 충성스런 신하, 강직한 선비들로 하여금 밝은 시대에 입을 다물고 말을 않게 하십니까.

신은 원컨대 폐하께서 확연히 마음을 돌려 의혹을 벗어버려서 언사한 자의 충성을 살피고, 집중의 過惡을 알며, 사람을 잘못 썼음을 깨달아서, 잘못을 고친 成湯의 성스러움을 본받고 자기 마음대로 하는 것을 경계했던 仲虺의 말을 따르소서. 그리하여 御史가 전후로 올린 章疏들을 죄다 外廷에 하달하여 집중의 죄악을 의논하여 정사를 보는 그 직책을 파면하고, 특별히 인재를 등용하여 時務를 평안케 하고 聖德을 온전히 하시면 천하에 매우 다행할 것입니다.

신은 과분한 恩遇를 받아 직책이 論思의 자리에 있는 터라 뜻은 절박하고 말은 주제넘으니 그 죄는 만 번 죽어 마땅합니다.

1) 論思 : 前漢 班固의 〈兩都賦序〉에 "말을 하고 시종하는 신하들로 司馬相如 …… 등과 같은 이들이 아침저녁으로 논사하고 날과 달로 계책을 올렸다.〔言語侍從之臣 若司馬相如……之屬 朝夕論思 日月獻納〕" 한 데서 온 말로 국사를 의논하는 것을 뜻하니, 제왕이 學士들과 학문을 강론함을 이른다. 조선에서는 經筵을 맡은 弘文館의 직책을 가리킨다.

## 02. 論包拯除三司使上書* 包拯이 三司使에 제수된 것을 논하는 上書

* 이 글은 仁宗 嘉祐 4년(1059) 3월에 지어졌다. 이때 三司使 宋祁를 端明殿學士 權三司使로 삼았다. 이에 左司諫 吳及 등이 송기가 定州에 있을 때 고을이 잘 다스려지지 않았고 집안사람을 단속하지 않고 公使錢 수천 緡을 貸用하였으며, 蜀에 있을 때에 사치가 과도한 것을 말하였다. 密直學士 權三司使 包拯도 송기가 益州에 있을 때 술자리를 벌이고 자주 놀았으며 그의 형 宋庠이 바야흐로 執政하고 있으므로 삼사사에 임명해서는 안 된다고 말하였다.

이러한 반대 의논이 계속되자 송상이 송기를 외직에 내보낼 것을 청하여, 包拯을 대신 그 자리에 앉혔다. 이에 翰林學士 歐陽脩가 이 일은 옳지 않다고 하여 이 글을 올린 것이다. 包拯은 廬州 合肥 사람으로 자는 希仁이다. 開封府를 맡고 있을 때 법을 집행하는 것이 엄정하여 당시에 "뇌물이 이르지 못하니, 閻羅包老가 있다.〔關節不到 閻羅包老〕"는 말이 있었다. ≪宋史 包拯傳≫

**包拯不能不汗顔心服**이라

包拯이 보고 얼굴에 땀을 흘리며 심복하지 않을 수 없었을 것이다.

**臣聞治天下者**는 **在知用人之先後而已**라 **用人之法**이 **各有所宜**하니 **軍旅之士**는 **先材能**이요 **朝廷之士**는 **先名節**이라 **軍旅主成功**이니 **惟恐其不趨賞而爭利**라 **其先材能而後名節者**는 **亦勢使之然也**요 **朝廷主教化**니 **風俗之薄厚**와 **治道之汚隆**이 **在乎用人**하고 **而教化之於下也**에 **不能家至而諄諄諭之**라 **故常務尊名節之士**하야 **以風動天下**[1]**而聳勵其媮薄**이라

신은 듣건대 천하를 다스리는 것은 사람을 쓰는 先後를 아는 데 있을 뿐이라 합니다. 사람을 쓰는 법은 각각 마땅한 바가 있으니 軍隊의 人士는 재주와 能力을 우선하고 朝廷의 人士는 名聲과 節槪를 우선하는 법입니다. 군대는 成功을 위주로 하니 오직 포상에 달려가고 이익을 다투지 않을까 염려합니다. 따라서 재능을 우선하고 명절을 뒤로 하는 것은 또한 그 형세가 그렇도록 하는 것입니다. 조정은 敎化를 위주로 하니 풍속의 厚薄과 治道의 汚隆이 사람을 쓰는 데 달려 있고 교화가 아래에 미침에는 집집마다 가서 자세히 말로 타이를 수 없습니다. 그러므로 늘 명예와 節操를 가진 선비를 높이는 데 힘써서 천하를 風動하여 경박한 풍속을 고치도록 면려하는 것입니다.

1) 風動天下 : 천하의 風氣를 고동치게 하여 온 백성으로 하여금 교화를 따르게 하는 것이다. ≪書經≫ 〈虞書 大禹謨〉에 '四方風動'이라 하였는데, 이 구절에 대한 朱熹의 傳에 "교화가 사방에 이름이 마치 바람이 고동하는 듯하여 쏠리지 않음이 없다."라고 해석하였다.

夫所謂名節之士者는 知廉恥하며 修禮讓하야 不利於苟得하며 不牽於苟隨하야 而惟義之所處하고 白刃[1]之威도 有所不避하며 折枝[2]之易도 有所不爲하야 而惟義之所守하니 其立於朝廷에 進退擧止가 皆可以爲天下法也라 其人이 至難得也요 至可重也라 故其爲士者는 常貴名節以自重其身하고 而君人者는 亦常全名節以養成善士라

대저 이른바 名譽와 節操를 가진 선비란 廉恥를 알며 禮讓을 하여, 구차히 얻음을 이롭게 여기지 않으며 구차히 남을 따르는 데 끌리지 않아 오직 의리에 따라 처신하고, 서릿발 같은 칼날도 피하지 않는 바가 있으며 가지를 꺾는 쉬움도 하지 않는 바가 있어서 오직 의리를 지키니, 조정에 서면 進退와 擧動이 모두 천하의 본보기가 됩니다.

이런 사람은 지극히 얻기 어렵고 지극히 존중할 만합니다. 그러므로 선비 된 이들은 늘 명예와 절조를 귀하게 여겨서 그 몸을 스스로 중히 여기고, 임금 된 이도 늘 명예와 절조를 온전히 지켜주어서 선한 선비를 양성하는 것입니다.

1) 白刃 : 사람을 위태롭게 하는 정치적 공격을 말한다. ≪莊子≫ 〈秋水〉에 "서릿발 같은 칼날이 눈앞에 마구 날아들어도 죽음을 마치 삶처럼 생각하는 것은 烈士의 용기이다.〔白刃交於前 視死若生者 烈士之勇也〕" 한 데서 온 말이다.

2) 折枝 : 나뭇가지를 꺾는 것으로 매우 쉬운 일을 비유한 것이다. 孟子가 "어른을 위해 나뭇가지를 꺾어주는 것을 남에게 말하기를 나는 할 수 없다고 한다면 이는 하지 않는 것일지언정 하지 못하는 것은 아니다.〔爲長者折枝 語人曰 我不能 是不爲也 非不能也〕" ≪孟子 梁惠王 上≫

伏見陛下近除前御史中丞包拯爲三司使하니 命下之日에 中外喧然하야 以謂朝廷貪拯之材而不爲拯惜名節이라 然猶冀拯能執節守義하야 堅讓以避嫌疑하야 而爲朝廷惜事體러니 數日之間에 遽聞拯已受命하니 是可惜也요 亦可嗟也라 拯性好剛하고 天姿峭直이라 然素少學問하야 朝廷事體를 或有不思라 至如逐其人而代其位하얀 雖初無是心이나 然見得不能思義[1]라 此皆不足怪요 若乃嫌疑之迹은 常人皆知可避어늘 而拯豈獨不思哉아

삼가 보건대 폐하께서 근자에 전 御史中丞 包拯을 三司使에 제수하시니, 명이 내려온 날부터 中外가 떠들썩하여 "조정이 包拯의 재능을 탐내고 包拯의 명예와 절조를 아끼지 않는다."고들 하였습니다. 그래도 오히려 包拯이 절조를 지키고 의리를 지켜 굳이 사양하여 혐의를 피하여 조정을 위해 事體를 아끼기를 기대했습니다. 그런데 며칠 사이에 包拯이 이미 명을 받았다는 말이 갑자기 들리니, 이는 가석한 일이요 또한 탄식할 만한 일입니다.

包拯은 성품이 강함을 좋아하고 天姿가 매우 강직하나, 평소 학문이 부족하여 조정의 事體를 혹 생각하지 못하는 점이 있습니다. 직책을 맡고 있는 사람을 쫓아내고 그 지위를 대신하는 것으로 말하자면, 비록 애초에 그런 마음이 없었다 하더라도 得을 보고 의리를 생각지 못한 것입니다. 이는 모두 괴이하다 할 것도 못 됩니다. 혐의를 받을 자취로 말하자면 일반 사람들도 모두 피해야 한다는 것을 아는데, 包拯이 어찌 유독 생각하지 못했단 말입니까.

1) 見得不能思義 : ≪論語≫ 〈季氏〉에 孔子가 군자의 아홉 가지 생각함을 말하면서 "得을 보면 의리를 생각해야 한다.〔見得思義〕" 하였다. 여기서는 包拯이 지위를 얻을 수 있는 상황에서 그것이 의리에 맞는지를 생각하지 못했다는 뜻으로 말하였다.

**昨聞拯在臺日**에 **常自至中書**하야 **詬責宰相**하야 **指陳前三司使張方平過失**하고 **怒宰相不早罷之**러니 **旣而臺中寮屬**이 **相繼論列**하니 **方平由此罷去**하고 **而以宋祁代之**라 **又聞拯亦曾彈奏宋祁過失**하니 **自其命出**로 **臺中寮屬又交章力言**하니 **而祁亦因此而罷**하고 **而拯遂代其任**이라하니 **此所謂蹊田奪牛**[1)]니 **豈得無過**오 **而整冠納履**[2)]는 **當避可疑者也**라 **如拯材能資望**은 **雖別加進用**이라도 **人豈爲嫌**이리오 **其不可爲者**는 **惟三司使爾**니 **非惟自涉嫌疑**라 **其於朝廷**에 **所損不細**라

昨日에 듣건대 包拯이 臺諫에 있을 때 늘 스스로 中書省에 가서 재상을 꾸짖으며, 전 三司使 張方平의 과실을 지적하여 열거하고 재상이 일찌감치 파면시키지 않았다고 노하면, 이윽고 대간의 僚屬들이 서로 이어서 論列하였다고 합니다. 장방평이 이로 말미암아 파직되고 宋祁로 그 자리를 대신하게 했습니다.

또 듣건대 包拯이 또한 일찍이 송기의 과실을 탄핵하여 아뢰었던 터라 송기를 임명하는 명이 나오자 대간의 요속들이 또 서로 소장을 올려 힘써 진언하니, 송기 또한 이로 말미암아 파직되었고 包拯이 드디어 그 직임을 대신했다고 합니다.

이는 이른바 "소를 끌고 남의 논밭을 가로질러 갔다고 하여 소를 빼앗는다."는 격이니, 어찌 허물이 없을 수 있겠습니까. 그리고 오얏나무 아래서 관을 바르게 고쳐 쓰고 오이밭에 신발을 들여놓는 일이니, 의심받을 소지를 피해야 하는 것입니다.

包拯의 재능과 資望 같은 경우는 특별히 승진해 임용하더라도 사람들이 어찌 혐의쩍어하겠습니까. 해서는 안 되는 것은 삼사사일 뿐이니, 스스로 혐의를 받을 지경에 들어설 뿐 아니라 조정에 있어서도 손해가 적지 않습니다.

1) 蹊田奪牛 : ≪春秋左氏傳≫ 宣公 11년에 "어떤 사람이 소를 끌고 남의 논을 밟아 가로질러 갔다고 해서 그 소를 빼앗는다.〔牽牛以蹊人之田 而奪之牛〕"고 한 데서 온 말이다. 사소한 잘못을 빌미로 과도하게 책임을 물어 큰 이익을 취함을 말한다. 앞 사람들에게 잘못이 없는 것은 아니지만 그들을 파직하고 그 자리에 대신 들어간다면, 그것은 마치 包拯이 三司使 자리를 탐내어 작은 허물을 구실로 그들의 관직을 차지하는 모양이 되고 만다는 의미이다.

2) 整冠納履 : 宋代 郭茂倩이 편찬한 ≪樂府詩集≫ 중 聶夷中의 〈君子行〉에 "군자는 매사를 미연에 방지하여 혐의로운 지경에 처하지 않나니, 오이밭에선 신들메를 고쳐 매지 않고, 오얏나무 밑에선 관을 바르게 쓰지 않는다.〔君子防未然 不處嫌疑間 瓜田不納履 李下不整冠〕" 한 데서 온 말이다.

**臣請原其本末而言之**하리라 **國家自數十年來**로 **士君子務以恭謹靜愼爲賢**하니 **及其弊也**에 **循默苟且**하고 **頹惰寬弛**어늘 **習成風俗**에 **不以爲非**하야 **至於百職不修**하고 **紀綱廢壞**로되 **時方無事**하야 **固未覺其害也**러니 **一旦黠虜犯邊**하야 **兵出無功**하고 **而財用空虛**하야 **公私困弊**하고 **盜賊竝起**하야 **天下騷然**하니 **陛下奮然感悟**하야 **思革其弊**하야 **進用三數大臣**하야 **銳意於更張矣**라

신이 청컨대 그 本末을 糾明하여 말해보겠습니다. 국가가 수십 년 이래 선비들은 주로 恭謹하고 신중한 것을 어질다고 여겼으니, 그 폐단에 미쳐서는 침묵하고 구차

하며 게으르고 느슨해졌는데도 習性이 風俗을 이루어 그르다고 여기지 않습니다. 그리하여 모든 職務가 제대로 수행되지 못하고 紀綱이 다 무너졌음에도 시국이 바야흐로 무사하여, 진실로 그 폐해를 깨닫지 못하고 있었습니다.

그러다가 하루아침에 교활한 오랑캐(원호)가 변방을 침범하자 병력이 출동해도 전공을 세우지 못하고 재용이 텅 비어 국가와 민간 모두 곤핍하며 도적이 곳곳에서 일어나 천하가 시끄러워지니, 폐하께서 奮然히 깨달으시고 그 폐단을 고칠 것을 생각하여 두세 대신들을 등용하여 更張에 매우 관심을 두셨습니다.

**於此之時**에 **始增置諫官之員**하야 **以寵用言事之臣**하야 **俾之擧職**하니 **由是修紀綱而繩廢壞**하야 **遂欲分別賢不肖**하고 **進退材不材**하니 **而久弊之俗**이 **驟見而駭**하고 **因共指言事者而非之**하야 **或以謂好訐陰私**하고 **或以爲公相傾陷**하고 **或謂沽激名譽**하고 **或謂自圖進取**하니 **群言百端**에 **幾惑上聽**이러니 **上賴陛下至聖至明**하야 **察見諸臣本以忘身徇國**이요 **非爲己利**하야 **讒間不入**하야 **遂荷保全**하고 **而中外之人**이 **久而亦漸爲信**이라

이때에 비로소 諫官의 員數를 증설하여 言事하는 신하를 총애해 등용하여 그들로 하여금 직책을 수행하게 하시니, 이로부터 기강을 정비하여 무너진 것을 바로잡아 드디어 어진 이와 無能한 이를 구별하고 有能한 이를 등용하고 무능한 이를 퇴출하였습니다. 오랜 폐단에 젖어온 세상 사람들이 얼른 보고 깜짝 놀라 이를 계기로 다 함께 言事한 자를 지목하고 비난하여, 혹은 "남의 사생활을 까밝히기를 좋아한다." 하고, 혹은 "재상을 모함한다." 하고, 혹은 "거짓된 짓을 하여 명예를 얻으려 한다." 하고, 혹은 "스스로 높은 관직에 오르길 도모한다." 하니, 뭇사람들의 온갖 말들이 나와 거의 성상의 귀를 현혹시킬 뻔하였습니다.

그런데 위로 성상께서 지극히 성스럽고 지극히 밝으셔서, 신하들이 본래 일신을 잊고 국가를 위한 것이고 자기 이익을 위한 것이 아님을 환히 살펴 아신 덕분에 참소하는 말이 먹혀들지 않아, 드디어 간관들이 몸을 보전할 수 있었고, 中外의 사람들도 시일이 오래 지나면서 점차 간관들을 믿게 되었습니다.

自是以來로 二十年間에 臺諫之選이 屢得讜言之士하니 中間斥去姦邪하고 屛絶權倖하야 拾遺救失[1)]을 不可勝數라 是則納諫之善이 從古所難이어늘 自陛下臨御以來로 實爲盛德이요 於朝廷補助之效에 不爲無功이라 今中外習安하고 上下已信하야 纖邪之人이 凡所擧動에 每畏言事之臣하고 時政無巨細히 亦惟言事官是聽하니 原其自始컨댄 開發言路하야 至於今日之成效가 豈易致哉며 可不惜哉아

이후로 20년 동안 臺諫의 선발에 누차 直言하는 선비를 얻었으니, 중간에 奸邪한 자들을 배척하여 내쫓고 權幸의 신하를 막고 끊어서 폐하의 闕失을 고치고 바로잡은 것을 이루 헤아릴 수 없습니다. 이는 간언을 잘 받아들이는 것이 예로부터 어려운 일인데 폐하께서 즉위하신 이래로 실로 성대한 덕이 되고, 조정이 폐하를 보필하는 공효에도 폐하의 도움이 없지 않은 것입니다.

지금 中外가 오랫동안 평안함에 익숙해지고 上下가 이미 서로 믿어서 간사한 사람이 무릇 행동할 때마다 言事하는 신하를 두려워하고, 時政에 있어서도 크고 작고를 막론하고 오직 언사하는 관원의 말을 듣고 있습니다. 그 시초를 究明해보면, 언로를 개발하여 오늘의 成效에 이른 것이 어찌 쉽게 이룰 수 있는 것이겠으며, 아까워할 만하지 않겠습니까.

1) 拾遺救失 : 補闕拾遺와 같은 말이다. 임금의 闕失을 바로잡고 고친다는 의미로, 諫官의 책무를 가리킨다. 漢 武帝 때의 名臣인 汲黯은 直諫을 잘하였다. 무제가 급암을 淮陽太守로 임명하자, 급암이 말하기를, "신은 몸이 허약하여 질병이 많으니, 외직보다는 내직에 있으면서 임금의 부족한 점을 보충하고 빠뜨리는 것을 수습하겠습니다.〔補闕拾遺〕" 하였다. ≪史記 汲黯列傳≫

夫言人之過가 似於徼訐하며 逐人之位가 似於傾陷이어늘 而言事之臣得以自明者는 惟無所利於其間爾요 而天下之人所以爲信者도 亦以其無所利焉이라 今拯屛逐二臣하야 自居其位하야 使將來姦佞者로 得以爲說하야 而惑亂主聽하고 今後言事者不爲人信而無以自明하니 是則聖明用諫之功이 一旦由拯而壞라

대저 남의 過失을 말하는 것은 남의 잘못을 들추어내는 것과 비슷하고, 남을 地位

에서 쫓아내는 것은 남을 모함하는 것과 비슷합니다. 언사하는 신하가 자신이 한 일을 해명할 수 있는 것은 오직 그 일에서 자신에게 이익되는 바가 없기 때문이고, 천하 사람들이 믿어주는 것도 그에게 이익되는 바가 없기 때문입니다.

그런데 지금 包拯은 두 신하를 내쫓고 스스로 그 자리에 앉아서, 장래에 간사한 자들로 하여금 제 할 말을 하여 군주의 귀를 현혹시킬 수 있게 하였고, 지금 이후로 언사하는 자들로 하여금 남의 믿음을 받지 못하여 스스로 자신이 한 일을 해명할 수 없게 하였습니다. 이는 성상께서 간언을 받아들이신 공효가 하루아침에 包拯으로 말미암아 무너지고 만 것입니다.

**夫有所不取之謂廉**이요 **有所不爲之謂恥**라 **近臣擧動**은 **人所儀法**이니 **使拯於此時**에 **有所不取而不爲**면 **可以風天下以廉恥之節**이어늘 **而拯取其所不宜取**하고 **爲其所不宜爲**하니 **豈惟自薄其身**이리오 **亦所以開誘他時言事之臣**하야 **傾人以覬得**하야 **相習而成風**이리니 **此之爲患**이 **豈謂小哉**아 **然拯所恃者**는 **惟以本無心耳**라

대저 취하지 않는 바가 있는 것을 '廉'이라 하고, 하지 않는 바가 있는 것을 '恥'라 합니다. 近臣의 거동은 사람들이 본받는 바이니, 가사 包拯이 이때에 취하지 않고 하지 않는 바가 있었다면 廉恥의 節操로 천하를 風動할 수 있었을 것입니다.

그런데 包拯은 취하지 않아야 할 바를 취하고 하지 않아야 할 바를 하였으니, 어찌 한갓 자신을 스스로 하찮게 한 것일 뿐이겠습니까. 또한 장차 言事할 신하들을 미리 유도하여 남을 모함함으로써 자기 이익을 노리는 짓을 하고, 이러한 행위가 습관이 되어 나쁜 풍조를 이루게 될 터입니다. 이 때문에 생길 우환이 어찌 작다 하겠습니까. 그러나 包拯이 믿는 바는 오직 본래 그런 마음이 없었다는 것일 뿐입니다.

**夫心者藏於中而人所不見**이요 **迹者示於外而天下所瞻**이라 **今拯欲自信其不見之心而外掩天下之迹**하니 **是猶手探其物**하고 **口云不欲**이니 **雖欲自信**이나 **人誰信之**리오 **此臣所謂嫌疑之不可不避也**라 **況如拯者**는 **少有孝行**이 **聞於鄕里**하고 **晩有直節**이 **著在朝廷**하되 **但其學問不深**하며 **思慮不熟**하고 **而處之乖當**하니 **其人亦可惜也**라 **伏望陛下別選材臣**하야 **爲三司使**하고 **而處拯他職**하야 **置之京師**하야 **使拯得避嫌疑之**

**迹**하야 **以解天下之惑**하고 **而全拯之名節**이면 **不勝幸甚**이라

대저 마음이란 것은 속에 숨어 있어서 남들이 볼 수 없는 바이고, 자취란 것은 밖에 보여서 천하 사람들이 지켜보는 것입니다. 지금 包拯은 스스로 보이지 않는 마음을 믿고 밖으로 천하에 드러난 자취를 가리고자 하고 있습니다. 이는 손으로는 물건을 만지면서 입으로는 가지고 싶지 않다고 하는 것과 같으니, 아무리 자기를 믿어주기를 바란들 남들이 그 누가 믿어주겠습니까. 이것이 신이 말한 "혐의쩍은 것은 피하지 않아서는 안 된다."는 것입니다.

더구나 包拯 같은 사람은 젊을 때는 孝行이 향리에 알려졌고, 만년에는 剛直한 節槪가 조정에 드러났지만, 學問이 깊지 못하고 생각이 깊지 못하여 處身이 이치에 어긋났으니, 그 사람됨이 또한 아깝습니다. 삼가 바라건대 폐하께서는 특별히 재주 있는 신하를 선발하여 三司使로 삼고 包拯을 다른 직위에 두어서 京師에 있게 하소서. 그리하여 包拯으로 하여금 혐의쩍은 자취를 피함으로써 천하 사람의 의혹을 풀 수 있게 하고, 包拯의 명예와 절개를 온전히 지킬 수 있게 해주신다면 더없는 다행이겠습니다.

**臣叨塵侍從**하야 **職號論思**라 **昔嘗親見朝廷致諫之初甚難**하고 **今又復見陛下用諫之效已著**라 **實不欲因拯而壞之者**는 **爲朝廷惜也**라 **臣言狂計愚**하니 **伏俟誅戮**이라

신은 외람되이 侍從의 자리에 앉아서 論思라 불리는 직책을 맡고 있는 터라, 지난날 조정이 간언을 올리는 당초에 매우 어려웠음을 일찍이 보았고, 지금 게다가 폐하께서 간언을 받아들이는 효험이 이미 드러났음을 보았습니다. 그래서 실로 包拯으로 말미암아 이것을 무너뜨리길 바라지 않는 것은 조정을 위해 애석하게 여기는 것입니다. 신은 말이 주제넘고 계책이 어리석으니, 삼가 죽여주시길 기다립니다.

## 03. 論選皇子疏* 皇子 선발을 논하는 疏

* 이 글은 仁宗 嘉祐 2년(1057) 8월에 지어졌다. 인종의 세 아들인 楊王 昉, 雍王 昕, 荊王 曦가 모두 일찍 죽어 後嗣가 없었다. 이때 淑妃 苗氏 소생인

兗國公主가 또 出嫁하여 궁궐을 나갔다. 그래서 歐陽脩가 글을 올려 황태자를 세워서 인종의 마음을 위로할 것을 주장한 것이다.

忠悃이라

忠誠이 가득하다.

**臣聞**[1)]**言天下之難言者**는 **不敢冀必然之聽**이니 **知未必聽而不可不言者**는 **所以盡爲忠之心**이온 **況臣遭遇聖明**하야 **容納諫諍**이라 **言之未必不聽**하니 **其可默而不言**가 **臣伏見自去歲以來**로 **群臣多言皇嗣之事**하고 **臣亦嘗因災異**하야 **竊有奏陳**이러니 **雖聖度包容**하야 **不加誅戮**이나 **而愚誠懇至**하되 **天聽未回**라 **臣實不勝愛君之心**하야 **日夜區區未嘗忘此**하야 **思欲再陳狂瞽**나 **而未知所以爲言**이라

신은 듣건대 천하의 말하기 어려운 일을 말하는 자는 감히 꼭 들어주기를 바라지 않으니, 꼭 들어주지 않을 줄을 알고도 말하지 않을 수 없는 것은 충성하는 마음을 다하고자 함입니다. 더구나 신은 성스럽고 밝으신 폐하를 만나 諫諍을 받아주시는 터라 말을 함에 반드시 아니 들어주시지는 않을 것이니, 묵묵히 있으며 말하지 않을 수 있겠습니까.

신은 삼가 보건대 지난해 이래 신하들이 皇太子 뽑는 일에 대해 많이 말하였고, 신도 일찍이 災異로 말미암아 進言하는 차제에 이 문제에 대해 진달한 적이 있습니다. 비록 성상의 도량으로 포용하여 형벌을 내리지는 않으셨으나, 어리석은 신의 정성이 매우 간절했는데도 성상께서는 들어주지 않으셨습니다. 신은 실로 임금을 사랑하는 마음을 이기지 못하여 밤낮으로 이 문제를 잊지 못하여, 재차 어리석은 생각을 진달하고자 하지만 어떻게 말해야 할지 모르겠습니다.

1) 臣聞 : 本集에는 이 앞에 "8월 모일에 한림학사 조산대부 우간의대부 지제고 충사관수찬 간수당서 판태상시 겸예의사 상경거도위 사자금어대 신 구양수는 삼가 죽음을 무릅쓰고 두 번 절하고, 체천법도 흠문총무 성신효덕 황제폐하께 글을 올립니다.〔八月日 翰林學士朝散大夫右諫議大夫知制誥充史官修撰刊修唐書判太常寺兼禮儀事上輕車都尉賜紫金魚袋臣歐陽脩 謹昧死再拜上書于體天法

道欽文聰武聖神孝德皇帝陛下]"라는 구절이 있다.

今者伏見兗國公主近已出降[1)]하고 臣因竊思人之常道가 莫親於父子之親이요 人之常情이 亦莫樂於父子之樂이니 雖在聖哲에 異於凡倫이나 其爲天性은 於理則一이라 陛下嚮雖未有皇嗣나 而尙有公主之愛하야 上慰聖顔이러니 今旣出降하야 漸疎左右하니 則陛下萬幾之暇에 處深宮之中하야 誰可與語言이며 誰可承顔色가 臣愚以謂宜因此時하야 出自聖意하야 於宗室之中에 選材賢可喜者하야 錄以爲皇子하야 使其出入左右하고 問安侍膳하면 亦足以慰悅聖情이라

지금 兗國公主께서 근자에 이미 出降하신 것을 보고 신은 이에 적이 생각건대, 사람의 常道는 父子間의 친분보다 친한 것이 없고 사람의 常情은 부자간의 즐거움보다 즐거운 것이 없으니, 비록 聖王에 있어서 일반 사람들과는 다르겠지만 그 天性은 이치에 있어 같습니다.

폐하께서 예전에는 비록 皇太子는 없었으나 그래도 公主에 대한 사랑은 있어서 위로 성상의 龍顔을 위로할 수 있었는데, 지금은 이미 出降하여 점차 좌우에서 멀어지니, 폐하께서 정사를 보시는 겨를에 깊은 궁궐 안에 계시면서 누가 함께 얘기하겠으며 누가 안색을 받들겠습니까. 어리석은 신은 마땅히 이러한 때를 말미암아 성상의 뜻을 내어 宗室 중에서 재주 있고 어질어 좋아할 만한 사람을 선발하여 거두어서 황태자로 삼아서 좌우에 출입하며 문안하고 侍膳하게 한다면, 또한 성상의 마음을 위로할 수 있을 것이라 생각합니다.

1) 出降 : 君主의 딸이 시집가는 것을 말한다. 군주는 至尊이므로 그 딸인 公主가 臣民에게 시집가는 것을 이렇게 말하는 것이다.

臣考於書史하니 竊見自古帝王이 雖曰至尊이나 未嘗獨處也라 其出而居外也에 不止百司公見奏事而已라 必有儒臣學士가 講論於閒宴하고 又有左右侍從이 顧問語言하며 其入而居內也에 不止宦官宮妾이 在於左右而已라 其平居燕寢也에 則有太子問安侍膳於朝夕하고 其優游宴樂也에 多與宗室子弟로 懽然相接을 如家人하니 計其一日之

中에 未嘗一時獨處也라 今陛下日御前後殿에 百司奏事者往往仰瞻天顔而退하고 其甚幸者得承一二言之德音이라 君臣之情不通하고 上下之意不接이요 其餘在廷之臣과 儒學侍從之列은 未聞一人從容親近於左右라 入而居內하얀 則至於問安侍膳하야도 亦闕於朝夕하니 是則陛下富有四海之廣하고 躬享萬乘之尊이나 居外則無一人可親하고 居內則無一人得親이니 此臣所以區區而欲言也라

신이 史書를 살피니 삼가 보건대 예로부터 帝王은 비록 至尊이지만 혼자 거처한 적이 없었습니다. 궁궐을 나가 밖에 거처할 때에는 百司가 公的으로 알현하여 일을 아뢰는 것뿐만이 아니라, 반드시 儒臣과 學士들이 한가한 때 강론하고, 또 좌우의 시종이 있어 顧問하고 얘기하였습니다. 궁궐에 들어가 안에 거처할 때에는 宦官과 宮妾이 좌우에 있을 뿐만 아니라, 평상시 內殿에 한가히 계실 때에는 太子가 조석으로 문안하고 侍膳하였고, 한가로이 연회를 열 때는 대개 종실의 자제들과 한 가족처럼 즐겁게 어울렸습니다. 헤아려보면 하루 안에 한때도 홀로 있은 적이 없습니다.

지금 폐하께서는 날마다 전후 大殿에 납셔 계실 때, 일을 아뢰는 百司가 왕왕 天顔을 우러러보고 물러나고 매우 다행인 경우에는 한두 마디 德音을 들을 수 있을 뿐 君臣의 情이 서로 통하지 않고 上下의 뜻이 서로 이어지지 아니하며, 그 나머지 조정에 있는 신하와 儒學과 侍從의 반열에 있는 신하들 중에 한 사람도 조용히 좌우에서 폐하를 친근히 모시는 이가 있단 말을 듣지 못했습니다. 궁궐에 들어가 안에 거처하실 때는 심지어 문안과 侍膳까지 조석에 빠뜨리기도 합니다. 이는 폐하께서 사해의 넓은 땅을 넉넉히 소유하시고 萬乘의 존귀함을 몸소 누리시지만, 밖에 계실 때는 한 사람도 친할 만한 이가 없고 안에 계실 때는 한 사람도 친할 수 없는 것이니, 이것이 신이 구구히 말씀 드리고자 하는 바입니다.

伏況陛下荷祖宗之業하고 承宗廟社稷之重하되 皇子未降하야 儲位久虛라 群臣屢言이나 大議未決하니 臣前所奏陳以謂未必立爲儲貳요 而且養爲子면 旣可以徐察其賢否요 亦可以待皇子之降生을 於今爲之가 亦其時也라 臣言狂計愚하니 伏俟斧鉞이라

더구나 폐하께서는 祖宗의 王業을 받으시고 宗廟社稷의 重任을 계승하셨으되, 皇

子가 아직 탄생하지 않아 儲位가 비어 있은 지 오래입니다. 신하들이 누차 진언하였으나 大議가 아직 결정되지 못했으니, 신이 전에 진달한 바 "균이 황태자로 세울 것까지도 없습니다. 우선 養子로 삼아둔다면 천천히 그 賢否를 살필 수 있을 뿐 아니라 황자가 태어나기를 기다릴 수도 있습니다."라고 한 말을 바로 지금 실행할 때입니다. 신은 말이 주제넘고 생각이 어리석으니, 삼가 誅罰을 기다립니다.

## 04. 論水災疏* 洪水의 災害에 대해 논한 疏

* 이 글은 仁宗 嘉祐 원년(1056) 7월 6일에 지었다. 이해 4월에 商胡河의 북쪽 물길을 막아 六塔河로 끌어들이려 했는데, 입구의 堤防이 터져 무수한 사람이 익사하였다. 5월에 큰 비가 그치지 않고 내려 6월에 대규모 水災가 발생하였고, 그로 인해 백성들이 流亡하였다. 이에 歐陽脩가 이 글을 올린 것이다.

言人所不敢言이요 亦人所不能見이니 如此奏疏는 漢唐所少라

남들이 감히 말하지 못하는 것을 말했고, 또한 남들이 보지 못하는 견해이니, 이와 같은 奏疏는 漢·唐 때에도 드물다.

**臣伏**[1] **覩近降詔書**에 **以雨水爲災**하야 **許中外臣寮上封言事**하니 **有以見陛下畏天愛人恐懼修省之意也**라 **竊以雨水爲患**이 **自古有之**라 **然未有水入國門**하야 **大臣奔走**하고 **渰浸社稷**하며 **破壞都城者**하니 **此蓋天地之變也**라 **至於王城京邑**하야 **浩如陂湖**에 **衝溺奔逃**하고 **號呼晝夜**하야 **人畜死者**가 **不知其數**요 **其幸而免者**는 **屋宇摧塌**하야 **無以容身**이라 **縛栰露居**에 **上雨下水**하야 **纍纍老幼**가 **狼藉於天街之中**이라

신이 삼가 근자에 내리신 詔書를 보건대, 洪水를 재해로 여겨 中外의 신료들에게 대책을 말하는 封事를 올리도록 허락하셨으니, 하늘을 두려워하고 사람을 사랑하며 恐懼하고 修省하시는 폐하의 뜻을 볼 수 있었습니다. 삼가 생각건대 洪水의 憂患은 옛날부터 있었습니다. 그러나 물이 國門 안에 들어와 大臣이 달아나고 社稷이 물에 잠기고 都城이 파괴된 경우는 없었으니, 이는 天地의 變怪입니다.

王城과 京邑에 이르러서는 호수처럼 드넓은 물에 빠진 사람들이 달아나느라 밤낮으로 울부짖고 죽은 사람과 가축이 부지기수였습니다. 다행이 재앙을 면한 사람은 집이 무너져 몸을 들여놓을 곳이 없어, 뗏목을 엮어 노숙함에 위로는 비가 내리고 아래에서는 물에 젖어서 후줄근한 모습의 노인과 어린이들이 도성 거리 곳곳에 흩어져 있습니다.

1) 臣伏 : 本集에는 이 앞에 "7월 6일에 한림학사 조산대부 상서이부낭중 지제고 충사관수찬 판태상시 겸예의사 경거도위 사자금어대 신 구양모는 삼가 죽음을 무릅쓰고 체천법도 흠문총무 성신효덕 황제폐하께 글을 올립니다.〔七月六日 翰林學士朝散大夫尙書吏部郎中知制誥充史館修撰判太常寺兼禮儀事輕車都尉賜紫金魚袋臣歐陽某 謹昧死再拜上疏于體天法道欽文聰武聖神孝德皇帝陛下〕"라는 구절이 있다.

又聞城外墳冢이 亦被浸注하야 棺槨浮出하고 骸骨漂流하니 此皆聞之可傷이요 見之可憫이라 生者旣不安其室하고 死者又不得其藏하니 此亦近世水災未有若斯之甚者라 此外四方奏報가 無日不來하야 或云閉塞城門이라하고 或云衝破市邑이라하고 或云河口決千百步闊이라하고 或云水頭高三四丈餘에 道路隔絶하고 田苗蕩盡이라하니 是則大川小水가 皆出爲災하야 遠方近畿가 無不被害라 此陛下所以驚懼莫大之變하야 隱惻至仁之心하야 廣爲諮詢하야 冀以消復이라 竊以天人之際에 影響不差라 未有不召而自至之災하며 亦未有已出而無應之變이니 其變旣大則其憂亦深이라 臣愚謂非小小有爲可以塞此大異也요 必當思宗廟社稷之重하고 察安危禍福之機하야 追已往之闕失하고 防未萌之患害니 如此等事는 不過一二而已라

또 듣건대 성 밖의 墳墓들도 물에 잠겨서 棺槨이 물 위에 둥둥 떠오르고 해골이 물 위에 떠다닌다 하니, 이는 모두 들으면 슬프고 보면 불쌍한 것입니다. 산 사람이 이미 제 집에 편안히 있지 못할 뿐 아니라 죽은 자도 땅에 묻히지 못하니, 실로 근세의 水災에 이처럼 심한 경우는 있지 않았습니다.

이 밖에 사방의 보고가 오지 않는 날이 없어, "성문을 폐쇄했다."고도 하고, "홍수가 市邑을 파괴했다."고도 하고, "河水 어귀에 둑이 터진 것이 너비가 천백 步나 된다."고도 하고, "水位가 3, 4丈 남짓이나 올라 도로가 막히고 끊어지고 논밭의 곡식

싹이 죄다 떠내려갔다."고도 합니다.

이는 큰 하천, 작은 시냇물이 모두 나와서 재앙을 끼쳐 먼 지방과 가까운 京畿에 해를 입지 않은 곳이 없는 것입니다. 이것이 폐하께서 막대한 변고에 놀라고 두려워하며 지극히 어진 마음에 측은히 여겨 널리 대책을 자문하여 재해를 소멸하고 평상을 회복하기를 바라신 까닭입니다.

삼가 생각건대 하늘과 사람의 사이에 그림자와 메아리 같은 감응이 어긋나지 않는 법이라 사람이 불러들이지 않고도 스스로 이르는 災異는 없으며, 또한 이미 재이가 나오고도 호응이 없는 변고는 없으니, 그 변고가 이미 크고 보면 그 근심도 깊은 법입니다. 따라서 어리석은 신의 생각으로는 소소한 일을 하는 것으로 이 큰 재이를 막을 수는 없고, 반드시 종묘사직의 중대함을 생각하고 安危와 禍福의 변화를 살펴서 이미 지나간 闕失을 뒤미쳐 고치고 아직 싹트지 않은 患害를 막아야 할 것이니, 이와 같은 일은 한두 가지에 불과할 뿐입니다.

自古人君이 必有儲副는 所以承宗社之重而不可闕者也라 陛下臨御三十餘年이로되 而儲嗣未立하니 此久闕之典也라 近聞臣僚多以此事爲言하고 大臣亦嘗進議하되 陛下聖意가 久而未決하니 而庸臣愚士知小忠而不知大體者가 因以爲異事라하야 遂生嫌疑之論하니 此不思之甚也라 且自古帝王有子가 至二三十人者甚多하야 材高年長羅列於朝者亦衆이라 然爲其君父者가 莫不皆享無窮之安하니 豈有所嫌而斥其子耶리오 若陛下는 鄂王豫王[1)]皆在하고 至今則儲宮之建久矣로되 世之庸人偶見陛下久無皇子하고 忽聞此議하야 遂以云云爾라 且禮曰 一有元良에 萬國以正[2)]이라하니 蓋謂定天下之根本하야 上承宗廟之重이 亦所以絶臣下之邪謀라 自古儲嗣는 所以安人主也니 若果如庸人嫌疑之論이면 則是常無儲嗣則人主安하고 有儲嗣則人主危니 此臣所謂不思之甚也라

예로부터 임금이 반드시 황태자를 두는 것은 종묘사직의 重任을 이어받게 하는 바로 빠뜨릴 수 없기 때문입니다. 폐하께서 즉위하신 지 30여 년인데 황태자를 아직도 세우지 못하셨으니, 이는 오랜 欠典입니다. 근자에 듣건대 신료들이 많이들 이

문제를 말하고 大臣도 이미 의견을 올렸는데 폐하의 聖意에 오래도록 결정을 내리지 못하고 계시니, 용렬한 신하, 어리석은 선비로 작은 忠誠만 알고 大體는 알지 못하는 자들이 〈황태자 책봉 주장을〉 이상한 일로 여겨 마침내 혐의쩍은 일이라는 의논을 내고 있다고 합니다. 이는 너무도 생각이 얕은 것입니다.

게다가 예로부터 제왕이 아들을 두는 것은 2, 30명에 이르도록 매우 많았고, 그중 재주가 높고 나이가 많아서 조정에 나열된 자들도 많았습니다. 그러나 그 君父된 이가 모두 무궁한 안락을 누리지 않은 이가 없었으니, 어찌 꺼리는 바가 있어 아들을 물리친 적이 있었겠습니까.

폐하께서는 鄂王과 豫王이 모두 있고 지금은 儲宮을 세운 지가 오래인데도, 세상의 용렬한 사람이 폐하께 오래도록 皇子가 없는 것을 우연히 보고 문득 이런 의논을 듣고서 드디어 이러한 말을 한 것입니다. 그리고 ≪禮記≫에 "한 번 元良을 둠에 만국이 이로써 바르게 된다." 하였으니, 이는 대개 천하의 근본을 정하여 위로 종묘의 중임을 이어받는 것이 또한 신하의 삿된 계책을 막는 바이기도 한 것입니다.

예로부터 황태자는 임금을 안정시키는 법입니다. 만약 과연 황태자 冊立을 거론하는 것이 혐의쩍은 일이라고 하는 저 용렬한 사람들의 주장대로라면, 이는 항상 황태자가 없으면 임금이 편안하고 황태자가 있으면 임금이 위태한 것이 됩니다. 이것이 신이 "말한 너무도 생각이 얕다."는 것입니다.

1) 鄂王豫王 : 鄂王은 趙曦이다. 仁宗의 3째 아들로 젊은 나이에 일찍 죽었다. 豫王은 趙昕이다. 역시 일찍 죽었다.
2) 禮曰……萬國以正 : ≪禮記≫ 〈文王世子〉에 보이는 말이다. 元良은 어진 우두머리란 말로 국가의 지도자를 뜻하는데, 여기서는 황태자를 가리킨다. ≪예기≫의 원문은 다음과 같다. "一有元良 萬國以貞 世子之謂也"

**臣又見自古帝王建立儲嗣하야 旣以承宗廟之重하고 又以爲國家美慶之事라 故每立太子則不敢專享其美하고 必大赦天下하야 凡爲人父後者皆被恩澤하니 所以與天下同其慶喜라 然則非惡事也라 漢文帝初卽位之明年에 群臣再三請立太子어늘 文帝再三謙讓而後從之하니 當時群臣不自疑而敢請하고 漢文帝亦不疑其臣有二心**

者는 臣主之情通故也라 五代之主는 或出武人하고 或出夷狄하니 如後唐明宗은 尤惡人言太子事라 群臣莫敢正言이러니 有何澤者嘗上書하야 乞立太子어늘 明宗大怒하야 謂其子從榮曰 群臣欲以汝爲太子하니 我將歸老於河東[1)]이라하니 由是로 臣下更不敢言이라 然而文帝立太子之後에 享國長久하야 爲漢太宗[2)]하니 是則何害其爲明主也리오 後唐明宗은 儲嗣不早定이러니 而秦王從榮이 後以擧兵窺覬하야 陷于大禍하야 後唐遂亂하니 此前世之事也라 況聞臣寮所請은 但欲擇宗室爲皇子爾요 未卽以爲儲貳也라

신이 또 보건대 예로부터 帝王은 太子를 세워서 이미 宗廟의 重任을 이어받고, 또 국가의 아름답고 경사스런 일로 삼았습니다. 그러므로 매양 태자를 세우면 감히 그 아름다운 경사를 독차지하지 않고 반드시 천하에 大赦令을 내려 무릇 아버지의 後嗣가 된 이들은 모두 은택을 입었으니, 이는 그 경사와 기쁨을 천하와 같이 누리는 것입니다. 그렇고 보면 이는 나쁜 일이 아닙니다.

漢 文帝가 처음 즉위한 이듬해에 신하들이 재삼 태자를 세울 것을 청하자, 문제는 재삼 謙讓하다가 따랐습니다. 당시 신하들이 스스로 의심하지 않고서 감히 청하고 문제도 그 신하들이 두 마음을 가졌다고 의심하지 않았던 것은 신하와 임금의 마음이 통했기 때문이었습니다.

五代 때의 임금들은 武人에서 나오기도 했고 夷狄에서 나오기도 했습니다. 後唐의 明宗 같은 이는 사람들이 태자 책봉을 말하는 것을 더욱 싫어하여 신하들이 감히 바른 말을 하지 못하였는데, 何澤이란 사람이 글을 올려 태자를 세울 것을 청하였습니다. 명종이 크게 노하여 자신의 아들 從榮에게 말하기를 "신하들이 너를 태자로 삼고자 하니, 나는 장차 河東에 돌아가서 여생을 보내야겠다." 하였습니다. 이로부터 신하들이 다시는 감히 말하지 못하였습니다.

그러나 문제는 태자를 세운 뒤에 오랫동안 在位하여 漢나라의 太宗이 되었으니, 이렇고 보면 밝은 임금이 되는 데 무슨 문제가 되겠습니까. 후당의 명종은 태자를 일찍 정하지 못하였는데 秦王 從榮이 후에 군사를 일으켜 틈을 엿보다가 큰 화에 빠지고 후당이 마침내 혼란해졌으니, 이것들이 前世의 일입니다. 더구나 듣건대 신료들이 청한 바는 단지 宗室에서 가려뽑아서 皇子를 삼고자 하는 것일 뿐 곧바로

태자로 삼자는 것은 아닙니다.

1) 後唐明宗……我將歸老於河東 : 後唐 明宗 天成 4년(929) 太傅少卿 何澤이 上書하여 從榮을 황태자로 삼을 것을 청하였다. 당시 명종은 이미 병든 몸이었음에도 하택의 글을 읽고는 불쾌해져 좌우 신하들에게 "신하들이 태자를 세우려 하니, 나는 하동에서 늙어야겠구나." 하고 대신들을 불러 태자를 세우는 문제를 논의하니 아무도 감히 可否를 말하지 못했다. 명종은 李克用의 양자로서 世系가 본디 이민족이었다. 하택은 후당 何鼎의 아들이다.

2) 漢太宗 : 漢 文帝는 즉위 초년에 劉啓를 세워 태자로 삼았다. 太宗은 그의 廟號인데, 백성에게 덕을 끼쳤다〔有德于民〕 하여 태종이라 하였다. 24년간 재위하였다.

**伏惟陛下**는 **仁聖聰明**하야 **洞鑒今古**하니 **必謂此事國家大計**니 **當重愼而不可輕發**이라 **所以遲之耳**니 **非惡人言而不欲爲也**라 **然朝廷大議**가 **中外已聞**하니 **不宜久而不決**이라 **昨自春首以來**로 **陛下服藥于內**[1]하니 **大臣早夜不敢歸家**하야 **飮食醫藥**을 **侍于左右**가 **如人子之侍父**하니 **自古君臣**이 **未有若此之親者也**라 **下至群臣士庶**와 **婦女嬰孩**히 **晝夜禱祈**하야 **塡咽道路**가 **發於至誠**하야 **不可禁止**라 **以此見臣民盡忠**은 **蒙陛下之德厚**하고 **愛陛下之意深**이라 **故爲陛下之慮遠也**라 **今之所請**은 **天下臣民所以爲愛君計也**어늘 **陛下何疑而不從乎**아 **中外之臣**이 **旣喜陛下聖躬康復**하고 **又欲見皇子出入宮中**하야 **朝夕問安侍膳于左右**하니 **然後文武群臣**이 **奉表章**하야 **爲陛下賀**하고 **辭人墨客**이 **稱述本支**[2]**之盛**하야 **爲陛下歌之頌之**하리니 **豈不美哉**아 **伏願陛下**는 **出於聖斷**하야 **擇宗室之賢者**하야 **依古禮文**하야 **且以爲子**하고 **未用立爲儲副也**하면 **旣可以徐察其賢否**요 **亦可以俟皇子之生**이라

삼가 생각건대 폐하께서는 仁聖하고 聰明하여 古今을 환히 꿰뚫어보시니, 필시 "이는 국가의 큰 계책이니 마땅히 신중해야지 경솔히 해서는 안 된다."고 여기실 것입니다. 그래서 늦추는 것이지 사람들의 말을 싫어하여 하고자 하지 않으시는 것은 아닐 것입니다. 그러나 조정의 큰 의논이 중외에 이미 알려졌으니, 오래도록 결정하지 않아서는 안 됩니다.

근자에 초봄 무렵부터 폐하께서 內殿에서 약을 服用하고 계시니, 大臣이 밤낮으로 감히 집에 돌아가지 못하고 음식과 의약을 폐하의 곁에서 시중드는 것이 마치 자식이 아버지를 모시는 것과 같았습니다. 예로부터 君臣이 이처럼 친했던 경우는 없습니다. 아래로 群臣, 士, 庶人과 부녀자, 아이들에 이르기까지 밤낮으로 기도하느라 인파로 도로를 가득 메우는 것이 지극한 정성에서 우러난 것이라 금지할 수 없습니다. 이로써 신민이 충성을 다함은 폐하께 입은 덕택이 두텁고 폐하를 사랑하는 뜻이 깊으므로 폐하를 위하는 염려가 深遠한 것임을 알 수 있습니다. 지금 청하는 것은 천하의 신민들이 임금을 사랑하는 계책이거늘 폐하께서는 어찌해 의심하여 따르지 않으십니까.

중외의 신하들은 이미 폐하의 玉體가 다시 강녕해지신 것을 기뻐하고, 또 皇子가 궁중에 출입하여 조석으로 좌우에서 문안하고 侍膳하는 것을 보고 싶어합니다. 그런 뒤에야 문무 群臣이 表章을 올려 폐하를 위해 경하하고 文人과 墨客들이 왕실의 本孫과 支孫의 성대함을 서술하여 노래하고 기릴 터이니, 어찌 아름답지 않겠습니까.

삼가 바라건대 폐하께서는 聖心으로 결단하시어, 宗室 중에서 어진 분을 가려뽑아서 옛 禮文에 의거하여 우선 아들로만 삼아두고 아직 황태자로 세우지 않는다면, 어진지 그렇지 못한지를 천천히 살필 수 있을 뿐더러 황태자가 탄생하기를 기다릴 수도 있을 것입니다.

1) 昨自春首以來 陛下服藥于內 : 仁宗 嘉祐 원년(1056) 정월에 仁宗이 大殿에서 조회를 받았다. 그 전날 밤 大雪이 내리기에 인종이 맨발로 하늘에 기도하니 아침에 눈이 그쳤다. 百官이 대열에 나아가는데 인종은 갑자기 심한 감기 증세를 느꼈다. 이후로는 집무하지 못하고 내전에서 약을 복용하였다. ≪宋史 仁宗本紀≫

2) 本支 : 嫡孫과 庶孫을 가리킨다. ≪詩經≫ 〈大雅 文王之什〉에 "文王의 자손들이, 本孫과 支孫이 백대를 전할 것이다.〔文王孫子 本支百世〕" 하였다.

**臣又見樞密使狄青**[1]은 **出自行伍**하야 **遂掌樞密**하니 **如初議者已爲不可**라 **今三四年間**에 **外雖未見過失**이나 **而不幸有得軍情之名**이라 **且武臣掌國機密而得軍情**이 **豈是國家之利**리오 **臣前有封奏**에 **其說甚詳**하야 **具述青未是奇材**요 **但於今世將率中**에

稍可稱耳니 雖其心不爲惡이나 不幸爲軍士所喜라 深恐因此陷靑以禍而爲國家生事하니 欲乞且罷靑樞務하고 任以一州하야 旣以保全靑하고 亦爲國家消未萌之患하노니 蓋緣軍中士卒及閭巷人民으로 以至士大夫間에 未有不以此事爲言者요 惟陛下未之知爾라 臣之前奏를 乞留中[2]而出自聖斷하소서 若陛下猶以臣言爲疑하면 乞出臣前奏하야 使執政大臣公議하소서 此二者當今之急務也라

신이 또 보건대 樞密使 狄靑은 본래 軍卒 출신으로 마침내 추밀사를 맡았으니, 당초 그를 추밀사로 임명한 조정의 의논이 이미 불가한 것이었습니다. 지금 3, 4년 사이에 겉으로는 비록 과실이 보이지 않으나 불행히 군대의 실정을 안다는 명성이 있습니다. 게다가 무신이 국가의 기밀을 맡고 군대의 실정을 아는 것이 어찌 국가에 이로운 것이겠습니까.

신이 앞서 올린 奏章에서 이 문제를 상세히 말하여 "적청은 뛰어난 인재가 아니고 다만 오늘날 장수들 중에서 조금 일컬을 만한 사람일 뿐입니다. 비록 그 마음은 악하지 않으나 불행히도 군사들이 그를 좋아하니, 추밀사가 된 것으로 말미암아 적청을 禍에 빠뜨려 그가 국가에 일을 만들까 매우 염려됩니다. 바라옵건대 적청의 추밀사 직무를 우선 그만두게 하고 한 고을을 맡겨, 적청을 보전해주고 국가를 위해서 아직 싹트지 않은 우환을 없애소서."라고 갖추어 기술하였습니다.

대개 軍中의 사졸 및 民間의 백성으로부터 사대부들에 이르기까지 이 일을 말하지 않는 사람이 없거늘, 오직 폐하께서만 알지 못하고 계십니다. 신이 앞서 올린 奏章을 바라옵건대 留中해두고 성상께서 결단하소서. 만약 폐하께서 여전히 신의 말을 의심하신다면 바라옵건대 신이 앞서 올린 주장을 꺼내어 執政大臣들로 하여금 公議하게 하소서.

이 두 문제는 當今의 急務입니다.

1) 狄靑 : 宋 仁宗 때의 名將이다. 余靖의 휘하에서 종군하여 延州에 가서 元昊의 침략을 막으며 누차 뛰어난 전공을 세우니, 韓琦와 范仲淹 등이 훌륭한 장수의 재질이 있다고 하였다. 그 후에 廣原州의 야만족인 儂智高를 평정하고 돌아와 樞密使를 제수받았다. 시호는 武襄이다. ≪宋史 狄靑傳≫

2) 留中 : 上奏한 안건이나 상소문을 임금이 下達하지 않고 궁중에 그대로 두는

것이다. 소장이 올라가면 임금은 반드시 3일 이내에 그 문건을 하달해야 한다. 만약 批答이 없을 경우에는 啓 자를 새긴 도장을 찍어서 내려보낸다.

**凡所謂五行災異之學**은 **臣雖不深知**나 **然其大意可推而見也**라 **五行傳曰 簡宗廟則水爲災**[1]라하니 **陛下嚴奉祭祀**가 **可謂至矣**라 **惟未立儲貳**하니 **易曰 主器莫若長子**[2]라하니 **殆此之警戒乎**ㄴ저 **至於水者**하얀 **陰也**라 **兵亦陰也**요 **武臣亦陰也**니 **此推類而易見者**라 **天之譴告**는 **苟不虛發**하니 **惟陛下深思而早決**하면 **庶幾可以消弭災患而轉爲福應也**라 **臣伏覩詔書**에 **曰 悉心以陳**하야 **無有所諱**라 **故臣敢及之**하니 **若其他時政之失**은 **必有群臣應詔爲陛下言者**라 **臣言狂計愚**하니 **惟陛下裁擇**하소서

무릇 五行災異의 學問이란 신이 비록 깊이 알지는 못하지만 그 大意는 미루어 알 수 있습니다. ≪五行傳≫에 "宗廟를 소홀히 여기면 水災가 생긴다." 하였습니다. 폐하께서 제사를 엄히 받드는 것이 지극하다 할 만합니다. 그러나 아직 황태자를 세우지 않으셨습니다. ≪周易≫에 "종묘의 제기를 주관하는 이는 장자만 한 이가 없다." 하였으니, 아마도 이를 경계한 말일 것입니다. 물로 말하자면 陰이고 兵도 음이며 武臣도 음이니, 이는 유추해보면 쉽게 알 수 있는 것입니다. 하늘의 譴告는 진실로 헛되이 나오지 않으니, 폐하께서 깊이 생각하고 서둘러 결단하소서. 그렇게 하시면 재앙과 우환을 없애고 막아서 복으로 바꿀 수 있을 것입니다.

신이 삼가 詔書를 보건대 "진실한 마음으로 아뢰고 숨기는 바가 없도록 하라." 하셨습니다. 그래서 신이 감히 이렇게 아뢰는 것이니, 기타 時政의 득실 같은 것은 群臣들 중에서 조서에 응하여 폐하께 말씀드릴 사람이 필시 있을 것입니다. 신은 말이 주제넘고 계책이 어리석으니, 폐하께서 헤아려 선택하소서.

1) 五行傳曰 簡宗廟則水爲災 : ≪五行傳≫은 漢나라 때 劉向, 劉歆 부자가 찬술한 것으로 지금은 전해지지 않는다. 이 내용은 ≪漢書≫ 〈五行志〉에 "종묘의 禮를 소홀히 여겨 神祠에 기도하지 않고 제사를 폐지하고 천시를 거스르면 물이 아래로 흐르지 않는다.〔簡宗廟 不禱祠 廢祭祀 逆天時 則水不潤下〕"라고 인용되어 있다.

2) 易曰 主器莫若長子 : 主器는 主君의 기물이란 말로 宗廟의 祭器를 뜻한다. ≪周

易≫ 〈序卦傳〉에 "제기를 주관하는 이는 장자만 한 이가 없기 때문에 그 일을 장자로써 받는다.〔主器者莫若長子 故受之以震〕" 하였다.

## 05. 論美人張氏恩寵宜加裁損箚子* 美人 張氏에 대한 은총을 줄여야 함을 논하는 箚子

* 이 글은 仁宗 慶曆 3년(1043)에 지었다. 歐陽脩는 당시 諫官의 직임에 있었다. 張氏는 인종의 愛妾 張貴妃이다. 河南 永安 사람으로, 인종의 총애를 입어 강력한 권력을 행사하였다. 뇌물을 받고 人事請託을 들어주는가 하면, 성품이 간교하여 忠臣과 大臣을 모함하여 파직하기도 하는 등 국정을 어지럽혔다. 이에 歐陽脩가 은총을 줄여야 한다는 취지로 이 글을 올린 것이다.

**他人所不敢言**이며 **亦所不能言**이라

다른 사람은 감히 말하지 못할 바이며 또한 능히 말할 수 없는 바이다.

**臣近風聞禁中**이 **因皇女降生**[1)]하야 **於左藏庫**[2)]에 **取綾羅八千匹**하니 **染院工匠**이 **當此大雪苦寒之際**하야 **敲氷取水**하야 **染練供應**에 **頗甚艱辛**이라하니 **臣伏思陛下恭儉勤勞**하고 **愛民憂國**하니 **以此勞人枉費之事**는 **必不肯爲**라 **然外議相傳**에 **皆云 見今染練未絶**이라하고 **臣又見近日內降美人張氏親戚恩澤太頻**하니 **臣忝爲諫官**이라 **每聞小有虧損聖德之事**에 **須合力言**이니 **難避天譴**이라

신이 근자에 風聞으로 듣건대, 宮中에서 皇女의 탄생으로 말미암아 左藏庫에서 능라 8천 필을 꺼내니, 染院의 工匠들이 큰 눈이 내려 몹시 추운 이때에 얼음을 깨고서 물을 길어 옷감을 염색하는 일을 하느라 고생이 매우 심하다 하였습니다. 신은 삼가 생각건대 폐하께서는 恭謹하고 근면하시며 백성을 사랑하고 나라를 근심하니, 이런 까닭으로 사람을 고생시키고 비용을 허비하는 일은 필시 하려 하지 않으실 것입니다. 그러나 바깥에 들리는 소문으로는 다들 "지금 염색하는 일이 끊이지 않는다." 하였습니다.

게다가 신이 보건대 근일에 궁중에서 美人 張氏의 친척에게 내리는 은택이 너무 잦습니다. 신이 諫官의 자리를 맡고 있는 터라 조금이라도 성상의 덕을 虧損하는 일이 있다는 것을 들으면 모름지기 힘써 간언해야 하니, 성상의 견책을 피하기는 어렵습니다.

1) 皇女降生 : ≪宋史≫ 〈公主傳〉에 의하면 仁宗의 공주는 13명인데, 張貴妃의 소생은 없는 것으로 보아 이 공주는 요절한 듯하다.
2) 左藏庫 : 官庫의 이름이다. 돈, 비단, 染彩 등과 사방에서 거둬들이는 세금을 비축하여 국가의 경비 및 관리와 군병의 녹봉, 하사품 등을 공급한다. ≪文獻通考 職官 左右藏置≫

**臣竊見自古帝王所寵嬪御**가 **若能謙儉柔善**하야 **不求恩澤**하면 **則可長保君恩**이어니와 **或恣意驕奢**하야 **多求恩澤**하면 **則皆速致禍敗**라 **臣不敢遠引古事**요 **只以今宮禁近事言之**하리라 **陛下近年所寵尙氏楊氏余氏苗氏之類**가 **當其被寵之時**하야 **驕奢自恣**어늘 **不早裁損**하야 **及至滿盈**하니 **今皆何在**오 **況聞張氏本良家子**라 **昨自修媛**[1]으로 **退爲美人**하니 **中外皆聞**하고 **以謂與楊尙等不同**이라 **故能保寵最久**러니 **今一旦宮中**에 **取索頓多**하고 **恩澤日廣**하야 **漸爲奢侈之事**하야 **以招外人之言**하니 **臣不知陛下欲愛惜保全張氏或欲縱恣而敗之**라 **若欲保全**인댄 **則須常令謙儉**하야 **不至驕盈**이라 **臣料八千疋綾羅**는 **必非張氏一人獨用**이요 **不過支散與衆人而已**니 **乃是枉費財物**하야 **盡爲衆人**이요 **至於中外譏議**하얀 **則陛下自受**라 **以此而言**컨댄 **廣散何益**이리오

신이 보건대 예로부터 帝王이 총애하는 後宮이 만약 謙遜하고 儉素하며 柔順하고 善良하여 임금의 은택을 바라지 않으면 오래도록 임금의 은택을 보장받을 수 있지만, 혹 마음대로 驕慢하고 奢侈한 짓을 하면서 은택을 많이 바라면 모두 敗亡의 禍를 앞당겨 초래하고 말았습니다.

신이 감히 멀리 옛날의 일을 인용하지 않고 단지 오늘날 궁중에서 일어난 근자의 일을 말해보겠습니다. 폐하께서 근년에 총애하신 尙氏, 楊氏, 余氏, 苗氏 같은 이들은 총애를 한창 받을 때 교만하고 사치한 짓을 자행하거늘, 일찌감치 制裁하지 않다가 방자한 짓이 가득 차서 분수에 넘치는 지경에 이르렀는데 이들이 지금 어디 있습

니까. 게다가 듣건대 張氏는 본래 양가집 딸이라 근자에 修媛에서 물러나 美人이 되니, 중외에서 다들 듣고서 "양씨, 상씨 등과는 다르므로 총애를 매우 오래 지킬 수 있을 것이다." 하였습니다.

그런데 이제 하루아침에 궁중에서 재물을 요구해 차지하는 것이 부쩍 많아지고 성상께 받는 은택이 날로 커지면서 점차 사치한 일을 하여 바깥사람들의 말을 초래하고 있습니다. 신은 폐하께서 장씨를 사랑하고 아껴서 보전해주려 하시는지, 아니면 방자한 짓을 하다가 패망하게 내버려두려 하시는지 알지 못하겠습니다. 만약 장씨를 보전해주려 하신다면 모름지기 늘 겸손하고 검소하여 교만한 데 이르지 않도록 해야 할 것입니다.

신이 헤아려보건대 능라 8천 필은 필시 장씨 한 사람이 홀로 쓰는 것은 아닐 것이고 다른 사람들에게 나눠주는 데 불과할 것입니다. 그렇다면 이는 재물을 허비하여 모두 다른 사람들을 위하는 것이고, 중외의 비방에 이르러서는 폐하께서 스스로 받으시는 것입니다. 이로써 말한다면 재물을 흩어서 많은 사람들에게 나눠준들 무슨 이익이 있겠습니까.

1) 修媛 : 宋나라 때 妃嬪의 명칭으로 內命婦의 第2品에 해당한다.

**昨正月一日**에 **曹氏封縣君**하고 **至初五日**하야 **又封郡君**하야 **四五日間**에 **兩度封拜**하고 **又聞別有內降**이라하니 **應是疎遠親戚**이 **盡求恩澤**이라 **父母因子而貴**는 **可矣**나 **然名分亦不可太過**니 **其他疎遠**은 **皆可減罷**라 **臣謂張氏未入宮之前**에 **疎遠親戚**이 **各皆何在**오 **今日富貴**에 **何必廣爲閑人**하야 **自招謗議**하야 **以累聖德**가 **若陛下只爲張氏計**인댄 **亦宜如此**라 **況此事不獨爲張氏**라 **大凡後宮恩澤太多**하고 **宮中用度奢侈**하니 **皆是虧損聖德之事**라 **繫於國體**에 **臣合力言**하니 **伏望聖慈**는 **防微杜漸**하야 **早爲裁損**하소서 **取進止**하소서

근자 정월 1일에 曹氏는 縣君에 封해졌고 5일에 이르러 또 郡君에 봉해져서 4, 5일 사이에 두 차례나 封拜를 받았습니다. 또 듣건대 따로 內賜를 받음이 있다고 하니, 아마도 먼 친척들까지 모두 은택을 바란 것일 터입니다. 부모가 자식으로 말미암아 신분이 높아지는 것은 그럴 수 있습니다. 그러나 名分을 너무 지나쳐서는

안 되는 것이니, 그 밖의 먼 친척들은 모두 減下하거나 파면해야 할 것입니다.

신은 생각건대 張氏가 궁중에 들어오기 전에 먼 친척들이 저마다 어디에 있었습니까. 지금 장씨가 부귀하다 하여 무엇하러 굳이 한가한 사람들까지 널리 은택을 주어서 스스로 사람들의 비방을 초래할 필요가 있겠습니까. 폐하께서 단지 장씨만을 위해 생각하신다 해도 마땅히 이와 같이 하셔야 할 것입니다. 더구나 이 일은 장씨만을 위한 것이 아닙니다. 무릇 후궁들이 받는 은택이 너무 많고 궁중의 용도가 사치하니, 모두 성상의 덕을 虧損하는 일이라 국가의 체모에 관계되어 신이 마땅히 힘써 말해야 하는 것입니다. 삼가 바라건대 성상께서는 조짐이 생길 때 미리 방비하여 서둘러 제재하소서. 성상께서 결정하소서.

## 06. 論議濮安懿王典禮箚子* 濮安懿王의 典禮를 논의하는 箚子

* 濮安懿王은 宋 太宗의 넷째 아들인 商王의 셋째 아들이다. 이름은 趙允讓, 자는 益之이다. 타고난 자질이 渾厚하고 威望이 있었다. 仁宗에게는 族兄이 된다. 65세까지 살다 죽었으며 濮王에 追封되고 安懿란 시호가 내려졌다.

인종의 셋째 아들 昀이 일찍 죽자 濮安懿王의 열셋째 아들 曙를 皇子로 삼았다. 인종이 죽고 나자 皇子가 뒤를 이어 즉위했는데, 이가 바로 英宗이다. 영종이 즉위한 다음 관례에 따라 諸王과 臣下들에게 봉작과 상을 내렸는데, 복안의왕은 영종의 생부이므로 특별한 봉작을 내려야 한다는 의논이 있었다.

治平 2년(1065), 인종의 喪期가 끝나자 兩制와 禮官들이 濮安懿王을 '皇伯'이라 불러야 한다는 의견을 내놓았으나, 歐陽脩와 范仲淹 등은 禮에 부합하지 않은 과한 조처라고 하여 반대하였다. 복안의왕의 예우에 관한 논쟁은 神宗 초년에야 마무리되었다. 이 글은 논쟁이 발발하던 치평 2년에 歐陽脩가 자신의 생각을 정리해 쓴 것인데, 황제에게 올리지는 않았다.

**宋人竝以歐公建議爲非**[1)]라 **然其據經論辨處**는 **亦自精密**이라

宋나라 사람들은 모두 歐陽公의 건의를 그르다고 하였다. 그러나 經에 의거하여 논변한 곳은 실로 정밀하다.

1) 宋人竝以歐公建議爲非 : 漢 宣帝가 생부인 史皇孫을 그대로 부친으로 섬겨 悼考 또는 皇考라 부른 것에 대해 宋나라 학자 程頤·范鎭 등이 잘못이라 비판하였다.

程頤가 “선제가 본생의 부친을 황고라고 칭한 것으로 말하면 인륜을 어지럽히고 예법을 잃은 것이 정말 너무도 심했다고 하겠다.〔宣帝稱其所生爲皇考 亂倫失禮 固已甚矣〕”라고 비판한 말이 ≪大事記續編≫ 〈漢孝宣皇帝〉 元康 원년 ‘여름 5월에 도고를 추존하여 황고라 하고, 여부인을 戾后라 하여 寢廟를 세우다.〔夏五月 追尊悼考曰皇考 戾夫人曰戾后 立寢廟〕’ 條에 보인다.

또 范鎭이 “한 선제는 소제에게 손자가 되고 光武帝는 平帝에게 조부가 되니, 본생의 부친을 황고라고 칭할 수도 있을 것인데, 의논하는 자들 모두가 잘못이라고 하는 이유는 무엇인가. 그것은 小宗을 大宗의 계통에 합쳤기 때문이다.〔漢宣於昭帝爲孫 光武於平帝爲祖 容可以稱其父爲皇考 然議者咸以爲非 何也 爲其以小宗而合大宗之統也〕”라고 평한 말이 ≪宋名臣奏議≫ 〈上英宗乞如兩制禮官所議〉에 보인다.

**臣伏見朝廷議濮安懿王典禮**[1)]에 **兩制禮官**[2)]**請稱皇伯**하고 **中書之議以謂事體至大**하니 **理宜愼重**하야 **必合典故**라야 **方可施行**이어늘 **而皇伯之稱**은 **考於經史**에 **皆無所據**라 **方欲下三省百官**하야 **博訪群議**하야 **以求其當**하니 **陛下屈意**하야 **手詔中罷**하되 **而衆論紛然**하야 **至今不已**라 **臣以謂衆論雖多**나 **其說不過有三**이니 **其一曰 宜稱皇伯者**는 **是無稽之臆說也**요 **其二曰 簡宗廟致水災者**는 **是厚誣天人之言也**요 **其三曰 不當用漢宣哀爲法以干亂統紀者**[3)]는 **是不廣本末之論也**라 **臣請爲陛下條列而辨之**하리라

신은 삼가 보건대 조정이 濮安懿王의 典禮를 논의함에 있어서 兩制와 禮官은 皇伯이라 일컫고, 中書省의 의논에서는 “事體가 지극히 크니 이치상 신중히 해서 반드시 典故에 합치해야 비로소 시행할 수 있다.” 합니다. 한데 황백이란 칭호는 경전과 史書에 고찰해봐도 모두 근거할 곳이 없습니다. 그래서 바야흐로 三省의 百官에게 이 문제를 하달하여 널리 묻고 중론을 모아서 지당한 의논을 찾고자 하였지만, 폐하

께서 뜻을 굽혀 손수 쓰신 조서를 내려 의논을 그만두게 하셨습니다. 그러나 중론은 떠들썩하여 아직도 그치지 않고 있습니다.

신은 생각건대 중론이 비록 많으나 주장하는 설은 세 가지에 불과합니다. 첫째 '황백이란 칭호로 불러야 한다.'는 것은 황당무계한 억설이고, 둘째 '종묘에 소홀하여 수재를 초래했다.'는 것은 하늘과 사람을 터무니없이 무함하는 말이고, 셋째 '漢 宣帝와 哀帝의 고사를 본보기로 삼아서 統紀를 어지럽혀서는 안 된다.'는 것은 본말을 미루어 살피지 못한 주장입니다. 신이 폐하를 위해 조목조목 변별할까 합니다.

1) 朝廷議濮安懿王典禮 : 英宗이 즉위한 이듬해에 조칙을 내려 生父인 복안의왕의 崇封 문제를 의논했던 것을 가리킨다. 이를 '濮議'라 한다.

2) 兩制禮官 : 兩制는 內制와 外制이다. 내제는 일반적으로 翰林學士 知制誥가 맡아 황제의 大制誥, 勅令, 詔令, 大赦宛令 등의 문장을 관장한다. 외제는 中書舍人 知制誥가 맡아 일반 공문서의 문장을 관장한다.

禮官은 국가의 전례를 담당하는 관원의 통칭인데, 여기서는 范鎭을 가리킨다. 당시 범진은 양제의 관원들과 함께 관례에 따라 응당 '황백'이라 불러야 한다고 주장하였다.

3) 漢宣哀爲法以干亂統紀者 : 漢 昭帝가 後嗣 없이 죽자 霍光 등의 의견을 따라 武帝의 曾孫을 帝位에 세웠다. 이가 바로 宣帝이다. 선제 元康 원년(B.C. 65) 여름에 선제의 생부 史皇孫의 陵을 세워 皇考廟로 만들었다. 뒤에 成帝가 또 後嗣 없이 죽자 元帝의 庶孫 劉欣이 태자가 되어 哀帝로 즉위하였다. 綏和 2년(B.C. 7) 5월에 애제는 그의 생모 定陶太后를 높여 恭皇太后로 불렀다.

謹按儀禮喪服記에 曰 爲人後者는 爲其父母報라하니 報者齊衰期也라 謂之降服[1]하니 以明服可降이요 父母之名不可改也라 又按開元[2]開寶禮[3]國朝五服年月喪服令에 皆云 爲人後者는 爲其所生父하야 齊衰不杖期[4]라하니 蓋以恩莫重於所生이라 故父母之名은 不可改요 義莫重於所繼라 故寧抑而降其服하니 此聖人所制之禮著之六經以爲萬世法者니 是中書之議所據依也라 若所謂稱皇伯者는 考於六經無之하고 方今國朝見行典禮及律令皆無之하고 自三代之後秦漢以來諸帝由藩邸[5]入繼大統者 亦皆無之하니 可謂無稽之臆說矣라 夫儀禮者는 聖人六經之文이요 開元禮者는

**有唐三百年所用之禮요 開寶通禮者는 聖宋百年所用之禮요 五服年月及喪服令은 亦皆祖宗累朝所定이요 方今天下共行之制어늘 今議者皆棄而不用하고 直欲自用無稽之臆說하니 此所以不可施行也라**

삼가 살펴보건대 ≪儀禮≫ 〈喪服記〉에 "남의 後嗣가 된 이는 그 부모를 위해 보답한다."라고 하였습니다. 보답한다는 것은 齊衰朞年服을 입는 것입니다. 그런데 降服이라 한 것은 服은 낮출 수 있고 부모의 이름은 바꿀 수 없음을 밝힌 것입니다. 또 살펴보건대 ≪大唐開元禮≫, ≪開寶通禮≫에 실린 國朝 五服의 年月 및 喪服에 관한 令에 지금 모두 "남의 후사가 된 이는 그 所生父를 위해 齊衰不杖朞를 입는다."고 하였습니다. 은혜는 所生보다 중한 것이 없기 때문에 부모의 이름은 바꿀 수 없고, 의리는 所繼보다 중한 것이 없기 때문에 차라리 억눌러 그 服을 낮추는 것입니다. 이것이 聖人이 제정한 禮로 六經에 드러나 만세의 법이 되는 것이니, 바로 中書省의 주장에 의거한 바입니다.

이른바 皇伯이라는 칭호는 육경을 살펴보아도 없고, 지금 국조에 현행하는 典禮 및 律令에도 모두 없으며, 三代 이후 秦·漢 이래 제왕으로서 藩邸로부터 대궐에 들어가 대통을 이은 이들 중에도 모두 없으니, 황당무계한 억설이라 할 만합니다.

대저 ≪의례≫란 성인의 손을 거친 육경의 글이고, ≪대당개원례≫란 唐나라 300년 동안 쓰인 禮이고, ≪개보통례≫는 우리 宋나라 100년 동안 쓰인 禮입니다. 五服의 연월 및 상복에 관한 令은 모두 우리 祖宗에서 누대에 걸쳐 제정된 것이고 지금 천하에 두루 행해지는 제도인데, 지금 의논하는 이들이 모두 이것을 버리고 쓰지 않고서 곧바로 황당무계한 억설을 스스로 쓰고자 하니, 이것이 시행해서는 안 되는 까닭입니다.

1) 降服 : 五服의 服制에 따라 喪服의 등급을 내리는 것을 말한다. 出系한 자식이 本生 부모를 위해 三年服 대신에 등급을 낮추어 朞年服을 입는 예이다. 英宗은 이미 출계한 몸이므로 생부 濮安懿王에게 降服하여야 한다는 것이다.

2) 開元 : 唐나라 ≪大唐開元禮≫를 가리킨다. 唐 玄宗 開元 연간에 王仲丘가 찬술한 것이다.

3) 開寶禮 : 宋나라 ≪開寶通禮≫를 가리킨다. 宋 太祖 開寶 연간에 劉溫叟, 李昉

등이 만들었다.

4) 不杖期 : 五服 가운데 1년상을 期服이라 한다. 기복에는 有杖期와 不杖期가 있는데, 喪杖을 짚지 못하는 예에 해당하는 복을 不杖期라 한다. 출계한 자식이 本生 부모를 위해 입는 복 역시 不杖期이다.

5) 藩邸 : 藩王을 말한다. 영종 역시 즉위하기 전에 藩王이었다.

其二曰 簡宗廟致水災者는 臣伏以上天降災가 皆主人事라 故自古聖王이 逢災恐懼하야 多求闕政而修之하야 或自知過失而改悔之하야 庶幾以塞天譴이나 然皆須人事已著於下라야 則天譴爲形於上이라 今者濮王之議는 本因兩制禮官이 違經棄禮하고 用其無稽之臆說하야 欲定皇伯之稱이라 中書疑其未可施行하야 乃考古今典禮하야 雖有明據라도 亦未敢自信而自專일새 方更求下外廷博議러니 而陛下遽詔中罷하고 欲使有司徐求典禮하니 是則臣下愼重如此하고 人君謙畏如此라 君臣不敢輕議妄擧어늘 而天遽譴怒하야 殺人害物하니 此臣所謂厚誣天也요 議猶未決이어늘 仍罷不議하고 而便謂兩統二父以致天災者는 厚誣人也라

둘째 "종묘에 소홀하여 수재를 초래했다."는 것에 대해 아뢰니다. 신은 삼가 생각건대 하늘이 災異를 내리는 것은 모두 사람이 한 일을 위주로 해서입니다. 그러므로 예로부터 聖王들이 재이를 만나면 두려워하여 대개 잘못된 정치가 있는지 찾아서 바로잡고, 혹 과실을 스스로 알아 고치고 뉘우쳐 거의 하늘을 견책에 사죄하기도 하였습니다. 그러나 모두 사람이 한 일이 아래에 이미 드러나야만 하늘의 견책이 위에 나타나는 법입니다.

지금 濮王에 관한 의논은 본래 兩制와 禮官이 경전과 禮를 버리고 황당무계한 억설을 주장하여 皇伯이란 칭호를 정하고자 한 데서 생긴 것입니다. 이 때문에 中書省에서 시행할 수 없는 게 아닌가 의심하여 고금의 典禮를 고찰하여 비록 분명한 증거가 있어도 감히 자신하여 마음대로 결정하지 못하였습니다. 그래서 바야흐로 다시 이 문제를 外廷에 하달하여 널리 중론을 모으기를 청하였는데, 폐하께서 갑자기 조서를 내려 중도에 그만두게 하시고 有司로 하여금 천천히 典禮를 찾아보게 하셨습니다.

이렇고 보면 신하의 신중하기가 이와 같고, 임금의 謙畏하기가 이와 같았습니다. 임금과 신하가 감히 경솔히 의논하고 함부로 행동하지 않았거늘 "하늘이 갑자기 노해 견책을 내려 사람을 죽이고 생물을 해쳤다."는 주장을 펴니, 이것이 신이 말한 "하늘을 터무니없이 무함했다." 하는 것입니다. 의논이 아직 결정되지 않았거늘 그대로 두고 의논하지 않고서 곧 "계통을 둘로 나누고 아버지를 둘로 만들어서 하늘의 재이를 초래했다."는 주장을 펴니, 이것이 신이 말한 "사람을 터무니없이 무함했다." 하는 것입니다.

**其三引漢宣哀之事者**는 **臣謹按漢書**에 **宣帝父曰悼皇考**이니 **初稱親**하고 **諡曰悼**라하고 **置奉邑寢園而已**라가 **其後改親稱皇考**하고 **而立廟京師**하니 **皇考者**는 **親之異名爾**라 **皆子稱其父之名也**니 **漢儒初不以爲非也**라 **自元帝以後**로 **貢禹韋玄成等**이 **始建毁廟之議**하야 **數十年間**에 **毁立不一**하야 **至哀帝時**하야 **大司徒平晏等百四十七人奏議**하야 **云親諡曰悼**라하고 **裁置奉邑**은 **皆應經義**니 **是不非**라하니 **宣帝稱史皇孫爲親也**라 **所謂應經義者**는 **卽儀禮云 爲人後者**는 **爲其父母報**가 **是也**라 **惟其立廟京師**하야 **亂漢祖宗昭穆**이라 **故晏等以謂兩統二父**는 **非禮**니 **宜毁也**라하니라

셋째 漢 宣帝와 哀帝의 고사를 인용한 것에 대해 아뢰니다. 신은 삼가 살펴보건대 ≪漢書≫에 선제의 부친은 悼皇考인데 처음에는 '親'이라 일컫다가 시호를 '悼'라 하고, 奉邑과 寢園을 두는 데 그쳤습니다. 그러다가 후에 '親'을 '皇考'로 고치고 京師에 사당을 세웠습니다. '皇考'란 '親'의 이칭일 뿐으로 모두 자식이 그 아버지를 일컫는 명칭이니, 漢나라 학자들이 애초에 잘못이라 여기지 않았습니다.

그런데 元帝 이후로 貢禹와 韋玄成 등이 비로소 사당을 헐자는 주장을 하여 수십 년 동안 사당을 헐었다 세웠다 한 것이 한두 번이 아니었습니다. 그리하여 애제 때에 이르러 大司徒 平晏 등 147인이 아뢰기를 "부친의 시호를 悼라 하고 봉읍을 둔 것은 모두 경전의 뜻에 맞으니 그릇된 것이 아닙니다." 하였으니, 선제는 史皇孫을 부친으로 부른 것입니다. 이른바 경전의 뜻에 맞다는 것은 바로 ≪儀禮≫에서 말한 "남의 후사가 된 이는 그 부모를 위해 보답한다."는 것이 바로 이것입니다. 다만 경사에 사당을 세워 漢나라 祖宗의 昭穆을 어지럽혔기 때문에 평안 등이 "계통을 둘로 나누고

아버지를 둘로 만든 것은 禮가 아니니, 사당을 헐어야 한다." 하였던 것입니다.

**定陶恭王[1)]은 初但號共皇하고 立廟本國이라 師丹[2)]亦無所議러니 至其後立廟京師하야 欲去定陶하고 不繫以國하야 有進干漢統之漸하야 丹遂大非之라 故丹議云 定陶恭皇諡號는 已前定議하니 不得復改라하고 而但論立廟京師爲不可爾라 然則稱親置園은 皆漢儒所許以爲應經義者요 惟去其國號立廟京師는 則不可爾어늘 今言事者가 不究朝廷本議何事하고 不尋漢臣所非者何事하니 此臣故謂不原本末也라**

定陶恭王은 처음에는 단지 共皇이란 칭호로만 부르고 본국에 사당을 세웠던 터라 師丹도 이의를 제기하지 않았습니다. 그러다가 그 뒤 京師에 사당을 세우고 '定陶'란 호칭을 없애 諸侯國에 매어두지 않고자 하여 漢나라 왕통을 침범하는 조짐이 있음에 이르러 사단이 드디어 매우 그르다고 여겼습니다. 그래서 사단이 주장하기를 "공도정왕의 시호는 이미 의논이 정해졌으니 다시 고칠 수 없다." 하고 단지 경사에 사당을 세운 것이 불가하다는 것만 논하였습니다.

그렇다면 부친이라 일컫고 園寢을 둔 것은 한나라 학자들이 인정하여 경전의 뜻에 맞다고 한 것이고, 오직 제후국의 국호를 떼어버리고 경사에 사당을 세운 것만 불가하다고 한 것입니다. 그런데 지금 言事하는 이들은 조정의 본래 의논이 무엇인지 따져보지도 않고, 한나라 신하들이 그르다 한 것이 무엇인지도 찾아보지 않으니, 이 때문에 신이 "본말을 미루어 살피지 못한다."라고 한 것입니다.

1) 定陶恭王 : 漢 哀帝의 생부이다. 成帝가 죽고 애제가 제위에 올라 자기의 생부를 추존하여 恭皇이라 하고, 定陶太后를 추존하여 恭皇太后라고 하였다. 애제는 비록 정도공왕의 아들이라 하더라도 성제의 뒤를 이었으므로, 결코 諸侯王인 생부를 황제의 반열에 올릴 수 없는데도 황제로 추존했다 하여 후세에 많은 비판을 받았다. ≪漢書 哀帝本紀≫

2) 師丹 : 漢나라 東武 사람으로 자는 仲公이다. 孝廉으로 천거되어 벼슬이 大司空에 이르렀고 高樂侯에 봉해졌는데, 直切한 간쟁으로 哀帝의 뜻을 거슬러 관작을 빼앗겼다. 平帝가 즉위하여 그 충성을 가상히 여겨서 다시 義陽侯에 봉하였다. ≪漢書 師丹傳≫

中書之議는 本謂稱皇伯無稽요 而禮經有不改父名之義하니 方議名號猶未定이라 故尊崇之禮를 皆未及議어늘 而言事者便引漢去定陶國號立廟京師之事하야 厚誣朝廷하야 以爲干亂大統이라하니 何其過論也오

中書省의 의논은 본래 '皇伯이란 호칭을 쓰는 것은 황당무계한 것이고, ≪禮經≫에도 부모의 이름은 바꾸지 않는 의리가 있다. 지금 名號를 의논하는 것도 아직 결정되지 않았다.'라고 생각한 것이므로, 존숭하는 禮는 모두 미처 논의하지 않았던 것입니다. 그런데 언사하는 이들은 대뜸 漢나라 때 '定陶'란 國號를 없애고 경사에 사당을 세운 일을 끌어와서, 조정을 터무니없이 무함하여 "大統을 침범해 어지럽힌다."라고 합니다. 어쩌면 그토록 과격한 의논을 주장한단 말입니까.

夫去國號而立廟京師하여 以亂祖宗昭穆은 此誠可非之事니 若果爲此議면 宜乎指臣等爲姦邪之臣이요 而人主有過擧之失矣어니와 其如陛下之意가 未嘗及此하고 而中書亦初無此議어늘 而言事者不原本末하고 過引漢世可非之事以爲說하고 而外庭之臣이 又不審知朝廷本議如何하고 但見言事者云云하야 遂以爲欲加非禮하야 干亂統紀가 信爲然矣라하니 是以로 衆口一辭에 紛然不止하야 而言事者欲必遂其皇伯無稽之說하야 牽引天災하야 恐迫人主하고 而中書守經執禮之議를 反指以爲姦邪之言하되 朝廷以言事之臣은 禮當優容이라하여 不欲與之爭辨하고 而外庭群論은 又不可家至而戶曉하니 是非之禮不辨하고 上下之情不通이라 此所以呶呶而不止也라

대저 국호를 없애고 경사에 사당을 세워서 祖宗의 昭穆을 어지럽힌 것은 참으로 그르다고 할 만한 일입니다. 만약 과연 이런 의논을 주장했다면 마땅히 신 등을 지목해 간사한 신하라 하고 임금을 지목해 지나친 일을 한 잘못이 있다고 해야 할 것입니다.

그렇지만 폐하의 뜻이 결코 이런 데 미친 적이 없고 中書省에서도 애초에 이런 의논이 없었습니다. 그렇거늘 언사하는 이들은 본말을 깊이 살피지 않고 漢나라 때의 잘못이라 할 만한 일을 지나치게 끌어다가 자기 주장으로 삼았고, 外廷의 신하들은 또 조정의 본래 의논이 어떤 것인지 잘 살피지도 않고 그저 언사하는 사람들이

말하는 것만 보고서 드디어 "그릇된 禮를 가하여 統紀를 어지럽히는 것이 참으로 사실이다." 하였습니다.

이런 까닭에 뭇사람들이 이구동성으로 분분한 주장을 그치지 않았습니다. 그래서 언사하는 이들은 皇伯이란 호칭을 써야 한다는 황당무계한 설을 기필코 관철하고자 하여 하늘의 재이를 억지고 끌어다가 임금을 협박하였고, 경전의 뜻과 禮를 지키려는 중서성의 주장을 도리어 간사한 말이라고 지목하였습니다. 그런데도 조정에서는 "언사하는 신하는 예의상 너그러이 용납해야 한다." 하여 그들과 爭辨하려 하지 않고, 外廷의 중론은 또 가가호호 일일이 찾아가 알아듣게 설명해줄 수도 없는 노릇이라, 是非의 禮가 가려지지 않고 上下의 마음이 통하지 않습니다. 이것이 신이 계속해 말하여 그치지 않는 까닭입니다.

**夫爲人後者**는 **旣以所後爲父矣**어늘 **而聖人又存其所生父名者**는 **非曲爲之意也**라 **蓋自有天地以來**로 **未有無父而生之子也**니 **旣有父而生**이면 **則不可諱其所生矣**라 **夫無子者**는 **得以宗子爲後**하니 **是禮之所許也**라 **然安得無父而生之子以爲後乎**라 **此聖人所以不諱無子者立人之子以爲後**하고 **亦不諱爲人後者有父而生**이니 **蓋不欺天不誣人也**라 **故爲人後者**가 **承其宗之重**하고 **任其子之事**하야 **而不得復歸於本宗**[1]하며 **其所生父母**도 **亦不得往與其事**하고 **至於喪服**하얀 **降而抑之**하야 **一切可以義斷**[2]하되 **惟其父母之名不易者**는 **理不可易也**니 **易之則欺天而誣人矣**라

대저 남의 후사가 된 이는 이미 所後父로 부친을 삼았거늘, 聖人이 또 所生父의 이름을 그대로 두신 것은 일부러 마음을 써주신 게 아닙니다. 대개 천지가 있은 이래 아버지 없이 태어난 자식이 없으니, 이미 아버지가 있어서 태어났고 보면 所生을 숨길 수 없는 것입니다. 대저 아들이 없는 사람은 宗子를 후사로 삼을 수 있으니, 이는 禮에서 허락한 바입니다. 그러나 어찌 아버지 없이 태어난 아들을 얻어서 후사로 삼을 수 있겠습니까. 이것은 성인이 아들 없는 사람이 남의 아들을 세워서 후사로 삼는 것을 숨기지 않고, 또한 남의 후사가 된 사람도 아버지가 있어 태어났음을 숨기지 않으신 까닭이니, 하늘을 속이지 않고 사람을 속이지 않은 것입니다.

그러므로 남의 후사가 된 사람은 그 宗統의 重함을 이어받고 그 아들의 일을 맡아

다시 本宗에 돌아가지 못하고, 그 소생부모도 친아들에게 가서 일에 간여하지 못하며, 상복에 이르러서는 낮추고 억제해 일체 의리로 판단할 수 있습니다. 그렇지만 부모라는 명칭만은 바꾸지 않는 것은 이치상 바꿀 수 없기 때문이니, 바꾸면 하늘을 속이고 사람을 속이는 것입니다.

1) 本宗 : 본인이 소속된 嫡傳의 종족이다.

2) 至於喪服……一切可以義斷 : 상복을 결정할 때 소생부모일지라도 부모간의 恩愛를 생각하지 않고 의리로 판단해 斬衰나 齊衰를 입게 하지 않는다는 뜻이다.

子爲父母服을 謂之正服이요 出爲人後者爲本生父母齊衰期를 謂之降服이요 又爲所後父斬衰三年[1]을 謂之義服이니 今若以本生父爲皇伯이면 則濮安懿王爲從祖父하야 反爲小功하고 而濮王夫人은 是本生嫡母也어늘 反爲義服하고 自宗懿以下本生兄弟는 於禮雖降이라도 猶爲大功이니 是禮之齊衰期어늘 今反爲小功이요 禮之正服이 今反爲義服이라 上於濮王父也에 反服小功하고 於宗懿等兄弟也에 反服大功하니 此自古所以不稱所生父爲伯父叔父者니 稱之則禮制乖違하고 人倫錯亂이 如此也라

자식이 부모를 위해 복을 입는 것을 正服이라 하고, 나가서 남의 후사가 된 사람이 本生父母를 위해 齊衰朞年服을 입는 것을 降服이라 하고, 또 所後父母를 위해 斬衰三年을 입는 것을 義服이라 합니다.

지금 만약 本生父를 皇伯이라 한다면 濮安懿王은 從祖父가 되어 도리어 小功에 해당하고, 복왕의 부인은 본생 嫡母이거늘 도리어 義服에 해당하고, 宗懿 이하 본생 형제들은 禮에 있어서는 비록 降服해야 하지만 오히려 大功에 해당하니, 이는 禮로는 자최기년복이 지금 도리어 소공이 되고, 예로는 正服이 지금은 도리어 의복이 되는 것입니다. 따라서 위로 복왕인 부친에게는 도리어 소공을 입고, 宗懿 등 형제에게는 도리어 대공을 입게 할 것입니다. 이것이 예로부터 소생부를 백부, 숙부란 호칭으로 부르지 않는 까닭이니, 그렇게 부르면 禮制가 어긋나고 인륜이 어지러워짐이 이와 같은 것입니다.

1) 齊衰期……又爲所後父斬衰三年 : 상례의 5服에 따른 구분이다. 상복의 베의 굵

기에 따라 衰服과 功服으로 나누는데, 衰服이 더 거칠고 굵으며 功服이 보다 가늘고 곱다. 또 상복의 끝단을 꿰매지 않는 斬衰와 끝단을 꿰맨 齊衰로 나눈다. 아버지가 돌아가셨을 때 입는 복이 가장 무거운 斬衰三年服이다. 어머니가 돌아가셨을 때, 또는 出系한 사람이 본생부모를 위해 齊衰朞年服(1년)을 입는다. 大功服은 9개월이고, 小功服은 5개월이고, 緦麻服은 3개월이다.

伏惟陛下는 聰明睿聖에 理無不燭이라 今衆人之議如彼하고 中書之議如此하니 必將從衆乎인댄 則衆議不見其可하고 欲違衆乎인댄 則自古爲國이 未有違衆而能擧事者하니 願陛下霈然下詔하야 明告中外하되 以皇伯無稽라 決不可稱이요 而今所欲定者正名號爾니 至於立廟京師干亂統紀之事하얀 皆非朝廷本議라하면 庶幾群疑可釋이라 若知如此而猶以謂必稱皇伯이면 則雖孔孟復生이라도 不能復爲之辨矣라

삼가 생각건대 폐하께서는 총명하고 슬기로우셔서 모든 이치를 환히 알지 못함이 없으십니다. 지금 뭇사람들의 의논이 저와 같고 中書省의 의논이 이와 같으니, 굳이 뭇사람들의 뜻을 따르고자 하신다면 뭇사람들의 의논은 아무래도 옳지 못하고, 뭇사람들의 뜻을 어기고자 하신다면 예로부터 나라를 다스림에 뭇사람의 뜻을 어기고서 일을 잘할 수 있는 경우가 없습니다.

원컨대 폐하께서는 시원스레 조서를 내려 중외에 분명히 알리되 "皇伯은 근거 없는 것이라 결코 호칭으로 삼을 수 없다. 지금 결정하고자 하는 것은 名號를 바로잡는 것일 뿐, 경사에 사당을 세워 王統의 질서를 어지럽히는 일은 모두 조정의 본래 의논이 아니다." 하시면 아마도 사람들의 의심이 풀릴 수 있을 것입니다. 만약 이와 같은 줄 알면서도 여전히 반드시 황백이란 호칭으로 불러야 한다고 주장한다면, 孔子와 孟子께서 다시 살아나셔도 더 이상 변론할 수 없을 것입니다.

予按濮議所請稱親置園立廟하야 濮王之子若孫이 世守其祀는 本出於天下萬世之公이요 而非有悖於典禮者니 特當時臺諫呂誨范鎭等過激이라 故爲紛紛耳라 至於本朝興獻帝事[1)]하야도 大略與此相同하니 蓋亦天理人情之不容已者라 張桂首議할새 時予方以髫年侍先輩間이러니 先輩

**每語及**에 **輒爲怒而裂眦**라 **及讀大禮或問**[2)]하야 **爽然自失矣**라 **然呂范諸公**이 **始以議禮被譴**이라가 **已而復起**어늘 **張桂用事後**에 **而議禮諸臣**은 **錮且沒齒矣**니 **予特爲之累欷太息云**이라

나(茅坤)는 살펴보건대 濮議에서 부친이라 부르고 園寢을 두고 사당을 세워 濮王의 자손들이 대대로 그 제사를 지키게 하기를 청한 것은 본래 천하 만세의 공론에서 나온 것이고 典禮에 어긋난 것이 있지 않다. 단지 당시 대간인 呂誨, 范鎭 등이 과격했기 때문에 의논이 분분하게 되었던 것이다.

本朝(明나라)의 興獻王의 일에 이르러서도 대략 이 일과 같으니, 대개 天理와 인정상 마지못한 것이었다. 張璁과 桂萼이 처음 發論할 때 당시 나는 바야흐로 어린 나이로 선배들을 모시고 있었는데, 선배들은 이 일을 언급할 때마다 노하여 눈을 크게 부릅뜨곤 하였다. 그리고 ≪大禮或問≫을 읽다가 망연자실하였다.

그러나 宋나라의 경우 여회, 범진 등이 처음에는 禮를 의논한 문제로 견책을 받았으나 이윽고 다시 기용된 데 비해, 본조의 경우는 張璁과 桂萼 등이 권력을 잡은 뒤에는 禮를 의논한 신하들은 금고를 당한 채 여생을 보내고 말았다. 내가 특별히 이 때문에 누차 한숨을 쉬며 크게 탄식한다.

1) 興獻帝事 : 明 世宗은 憲宗의 손자인 興獻王의 長子이다. 武宗이 후사 없이 죽자 楊廷和 등이 태후의 명을 받들어서 세종을 맞아들여 帝位에 오르게 했다. 세종이 황제가 된 뒤 生父인 흥헌왕의 典禮를 의논하도록 명하자, 양정화 등이 漢나라 定陶王, 宋나라 濮王의 고사를 인용하여 무종에게 '考'란 호칭을 쓰고 흥헌왕에게 叔父란 호칭을 쓰자는 의논을 올렸다. 그러자 세종은 "부모를 어떻게 바꿀 수가 있는가." 하면서 다시 의논하게 하였다.

이때 進士 張璁이 세종의 뜻에 영합하는 상소를 올리자, 세종이 기뻐서 그 상소대로 흥헌왕에게 '考'란 호칭을 쓰니, 桂萼 등의 무리가 세종의 뜻에 영합하였다. 孟春 등이 통곡하면서 반대하니, 세종이 대노하여 맹춘 등 220명에게 죄를 주어 곤장을 맞고 죽은 자가 18명이나 되었다. 그러자 장총과 계악

등의 기세가 더욱 거세져서 드디어 홍헌왕을 '皇考'라 부르고, 홍헌왕의 妃를 章聖太后라 불렀으며, 효종을 皇伯考라고 불렀다. ≪史略 世宗肅皇帝≫

2) 大禮或問 : 張璁이 세종의 뜻에 영합하기 위해 지어 올린 책이다. 세종은 이 책의 주석을 근거로 홍헌왕을 '皇考'라고 하였다. ≪明史 張璁列傳≫

## 07. 論葬荊王後贈燕王一行事箚子* 荊王을 장사지낸 뒤 燕王 일행에게 하사품을 준 일을 논한 箚子

* 이 글은 仁宗 慶曆 4년(1044)에 지은 것이다. 荊王은 宋 太宗의 일곱째 아들이다. 어려서 몹시 영특하여 태종의 사랑을 독차지했고, 朝會나 宴會에 늘 함께 있었다. 형왕은 인종이 즉위하고 난 뒤 더욱 총애를 받았으나 慶曆 4년 정월에 죽고 말았다. 형왕이 죽자 인종이 몹시 슬퍼하여 장례를 잘 치러주고 싶은 마음에 廷臣들에게 葬儀 절차를 논의하라고 명하였다. 이때 歐陽脩가 자신의 생각을 정리하여 견해를 밝힌 글이 이것이다. 형왕은 뒤에 燕王에 추증되었다. 제목의 '後贈燕王' 4자는 판본에 따라 작은 글씨로 주석 처리된 곳이 있다.

本朝엔 唯三原王公[1)]可及이라

본조에서는 오직 三原 王公만이 이 수준에 미칠 수 있다.

1) 三原王公 : 明나라 학자 王恕이다. 자는 宗貫, 호는 介庵 또는 石渠, 시호는 端毅이고, 三原 사람이다. 正統 13년(1448)에 진사로 나가 청요직을 두루 거쳤다. 학문과 문장에 뛰어났다. ≪明儒學案 三原學案≫

臣風聞已有聖旨하야 荊王葬事를 令三司與太常禮院及監葬官等으로 同議減節浮費라하니 此足見陛下厚於皇叔之恩과 念民惜費之意를 一擧而兩得也라 然臣每見朝廷作事에 欲愛民節用하되 而常枉費勞人하니 蓋爲議事之初에 不得其要하야 或失於不精審者有四하니 民間不科配[1)]가 一也요 州縣供應物有定數가 二也요 送葬之人在路에 禁其呼索이 三也요 州縣官吏不得過外供須하야 以邀名譽가 四也라 苟絶此四者면 則無大患矣라

신은 풍문에 듣기로 이미 聖旨를 내려 荊王의 장사를 三司와 太常禮院 및 監葬官 등으로 하여금 쓸데없는 비용을 절감하는 문제를 함께 의논하게 하셨다 하니, 여기서 폐하께서 皇叔을 厚待하는 은혜와 백성을 염려하여 비용을 아끼시는 뜻을 한 번에 둘 다 이루셨음을 알 수 있었습니다.

그러나 신이 매양 조정의 하는 일을 보면, 백성을 사랑하여 비용을 절감하고자 하면서도 늘 비용을 쓸데없이 써서 사람을 수고롭게 하니, 일을 의논하는 당초에 요령을 알지 못하여 혹 정밀히 살피지 못한 데서 잘못을 범할 수 있는 것이 네 가지 있습니다.

민간에서 세금을 더 거두지 않는 것이 첫째이고, 州縣에서 바치는 물품에 정해진 수량을 두는 것이 둘째이고, 送葬하는 사람들이 상여를 운송하는 도중에 민간에 물품을 요구하는 것을 금하는 것이 셋째이고, 주현의 관리들이 과도한 금품을 제공하여 명예를 얻지 못하게 하는 것이 넷째입니다. 진실로 이 네 가지를 禁絶하면 큰 우환이 없을 것입니다.

1) 科配 : 정규적인 세금 외에 官府가 임시로 세금을 더 거두는 것이다.

**昨京西一路**가 **遭張海驚劫之後**에 **不可更有誅求**하니 **臣今欲乞指揮三司**하야 **應是合要之物**은 **竝須官給**하고 **不得民間科買**[1]하며 **仍乞先將一行儀仗人馬幷送葬人等**하야 **一人以上**은 **先定人數**니 **然後箚與**[2]**京西**하야 **令依數供頓**하면 **則可無廣費**라

근자에 京西 일대가 청컨대 張海의 노략질을 당한 뒤로 더 이상 세금을 가혹하게 거둘 수 없으니, 신은 이제 三司에 명하여 응당 필요한 물품은 일체 관부에서 공급하고 민간에 억지로 부과해 사들이지 못하게 할 것이며, 이어서 바라건대 먼저 일행의 儀仗과 人馬, 送葬할 사람들까지 한 사람 이상은 먼저 인원수를 정하도록 하소서. 그런 뒤에 京西에 공문을 보내 숫자대로 공급하게 하면 비용을 많게 하는 일이 없을 수 있을 것입니다.

1) 科買 : 국가가 필요한 물품을 강제로 민간에 부과해서 사들이는 것이다.

2) 箚與 : ≪唐宋八大家文鈔 校注集評≫에는 '札于'로 되어 있다.

自荊王以下諸喪은 非至親者면 不必令其盡往이니 仍乞限定人數하고 及每人將帶隨行人數를 亦乞限定하야 凡皇親及一行官吏는 除宿頓合供飮食外에 不得數外呼索하고 州縣官吏는 亦不得於官供飮食外에 別以諸物獻送權要[1)]니 其受獻送幷呼索을 竝以入己贓[2)]論하며 仍乞選御史裏行[3)]一人하야 隨行糺察하야 其數外帶人과 及州縣隨順呼索獻送物等官吏가 物出於己라도 亦從違制하고 若託以供應爲名하야 於民間에 賤買及率掠者는 皆以枉法贓[4)]論이니 如此防禦라야 方可杜絶浮費하야 以稱陛下厚親節用之心이라

荊王 이하의 喪事들은 至親인 경우가 아니면 다 참석하러 가게 할 필요가 없으니 바라옵건대 인원수를 한정하고, 각자가 대동하는 수행 인원수 또한 바라옵건대 한정하소서. 그리하여 무릇 皇親 및 일행 관리들은 임시로 유숙하는 사람에게 음식을 공급해주어야 하는 경우를 제외하고는 정해진 수량 외에 민간에 물품을 요구하지 못하게 하고, 주현의 관리들 또한 관부에서 공급하는 음식 외에 따로 물품들을 權要에게 바치지 못하게 해야 할 것이니, 물품을 받거나 보내거나 요구하는 경우는 모두 入己贓으로 논죄해야 할 것입니다.

그리고 바라옵건대 御史裏行 중 한 사람을 선발하여 수행하며 규찰하게 하여, 정해진 수량 외에 데리고 가는 사람 및 주현에서 윗사람의 뜻에 따라 민간에 물품을 요구하거나 권요에게 물품을 바치는 등의 짓을 하는 관리의 경우, 그 물품이 자기에게서 나왔더라도 법제를 어긴 죄로 처벌해야 하니, 만약 가탁하여 供應을 명목으로 삼아서 민간에서 싸게 사거나 약탈하다시피 하는 자들은 모두 枉法贓으로 논죄해야 할 것입니다. 이와 같이 방비해야만 쓸데없는 비용을 막아서 皇親을 후대하고 비용을 절감하려는 폐하의 마음에 부응할 수 있을 것입니다.

1) 權要 : 요직에 앉아 권력을 잡은 고위 공직자를 이른다.
2) 入己贓 : 뇌물을 받은 죄, 즉 受賂罪이다.
3) 御史裏行 : 御史 중 일을 맡아서 하는 사람을 뜻한다. 아직 정식 관원이 되지 못했기 때문에 裏行이라 한 것이다. ≪新唐書≫ 〈百官志〉에 "또 御史裏行使, 侍御史裏行使, 殿中裏行使, 監察裏行使를 두었는데, 아직 正官이 못 되었기 때문에 員數가 없다." 하였다.

4) 枉法贓 : 법을 교묘히 이용하여 뇌물을 받은 죄를 이른다.

## 08. 論葬荊王箚子* 荊王의 葬事를 논하는 箚子

* 이 글 역시 慶曆 4년(1044) 형왕이 죽었을 때, 歐陽脩가 그 장례절차에 대해 자신의 견해를 정리하여 올린 글이다.

**總只是恤財用上爲本**이라

모두 재용을 걱정하는 것을 근본으로 삼았다.

**臣伏覩朝旨**컨대 **雖差宋祁**[1)]**監護故荊王葬事**나 **然未見降下葬日及一行事件**이라 **或聞以歲月不利**하야 **未可葬**이라하고 **或聞有司以財用不足**으로 **乞且未葬**이라하니 **夫陰陽拘忌之說**은 **陛下聰明睿聖**이 **必不信此巫卜之言而違禮典**이로되 **但慮議者堅執方今財用不足不可辦葬**하니 **陛下聞有勞民枉費之說**하면 **則不得不慮**하야 **因以遲疑**라

신이 삼가 조정의 뜻을 보건대 비록 宋祁를 差遣하여 故 荊王의 葬事를 監護하게 했으나, 장삿날과 送葬하는 일행에 관한 결정을 하달한 것을 보지 못했습니다. 혹은 年月이 좋지 못해 장사지낼 수 없다는 말도 들리고, 혹은 有司가 財用이 부족하다는 이유로 아직 장사지내지 말기를 청했다는 말도 들립니다.

대저 음양의 術數로 금기를 가리는 설은, 총명하고 슬기로우신 폐하께서 필시 이러한 무당과 점쟁이의 말을 믿고서 禮典을 어기지는 않으실 것입니다. 다만 의논하는 이들이 지금 재용이 부족하여 장사지낼 수 없다는 주장을 堅持하고 있으니, 폐하께서 백성을 수고롭게 하고 비용을 허비한다는 말을 들으면 염려하지 않을 수 없어, 그로 말미암아 망설이고 주저하실까 염려될 뿐입니다.

1) 宋祁 : 宋나라 安陵 사람으로 자는 子京이다. 형 宋庠과 함께 문학에 매우 뛰어나 사람들이 二宋이라고 불러 '大宋', '小宋'으로 구별하였다. 龍圖閣學士 史館修撰이 되어 歐陽脩와 함께 ≪唐書≫를 편수하였다. 知亳州로 나가는 등 內外職을 두루 역임하였고, 벼슬이 工部尙書 翰林學士에 이르렀다. ≪宋史 列傳≫

臣謂前後勅葬[1]大臣에 浮費枉用之物至多하니 豈是朝廷本意리오 皆爲主司措置之失하야 致人因緣以爲姦弊니 今若盡節浮費하고 及絶其侵蠹하야 而使用物不廣하면 則將復以何辭而云不葬이리오 此不知所司曾將一行用度하야 計定大數否아 內若干是浮費요 若干是實用이니 若實用之物이 數猶至多하야 而力不可辦이면 則緩之可也어니와 若實用之物少요 只是舊例浮費多면 則可削去浮費而已라 今都不計度하고 而但云無物可葬은 則不可也요 未見實用之數多少하며 不量力能及否하고 而曰 必須遵禮라하고 而曰 必須葬은 亦未可也라 如臣愚見酌此兩端컨대 葬則爲便이라 然須先乞令王堯臣[2]宋祁等하야 將一行合用之物하야 列其名件하야 內浮費不急者를 一一減去之니 若只留實用之物이면 數必不多요 假如稍多면 更加節減이니 雖至儉薄이라도 理亦無害니 如此則葬得及時하고 物亦不費라

신은 생각건대 그동안 大臣을 勅葬할 때 긴요치 않은 비용을 허비한 것이 매우 많았는데, 어찌 조정의 本意였겠습니까. 모두 주관 부서가 잘못 조처하여 사람들이 서로 결탁하여 간교한 짓을 하도록 만들었기 때문일 뿐입니다. 지금 만약 긴요치 않은 비용을 다 줄이고 경비를 좀먹는 짓을 막아서 장사에 쓰이는 물품이 많지 않도록 한다면, 장차 무슨 핑계로 장사지내지 못한다고 하겠습니까.

이 문제에 있어 주관 부서가 送葬 일행의 용도를 가지고 대체적인 수량을 헤아려 결정한 적이 있는지 알지 못하겠습니다. 그 수량 내에 얼마간은 긴요치 않는 비용이고 얼마간은 실제로 쓰일 비용일 터이니, 만약 실제로 쓰이는 물품 수량이 오히려 너무 많아 마련해낼 힘이 없다면 장사를 늦추어도 좋겠지만, 만약 실제로 쓰일 물품은 적고 단지 舊例에 따라 책정한 긴요치 않은 비용이 많다면 긴요치 않은 비용을 깎아내면 될 것입니다.

지금 비용을 전혀 계산해보지 않고 단지 장사지낼 수 있는 물품이 없다고만 하는 것은 옳지 않으며, 실제로 쓰일 물품 수량이 얼마나 되는지 알지 못하고 힘이 미칠 수 있는지 헤아려보지 않고서 "반드시 예법을 따라야 한다." 하고, "반드시 장사지내야 한다." 하면 이것도 옳지 못합니다.

신의 어리석은 생각으로 이 두 가지 다른 주장을 헤아려보건대 장사지내는 쪽이

온당합니다. 그러나 먼저 바라건대 王堯臣과 宋祁 등으로 하여금 일행이 써야 할 물품 명목을 나열하여 그중에서 긴급하지 않은 것은 일일이 절감해야 할 것입니다. 만약 실제로 쓰일 물품만 남겨둔다면 수량이 필시 많지 않을 것이고 가사 다소 많더라도 더 절감하면 될 것이니, 비록 검박하게 되더라도 이치상에는 문제될 게 없을 것입니다. 이와 같이 하면 장사는 제때 지낼 수 있고, 물품도 허비하지 않을 수 있을 것입니다.

1) 勅葬 : 宋나라 때 大臣이나 貴戚이 사망했을 때 황제가 內侍를 보내 葬事를 監護하게 하는 것을 말한다.
2) 王堯臣 : 송나라 應天 虞城 사람이다. 자는 伯庸이다. 翰林學士와 知制誥 등을 누차 역임했고, 정치에 뛰어나 仁宗의 신임을 받았다.

**夫儉葬**은 **古人之美節**이요 **侈葬**은 **古人之惡名**이라 **今避儉葬**하야 **不肯節費**하고 **留喪而待有物之年**하야 **以就侈葬**하니 **則非臣所知也**라 **若曰 儉葬亦未能辦**이라하면 **則乃過言之甚也**라 **然外之輿議爲國家論事體者**가 **皆云葬則爲便**이라하되 **今朝廷議者**는 **分而爲二**하야 **顧物力者則不顧典禮國體**하고 **論典禮國體者則不思財用辦否**하야 **各執偏見**하야 **議久不決**하야 **以惑陛下之聰明**이라

대저 검소한 장사는 옛사람이 아름답게 여긴 일이고, 사치한 장사는 옛사람이 나쁘게 평판한 일입니다. 지금 검소한 장사를 피하여 비용 절감을 기꺼이 하려 하지 않고, 喪事를 지체해두어 물품이 갖춰지는 해를 기다려 사치한 장사를 지내려 하니, 신이 납득할 수 없는 점입니다.

만약 검소한 장사도 지낼 수 없다고 한다면 이는 너무 지나친 말입니다. 그러나 국가를 위해 事體를 논하는 밖의 여론은 모두 "장사지내는 것은 온당하다." 하는데, 지금 조정의 의논하는 이들은 나뉘어 둘이 되어서 물력을 고려하는 쪽은 典禮와 국가의 체모를 돌아보지 않고, 전례와 국가의 체모를 논하는 쪽은 재용을 마련할 수 있는지를 생각하지 않습니다. 이렇게 각자 일방의 견해를 고집하여 의논이 오래도록 결정되지 않아서 폐하의 총명을 어지럽히고 있습니다.

今便葬之害一이요 不葬之害五니 便葬之害는 不過費物이나 然力有可爲요 不葬之害는 所失則大하니 不肯薄葬而留之하야 以待侈葬하야 成王之惡名이 一也요 信巫卜之說而違典禮가 二也요 目下減節은 力所易爲요 他時豐足은 禮或難待니 使皇叔之柩로 五七年間에 不得安宅하야 而神靈無歸가 三也요 使四夷聞天子皇叔薨而無錢出葬하야 遂輕中國而動心이 四也요 今天下物力雖乏이나 然凡百用度를 不能節費處多어늘 獨於皇叔之身에 有所裁損하야 傷陛下孝治之美가 五也라 此臣所謂葬則爲便者也라 荊王於國屬最尊하고 名位最重하니 伏乞早令定議하야 無使後時하소서 取進止하소서

지금 곧바로 장사지내어 생기는 害는 한 가지이고, 장사지내지 않아 생기는 害는 다섯 가지입니다. 곧바로 장사지내어 생기는 해는 물력을 소비하는 데 불과하지만 그러나 역량은 됩니다. 장사지내지 않아 생기는 해는 잃는 바가 크니 이렇습니다.

검박하게 장사지내려 하지 않고서 喪事를 지체해두어 장사를 사치하게 지낼 때를 기다려서 폐하의 나쁜 평판을 이루는 것이 첫째이고, 무당과 점쟁이의 말을 믿고 전례를 어기는 것이 둘째이고, 현재 절감하는 것은 힘으로 할 수 있는 바이고 훗날 풍족한 것은 禮를 혹 기다리기 어려울 수 있는데 皇叔의 靈柩를 5, 7년 동안 幽宅에 안장하지 못해 신령이 돌아갈 곳이 없는 것이 셋째이고, 四夷로 하여금 천자의 황숙이 薨逝했는데도 장사지낼 돈이 없다는 소문을 듣게 하여 마침내 중국을 업신여겨 침략할 마음을 내게 하는 것이 넷째이고, 지금 천하의 물력이 비록 궁핍하나 모든 용도에 비용을 절약할 수 없는 곳이 많거늘 유독 황숙의 몸에 비용을 줄여서 孝治하시는 폐하의 미덕을 손상하는 것이 다섯째입니다. 이것이 신이 말한 "장사지내는 쪽이 온당하다."는 것입니다.

荊王은 왕족 중에서 가장 존귀하고 名位도 가장 무거우니, 삼가 바라건대 일찍 명령을 내려 의논을 결정하여 때를 늦추는 일이 없게 하소서. 성상께서 결정하소서.

宋大家歐陽文忠公文抄 卷3

# 箚子

## 01. 論乞主張范仲淹富弼等行事箚子* 范仲淹과 富弼 등이 일을 하도록 지지해줄 것을 논한 箚子

* 이 글은 仁宗 慶曆 3년(1043)에 지은 것이다. 당시 歐陽脩는 太常寺와 諫院에 있었다. 인종이 이해에 정치를 일신하기 위해 韓琦, 富弼, 范仲淹 등을 불렀다. 8월에 범중엄은 參知政事가 되었고, 부필은 樞密副使가 되었다. 歐陽脩가 이때 누차 上書하여 범중엄과 부필 두 사람은 재상의 자질이 있으므로 정치를 맡길 것을 건의하였다. 인종이 이 의견을 채납하여 '慶曆新政'을 열었다.
범중엄은 宋나라 吳縣 사람이고, 字는 希文, 諡號는 文正이다. 정치에 역량이 있어 치적이 많고 문장에도 뛰어났으며, 將才도 있어 西夏를 방어하여 이름이 당시에 울렸다. 富弼은 낙양 사람으로 자는 彦國, 시호는 文忠이다. 역시 정치에 뛰어나 知制誥, 樞密使, 中書門下侍郎平章事를 역임하였다.

**歐陽公**이 **此時亦必聞范富所條之事**니 **恐仁宗一時不肯遽行**하고 **又怕群小內攻**이라 **故先爲頂門一針語**하니 **所謂拏雲手**[1]가 **是也**라

歐陽公은 이때 역시 范仲淹과 富弼이 조목조목 진달한 일을 들었을 터이니, 인종이 일시에 대뜸 시행하려 하지 않을까 염려했고, 또 群小輩들이 안에서 공격할까 걱정하였다. 그래서 먼저 頂門一鍼의 말을 하였으니, 이른바 '拏雲手'가 바로 이것이다.

1) 拏雲手 : 구름을 잡는 손이란 말로, 솜씨가 매우 뛰어남을 뜻한다.

**臣伏聞范仲淹富弼等**이 **自被手詔之後**로 **已有條陳事件**하니 **必須裁擇施行**이리라 **臣聞自古帝王致治**에 **須待同心叶力之人**이요 **而君臣相得**을 **謂之千載一遇之難**이어늘

今仲淹等遇陛下聖明하니 可謂難遇之會요 陛下有仲淹等하니 亦可謂難得之臣이라 陛下旣已傾心待之하고 仲淹等亦又各盡心思報라 上下如此하니 臣謂事無不濟요 但顧行之如何라

신은 삼가 듣건대 范仲淹과 富弼 등이 손수 쓰신 조서를 받은 뒤로 이미 사건을 조목조목 진달하였다 하니, 반드시 재량하여 시행하셔야 할 것입니다. 신은 듣건대 예로부터 제왕이 善治를 이루려면 반드시 마음을 같이하고 힘을 함께하는 사람이 필요하고, 임금과 신하가 서로 뜻이 맞는 것을 千載一遇의 어려움이라 합니다.

그런데 지금 범중엄 등은 聖明하신 폐하를 만났으니 만나기 어려운 회합이라 할 만하고, 폐하께서는 범중엄 등을 가지셨으니 또한 얻기 어려운 신하라 할 만합니다. 폐하께서 이미 마음을 기울여 대우하고 범중엄 등도 저마다 마음을 다해 보답할 것을 생각하고 있습니다. 상하가 이와 같으니, 신은 이루지 못할 일이 없고 다만 어떻게 시행하느냐에 달렸다고 생각합니다.

伏況仲淹弼은 是陛下特出聖意自選之人이니 初用之時에 天下已皆相賀나 然猶竊謂陛下旣能選之나 未知用之如何耳러니 及見近日特開天章[1)]하야 從容訪問하고 親寫手詔하야 督責丁寧하니 然後中外喧然하야 旣驚且喜라 此二盛事는 固已朝報京師하고 暮傳四海하야 皆謂自來未曾如此責任大臣이라 天下之人이 延首拭目하야 以看陛下欲作何事하고 此二人所報陛下가 果有何能하니 是陛下得失이 在此一擧요 生民休戚이 繫此一時라 以此而言인댄 則仲淹等不可不盡心展效요 陛下不宜不力主而行하야 使上不玷知人[2)]之明하고 下不失四海之望이라

더구나 范仲淹과 富弼은 폐하께서 특별히 뜻을 내어 스스로 선발하신 사람들이니, 처음 그들을 기용할 때 천하 사람들이 이미 모두 경하하였습니다. 그런데도 신은 폐하께서 이미 그들을 능히 선발하셨으나 어떻게 그들을 쓸지는 알지 못한다고 생각했었는데, 근자에 특별히 손수 지으신 글을 내려 조용히 방문하고 친히 조서를 써서 간곡히 독책하시니, 그런 뒤에 중외가 떠들썩하면서 한편으론 놀라고 한편으론 기뻐함을 보았습니다.

이 두 가지 성대한 일은 진실로 이미 아침에 京師에 알려졌고 저녁에 사해에 전해져서, 사람들은 모두 종래에 이와 같이 큰 위임을 받은 대신이 없었다고들 하였습니다. 그리하여 천하 사람들이 목을 빼고 눈을 비비고서 폐하께서 무슨 일을 하고자 하시며, 이 두 사람이 폐하께 보답함에 과연 무슨 능력이 있는지 보고 있습니다. 이는 폐하의 득실이 이 한 가지 일에 있고 백성들의 고락이 이 한때에 달린 것입니다. 이로써 말한다면 범중엄 등은 마음을 다해 힘써 보답하지 않을 수 없고 폐하께서는 힘써 그들을 지지하여 시행하게 하여, 위로는 사람을 알아보는 밝음을 더럽히지 마시고 아래로는 사해 신민의 바람을 잃지 마소서.

1) 天章 : 군주가 지은 시문을 말한다. 南朝 陳나라 徐陵의 〈丹陌上庸路碑〉에 "御紙가 바람에 날리니, 바다가 출렁이듯 天章이 양양하다.〔御紙風飛 天章海溢〕" 하였다.

2) 知人 : 제왕이 인재를 알아보는 밝은 지혜를 말한다. 禹가 皐陶와 정사의 요체를 말하면서 "인재를 알면 지혜가 밝은 것이니, 능히 사람을 관직에 임용할 수 있다.〔知人則哲 能官人〕" 한 데서 온 말이다. ≪書經 虞書 皐陶謨≫

臣非不知陛下專心銳志하니 必不自怠요 而中外大臣은 且憂國同心하니 必不相忌而沮難이라 然臣所慮者는 仲淹等所言이 必須先絶僥倖因循姑息之事라야 方能救數世之積弊 如此等事는 皆外招小人之怨怒하야 不免浮議之紛紜이요 而姦邪未去之人도 亦須時有讒沮리니 若稍聽之면 則事不成矣리라 臣謂當此事初하야 尤須上下叶力이라 凡小人怨怒하면 仲淹等自以身當浮議姦讒하리니 陛下亦須力拒하소서 待其久而漸定이면 自可日見成功이리니 伏望聖慈留意하야 終始成之하면 則社稷之福이요 天下之幸也라 取進止하소서

폐하께서 마음을 모으시고 뜻을 가다듬으시니 필시 스스로 태만하지 않으실 것이고, 중외의 대신들은 또 나라를 걱정하여 마음을 합쳤으니 필시 서로 시기하고 저해하지 않을 것임을 신이 알지 못하는 것은 아닙니다. 그러나 신이 염려하는 것은 다음과 같습니다. 范仲淹 등이 말한, "요행으로 벼슬을 얻거나 고식적인 방식으로 그럭저럭 해나가는 일을 반드시 먼저 끊어야 비로소 몇 대에 걸친 적폐를 고칠 수 있

다."는 것과 같은 일들은 모두 밖으로 소인들의 원망과 분노를 초래해 근거 없는 비방이 시끄럽게 일어남을 면치 못할 것이고, 아직 제거되지 않은 간사한 자들도 때를 기다려 참소하고 방해할 터이니, 만약 조금이라도 그들의 말을 들어주면 일이 이루어지지 못할 것입니다.

신은 생각건대 지금 일의 처음을 만나 더욱 상하가 협력하여야 합니다. 무릇 소인들이 원망하고 분노하면 범중엄 등이 스스로 나서서 근거 없는 비방과 간사한 참소를 떠맡을 것이니, 폐하께서도 힘써 막으소서. 오래 지나서 점차 진정되면 절로 나날이 성공을 보게 될 것입니다. 삼가 바라건대 성상께서는 유의하시어 始終을 이루어주소서. 그렇게 하시면 사직의 복이요 천하의 다행일 것입니다. 성상께서 결정하소서.

## 02. 論賈昌朝除樞密使箚子* 賈昌朝를 樞密使에 제수하는 것을 논한 箚子

* 이 글은 仁宗 嘉祐 원년(1056)에 썼다. 本集에는 제목 아래 "아무개가 환관과 결탁하는 정상을 논하였다.〔論某人交結宦官狀〕"라는 小註가 있다.

賈昌朝는 자가 子明, 시호가 文元이다. 慶曆 4년(1044)에 樞密使가 되고, 이어 同中書門下平章事, 樞密使 등을 역임했다. 학문에 뛰어나고 論辯을 잘하였으나, 환관을 가르치던 侍講 시절에 그들과 친교를 맺었고, 나중에 그들과 결탁하여 范仲淹 등을 파직하였다. 가창조가 嘉祐 원년에 추밀사에 다시 임명되었을 때 歐陽脩가 이 글을 올려 자신의 견해를 밝혔다.

猫之捕鼠에 須咬頸이라 公之彈劾昌朝에 却本所薦引之路攻之하니 仁廟焉得不動心이리오

고양이가 쥐를 잡을 때 목을 무는 법이다. 公이 賈昌朝를 탄핵함에 도리어 가창조를 천거한 길에 근본을 두어서 공격하였으니, 仁廟(仁宗)가 어찌 마음을 움직이지 않을 수 있었으리오.

臣伏見近降制書하야 除賈昌朝爲樞密使하니 旬日以來로 中外人情이 莫不疑懼하고

搢紳公議가 漸以沸騰하니 蓋緣昌朝稟性回邪하고 執心傾險하되 頗知經術하야 能文飾姦言하고 好爲陰謀하야 以陷害良士어늘 小人朋附者衆하야 皆樂爲其用이라 前在相位하야 累害善人[1)]하니 所以聞其再來하고 望風恐畏라 陛下聰明仁聖하며 勤儉憂勞하고 每於用人에 尤所審愼이라 然而自古毁譽之言은 未嘗不竝進於前이요 而聽納之際는 人主之所難也라

신이 삼가 보건대 근자에 制書를 내려 賈昌朝를 樞密使에 제수하시니, 旬日 이래로 중외의 사람들은 의심하고 두려워하지 않음이 없고 사대부들의 공론도 점차 들끓고 있습니다. 대개 창조는 품성이 사특하고 마음가짐이 음험한데, 經術을 제법 알아 간사한 말을 잘 꾸며대고 음모를 잘 내어 어진 선비들을 모함하였습니다. 이에 소인들이 그에게 빌붙은 자들이 많아서 모두들 창조의 수하 노릇하기를 좋아합니다. 예전에 재상 자리에 있으면서 여러 차례 착한 사람들을 해쳤으니, 그런 까닭에 그가 다시 온다는 말을 듣고는 風聞에 지레 놀라고 두려워하는 것입니다.

폐하께서는 총명하고 仁聖하며 근검하고 근면하시며, 매양 사람을 등용할 때에는 더욱이 신중을 기하셨습니다. 그러나 예로부터 훼방하는 말과 칭찬하는 말은 임금의 앞에 함께 올라오지 않은 것이 없고, 듣고 받아들일 때는 임금이 어렵게 여기는 바입니다.

1) 前在相位 累害善人 : 賈昌朝가 전에 재상이 되었을 때 直臣들을 핍박하여 파직하거나 죽게 한 것을 가리킨다. 대표적으로 向綬가 자신을 헐뜯는다고 의심하여 무함해서 죽게 만들었다. 이에 吳育이 힘껏 간쟁하여 죽음을 면하게 하였는데, 뒤에 오육이 파직당했다. 淸臣들이 가창조의 죄를 논하자 또 그들을 河陽으로 축출하였다.

臣以謂能知聽察之要면 則不失之矣라 何謂其要오 在先察毁譽之人이니 若所譽者君子요 所毁者小人이면 則不害其進用矣어니와 若君子를 非之하고 小人을 譽之하면 則可知其人不可用矣라 今有毅然立於朝하야 危言讜論하고 不阿人主하며 不附權臣이면 其直節忠誠이 爲中外素所稱信者니 君子也어늘 如此等人은 皆以昌朝爲非矣요 宦官宮女左右使令之人은 往往小人也어늘 如此等人은 皆以昌朝爲是矣라 陛下察此면

**則昌朝爲人**을 **可知矣**라 **今陛下之用昌朝**에 **與執政大臣**으로 **謀而用之乎**아 **與立朝忠正之士**로 **謀而用之乎**아 **與宦官左右之臣**으로 **謀而用之乎**아 **或不謀於臣下**하고 **斷自聖心而用之乎**아

신은 생각건대 사람의 말을 듣고 살피는 要領을 알면 실수하지 않을 수 있을 것입니다. 무엇을 그 요령이라 하는가 하면 이렇습니다. 먼저 훼방하고 칭찬하는 사람들을 살펴야 할 것이니, 만약 칭찬하는 대상이 군자이고 훼방하는 대상이 소인이면 그 사람은 등용해도 무방하겠지만, 만약 군자를 비방하고 소인을 칭찬하면 그 사람은 등용해서는 안 됨을 알 수 있습니다.

지금 꿋꿋하게 조정에 서서 거침없이 직언하고 임금에게 아부하지 않으며 권신에 빌붙지 않는다면, 그 곧은 절개와 충성은 中外에 평소부터 일컬어지고 믿어져온 사람이니, 군자입니다. 그런데 이러한 사람들은 모두 창조가 그르다고 합니다. 환관과 궁녀와 성상의 좌우에서 심부름하는 사람들은 왕왕 소인이 많은데, 이러한 사람들은 모두 창조가 옳다고 합니다. 폐하께서 이 점을 살피신다면 창조의 사람됨을 알 수 있을 것입니다.

이제 폐하께서 창조를 기용함에 執政大臣들과 의논하여 기용하셨습니까. 조정에 있는 忠正한 선비들과 의논하여 기용하셨습니까. 환관이나 측근의 신하들과 의논하여 기용하셨습니까. 혹 신하들과 의논하지 않고 폐하의 마음으로 결단하여 기용하셨습니까.

**昨聞昌朝陰結宦豎**하야 **構造事端**하야 **謀動大臣**하야 **以圖進用**이라하니 **若陛下與執政大臣謀之**면 **則大臣**은 **勢在嫌疑**하니 **必難啓口**요 **若立朝忠正之士**는 **則無不以爲非矣**리니 **其稱譽昌朝以爲可用者**는 **不過宦官左右之人爾**라 **陛下用昌朝**가 **爲天下而用之乎**아 **爲左右之人而用之乎**아 **臣伏思陛下必不爲左右之人而用之也**라 **然左右之人**을 **謂之近習**이니 **朝夕出入**하야 **進見無時**하야 **其所讒諛**가 **能使人主**로 **不覺其漸**이라 **昌朝善結宦官**하야 **人人喜爲稱譽**하니 **朝一人進一言**하고 **暮一人進一說**하야 **無不稱昌朝之善者**면 **陛下視聽漸熟**하야 **遂簡在于聖心**[1]하고 **及將用之時**하얀 **則不必與謀也**라

**蓋稱薦有漸**에 **久已熟于聖聰矣**니 **是則陛下雖斷自聖心**하야 **不謀臣下而用之**라도 **亦左右之人積漸稱譽之力也**라

접때 듣건대 昌朝가 몰래 환관들과 결탁하여 事端을 만들어 대신들을 움직여 승진할 것을 꾀한다고 하였습니다. 만약 폐하께서 집정대신들과 의논하셨다면 대신은 형세상 혐의쩍은 입장에 있으니 필시 입을 떼기 어려웠을 터이고, 조정에 있는 충정한 신하들과 의논하셨다면 창조를 그르다고 하지 않는 이가 없었을 것입니다. 창조를 칭찬하여 기용할 만하다고 하는 자는 환관이나 폐하의 측근 사람들에 불과할 것입니다.

폐하께서 창조를 기용하는 것이 천하를 위해 기용하는 것입니까? 측근의 사람들을 위해 기용하는 것입니까? 신은 삼가 생각건대 폐하께서 필시 측근 사람들을 위해 기용하지는 않으실 것입니다. 그러나 측근 사람들을 '近習'이라 하니, 그들은 조석으로 출입하여 무시로 임금을 뵙니다. 따라서 참소하고 아첨하는 말이 임금으로 하여금 점차 빠져드는 것을 알아차리지 못하게 할 수 있습니다.

창조는 환관들과 잘 결탁하여 환관들이라면 누구나 모두 그를 칭찬하기를 좋아하니, 아침에 한 사람이 한 마디 말을 올리고 저녁에 한 사람이 한 마디 말을 올려 창조의 좋은 점을 칭찬하지 않는 자가 없습니다. 그러면 폐하께서 보고 들음이 점차 익숙해져서 마침내 폐하의 마음에서 간택하여, 기용할 때에 미쳐서는 신하들과 의논할 필요가 없게 되는 것입니다. 칭찬하여 천거함이 차츰차츰 진행되어 폐하의 귀에 이미 익숙해졌던 것이니, 이렇고 보면 폐하께서 비록 마음으로 결단하여 신하들과 의논하지 않고 기용하셨다 하더라도, 역시 측근의 신하들이 점차적으로 칭찬한 힘인 것입니다.

1) 簡在于聖心 : 殷나라 湯王이 "나 小子 履는 검은 희생을 써서 감히 거룩하신 上帝께 아뢰옵니다. 죄가 있는 사람을 제가 감히 용서하지 못하며, 上帝의 신하를 제가 감히 엄폐하여 등용하지 않지 못하여, 신하를 간택함이 상제의 마음에 달려 있습니다.〔予小子履 敢用玄牡 敢昭告于皇皇后帝 有罪不敢赦 帝臣不蔽 簡在帝心〕" 하였다. ≪論語 堯曰≫

陛下常患近歲以來大臣體輕하야 連爲言事者彈擊하니 蓋由用非其人하야 不叶物議而然也라 今昌朝는 身爲大臣하야 見事不能公論하고 乃結交中貴[1)]하야 因內降[2)]以起獄하야 以此規圖進用이라 竊聞臺諫이 方欲論列其過惡이러니 而忽有此命이라 是以中外疑懼하고 物論喧騰也라 今昌朝未來에 議論已如此하니 則使其在位면 必不免言事者上煩聖聽이요 若不爾면 則昌朝得遂其志하야 傾害善人하고 壞亂朝政하야 必爲國家生事라 臣愚欲望聖慈는 抑左右陰薦之言하고 採搢紳公正之論하야 早罷昌朝하야 還其舊鎭[3)]하면 則天下幸甚이라 臣官爲學士[4)]요 職號論思[5)]라 見聖心求治甚勞어늘 而一旦用人偶失하야 而外廷物議如此라 旣有見聞하니 合思裨補로소이다 取進止하소서

폐하께서는 근세 이래 대신들의 체통이 가벼워져 연이어 言事하는 신하의 탄핵을 받았다고 늘 걱정하셨으니, 이는 그만 한 사람을 등용하지 못하여 여론에 부합하지 않아서 그러한 것입니다. 지금 昌朝는 몸은 대신이 되어서 일을 봄에 공적으로 논의하지 못하고, 中貴와 결탁하여 內降을 인하여 옥사를 일으켜서 이를 기회로 등용되길 도모하였습니다. 신이 듣건대 대간이 바야흐로 그의 과오와 죄악을 論列하고자 하였는데 갑자기 이런 명이 내렸습니다. 이런 까닭에 중외가 의구심에 빠지고 여론이 들끓는 것입니다.

지금 창조가 조정에 오기도 전에 여론이 이와 같으니, 그가 직위에 앉는다면 필시 言事하는 신하들이 글을 올려 위로 성상의 귀를 번거롭게 함을 면치 못할 것입니다. 만약 그렇지 않다면 창조가 마침내 제 뜻대로 할 수 있어 선한 사람들을 모함해 해치고 조정의 정사를 어지럽혀서 필시 국가에 일을 일으킬 것입니다. 어리석은 신은 바라옵건대 성상께서는 몰래 천거하는 측근의 말을 억누르고 공정한 사대부들의 말을 받아들여서 서둘러 창조를 파면하여 그가 맡았던 옛 鎭으로 돌려보내소서. 그렇게 하시면 천하에 매우 다행일 것입니다.

신은 관직이 學士이고 직명이 論思라, 성상의 마음이 治世를 이루고자 매우 애쓰시거늘 하루아침에 우연히 사람을 잘못 써서 外廷의 여론이 이와 같은 것을 보았습니다. 이미 보고 들은 바가 있으니 응당 성상을 보필할 것을 생각해야 마땅한 것입니다. 성상께서 결정하소서.

1) 中貴 : 높은 지위에 있는 宦官을 말한다.
2) 內降 : 임금이 재상과 상의하지 않고 詔書를 내리는 것이다.
3) 舊鎭 : 賈昌朝가 예전에 맡았던 직책을 가리킨다. 가창조가 1차 파직되었을 때 判大名府가 되었는데, 아마 이것을 가리키는 듯하다.
4) 官爲學士 : 이 글을 쓸 때 歐陽脩의 직위가 翰林侍讀學士 集賢殿修撰이었다.
5) 論思 : 논사는 의논하고 생각하는 것으로, 제왕이 學士들과 학문을 강론함을 이른다. 이때 구양수가 翰林學士, 侍讀學士 등을 맡고 있었기 때문에 論思의 직책에 해당하는 것이다. 조선시대에는 주로 經筵을 맡은 弘文館의 관직을 가리킨다.

## 03. 論臺諫官唐介等宜早牽復箚子* 臺諫 唐介 등을 어서 복직시킬 것을 논하는 箚子

* 이 글은 仁宗 嘉祐 6년(1061) 歐陽脩가 樞密院에 있을 때 쓴 것이다. 이때 唐介가 陳升之를 탄핵해 파직시킨 일로 좌천되었는데, 歐陽脩가 이 글을 올려 그를 복직시켜 줄 것을 청하였다.

당개(1010~1069)는 宋 仁宗 때의 명신으로, 江陵 사람이고, 자는 子方이다. 그는 殿中侍御史로 있으면서 거침없이 직간을 올리고 부정한 관원들을 탄핵했던 直臣이었다. 監察御史로 있을 때 황제 앞에서 宰相인 文彦博을 강력히 탄핵하여 파직시키고 자신도 春州別駕로 좌천되었다. 문언박은 다시 재상이 되자 황제에게 청하여 당개를 조정으로 불러들였다. ≪宋史 文彦博傳≫

歐公至言이라

歐陽公의 지극한 말이다.

臣材識庸暗하야 碌碌於衆人中이러니 蒙陛下不次拔擢하야 置在樞府[1]하니 其於報效에 自宜如何오 而自居職以來로 已逾半歲에 凡事關大體어든 必須衆議之協同오 其餘日逐進呈은 皆是有司之常務어니와 至於謀猷啓沃[2]하얀 蔑爾無聞이라 上辜聖恩하고

**下愧清議**하니 **人雖未責**이나 **臣豈自安**이리오 **所以日夜思惟**하야 **願竭愚慮**하니 **苟有可採**어든 **冀裨萬一**이라

신은 재주와 식견이 용렬하여 뭇사람들 속에 녹록하게 지내고 있었습니다. 그러다가 폐하께서 절차를 뛰어넘어 특별히 발탁하여 樞府에 두신 은혜를 입었으니, 보답에 있어서 마땅히 어떻게 해야 하겠습니까. 직책을 맡은 이래로 이미 반년이 넘는 동안, 무릇 일이 대체에 관계되는 것이면 반드시 뭇사람들의 논의를 모으고 기타 날마다 글을 올리는 것들은 모두 有司가 늘 하는 일이지만, 國事를 의논하고 군왕을 開導하는 것으로 말하자면 전혀 이렇다 할 만한 것이 없습니다.

그래서 위로는 聖恩을 저버리고 아래로는 清議에 부끄러우니, 남들은 비록 책망하지 않지만 신이야 어찌 스스로 편안하겠습니까. 그런 까닭에 밤낮으로 생각하며 오직 어리석은 생각을 다해 의견을 올리길 원하니, 채택할 만한 점이 있으면 만에 하나라도 도움이 되길 바랍니다.

1) 樞府 : 樞密院의 이칭이다. 당시 歐陽脩가 樞密副使의 직책을 맡고서 翰林學士로 있었다.

2) 謀猷啓沃 : 국가의 정책을 수립하고 충정을 다해 임금을 啓導한다는 의미이다. ≪書經≫ 〈商書 說命 上〉에 "너의 마음을 열어서 나의 마음에 쏟아붓도록 하라.〔啓乃心 沃朕心〕" 한 말에서 온 것으로, 재상이 임금을 보필하는 것을 나타내는 말이다.

**臣近見諫官唐介臺官范師道等**이 **因言陳旭事得罪**[1]하야 **或與小郡**하고 **或竄遠方**이라 **陛下自臨御已來**로 **擢用諍臣**하고 **開廣言路**하야 **雖言者時有中否**라도 **而聖慈每賜優容**이러니 **一旦臺諫聯翩**하야 **被逐四出**하니 **命下之日**에 **中外驚疑**라 **臣雖不知臺諫所言是非**로되 **但見唐介范師道**는 **皆久在言職**이라 **其人立朝**에 **各有本末**하야 **前後**[2]**補益甚多**하니 **豈於此時**에 **頓然改節**하야 **故爲欺罔**하야 **上昧聖聰**이리오 **在於人情**에 **不宜有此**라

신이 근자에 보건대 諫官 唐介와 臺官 范師道 등이 陳旭의 일을 말했다가 죄를 얻어서, 한 사람은 작은 고을로 좌천되고 한 사람은 먼 지방으로 竄逐되었습니다.

폐하께서 등극하신 이래 諍臣을 발탁하여 언로를 넓혀 비록 말하는 것이 때로는 맞고 때로는 맞지 않더라도 자애로우신 마음으로 너그러이 용납하셨습니다. 그런데 하루아침에 대간이 연이어 사방으로 쫓겨나니, 명이 내린 날 中外가 놀라고 의아하게 생각했습니다.

신이 비록 대간이 말한 바가 옳은지 그른지는 알지 못합니다. 다만 보건대 당개와 범사도는 모두 言官의 직책에 오래 있었던 터라, 그 사람들이 조정에 있을 때 저마다 出處의 본말이 있고 전후로 국사에 대해 進言하여 도움을 준 것이 매우 많았습니다. 어찌 이때 갑작스레 태도를 바꾸어 일부러 기만하는 짓을 해서 위로 聖聰을 흐려놓았겠습니까. 사람의 정리로 보아 의당 이런 것을 하지는 않았을 것입니다.

1) 諫官唐介臺官范師道等 因言陳旭事得罪 : 唐介는 題下註 참조. 范師道(1005~1063)는 蘇州 吳縣 사람으로, 자는 貫之이다. 仁宗 天聖 9년(1031)에 進士가 되어 同知諫院, 侍御史 등을 두루 거쳤다. 성품이 강직하여 직언을 잘했는데, 대관으로 있을 때 여러 차례 樞密副使 陳升之를 기용하면 안 된다고 상주했다. 이 일로 파직되어 知福州가 되었다.

陳旭은 陳升之이다. 초명이 旭이고, 자는 暘叔이다. 嘉祐 5년(1060)에 樞密副使가 되었다가, 이듬해 환관과 결탁했다는 죄목으로 당개와 진사도 등에게 탄핵당하였다. 인종이 탄핵 내용을 보여주자 진승지는 파직해줄 것을 청했고, 이에 인종은 양측 모두 파직했다.

2) 前後 : 本集에는 前後 뒤에 '言事' 두 자가 더 있다.

**臣竊以謂自古人臣之進諫於其君者**가 **有難有易**하야 **各因其時而已**니 **若剛暴猜忌之君**이 **不欲自聞其過而樂聞臣下之過**하야 **人主好察多疑於上**하고 **大臣側足畏罪於下**하면 **於此之時**에 **諫人主者難**하고 **而言大臣者易**하며 **若寬仁恭儉之主**가 **動遵禮法**하야 **自聞其失**이면 **則從諫如流**[1]하고 **聞臣下之過**하면 **則務爲優容**하야 **以保全之**하되 **而爲大臣者**는 **外秉國權**하고 **內有左右之助**면 **言事者未及見聽**에 **而怨仇已結於其身**이라 **故於此時**에 **諫人主者易**하고 **言大臣者難**하니 **此不可不察也**라

신은 삼가 생각건대 예로부터 신하가 임금에게 간언을 올리는 것은 어려운 경우

도 있고 쉬운 경우도 있어 저마다 그때에 따라야 할 뿐입니다. 만약 강포하고 시기심이 많은 임금이 자기 과오는 듣기 싫어하고 신하의 과오는 듣기 좋아하여, 임금은 위에서 살피기를 좋아하며 의심이 많고, 대신들은 아래에서 불안해 어쩔 줄 모르며 죄를 받을까 두려워한다면, 이러한 때에는 임금에게 간언하기는 어렵고 대신에게 말하기는 쉽습니다. 만약 너그럽고 어질며 공손하고 검소한 임금이 모든 일에 예법을 따라, 자기 과실을 들으면 막힘없이 간언을 따르고, 신하의 과오를 들으면 힘써 너그러이 용납하여 그 신하를 보전해주되, 대신 된 이가 밖으로는 국권을 잡고 안으로는 좌우의 돕는 사람들이 있다면, 언사한 자가 아직 임금의 허락을 받기도 전에 이미 그 자신에게 원한이 맺어지게 됩니다. 그러므로 이러한 때에는 임금에게 간언하기는 쉽고 대신에게 말하기는 어렵습니다. 이 점을 살피지 않아서는 안 됩니다.

1) 從諫如流 : 漢나라 班彪의 〈王命論〉에 "간언을 따름은 마치 순순히 흐르는 물과 같고, 시세를 따르는 것은 마치 메아리가 일어나는 것과 같다.〔從諫如順流 趨時如響起〕" 한 데서 온 말로 임금이 신하의 간언을 막힘없이 받아들임을 뜻한다.

自古人主之聽言也가 亦有難有易하니 在知其術而已라 夫忠邪竝進於前하고 而公論與私言交入于耳하니 此所以聽之難也요 若知其人之忠邪하고 辨其言之公私면 則聽之易也라 凡言拙而直하야 逆耳違意하야 初聞若可惡者는 此忠臣之言也요 言婉而順하야 希旨合意하야 初聞若可喜者는 邪臣之言也라 至於言事之官이 各擧其職하야 或當朝正色하야 顯言于廷하고 或連章列署하야 共論其事하얀 言一出則萬口爭傳하고 衆目共視하니 雖欲爲私나 其勢不可라 故凡明言于外하야 不畏人知者는 皆公言也요 若非其言職이요 又不敢顯言하야 或密奏乞留中하고 或面言乞出自聖斷하야 不欲人知言有主名者는 蓋其言涉傾邪하야 懼遭彈劾이라 故凡陰有奏陳而畏人知者는 皆挾私之說也라 自古人主能以此術知臣下之情이면 則聽言易也라

예로부터 임금이 간언을 들음에 어려운 경우가 있고 쉬운 경우가 있으니, 그 방법을 아는 데 달려 있을 뿐입니다. 대저 충성스러운 말과 사특한 말이 동시에 앞에 올라오고 공정한 의논과 사사로운 의논이 번갈아 귀에 들어오니 이것이 듣기 어려

운 경우입니다. 이때 만약 그 사람이 충성스러운지 사특한지를 알고 그 말이 공정한지 사사로운지를 안다면 듣기가 쉽습니다. 무릇 말이 서툴고 곧아서 귀에 거슬리고 마음에 거슬려 처음 들음에 미운 것은 충성스런 신하의 말이고, 말이 부드럽고 순하여 뜻에 영합하고 마음에 맞아서 처음 들음에 반가운 것은 사특한 신하의 말입니다.

言事하는 관원이 저마다 자기 직분을 수행하여 혹 조정에서 정색하여 외정에 공개적으로 말하기도 하고, 여러 사람이 서명한 소장을 올려 그 일을 함께 논하기도 하는 데 이르러, 말이 한번 나가면 만 사람의 입에 다투어 전해지고 뭇사람들의 눈이 함께 보게 되니, 비록 사사롭게 하고자 해도 형세상 그렇게 될 수 없습니다. 그러므로 무릇 밖에서 분명히 말하여 남이 알까 두려워하지 않는 것은 모두 공정한 말입니다.

만약 언관의 직책에 있지 않고 또 감히 드러내놓고 말하지 못하여 혹 은밀히 上奏하여 留中하기를 청하기도 하고 혹 面對하여 말하여 성상의 결단을 청하여, 그 말을 주동한 사람이 누군지 남이 알지 못하게 하고자 하는 것은 대개 그 말이 사특한 데로 기울어 있으므로 탄핵을 받을까 두려워하여 그런 것입니다. 그러므로 무릇 몰래 奏達하면서 남이 알까 두려워하는 것은 모두 사심을 가진 말입니다. 예로부터 임금이 이 방법을 가지고 신하의 마음을 알면 말을 듣기가 쉽습니다.

伏惟陛下는 仁聖寬慈하야 躬履勤儉하며 樂聞諫諍하야 容納直言하고 其於大臣에 尤所優禮라 常欲保全終始하고 思與臣下愛惜名節하야 尤愼重於進退라 故臣謂方今言事者規切人主則易하고 欲言大臣則難이라하노니 臣自立朝로 耳目所記라 景祐中에 范仲淹言宰相呂夷簡이라가 貶知饒州[1)]하고 皇祐中에 唐介言宰相文彦博이라가 貶春州別駕[2)]하고 至和初에 吳中復呂景初馬遵言宰相梁適이라가 竝罷職出外[3)]하고 其後에 趙抃范師道言宰相劉沆이라가 亦罷職出外[4)]하고 前年韓絳言富弼이라가 貶知蔡州[5)]하고 今又唐介等五人言陳旭得罪하니 自范仲淹貶饒州後로 至今凡二十年間에 居臺諫者多矣로되 未聞有規諫人主而得罪者라 臣故謂方今諫人主則易하고 言大臣則難이라하노니 陛下若推此以察介等所言하면 則可知其用心矣라

삼가 생각건대, 폐하께서는 인자하고 관대하여 근검을 몸소 실천하며 간쟁을 듣

기를 좋아하여 직언을 용납하셨습니다. 그리고 대신에 대해서는 더욱 넉넉히 예우하여 늘 始終 함께 복록을 누리고자 하시며, 신하들에게 명예와 절조를 아껴주고자 생각하여 신하들을 등용하고 퇴출함에 있어 더욱 신중하셨습니다. 그러므로 신은 "'지금 言事하는 이가 임금을 規諫하기는 쉽고, 대신에 대해 말하기는 어렵다."고 하는 것이니, 이는 신이 조정에 선 뒤로 귀와 눈으로 기억하는 바입니다.

景祐 중에 范仲淹이 재상 呂夷簡에 대해 말했다가 좌천되어 知饒州가 되었고, 皇祐 중에 唐介가 재상 文彦博을 말했다가 春州別駕로 좌천되었고, 至和 초에는 吳中復・呂景初・馬遵이 재상 梁適에 대해 말했다가 모두 파직되어 외직으로 나갔고, 그 뒤에 趙抃과 范師道가 재상 劉沆에 대해 말했다가 역시 파직되어 외직으로 나갔고, 지난해에는 韓絳이 富弼에 대해 말했다가 知蔡州로 좌천되었고, 지금 또 당개 등 다섯 사람이 陳旭에 대해 말했다가 죄를 얻었으니, 범중엄이 饒州로 좌천된 이후로 지금까지 20년 사이에 대간의 자리를 맡은 자가 많았으나, 임금을 규간하다 죄를 얻은 자가 있다는 말은 들은 적이 없습니다. 신은 그러므로 "지금 임금을 규간하기는 쉽고, 대신에 대해 말하기는 어렵다."고 하는 것입니다. 폐하께서 만약 이 사실을 미루어서 당개 등이 말한 바를 살펴보신다면 그들의 마음속 생각을 알 수 있을 것입니다.

1) 景祐中……貶知饒州 : 景祐 3년(1036)에 범중엄이 吏部員外郞 權知開封府로 있으면서 글을 올려, 呂夷簡이 재상으로 있으면서 자기 문하에 출입한 사람들을 많이 기용했다고 지적하였다. 이 일로 여이간에게 朋黨을 짓는다는 이유로 배척을 받아서 知饒州로 좌천되었다.

2) 皇祐中……貶春州別駕 : 皇祐 연간(1049~1053)에 文彦博이 재상직을 맡고 있었다. 宋 仁宗의 애첩 張貴妃가 문언박을 음해할 요량으로 燈籠錦으로 만든 옷을 입고 연회에 나갔다. 인종이 어디에서 난 것이냐고 묻자, 장귀비는 문언박이 선물한 것이라고 하였다. 당시 唐介가 殿中侍御史로 있었는데, 이를 문제 삼아 문언박을 탄핵하다가 春州別駕로 좌천당했다.

문언박은 汾州 介休 사람으로 字는 寬夫이다. 別駕는 通判 또는 判官의 이칭이다.

3) 至和初……竝罷職出外 : 至和 원년(1054)에 殿中御史 吳中復, 言事御史 馬

遵, 殿中侍御史 呂景初가 함께 재상 梁適을 탄핵하였다. 이로 인해 오중복은 通判虔州로, 마준은 宣州로, 여경초는 通判江寧府로 좌천되었고, 재상 양적 역시 知秦州로 貶斥되었다.

오중복은 興國 永興 사람으로 자는 中庶이다. 마준은 饒州 樂平 사람으로 자는 仲涂이다. 여경초는 開封 사람으로 자는 冲之이다.

4) 趙抃范師道言宰相劉沆 亦罷職出外 : 皇祐 5년(1053)에 장귀비가 죽고 溫城皇后에 追封되었다. 당시 參知政事로 있던 劉沆이 追封의 일을 주관하였는데, 뒤에 재상이 되었다. 嘉祐 원년(1056)에 殿中侍御史 趙抃, 御史 范師道가 陵園의 전례가 국법에 맞지 않는다고 탄핵하였다. 이로 인해 조변은 知睦州, 범사도는 知常州로 좌천되었고, 유항 역시 南京 應天府로 출척당했다.

조변은 衢州 西安 사람으로 자는 閱道이다. 유항은 吉州 永新 사람으로 자는 沖之이다.

5) 韓絳言富弼 貶知蔡州 : 嘉祐 4년(1059) 翰林學士 御史中丞 韓絳이 재상 富弼을 탄핵하였다가 知蔡州로 좌천당했다. 한강은 開封 雍丘 사람으로 자는 子華이다.

**昨所罷黜臺諫五人**에 **惟呂誨入臺未久**하고 **其他四人**은 **出處本末**이 **迹狀甚明**하야 **可以歷數也**라 **唐介前因言文彦博**하야 **遠竄廣西煙瘴之地**라가 **賴陛下仁恕哀憐**하야 **移置湖南**하야 **得存性命**하고 **范師道趙抃**은 **竝因言忤劉沆**하야 **罷臺職守外郡**하야 **連延數年然後復**하고 **今三人者又以言樞臣罷黜**이라 **然則介不以前蹈必死之地爲懼**하고 **師道與抃不以中滯進用數年爲戒**하야 **遇事必言**하고 **得罪不悔**하니 **蓋所謂進退一節終始不變之士也**라

접때 파출한 대간 다섯 사람 중에 오직 呂誨가 御史臺에 들어온 지 오래지 않고, 그 나머지 네 사람은 出處의 본말이 그 자취가 매우 분명하여 역력히 헤아릴 수 있을 정도입니다. 唐介는 앞서 文彦博에 대해 말한 일로 말미암아 풍토가 나쁜 廣西 지방으로 멀리 찬축되었다가 폐하께서 너그러이 용서하고 불쌍히 여기시어 湖南으로 배소를 옮겨주신 덕분에 성명을 보존할 수 있었고, 范師道와 趙抃은 모두 言事로 말미암아 劉沆의 비위를 거슬러 臺職에서 파면되어 外職 고을 수령을 하여 몇 해나

끌다가 내직으로 돌아왔고, 지금 세 사람은 또 樞密院의 大臣에 대해 말하다가 파출되었습니다.

그렇고 보면 당개는 꼼짝없이 죽을 자리를 밟는 것을 두려워하지 않았고, 범사도와 조변은 중간에 지체되어 몇 해 동안 승진하지 못할 것을 두려워하지 않아, 일을 만나면 반드시 말하고 죄를 얻어도 후회하지 않았습니다. 대개 이른바 진퇴에 한결같은 절개를 지켜 시종 변치 않는 선비입니다.

**至如王陶者**하얀 **本出孤寒**이러니 **只因韓絳薦擧**하야 **始得臺官**하되 **及絳爲中丞**하야 **陶不敢內顧私恩**하고 **與之諍議**하야 **絳終得罪**[1]라 **夫牽顧私恩**은 **人之常情爾**니 **斷恩以義**는 **非知義之士不能也**라 **以此言之**컨댄 **陶可謂徇公滅私之臣矣**라 **此四人者出處本末之迹**이 **如此**하니 **可以知其爲人也**라 **就使言雖不中**이라도 **亦其情必無他**어늘 **議者或謂言事之臣**이 **好相朋黨**하야 **動搖大臣**하야 **以作威勢**라하니 **臣竊以謂不然**이라하노라 **介與師道**는 **不與絳爲黨**이요 **乃與諸臺諫共論絳爲非**라 **然則非相朋黨**이요 **非欲動搖大臣**이 **可明矣**니 **臣固謂未可以此疑言事之臣也**라 **況介等**은 **比者雖爲謫官**이나 **幸蒙陛下寬恩**하야 **各得爲郡**하야 **未至失所**하니 **其可惜者**는 **斥逐諫臣**이 **非朝廷美事**요 **阻塞言路**가 **不爲國家之利**어늘 **而介等盡忠守節**하되 **未蒙憐察也**라 **欲望聖慈**는 **特賜召還介等**하야 **置之朝廷**하야 **以勸守節敢言之士**하면 **則天下幸甚**이라 **今取進止**하소서

王陶와 같은 사람으로 말하자면 본래 한미한 집안 출신이었는데, 단지 韓絳의 천거로 말미암아 비로소 臺官을 얻었습니다. 그렇건만 한강이 中丞이 됨에 미쳐서 왕도가 사사로운 은혜를 돌아보지 않고 그와 爭議를 벌여 한강이 마침내 죄를 받게 되었습니다. 대저 사사로운 은혜에 이끌리는 것은 사람의 常情이니, 의리로써 은혜를 끊는 것은 의리를 아는 선비가 아니면 할 수 없을 일입니다. 이로써 말한다면 왕도는 공정함을 따르고 사사로움을 없앤 선비라 할 만합니다.

이 네 사람은 출처의 본말의 자취가 이와 같으니, 그 사람됨을 알 수 있습니다. 따라서 가사 그들의 말이 이치에 맞지 않다 하더라도 그들의 마음은 다른 뜻이 없었을 터인데, 의논하는 이들은 혹 "言事하는 신하들이 서로 붕당을 지어 대신을 흔들어 위

세를 떨어대는 것을 좋아한다."라고 하니, 신은 삼가 그렇지 않다고 생각합니다.

唐介와 范師道는 한강과 黨을 같이하지 않을뿐더러 여러 대간들과 함께 한강의 죄를 다 같이 논의하여 잘못되었다고 하였습니다. 그러한즉 서로 朋黨한 것도 아니고 大臣을 흔들고자 한 것도 아님이 분명하니, 신은 진실로 '이 일을 가지고 언사하는 신하를 의심할 수는 없다.'고 생각합니다. 더구나 당개 등이 근자에 비록 謫官이 되었으나 다행히 폐하의 관대한 은혜를 입어 저마다 고을의 수령이 되어 제 살 곳을 잃는 데 이르지는 않았습니다. 가석한 것은 諫臣을 축출한 것이 조정의 아름다운 일이 아니고 言路를 막는 것이 국가의 이익이 되지 않되, 당개 등은 충성을 다하고 절개를 지키고도 어여삐 살펴주시는 은혜를 입지 못했다는 것입니다.

바라옵건대 성상께서는 특별히 당개 등을 소환하여 조정에 둠으로써 절개를 지키고 과감하게 직언하는 선비를 권면하시면 천하에 매우 다행일 것입니다. 지금 성상께서 결정하소서.

1) 王陶者…… 絳終得罪 : 왕도는 지금 西安市에 해당하는 京兆 萬年 사람으로 자는 樂道이다. ≪宋史≫에 그와 韓絳의 傳이 실려 있는데 관련 사실은 기록되어 있지 않다.

## 04. 薦王安石呂公著箚子* 王安石과 呂公著를 천거하는 箚子

* 이 글은 仁宗 嘉祐 3년(1058)을 전후하여 쓰인 것으로 보인다. 歐陽脩가 천거되어 諫官이 되었으나 어머니의 연세가 높다는 이유로 사양하고, 知常州를 청하여 나갔다. 잠시 뒤 들어와 度支判官이 되었는데, 이 글은 이 무렵에 쓴 것이다.

王安石(1021~1086)은 자가 介甫, 호가 臨川 또는 半山이다. 唐宋八大家 중 한 사람이다. 新法을 시행하여 현실 제도의 개혁을 주도하였다. 만년에 荊 땅에 봉해졌기 때문에 荊公이라고도 한다. 神宗 熙寧 2년(1069)에 參知政事에 임명되어 靑苗法, 免役法, 市易法을 내용으로 하는 新法을 시행하였으나 많은 폐단을 남겼다. ≪宋史 王安石傳≫

呂公著(1018~1089)는 자는 晦叔, 시호는 正獻이며, 東萊 사람이다. 王安石이 새롭게 제정한 靑苗法을 반대하였으며, 哲宗 때 尙書右僕射로 있으면서

司馬光과 함께 신법을 폐지할 것을 주장하였다. 申國公에 봉해졌고 시호는 正獻이다. 아버지는 夷簡이고, 아들은 希哲이다. ≪宋史 呂公著傳≫

王荊公은 學行屬望이 固似不難이나 而呂申公[1]則歐公所仇而屢斥之者어늘 今擧其子하니 可見公之公平正大矣라

王荊公(王安石)은 학행과 명망으로 보아 천거하는 것이 진실로 어렵지 않을 듯하나 呂申公(呂夷簡)은 歐陽公이 원수로 여겨 누차 배척한 자인데 이제 그 아들을 천거하였으니, 구양공의 공평정대함을 알 수 있다.

1) 呂申公 : 申國公에 봉해진 呂夷簡(979~1044)이다. 宋나라 壽州 사람으로 字는 坦夫이다. 眞宗 咸平 3년(1000)에 진사가 되어 參知政事가 되었다. 인종 연간에 諫官 范仲淹에게 붕당으로 논박당하여 폄척되었는데, 뒤에 국경 지방에서 난리가 일어나 처리하기 어려운 때를 당하자 范仲淹을 천거하였다.

臣伏見陛下仁聖聰明하야 優容諫諍하야 雖有狂直之士犯顔色而觸忌諱者라도 未嘗不終始保全하고 往往亟加擢用하니 此自古明君賢主之所難也라 然而用言旣難하고 獻言者亦不爲易하니 論小事者旣可鄙而不足爲하고 陳大計者又似迂而無速效하며 欲微諷則未能感動하고 將直陳則先忤貴權이라 而旁有群言에 奪於衆力하야 所陳多未施設하고 其人遽已改遷하야 致陛下有聽言之勤하고 而未見用言之效라 頗疑言事之職이 但爲速進之階하니 蓋緣臺諫之官이 資望已峻하야 少加進擢이면 便履淸華라 而臣下有厭人言者가 因此亦得進說하야 直云 此輩務要官職이라 所以多言이라하야 使後來者其言益輕하야 而人主無由取信하야 辜陛下納諫之意하고 違陛下賞諫之心하니 臣以謂欲救其失인댄 惟宜擇沈默端正守節難進之臣하야 置之諫署하면 則旣無干進之疑하고 庶或其言可信이라

신은 삼가 보건대 폐하께서는 仁聖하고 총명하여 간쟁을 너그럽게 받아들여서 비록 예법을 모르는 강직한 선비들이 안색을 범하고 기휘를 범하는 경우가 있더라도 시종 그들을 보전해주고 왕왕 자주 발탁하셨으니, 이는 예로부터 明君・賢主들이

하기 어려웠던 바입니다.

그러나 간언을 받아들이기 이미 어렵고 간언을 올리는 것은 쉽지 않으니, 작은 일을 논하는 것은 이미 비루하게 여길 만하여 간할 만한 것이 못 되고, 큰 계책을 진달하는 것은 또 실정에 어두운 듯하여 빠른 효과가 없으며, 넌지시 완곡하게 말하면 감동시킬 수 없고 곧이곧대로 진달하면 먼저 權貴의 뜻을 거스르게 됩니다. 그리고 주위에 사람들의 말이 많으면 뭇사람들의 힘에 휘둘려 진달한 바는 대개 시행되지 못하고 그 사람은 이미 승진되어, 결과적으로 폐하는 간언을 듣는 정성은 있고 간언을 따르는 효과를 보지는 못하게 됩니다.

이에 사람들은 "언사의 직책은 단지 속히 승진하는 계제가 될 뿐이다." 하면서 자못 의심할 것이니, 대개 대간의 관원은 資望이 이미 높아 조금만 승진시키면 곧 淸宦의 고관에 오르게 됩니다. 그래서 신하들 중 사람들의 말을 듣기 싫어하는 자가 이를 빌미 삼아서 진언하여 곧바로 말하기를 "이 사람들은 높은 관직을 얻으려 힘씁니다. 그래서 말을 많이 하는 것입니다."라고 하여, 뒤에 오는 대간의 관원들로 하여금 그 말을 더욱 가볍게 만들어 임금이 신뢰할 수 없게 합니다. 그리하여 간언을 받아들이는 폐하의 뜻을 저버리고, 간언을 올린 사람에게 賞을 주는 폐하의 마음을 어깁니다.

신은 생각건대 그 잘못을 고치고자 한다면 의당 침묵하고 단정하여 절개를 지키고 벼슬길에 나아가는 것을 어렵게 여기는 신하를 가려뽑아서 諫院에 배치하셔야 할 것이니, 그렇게 하면 승진을 도모한다는 의심도 없고 그의 간언도 혹 신뢰할 수 있게 될 것입니다.

伏見殿中丞[1] 王安石은 德行文學이 爲衆所推이요 守道安貧하야 剛而不屈하고 司封員外郎[2]呂公著는 是夷簡之子니 器識深遠하고 沈靜寡言하며 富貴不染其心하고 利害不移其守라 安石久更吏事하고 兼有時才로되 曾召試館職[3]에 固辭不就하고 公著性樂閒退하야 淡於世事라 然所謂夫人不言이언정 言必有中[4]者也라 往年陛下上遵先帝之制하야 增置臺諫官四員이러니 已而中廢하야 復止兩員이라 今諫官尙有虛位하니 伏乞用此兩人하야 補足四員之數하시면 必能規正朝廷之得失하고 裨益陛下之聰明이리라

臣叨被恩榮하야 未知報效하니 苟有所見이면 不敢不言이로소이다 取進止하소서

삼가 보건대 殿中丞 王安石은 덕행과 문학이 뭇사람들의 추중을 받고, 도를 지키며 가난을 편안히 여기고 강하여 뜻을 굽히지 않습니다. 司封員外郎 呂公著는 呂夷簡의 아들로 器局과 식견이 심원하고 침착하여 말이 적으며, 부귀가 그 마음을 더럽히지 못하고 利害가 그 지조를 흔들지 못합니다. 왕안석은 관리의 실무를 오래 겪었고 게다가 세상을 다스리는 재능이 있는데, 예전에 불러서 館職에 기용하려 하자 한사코 사양하고 나아가지 않았습니다. 여공저는 성품이 벼슬길에서 물러나 한가로이 사는 것을 좋아하여 세상에 욕심이 없습니다. 그러나 이른바 "저 사람이 말하지 않을지언정 말을 하면 반드시 이치에 맞다."는 사람입니다.

지난해 폐하께서 先帝의 제도를 따라 대간의 관원 네 명을 增員하셨는데, 이윽고 중도에 폐지하여 다시 두 명만 두었습니다. 지금 간관에 아직도 빈 자리가 있으니 삼가 바라건대 이 두 사람을 기용하여 네 명의 숫자를 채우면 필시 조정의 득실을 바로잡고 폐하의 총명을 보익할 수 있을 것입니다. 신은 외람되이 영광스런 은총을 입고서 보답할 길을 알지 못하고 있으니, 진실로 본 바가 있으면 감히 말하지 않을 수 없습니다. 성상께서 결정하소서.

1) 殿中丞 : 宋나라 때 殿中省에 속한 관직으로 副監事를 맡는다.
2) 司封員外郎 : 吏部에 속하는 관직 이름이다. 北宋 전기에 시호를 정하는 일을 맡았다.
3) 館職 : 唐·宋 때 昭文館·史館·集賢院에서 修撰·編校 등의 일을 맡는 관직이다. 昭文館은 唐나라 때에는 弘文館이라 했다. 조선시대 홍문관과 같다.
4) 夫人不言 言必有中 : 孔子가 제자 閔子騫을 두고 한 말로 ≪論語≫ 〈先進〉에 있다. 원문은 다음과 같다. "魯人爲長府 閔子騫曰 仍舊貫如之何 何必改作 子曰 夫人不言 言必有中"

## 05. 薦司馬光箚子* 司馬光을 천거하는 箚子

* 歐陽脩가 嘉祐 6년(1061)부터 治平 4년(1067) 2월까지 參知政事를 맡았고 치평 4년 정월에 英宗이 붕어하였다. 이 글에서 영종을 先帝라 부르고 또 자기

를 두고 "외람되게 정부에 있으면서〔忝在政府〕"라고 표현한 것으로 보아 이 글은 영종이 붕어한 지 오래지 않은 치평 4년 정월에 지어진 것으로 짐작된다.

司馬光(1019~1086)은 자가 君實, 호가 迂(오)夫 또는 迂叟이며, 시호가 文正이다. 山西省 夏縣 사람이다. 涑水先生이라고도 불리며, 사후에 溫國公에 봉해졌으므로 司馬溫公이라고도 한다. 神宗이 王安石을 발탁하여 新法을 단행하자, 이에 반대하여 새로 임명된 樞密副使를 사퇴하고 지방으로 나갔다. 신종이 죽은 뒤 조정에 복귀하여 정권을 잡았다. 저서에 ≪資治通鑑≫, ≪涑水紀聞≫, ≪司馬文正公集≫ 등이 있다.

**司馬公之不伐**과 **歐公之推賢**은 **可謂兩得之矣**라

司馬公의 자랑하지 않음과 歐陽公의 어진 이를 추천함은 둘 다 훌륭하다 할 만하다.

**臣伏見龍圖閣直學士司馬光**은 **德性淳正**하고 **學術通明**하야 **自列侍從**[1)]으로 **久司諫諍**하야 **讜言嘉話**가 **著在兩朝**[2)]라 **自仁宗至和服藥**[3)]**之後**로 **群臣便以皇嗣爲言**[4)]하야 **五六年間**에 **言者雖多**나 **而未有定議**러니 **最後光以諫官極論其事**하야 **敷陳激切**하야 **感動主聽**하니 **仁宗豁然開悟**하야 **遂決不疑**라 **由是先帝選自宗藩**[5)]하야 **入爲皇子**러니 **曾未踰年**에 **仁宗奄棄萬國**하고 **先帝入承大統**하니 **蓋以人心先定**이라 **故得天下帖然**이라 **今以聖繼聖**하야 **遂傳陛下**하니 **由是言之**컨댄 **光於國有功**이 **爲不淺矣**니 **可謂社稷之臣**[6)]**也**요 **而其識慮深遠**하고 **性尤愼密**이로되 **光旣不自言**이라 **故人亦無知者**라

신은 삼가 보건대 龍圖閣直學士 司馬光은 덕성이 淳正하고 학술이 通明하여 侍從의 자리에 오른 뒤로 오래도록 諫諍의 일을 맡아서 곧은 말과 아름다운 말들이 두 조정에 걸쳐 드러났습니다.

至和 연간(1054~1055)에 仁宗께서 服藥하신 뒤로 신하들이 皇子를 세울 것을 말하였습니다. 5, 6년 동안 말한 사람은 비록 많았으나 의논을 결정하지 못하였는데 최후에 사마광이 간관으로서 그 일을 극론하여 격렬하고 간절하게 진달하여 임금의 귀를 감동시키니, 仁宗께서 활연히 깨닫고 드디어 주저없이 결단하였습니다. 이로부터

先帝께서 宗藩으로부터 뽑혀서 대궐에 들어가 황자가 되었습니다. 그리고 그해를 넘기지 않아 인종께서 갑자기 승하하시고 선제께서 대통을 이어받으셨으니, 사람들의 마음이 먼저 안정되었기 때문에 천하가 조용히 순종할 수 있었던 것입니다.

지금 聖王으로 聖王을 계승하여 마침내 폐하께 전해졌습니다. 이를 통해 말한다면 사마광이 국가에 공로가 있는 것이 얕지 않으니, 社稷의 신하라 할 만합니다. 그 식견과 사려가 심원하고 성품은 더욱이 신중하고 愼密한데, 사마광이 이미 스스로 말하지 않았기 때문에 사람들도 아는 자가 없습니다.

1) 侍從 : 近臣을 가리킨다. 宋나라 때에는 殿閣學士, 直學士, 待制 및 翰林學士, 給事中, 六部의 尙書, 侍郎 등이 모두 여기에 속한다.
2) 兩朝 : 仁宗과 英宗 두 조정을 가리킨다.
3) 仁宗至和服藥 : 嘉祐 원년(1056) 정월에 인종이 大殿에서 조회를 받았다. 그 전날 밤 大雪이 내리기에 인종이 맨발로 하늘에 기도하니 아침에 눈이 그쳤다. 百官이 대열에 나아가는데 인종은 갑자기 심한 감기 증세를 느꼈다. 이후로는 집무하지 못하고 내전에서 약을 복용하였다. ≪宋史 仁宗本紀≫
4) 群臣便以皇嗣爲言 : 本書 권2 〈論選皇子疏〉 題下註 참조.
5) 宗藩 : 宗蕃이라고도 한다. 諸侯에 分封하여 왕이 된 皇族을 가리키는 말이다. 원래 황족이 제후가 되어 천자를 옹위한다는 뜻에서 이렇게 부른 것이다. 영종이 太宗의 曾孫이고 인종의 嫡子가 아니기 때문에 이렇게 말한 것이다.
6) 社稷之臣 : 그의 생사가 국가의 안위에 관계되는 매우 중요한 신하를 일컫는 말로, ≪史記≫ 〈袁盎晁錯列傳〉에 "絳侯는 이른바 공신이지 사직의 신하가 아니다. 사직의 신하는 임금이 있으면 함께 있고 임금이 망하면 함께 망한다. 〔絳侯所謂功臣 非社稷臣 社稷臣 主在與在 主亡與亡〕" 한 데서 왔다.

**臣以忝在政府**하야 **因得備聞其事**하니 **臣而不言**이면 **是謂蔽賢掩善**이라 **詩云 無言不酬**하며 **無德不報**[1]라하니라 **光今雖在侍從**하야 **日承眷待**로되 **而其忠國大節**이 **隱而未彰**하니 **臣旣詳知**에 **不敢不奏**로소이다

신이 외람되게 政府에 있던 터라 그 사실을 자세히 들을 수 있으니, 신이 말하지 않는다면 이를 '어진 이를 엄폐하고 善을 엄폐한다.'고 하는 것입니다. ≪詩經≫에

이르기를 "말에 답하지 않음이 없으며, 덕에 갚지 않음이 없다." 하였습니다. 司馬光이 지금 비록 시종의 반열에 있으면서 날마다 성상 폐하를 모시지만 그 국가에 충성하는 大節은 숨겨져 드러나지 않고 있으니, 신이 이미 상세히 알기에 감히 아뢰지 않을 수 없었습니다.

1) 詩云……無德不報 : ≪詩經≫ 〈大雅 抑〉에 보인다.

## 06. 乞獎用孫沔箚子* 孫沔을 장려하고 기용할 것을 청하는 箚子

* 이 글은 仁宗 治平 2년(1065)에 지어졌다. ≪英宗實錄≫에도 이 글이 節錄되어 있는데, 孫沔이란 성명 앞에 '致仕' 두 자가 더 있다. 孫沔은 자가 元規이며, 會稽 사람이다. 仁宗 때 秘書丞, 監察御史裏行 등을 역임하였다. 呂夷簡이 정권을 잡고 전횡하자 陝西轉運使로 있던 손면이 글을 올려 極諫하면서 옛날 간신인 張禹와 李林甫를 들어 여이간에 비유했다. 여이간은 그 글을 보고 이르기를 "원규(손면)의 약석과 같은 좋은 충고를 다만 십 년 늦게 들은 것이 한스럽다." 하였다. 뒤에 歐陽脩는 그 사람됨과 능력을 높이 평가하여, 西夏가 다시 도발할 기미를 보이자 그를 기용하라고 청하여 이 글을 올렸다.

老成典刑之見이라

老成하여 典範이 되는 분의 견해이다.

臣伏見諒祚猖狂[1)]하야 漸違誓約하야 僭叛之迹이 彰露已多하니 年歲之間에 必爲邊患이라 國家禦備之計는 先在擇人이니 而自慶曆罷兵[2)]以來로 至今二十餘年에 當時經用舊人이 零落無幾하고 惟尙書戶部侍郞孫沔尙在라 西事時에 沔守環慶一路하니 其人磊落有智勇하되 但以未嘗出兵하고 又不遇敵이라 故未有臨陣破賊之功이나 然其養練士卒하고 招撫蕃夷[3)]에 恩信著於一方하야 至今邊人思之하니 雖世不乏材나 朝廷方務推擇하니 若求曾經西事可用之人인댄 則臣謂無如沔者라

신이 삼가 보건대 諒祚가 미치고 참람된 짓을 하여 점차 서약을 어겨 참람된 반역

의 자취가 이미 많이 드러났으니, 한두 해 사이에 반드시 변방의 우환이 될 것입니다. 국가가 備禦하는 계책은 먼저 사람을 가려뽑는 데 있습니다. 慶曆 연간에 전쟁을 그만둔 뒤로 지금까지 20여 년 동안 당시에 기용했던 옛사람들이 세상을 떠나 얼마 남지 않았고, 오직 尙書 戶部侍郎 孫沔만이 아직도 생존해 있습니다.

西夏가 반란한 사건이 일어났을 때 손면은 環慶 지역을 지키고 있었는데 그 사람됨이 헌걸차 지략과 용맹이 있었습니다. 다만 出兵해본 적이 없었고 게다가 적을 만나보지 않았기 때문에 陣地에 가서 적을 물리친 공로는 없습니다. 그러나 사졸을 훈련하고 변방의 오랑캐들을 慰撫하여 은혜와 신뢰가 한 지방에 드러나 지금까지도 변방 사람들이 그를 사모하고 있습니다. 비록 세상에 인재가 부족하진 않으나 조정이 바야흐로 인재를 추천해 선발하고 있으니, 만약 서하와의 전쟁을 겪은 사람 중 쓸 만한 이를 찾는다면 신은 손면만 한 사람이 없다고 생각합니다.

1) 諒祚猖狂 : 諒祚는 西夏의 임금 이름이다. 元昊에게는 원래 寧令受라는 태자가 있었다. 그런데 沒藏訛嚨의 여동생을 맞아들여 양조를 낳았다. 이에 寧令受가 반란을 일으켰으나 沒藏訛嚨이 진압하고, 원호가 죽은 다음 양조를 왕으로 추대하였다. ≪續資治通鑑≫에 "治平 2년(1065)에 서하의 임금이 改元하였다." 하였는데, 바로 양조가 즉위한 것을 가리킨다.
2) 慶曆罷兵 : 慶曆 4년(1044)에 宋나라와 西夏가 전쟁을 중지하고 화친을 의논하였다.
3) 蕃夷 : 변방의 소수 민족들을 이르는 말이다.

**沔今年雖七十**이나 **聞其心力不衰**하야 **飛鷹走馬**가 **尙如平日**이온 **況所用者**는 **取其智謀**하고 **藉其威信**이라 **前世老將彊起成功者多**하니 **沔雖中間曾以罪廢**나 **棄瑕使過**가 **正是用人之術**이라 **臣今欲乞朝廷**이 **更加察訪**하야 **如沔實未衰羸**어든 **伏望聖慈**는 **特賜獎用**하면 **庶於擇材難得之時**에 **可備一方之寄**라 **取進止**하소서

孫沔의 나이 비록 일흔이나 듣기로 그 마음과 힘이 쇠하지 않아 매를 날리고 말을 달리며 사냥하는 것이 아직도 여전하다고 합니다. 하물며 소용되는 것은 그 지모를 취하고 그 威信을 빌리는 것임에 있어서이겠습니까. 앞 시대, 노장으로 애써 기용되

어 전공을 이룬 이가 많으니, 손면이 중간에 죄로 폐출된 적은 있지만 흠을 버리고 과오가 있는 사람을 부리는 것이 바로 사람을 쓰는 방법입니다.

신은 지금 바라건대 조정이 다시 잘 살피고 물어서 만약 손면이 아직도 쇠약하지 않다면, 삼가 바라옵건대 성상께서는 특별히 장려해 기용하소서. 그렇게 하시면 인재를 가려뽑기 어려운 이때에 한 방면을 맡길 수 있을 것입니다. 성상께서 결정하소서.

## 07. 止絶呂夷簡暗入文字箚子* 呂夷簡이 몰래 글을 넣은 것을 거절하기를 청한 箚子

* 呂夷簡이 慶曆 2년(1042) 2월에 中風으로 인해 건강이 악화된 상태에서 平章軍國의 중임을 맡았다가 이듬해인 慶曆 3년 9월에 致仕하였다. 본문에 '오랫동안 臥病하였다.'는 것은 이것을 가리키는바, 곧 이 글이 경력 3년 9월 전후로 쓰였음을 알 수 있다. 여이간은 西夏와의 타협을 극력 주장하고 자신의 문인들을 정계에 대거 진출시켰는데, 이 때문에 孫沔과 歐陽脩 등에게 강력히 탄핵을 받기도 했던 인물이다.

**此卽古人斜封[1]之戒**라 **文凡五轉**이라

이것이 바로 옛사람의 斜封에 대한 경계이다. 글은 모두 다섯 번 轉變한다.

1) 斜封 : 반듯하지 않고 비스듬하게 붙인 봉함으로, 王妃나 公主 등이 사사로이 관직을 제수함을 뜻한다. 唐 中宗 때 韋后와 安樂公主 등이 정권을 잡고 斜封을 내려 관직을 제수한 것에서 유래하였다. ≪新唐書 選擧志 下≫

**臣風聞呂夷簡**이 **近日頻有密奏**라하고 **仍聞自乞於御藥院**하야 **暗入文字**라하니 **不知實有此事否**아 **但外人相傳**에 **上下疑懼**하니 **臣謂夷簡**이 **身爲大臣**하야 **久在相位**하되 **尙不能爲陛下**하야 **外平四夷**하고 **內安百姓**하야 **致得二虜交構**[1]에 **中國憂危**하고 **兵民疲勞**에 **上下困乏**하고 **賢愚失序**[2]에 **賞罰不中**하야 **凡百紀綱**이 **幾至大壞**하니 **筋力康健之日**에도 **尙且如此乖繆**어든 **況已罷政府**하야 **久病家居**[3]하야 **筋力已衰**하고 **神識**

**昏耗**하니 **豈能更與國家圖事**리오 **據夷簡**컨댄 **當此病廢**하야 **卽合杜門自守**하야 **不交人事**요 **縱有未忘報國之意**라도 **凡事卽合公言**하야 **令外廷見當國政之臣**으로 **共議可否**니 **豈可暗入文書**하야 **眩惑天聽**가

신은 듣건대 呂夷簡이 근일에 자주 은밀한 奏章을 올린다고 합니다. 또 듣건대 스스로 御藥院에 청하여 몰래 글을 들여 넣었다고 합니다. 실제로 이런 일들이 있었는지 알지 못하겠습니다. 다만 外人이 서로 전하는 말에 上下가 의심하고 두려워하고 있습니다.

신은 생각건대 이간은 그 자신이 대신이 되어 재상의 자리에 오래 있었음에도, 여태 폐하를 위해 밖으로 사방 오랑캐들을 평정하고 안으로 백성을 편안케 하지 못하였습니다. 그리하여 두 나라와 서로 적대함에 중국이 위태하고, 軍民이 피로함에 상하가 困乏하고, 賢愚가 차서를 잃음에 賞罰이 맞지 않게 되어 모든 기강이 크게 무너질 지경에 거의 이르렀습니다. 그가 근력이 강건할 때에도 오히려 이와 같이 어긋난 일을 했습니다. 하물며 이미 재상의 직임을 그만두고 오랫동안 병을 앓으며 집안에서 생활해 근력이 이미 쇠퇴하고 정신이 혼몽하니, 어찌 다시 국가를 위해 일을 도모할 수 있겠습니까.

이간의 입장에서 본다면 이 병으로 벼슬을 그만두었을 때에 응당 문을 닫고 집안에 있으면서 자신을 지키고 人事에 간여하지 않아야 할 것이요, 설령 국가의 은혜에 보답할 뜻을 가졌다 하더라도 모든 일에는 응당 공공연히 말하여 外廷에서 현재 국정을 맡고 있는 신하들로 하여금 함께 가부를 의논하게 해야 할 것입니다. 어찌 몰래 글을 넣어서 폐하의 귀를 현혹해서야 되겠습니까.

1) 二國交構 : 康定 원년(1040) 이후로 宋나라와 西夏가 전쟁한 것과 이때 거란이 그 기회를 틈타서 關南 10縣의 땅을 떼어줄 것을 宋나라에 요구한 것을 가리킨다. '二國'은 底本과 本集에는 '二虜'로 되어 있는데 궁중의 장서각인 四庫의 신하가 避諱하느라 마음대로 고친 것이다.

2) 賢愚失序 : 어질고 유능한 인재보다 어리석고 무능한 사람이 먼저 등용되고 높은 자리에 오르는 것을 말한다.

3) 家居 : 집에서 생활한다는 말인데 벼슬을 그만두었음을 뜻하는 말로 쓰인다.

況夷簡患癱風하야 手足不能擧動하니 凡有奏聞에 必難自寫요 其子弟輩又不肖[1]라 須防詐僞[2]하고 或恐漏泄이니 於體尤爲不便이라 雖陛下至聖至明하야 於夷簡姦謀邪說에 必不聽納이로되 但外人見夷簡密入文書면 恐非公論이니 若誤國計면 爲患不輕이라 夷簡所入文字를 伏乞明賜止絶하소서 臣聞任賢勿貳하고 去邪勿疑[3]라하니 見今中外群臣이 各有職事라 苟有闕失이면 自可任責이니 不可更令無功已退之臣으로 轉相惑亂하소서 取進止하소서

더구나 夷簡은 중풍에 걸려 수족을 움직이지 못하니, 무릇 奏章으로 아뢸 일이 있으면 필시 스스로 쓰기 어려울 것입니다. 그리고 그 자제들도 不肖하니 필시 거짓으로 쓰는 것을 방비해야 하고 혹 내용이 누설될까 염려할 터이니, 체통에 있어서도 더욱이 온당치 못합니다.

비록 폐하께서는 지극히 성스럽고 지극히 밝으셔서 이간의 간사한 꾀와 삿된 말에 대해 필시 듣고 받아들이지 않으실 것이지만, 외인들은 이간이 은밀히 글을 들여 넣는 것을 본다면 아마도 공론이 되지 못할 것입니다. 그러니 만약 국가의 계책을 그르친다면 그 우환은 가볍지 않을 것입니다. 이간이 들여 넣은 글을, 바라건대 막고 거절하소서.

신은 듣건대 "어진 이를 임용하되 두 마음을 가지지 말고, 사특한 자를 제거하되 의심하지 말라." 하였습니다. 지금 중외의 신하들이 저마다 職事가 있으니, 진실로 闕失이 있다면 스스로 책임을 져야 할 것입니다. 다시 공로도 없고 이미 물러난 신하로 하여금 더욱 폐하를 현혹하게 하지 마소서. 성상께서 결정하소서.

1) 不肖 : 本集에는 '不少'로 되어 있다.
2) 詐僞 : 本集에는 '作僞'로 되어 있다.
3) 任賢勿貳 去邪勿疑 : ≪書經≫ 〈虞書 大禹謨〉에 보인다.

## 08. 論狄青劄子* 狄靑에 대해 논한 劄子

* 皇祐 5년(1053)에서 嘉祐 원년(1056)까지 4년 동안 狄靑이 樞密使로 있다가 가우 원년 8월에 判陳州로 나갔다. 이 글은 이 무렵에 쓰인 것으로 짐작된

다. 狄青은 자가 漢臣이고 汾州 西河 사람이다. 평민 출신으로 용맹과 지략을 갖추어 仁宗 嘉祐 4년(1052)에 廣源州의 야만족인 儂智高를 평정하고 돌아와, 그 공으로 樞密使에 올랐다. 그러나 歐陽脩 등의 탄핵을 받아 判陳州로 좌천되었다. 시호는 武襄이다. ≪宋史 狄青傳≫

言人之所難言하고 見人之所不見하니 只緣宋承五代之後라 歐公故不得不爲過慮나 然亦回護狄公하니 狄公亦所甘心이라

남들이 말하기 어려워하는 바를 말하고 남들이 보지 못한 바를 보았다. 단지 宋나라가 五代의 뒤를 이었기 때문이니, 歐陽公이 그런 까닭에 지나친 우려를 하지 않을 수 없었던 것이다. 그러나 또한 狄公을 두둔하였으니 적공도 달갑게 여길 것이다.

臣聞人臣之能盡忠者는 不敢避難言之事하고 人主之善馭下者는 常欲聞難言之言이라하니 然後下無隱情하고 上無壅聽하야 姦宄[1]不作하고 禍亂不生이라 自古固有伏藏之禍와 未發之機어든 天下之人이 皆未知로되 而有一人能獨言之하고 人主又能聽而用之하면 則銷患於未萌하야 轉禍而爲福者有矣어니와 若夫天下之人共知로되 而獨人主之不知者는 此莫大之患也라 今臣之所言者는 乃天下之人皆知로되 而惟陛下未知也라 今士大夫가 無貴賤히 相與語于親戚朋友하고 下至庶民하야 無愚智히 相與語于閭巷道路어늘 而獨不以告陛下也라 其故何哉오 蓋其事伏而未發하야 言者難於指陳也라

신은 듣건대 "신하로서 능히 충성을 다하는 이는 감히 말하기 어려운 일을 피하지 않고, 임금으로서 신하를 잘 부리는 이는 늘 말하기 어려운 말을 듣고자 한다." 하였으니, 그런 뒤에야 아래에는 숨기는 실정이 없고 위에는 이목이 막힘이 없어서, 간사한 짓을 하는 자가 일어나지 않고 화란이 생기지 않습니다.

예로부터 실로 숨어 있는 禍와 나타나지 않는 재앙이 있으면 천하 사람들이 모두 알지 못하는데 어떤 한 사람이 홀로 말하고, 임금이 또 듣고 그 말을 따르면 채 싹트기 전에 환난을 없애 화를 바꾸어 복을 만드는 경우는 있습니다. 그렇지만 천하 사

람들은 다 아는데 임금만 홀로 알지 못하는 경우라면 이는 막대한 환난입니다. 지금 신이 말하는 것은 바로 천하 사람들은 모두 아는데 폐하만이 알지 못하는 것입니다.

지금 사대부들이 신분이 높은 사람, 낮은 사람 할 것이 없이 친척, 붕우들과 서로 말하고, 아래로 서민에 이르러서도 어리석은 이, 지혜로운 이 할 것 없이 마을과 도로에서 서로 말하고 있는데, 오직 폐하께만 말하지 않고 있습니다. 그 까닭은 무엇이겠습니까. 그 일이 숨어 있어 아직 나타나지 않아서 말하는 이가 지적해서 진달하기 어렵기 때문입니다.

1) 姦宄 : ≪書經≫ 〈虞書 舜典〉에 "蠻夷가 中夏를 어지럽히면서 약탈하고 죽이며, 밖을 어지럽히고 안을 어지럽힌다.〔蠻夷猾夏 寇賊姦宄〕" 하였고, ≪國語≫ 〈晉語 六〉에 "난이 안에 있는 것이 奸이고, 밖에 있는 것이 宄이다.〔亂在內爲奸 在外爲宄〕" 하였다.

臣竊見樞密使狄靑은 出自行伍하야 號爲武勇하야 自用兵陝右[1]로 已著名聲하고 及捕賊廣西[2]하야 又薄立勞效라 自其初掌機密[3]로 進列大臣하니 當時言事者가 已爲不便이라 今三四年間에 雖未見其顯過나 然而不幸有得軍情之名하니 推其所因컨댄 蓋由軍士本是小人이라 面有黥文[4]에 樂其同類하고 見其進用에 自言我輩之內에 出得此人이라하야 旣以爲榮하야 遂相悅慕하고 加又靑之事藝가 實過於人하고 比其輩流에 又粗有見識이라 是以로 軍士心共服其材能하고 國家從前難得將帥하야 經略招討에 常用文臣이라 或不知軍情하고 或不閑訓練이러니 自靑爲將領으로 旣能自以勇力服人하고 又知訓練之方하야 頗以恩信撫士라

신은 삼가 보건대 樞密使 狄靑은 兵卒 출신으로 武勇이 있다고 이름나, 陝右에서 전투가 있은 뒤로 이미 명성이 드러났고 廣西에서 적을 사로잡음에 미쳐서 또 조금 공로를 세웠습니다. 처음 軍事 機密을 맡고부터 승진하여 대신의 반열에 올랐으니, 당시에 言事하는 이가 이미 온당치 못하다고 여겼습니다. 지금까지 3, 4년 동안 비록 드러난 과오는 보지 못했지만 그러나 불행히도 군사들의 마음을 안다는 평판을 얻었습니다.

그 원인을 미루어 본다면 군사들은 본래 소인들이라 적청의 얼굴에 黥文이 있기

에 자기들과 같은 부류였음을 좋아하고, 그가 높은 벼슬에 오르는 것을 보면 스스로 말하기를 "우리들 중에서도 이런 사람이 나타났다." 하면서 이미 영광으로 여겨 드디어 좋아하고 흠모하였던 것입니다. 게다가 적청의 무예가 실로 남들보다 뛰어날 뿐 아니라 그 동류들에 비해 또 조금 식견이 있었습니다. 이런 까닭에 군사들이 다 함께 그 재능에 心服하였습니다.

국가는 종전에 장수를 얻기 어려워 軍務를 보고 적을 토벌하는 일에 늘 文臣을 기용하니, 어떤 사람은 軍情을 알지 못하고 어떤 사람은 훈련을 제대로 살피지 못했습니다. 그런데 적청이 將領이 되고부터는 이미 자신의 용력으로 남을 복종시키고 게다가 훈련하는 방법을 알아 제법 은혜와 신뢰로 사졸들을 慰撫하였습니다.

1) 用兵陝右 : 寶元 연간에 적청이 延州指揮使가 되어 李元昊의 난을 평정한 것을 가리킨다.
2) 捕賊廣西 : 皇祐 3년(1051) 무렵에 廣源州 오랑캐 儂智高가 반란을 일으키자 적청이 자원해 출전하여 적의 의표를 찌르는 공격을 하여 대승을 거둔 일을 가리킨다.
3) 初掌機密 : 적청이 皇祐 4년(1052) 6월에 樞密副使가 되었고, 9월에 외직으로 나가 廣南經略使가 되었고, 황우 5년에 추밀사가 되었다. 추밀사는 軍權을 장악하고 있기 때문에 機密이라 한 것이다.
4) 面有黥文 : 黥文은 먹물로 刺字한 흔적이다. 宋나라 때 모집된 사병들은 모두 얼굴에 먹물로 자자를 하여 도망쳐 다른 일을 하지 못하게 하였다. 그래서 이들을 黥兵이라 했던 것이다. 적청은 본래 士卒로 있었기 때문에 높은 자리에 오른 뒤에도 얼굴에 자자한 흔적이 남아 있었던 것이다.

**以臣愚見**으론 **如靑所爲**는 **尙未得古之名將一二**로되 **但今之士卒**이 **不慣見如此等事**라 **便謂須是我同類中人**이라야 **乃能知我軍情**하야 **而以恩信撫我**라하나니 **靑之恩信**이 **亦豈能徧及於人**이리오 **但小人易爲扇誘**하니 **所謂一犬吠形**에 **百犬吠聲**[1]이라 **遂皆翕然**하야 **喜共稱說**하니라

신의 어리석은 소견으로는 狄靑이 한 일 따위는 아직 옛날 명장들의 10분의 1, 2도 얻지 못한 것입니다. 다만 지금의 사졸들이 이런 일을 익히 보지 못한 터라 대

뜸 "모름지기 우리 동류 중의 사람이라야 우리 군사의 마음을 알아서 은혜와 신뢰로 우리를 위무할 수 있다." 하는 것이니, 적청의 은혜와 신뢰가 어찌 사람들에게 두루 미칠 수 있었겠습니까. 그저 소인들이 선동되기 쉬웠을 뿐이니, 이른바 "한 마리 개가 형체를 보고 짖으면 백 마리 개가 소리를 듣고 짖는다."는 격이라 드디어 모두 한 마음이 되어 적청을 좋아하며 함께 칭찬하였던 것입니다.

1) 一犬吠形 百犬吠聲 : 中國의 고대 속담으로, 실정도 모른 채 군중에 부화뇌동함을 뜻한다. ≪晉書≫ 〈傅玄傳〉과 ≪齊東野語≫ 등에 나온다.

且武臣掌機密而得軍情은 不唯於國家不便이라 亦於其身에도 未必不爲害니 然則青之流言[1)]이 軍士所喜는 亦其不得已而勢使之然也라 臣謂青不得已而爲人所喜요 亦將不得已而爲人所禍者矣니 爲青計者인댄 宜自退避事權하야 以止浮議어늘 而青本武人이라 不知進退하니 近日以來로 訛言益甚하야 或言其身應圖讖이라하고 或言其宅有火光하야 道路傳說以爲常談矣로되 而惟陛下猶未聞也라

게다가 무신이 기밀을 맡고 군정을 아는 것은 국가에 불편할 뿐 아니라 그 자신에 있어서도 해가 되지 않는다고 보장할 수 없습니다. 그렇고 보면 狄青에 관한 유언비어가 생긴 것을 군사들이 좋아하는 것은 역시 부득이 형세가 그렇게 시킨 것입니다. 신은 생각건대 적청은 부득이 남들에게 인기를 얻었고 또한 장차 부득이 남에게 화를 당할 것이니, 적청을 위해 계책을 세운다면 의당 스스로 물러나 職權을 피하여 근거 없는 말들을 그치게 해야 할 것입니다.

그러나 적청은 본래 무인이라 진퇴의 도리를 알지 못합니다. 근일 이래 근거 없는 소문이 더욱 심하게 생겨나, 혹은 그 자신이 도참에 부응한다고도 하고 혹은 그 집에 火光이 있었다고도 하면서 도로에서 사람들이 늘상 하는 얘기처럼 말하고 있습니다. 폐하께서만 여태 듣지 못하고 계실 뿐입니다.

1) 青之流言 : 당시 적청의 집에서 키우는 개의 머리에 뿔이 났고, 그의 집에서 빛이 나는 이변이 여러 차례 있었다고 하는 유언비어가 파다하게 퍼져 사람들이 서로 전하였다.

且唐之朱泚[1)]는 本非反者요 倉卒之際에 爲軍士所迫爾니 大抵小人不能成事而能爲患者多矣라 泚雖自取族滅이나 然爲德宗之患[2)]이 亦豈小哉아 夫小人陷於大惡이 未必皆其本心所爲라 直由漸積以至蹉跌이어늘 而時君不能制患於未萌爾라 故臣敢昧死而言人之所難言者하노니 惟願陛下早聞而省察之耳라

그리고 唐나라 때 朱泚는 본래 반역한 자가 아니고 창졸간에 군사들에게 떠밀려 그렇게 되었던 것일 뿐입니다. 대저 소인은 일을 이루지 못하고 우환거리가 되는 자가 많습니다. 주차는 비록 멸족의 화를 자초했으나 德宗의 환난이 또한 어찌 작았겠습니까. 대저 소인이 큰 악에 빠지는 것이 반드시 모두 본심으로 그렇게 한 것이겠습니까. 단지 작은 일이 점차 쌓여서 차질이 생기는 데 이르는데 당시의 임금이 미처 싹트기 전에 환난을 제압하지 못했던 것일 뿐입니다. 그러므로 신은 감히 죽음을 무릅쓰고 남들이 말하기 어려워한 바를 말하였으니, 바라건대 폐하께서 어서 듣고 살펴보시기 바랍니다.

1) 朱泚 : 唐 德宗 때 반역을 꾀해 국호를 大秦이라 하고 황제가 되었다가 그의 부하에게 살해된 사람이다. 姚令言이 涇原節度使로 있을 때 德宗 4년(783)에 李希烈이 반란을 일으켰다. 姚令言이 진압군으로 출동하였는데 나라에서 군량 책정을 잘못하여 거친 밥과 나물만 먹였다. 이에 격분한 姚令言이 실각 중이던 朱泚를 옹립하고 반란을 일으켰다. ≪新唐書 朱泚傳≫

2) 德宗之患 : 唐 德宗 建中 4년(783) 10월에 李希烈이 반란을 일으켰다. 德宗이 涇原節度使 姚令言에게 명하여 고전하고 있는 哥舒曜를 구원하게 하였는데, 요영언이 불만을 품고 반란을 일으켰다. 요영언의 반란군에 의해 황제로 추대된 朱泚가 군대를 거느리고 唐나라 수도 長安을 침범하여, 德宗이 奉天으로 피난까지 하는 사태가 발생하였다. 주차의 군대가 봉천까지 추격하여 성을 공격하는 바람에 덕종이 다급한 위기를 맞았으나, 그해 11월에 구원병이 이르러 가까스로 화를 면했다. 이를 '涇原兵變'이라 한다. ≪舊唐書≫, ≪新唐書≫

如臣愚見은 則靑一常才라 未有顯過로되 但爲浮議所喧하야 勢不能容爾요 若如外人衆論은 則謂靑之用心有不可知者라하니 此臣之所不能決也라 但武臣掌機密而爲

軍士所喜는 自於事體不便하니 不計靑之用心如何也라 伏望聖慈는 深思遠慮하야 戒前世禍亂之迹하야 制於未萌하되 密訪大臣하야 早決宸斷하야 罷靑機務하야 與一外藩하야 以此觀靑去就之際心迹如何하고 徐察流言하면 可以臨事制變이라 且二府[1]均勞逸而出入은 亦是常事니 若靑之忠孝出處如一하야 事權旣去에 流議漸消하면 則其誠節可明하야 可以永保終始라 夫言未萌之患者는 常難於必信이어니와 若俟患之已萌이면 則又言無及矣라 臣官爲學士하고 職號論思라 聞外議喧沸而事繫安危일새 臣言狂計愚하야 不敢自默이로소이다 取進止하소서

신의 어리석은 생각으로는 狄靑은 일개 평범한 인재이고 드러난 잘못은 아직 있지 않는데, 사람들의 근거 없는 말에 올라서 형세상 용납될 수 없었을 뿐입니다. 바깥 사람들의 중론 같은 경우에는 적청의 마음은 알 수 없는 것이 있다고 합니다만, 이는 신이 결정할 수 없는 것입니다. 다만 무신이 군사 기밀을 장악하고 군사들의 인기를 얻는 것은 본래 사체상 온당치 못하니, 적청의 마음이 어떤지는 따질 것이 아닙니다.

삼가 바라건대 성상께서는 깊이 생각하고 멀리 생각하여 지난 세상의 화란의 자취를 경계하여 아직 싹트기 전에 화란을 제어하시되, 은밀히 대신에게 묻고 어서 성상께서 결단하여 적청의 기무를 파면하시고 하나의 藩鎭을 주소서. 그렇게 해두고서 적청이 去就할 때 마음과 행위가 어떠한지를 보고 유언비어를 천천히 살피시면 일을 만났을 때 임기응변할 수 있을 것입니다.

게다가 二府를 번갈아 근무하며 노고와 편안함을 균등히 나누어 외직과 내직을 출입하는 것은 벼슬아치의 常事입니다. 만약 적청의 충효와 出處가 한결같아서 직권이 떠남에 따라 유언비어가 점차 사라지면 그 충성과 절개가 명백하여 시종 자신을 보전할 수 있을 것입니다.

대저 아직 싹트지 않은 환난을 말하는 것은 꼭 믿어준다고 항상 보장하기 어렵지만, 만약 환란이 이미 싹트기를 기다리면 또 말해도 소용이 없을 것입니다. 신은 벼슬은 學士이고 직책은 論思라 불리는 터라 외부의 의논이 들끓어 일이 국가의 안위에 관계될 정도임을 들었기에, 신은 말이 주제넘고 생각이 어리석어 감히 스스로 침묵할 수 없었습니다. 성상께서 결정하소서.

1) 二府 : 宋나라 때 樞密院은 오로지 軍政을 관장하여 西府라 불리고, 中書門下는 政務를 관장하여 東府라 불리는데, 이 둘을 二府라 하였다.

## 09. 論水洛城事宜乞保全劉滬等箚子* 水洛城의 事宜를 논하여 劉滬 등을 보전해달라고 청한 箚子

* 이 글은 仁宗 慶曆 4년(1044), 혹은 그보다 조금 뒤에 지은 것으로 짐작된다. 水洛城은 대략 陽西 남쪽 2백 리 지점에 있다. 하천이 평평하고 토지가 비옥하며, 水輪과 銀·銅이 있어 전략적 요충지이다.

劉滬는 자가 子濬으로 保州 保塞 사람이다. 사람됨이 沈重하고 寡默하며 智略이 있었다. 慶曆 4년에 유호가 수락성을 손에 넣어 축조하고 있을 때 尹洙 등이 城이 불편하고 지키기 어렵다는 이유로 築城을 중지하라고 명하였다. 유호가 명령을 듣지 않자 윤수가 狄青을 시켜 유호를 잡아 下獄하게 하였다. 歐陽脩가 이 일로 인해 처리 방법을 고심하여 유호를 보전해달라고 箚子를 올린 것이다.

何等熟慮하며 何等忠悃가

얼마나 생각이 깊으며 얼마나 忠誠스러운가.

臣近風聞狄青與劉滬爭水洛城事하야 枷禁滬等奏來라하니 竊以邊將不和는 用兵大患이온 況狄青劉滬는 皆是可惜之人이라 事體須要兩全이니 利害最難處置라 臣聞水洛城은 自曹瑋[1]以來로 心知其利나 患於難得하야 未暇經營이러니 今滬能得之하니 則於滬之功不小요 於秦州之利極多라 昨韓琦等自西來에 聞有論奏하야 非以水洛爲不便이로되 但慮難得而難成이러니 今滬能得之하고 又有成之之志하니 正宜專委此事하야 責其必成이어늘 而狄青所見不同하야 遂成釁隙하니 其間利害를 臣請詳言하리라

근자에 풍문으로 듣건대 狄青이 劉滬와 水洛城의 일에 대해 다투다가 유호 등을 구금해놓고 上奏했다 합니다. 삼가 생각건대 변방을 지키는 장수들이 서로 불화하

는 것은 用兵의 큰 우환이거늘, 하물며 적청과 유호는 모두 아까운 사람들입니다. 事體상 모름지기 양쪽 모두 보전해야 할 것이니, 이해득실상 매우 처리하기 어려운 문제입니다.

신은 듣건대 수락성은 曹瑋 이래 마음속으로는 차지하는 것이 이로운 줄 알지만 얻기 어렵다는 문제점이 있어 경영할 겨를이 없었습니다. 그런데 지금 유호가 이 성을 얻었으니, 유호의 공로에 있어서도 작지 않고 秦州의 이익에 있어서는 지극히 많습니다.

근래 韓琦 등이 서쪽으로부터 와서 이 일에 대해 上奏하면서 '수락성이 불편한 것이 아니라 단지 얻기 어렵고 築城을 완수하기 어려운 게 염려된다.'고 들었습니다. 지금 유호가 이를 얻었고 또 축성을 완수하려는 뜻이 있다고 하니, 이 일을 전적으로 위임하여 반드시 성공을 거두도록 責勵해야 할 터입니다. 한데 적청은 견해가 같지 않아서 마침내 유호와 사이가 좋지 못하게 되고 말았으니, 그중의 이해득실을 신이 상세히 말하겠습니다.

1) 曹瑋 : 宋나라 사람으로 자는 寶臣이다. 19세에 대장이 되어 40년간 대장으로 있으면서 한 번도 패한 적이 없는 명장이다. 그가 이끄는 군대는 규율이 엄격하고 절도가 있어 西夏의 병사들이 매우 두려워했다. 한번은 曹瑋 휘하의 병사 일부가 반란을 일으켜 西夏에 투항한 사건이 일어났다. 이 일을 보고하자 조위는 그것이 작전의 일부라고 말하였다. 이 소식을 들은 서하는 결국 투항해 온 반란병을 일체 몰살하였다고 한다.

國家近年에 邊兵屢敗하야 常患大將無權하니 今若更沮狄靑하고 釋放劉滬면 則不惟於狄靑之意不足이요 兼沿邊諸將이 皆挫其威리니 此其不便一也라 臣聞劉滬經營水洛城之初에 奮身展效不少라 先以力戰取勝하고 然後誘而服從하니 乃是党留諸族[1]畏滬之威信이어늘 今忽見滬先得罪하야 帶枷入獄하면 則新降生戶[2]가 豈不驚疑리오 若使飜然復叛하면 則今後邊臣이 以威信招誘諸族에 誰肯聽從이리오 不惟水洛城이 更無可成之期요 兼沿邊生戶가 永無可招之理하리니 此其不便二也라 自用兵以來로 諸將爲國立事者少하니 此水洛城不惟自曹瑋以來未能得之라 亦聞韓琦近在秦州에 嘗欲

經營而未暇어늘 今滬奮然力取하야 其功垂就라가 而中道獲罪하야 遂無所成하면 則今後邊將이 誰肯爲國家立事리오 此其不便三也라 臣又聞水洛之戍가 雖能救援秦州나 而須藉渭州應副라하야늘 今劉滬旣與狄靑異議하니 縱使水洛築就라도 他時萬一緩急에 狄靑怒滬異己하고 又欲遂其偏見하야 稍不應副면 則水洛必須復失이니 其不便四也라 緣此之故로 遂移靑於別路하면 則是因一小將하야 移一部署니 此其不便五也라 此臣所謂利害甚多最難處置者也라

국가에서 근년에 변방의 군사가 누차 패전하여 늘 대장에게 실권이 없음을 걱정했습니다. 지금 만약 다시 狄靑의 주장을 막고 劉滬를 석방한다면 적청의 마음에도 만족스럽지 못할 뿐 아니라 변방 장수들이 모두 그 위엄이 꺾이고 말 것입니다. 이것이 첫째 불편한 이유입니다.

신은 듣건대 유호가 水洛城을 경영하던 당초에 온 힘을 다해 국가에 보답한 것이 적지 않았습니다. 먼저 힘써 싸워서 승리하고 그런 다음에 잘 타일러서 복종시켰으니, 이것이 党·留 등의 부족들이 유호의 威信을 두려워한 까닭입니다. 그런데 지금 갑자기 유호가 먼저 죄를 얻어서 형구를 차고 감옥에 들어가는 것을 그들이 보면 이제 막 항복한 生戶들이 어찌 놀라고 의심하지 않겠습니까. 만약 그들로 하여금 마음을 바꾸어 다시 배반하게 한다면 지금 이후로 변방을 지키는 신하들이 위신으로 부족들을 부르고 타일러도 누가 따르려 하겠습니까. 수락성 축조를 완수할 기약이 없을 뿐만 아니라 변방의 생호들을 영영 불러 귀순시킬 수 있는 이치가 없을 것입니다. 이것이 둘째 불편한 이유입니다.

군사를 출동한 이래로 장수들이 나라를 위해 事功을 세운 이가 적습니다. 이는 수락성을 曹瑋 이래로 얻지 못했을 뿐 아니라, 듣건대 韓琦가 근래 秦州에서 수락성을 경영하고자 했으나 겨를이 없었다고 합니다. 그런데 지금 유호가 온 힘을 다해 수락성을 빼앗아 그 공효를 거의 다 이루려 하는 차에 중도에 죄를 받아서 마침내 성취하는 바가 없게 된다면, 지금 이후로 변방의 장수들이 누가 국가를 위해 事功을 세우려 하겠습니까. 이것이 셋째 불편한 이유입니다.

신은 또 듣건대 수락성을 지키는 군사가 비록 秦州를 구원할 수 있다고는 하지만, 渭州의 응원을 빌어야 됩니다. 그런데 지금 유호가 이미 적청과 의견이 달라졌습니

다. 설령 수락성 축조가 완성된다 하더라도 훗날 만일 위급한 상황이 생겼을 때 적청이 자기와 의견을 달리하는 유호를 노여워하고 자기의 일방적 주장대로 밀고 나가려 해서 조금도 호응해주지 않으면 수락성은 필시 다시 잃고 말 것입니다. 이것이 넷째 불편한 이유입니다.

이러한 이유 때문에 마침내 적청을 다른 지역에 옮기면 이는 일개 小將으로 인해 한 부서를 옮기는 것입니다. 이것이 다섯째 불편한 이유입니다. 이것이 신이 아뢴바 '이해득실이 매우 많아 처리하기 매우 어렵다.'라는 것입니다.

1) 党留諸族 : 党・留는 宋나라 때 중국 渭州 일대에 거주하던 소수민족들의 이름이다.
2) 生戶 : 항복했으나 아직 송나라에 완전히 귀순하지 않은 토착 부족 세력을 가리킨다.

臣謂今宜遣一中使[1]하야 處分魚周詢[2]等하야 速令和解하고 務要兩全하되 必先密諭狄青曰 滬城水洛은 本有所稟이라 非是擅爲요 役衆築城은 不比行師之際라 滬見利堅執하야 意在成功하니 不可以違節制加罪라 滬宜釋放이로되 朝廷不欲直放은 恐挫卿之威니 卿自釋之하야 使感卿惠하라 若他時出師臨陣에 有違進退之命者어든 任卿自行軍法하라하고 然後密諭滬曰 汝違大將指揮하니 自合有罪로되 朝廷以汝於水洛展效로 望汝成功이라 故諭青使赦汝하고 責爾卒事以自贖하노라하고 俟水洛功就하얀 則又戒青不可因前曾異議하야 堅執不修하고 惟幸失之하야 遂已偏見이요 今後水洛緩急에 尤須極力應副니 萬一小有疎失이면 則是汝挾情故陷之니 必有重刑[3]이라하소서 如此則水洛之利可成하고 蕃戶之恩信不失하며 邊將立事者不懈하고 大將之威不挫어니와 苟不如此면 未見其可라 蓋罪滬既不可하고 罷水洛城又不可하고 沮狄青又不可하니 事關利害라 伏望聖慮深思하소서 取進止하소서

신은 생각건대 지금 한 中使을 파견하여 魚周詢 등에게 분부하여 속히 화해시켜 가급적 두 사람 모두 보전할 수 있게 하되, 반드시 먼저 密旨를 내려 狄青을 타이르기를 "劉滬가 水洛에 성을 쌓는 것은 본래 조정에 보고한 바요 자기 마음대로 한 것

이 아니다. 사람들을 부려서 성을 쌓는 것은 군사를 움직이는 때에 비할 수 있는 것은 아니다. 유호가 유리함을 보고 자기 생각을 고집하여 일을 완수하는 데 뜻을 두고 있으니, 명령을 어겼다고 해서 죄를 주어서는 안 된다. 유호를 석방해야 하지만 조정이 곧바로 석방하고자 하지 않는 것은 경의 위엄을 꺾을까 염려해서이니, 경이 스스로 석방하여 유호로 하여금 경의 은혜에 감동하게 하라. 만약 훗날 군사를 출동하여 전투를 할 때 진퇴의 명령을 어기는 경우가 있거든 경이 마음대로 군법을 집행하도록 맡겨둔다." 하소서.

그런 뒤에 유호에게 밀지를 내려 타이르기를 "네가 대장의 지휘를 어겼으니 응당 죄가 있어야 할 것이로되, 조정은 네가 수락성을 쌓는 데 노고가 있음을 알기에 네가 일을 완수하기를 바란다. 그래서 적청에게 타일러 너를 사면하게 하고, 너를 책려하여 일을 마침으로써 스스로 속죄하게 한다." 하소서.

수락성 쌓는 일이 완수되기를 기다려 또 적청에게 "종전처럼 유호와 의견을 달리하여 자기 생각을 고집해 바꾸지 않으며, 행여 유호가 하는 일이 잘못되어 자기의 일방적 주장대로 일이 진행되기를 바라서는 안 된다. 지금 이후로 수락성에 위급한 상황이 발생했을 때 더욱 극력 지원해야 할 것이다. 만일 조금이라도 소홀하여 잘못되는 일이 있으면 네가 사사로운 감정을 가지고 일부러 유호를 위험에 빠뜨린 것이니, 필시 重刑이 있게 될 것이다."라고 경계하소서.

이와 같이 하면 수락성의 이로움을 이룰 수 있고 변방 生戶들에 대한 威信도 잃지 않으며, 변방 장수로서 事功을 세우는 이들은 해이하지 않고 대장의 위엄은 꺾이지 않을 수 있을 것입니다. 그러나 진실로 이와 같이 하지 않으면 아무래도 안 될 것입니다. 유호에게 죄를 주어서도 안 될 뿐더러 수락성을 축조하는 일을 그만둘 수도 없으며, 또 적청의 뜻을 막아서도 안 됩니다. 이 일은 이해득실에 관계됩니다. 삼가 바라건대 성상께서는 깊이 생각하소서. 성상께서 결정하소서.

1) 中使 : 궁중에서 보내는 使者이다.
2) 魚周詢 : 宋나라 때 雍丘 사람으로 자는 裕之이다. 어릴 때 부친을 여의고 학문을 좋아했으며 실무에 밝았다. 仁宗 때 여러 관직을 역임, 右諫議大夫 權御使中丞에 올랐다. 수락성을 쌓는 일에 조정이 그를 보내 감독하게 하였다.
3) 重刑 : 本集에는 '重責'으로 되어 있다.

## 10. 論罷鄭戩四路都部署箚子* 鄭戩의 四路都部署 직임을 파면할 것을 논한 箚子

* 이 글은 仁宗 慶曆 2년(1042)에 지어진 것이다. 鄭戩은 蘇州 吳縣 사람으로 자는 天休이다. 어려서 孤兒가 되었지만 열심히 공부하여 文章으로 이름을 날렸다. 知開封으로 있을 때 정치에 역량을 발휘해 治績이 있었다. 1042년에 陝西四路都總管 兼 經略按撫招討使가 되었다가 파면되었는데, 歐陽脩가 이 일을 논하여 箚子를 올린 것이다.

擘畫中將領機宜라

謀策을 말한 것이 將領의 마땅히 해야 할 機務에 맞다.

臣伏覩勅除鄭戩知永興軍하고 仍兼陝西都部署하니 自聞此命으로 外人議論이 皆以爲非요 在臣思之에도 實亦未便이라 竊以兵之勝負가 全由處置如何어늘 臣見用兵以來로 累次更改하야 或四路都置部署하고 或分而各領一方하야 乍合乍離에 各有利害어니와 惟夏竦往年所任鄭戩今日之權[1]이 失策最多하니 請試條列호리라

신은 삼가 보건대 詔勅을 내려 鄭戩을 知永興軍에 제수하고 이어 陝西都部署를 겸임하게 하셨습니다. 이 명을 듣고부터 外人들의 의논이 모두 그르다 하고, 신이 생각해봐도 실로 온당치 못합니다. 삼가 생각건대 用兵의 승부는 모두 처분을 어떻게 하느냐에 달렸습니다. 그런데 신이 보건대 군사를 출동한 이래 누차 처분을 바꾸어, 혹 四路를 합쳐서 都部署를 두기도 하고, 혹 나누어 각각 한 방면을 맡게 하기도 하였는데, 합쳤다 나누었다 함에 각각 이해득실이 있거니와 오직 夏竦이 지난해 맡았던 바, 鄭戩이 지금 맡고 있는 兵權은 失策이 매우 많으니, 조목조목 열거해보겠습니다.

1) 惟夏竦往年所任鄭戩今日之權 : 夏竦이 직임을 벗고 난 뒤 鄭戩을 임명하여 永興軍 陝西都部署로 삼았다.

臣聞古之善用將者는 先問能將幾何[1)]어늘 今而不復問戩能將幾何하고 直以關中數十州之廣과 蕃漢十萬之兵과 沿邊二三千里之事로 盡以委之하니 此其失者一也라

신은 듣건대 옛날에 장수를 잘 쓰는 이는 먼저 군사를 얼마나 거느릴 수 있는지를 물었습니다. 한데 지금은 鄭戩이 군사를 얼마나 거느릴 수 있는지는 묻지 않고 關中 수십 고을의 넓은 땅과 중국 국경을 지키는 십만 군병과 변방 2, 3천 리를 다스리는 일을 모두 위임했으니, 이것이 첫째 잘못입니다.

1) 古之善用將者 先問能將幾何 : 劉邦이 명장 韓信에게 "나는 얼마의 군사를 거느릴 수 있겠는가?" 하니, 한신이 "폐하는 불과 10만 명을 거느릴 수 있을 뿐입니다." 하였다. 유방이 "그대는 어떠한가?" 하니, 한신이 "신은 많을수록 더 잘합니다.〔多多益辦〕" 하였다. ≪漢書 韓信傳≫ '多多益辦'이 ≪通鑑節要≫에는 '多多益善'으로 되어 있다.

或曰 戩雖名都部署나 而諸路自各有將하고 又其大事는 不令專制하야 而必稟朝廷이라하니 假如邊將有大事면 先稟於戩하고 又稟於朝廷하야 朝廷議定下戩이라야 戩始下於沿邊이니 只此一端이 自可敗事니 其失二也라

혹자는 "鄭戩이 비록 都部署란 직명을 가졌으나 각 방면에 저마다 장수가 있으며, 게다가 큰 일은 마음대로 처리하지 못하게 하여 반드시 조정에 보고하게 되어 있다." 하니, 가사 변방에 장차 큰 일이 발생하면 각 방면의 장수들은 먼저 정전에게 보고하고 정전은 다시 조정에 보고하고 조정이 의논하여 정전에게 명령을 하달해야 정전이 비로소 변방 여러 장수들에게 하달할 것입니다. 바로 이 한 가지가 일을 망칠 수 있는 것입니다. 이것이 둘째 잘못입니다.

今大事를 戩既不專하니 若小事又不由戩하면 則部署一職이 止是虛名이요 若小事一一問戩이면 則四路去永興이 皆數百里라 其寨柵이 遠者千餘里니 使戩一一處分合宜라도 尚有遲緩之失이어늘 萬一耳目不及하야 處置失宜하면 則爲害不細니 其失三也라

지금 큰 일을 鄭戩이 이미 마음대로 처리하지 못하니, 만약 작은 일조차 정전의 명령을 따르지 않는다면 部署라는 직책은 단지 헛된 직명에 그치고 말 것이고, 만약 작은 일마저 일일이 정전에게 물어야 한다면 四路는 永興과의 거리가 모두 수백 리요, 그 營寨가 먼 것은 천여 리나 떨어져 있습니다. 따라서 가사 정전의 처분이 일일이 다 마땅하다 하더라도 오히려 시행이 더뎌지는 문제가 있을 터인데, 만일 耳目이 미치지 못하여 정전의 처분이 마땅하지 못하면 그 해가 작지 않을 것입니다. 이것이 셋째 잘못입니다.

**若大小事**가 **都不由戩**이요 **而但使帶其權**이면 **豈有數十州之廣**과 **數十萬之兵**과 **二三千里之邊事**를 **作一虛名**하야 **使爲無權之大將**이리오 **若知戩可用**인댄 **則推心用之**하고 **若知不可用**인댄 **則善罷之**니 **豈可盡關中之大**하야 **設爲虛名**하야 **而以不誠待人**이리오 **其失四也**라

만약 큰 일과 작은 일을 모두 鄭戩의 명령에 따르지 않으면서 단지 그 직권만 띠고 있게 한다면 어찌 수십 고을의 넓은 땅과 수십만 군병과 2, 3천 리 변방의 일을 일개 헛된 직명으로 삼아 실권이 없는 대장을 만든단 말입니까. 만약 정전이 기용할 만한 사람인 줄 안다면 성실한 마음으로 기용하고, 만약 기용해서는 안 될 사람인 줄 안다면 잘 그만두게 해야 할 것입니다. 어찌 關中의 큰 땅을 다하여 헛된 직명을 만들어서 성실하지 않은 마음으로 사람을 대우할 수 있겠습니까. 이것이 넷째 잘못입니다.

**今都部署**는 **名統四路**나 **而諸將事無大小**히 **不稟而行**하니 **則四路偏裨**가 **各見其將不由都帥**하니 **則上下相效**하야 **皆欲自專**하니 **其失五也**라

지금 都部署는 명색이 四路를 통괄하지만 장수들이 일의 크고 작음에 상관없이 보고하지 않고 시행합니다. 그러면 사로의 偏將과 裨將들이 저마다 자기 장수가 도부서의 명을 따르지 않는 것을 볼 것인즉, 윗사람과 아랫사람이 서로 본받아서 모두 제 마음대로 하려 할 것입니다. 이것이 다섯째 잘못입니다.

今都部署是大將이어늘 反不得節制四路하고 而逐路是都帥部將이 却得專制一方하니 則委任之意이 大小乖殊하야 軍法難行하고 名體不順하니 其失六也라

지금 都部署는 대장인데도 도리어 四路를 통제하지 못하고 각 路마다 都帥部將이 도리어 한 방면을 마음대로 통제할 수 있습니다. 이렇게 되면 委任한 뜻에 크고 작음이 어긋나 군법이 시행되기 어렵고 명분과 事體가 이치에 맞지 않게 될 것입니다. 이것이 여섯째 잘못입니다.

若知戩果不可大用이로되 但不敢直罷其職인댄 則是大臣顧人情避己怨이니 如此作事가 何以弭息人言이리오 其失七也라

만약 鄭戩이 과연 크게 써서는 안 되는 사람임을 알지만 감히 곧바로 그 직책을 파면하지 못한다면 이는 대신이 人情을 고려하고 자기가 받을 원망을 회피하는 것이니, 이와 같이 일을 해서야 사람들의 말을 어찌 그치게 할 수 있겠습니까. 이것이 일곱째 잘못입니다.

料朝廷忽有此命이 必因韓琦等近自西來하야 有此擘畫이라 琦等身在邊陲하야 曾爲將帥하니 豈可如此失計리오 臣今欲乞令兩府[1)]之臣으로 明議四路不當置都部署利害하소서 其鄭戩旣不可內居永興而遙制四路하니 則乞落其虛名하야 只令坐鎭長安하고 撫民臨政하야 以爲關中之重이라도 其任所繫亦大하고 而使四路各責其將하면 則事體皆順하고 處置合宜라 今取進止하소서

헤아려보건대, 조정에서 갑자기 이 명을 내린 것은 필시 韓琦 등이 근자에 서쪽에서 와서 이런 계획을 하였기 때문일 것입니다. 한기 등은 자신이 변방에 있으면서 일찍이 장수가 됐었으니, 어찌 이런 잘못된 계책을 내어서야 되겠습니까. 신은 이제 바라건대 兩府의 신하들로 하여금 四路에 都部署를 두어서는 안 되는 것의 이해득실을 분명히 의논하게 하소서.

鄭戩이 이미 永興 안에 있으면서 멀리 四路를 통제할 수 없다면, 바라건대 그 허명을 떨어뜨려 단지 長安만 진압하면서 백성을 慰撫하고 政務를 보게 함으로써 關

中을 무겁게 하소서. 그렇게 하더라도 그 직임의 관계된 바가 역시 큽니다. 그리고 四路로 하여금 각각 그 장수를 責勵하게 하면 事體가 모두 이치에 순응하여 처치가 합당할 것입니다. 이제 성상께서 결정하소서.

1) 兩府 : 송나라 때 中書省과 樞密院 두 부서를 합칭한 것이다.

## 11. 論張子奭恩賞太頻箚子* 張子奭에게 내리는 恩賞이 너무 빈번함을 논한 箚子

* 이 글은 仁宗 慶曆 4년(1044) 지은 것이다. 張子奭은 西夏에 사신을 다녀온 인물인데, 이 글과 관련된 일은 상고할 수 없다. 장자석에게 상을 과도하게 내리자 도리어 그의 공로가 덮이고 조정의 처사가 어지러워질까 걱정하여, 歐陽脩가 자신의 생각을 정리해 이 글을 올렸다.

慨切이라
慷慨하고 懇切하다.

臣風聞知汝州范祥[1)]爲相度陜西靑白鹽하고 勅差張子奭權知汝州라하니 子奭自選入二年內에 遷至員外郞하니 朝廷之意는 雖曰賞勞나 而天下物議는 皆云僥倖이니 蓋以子奭宣勞絶少하야 止兩次로되 而遷官恩賜는 已數重이라 自古賞功不過一次어늘 賞之不已라 故難弭人言이라 初自選入改京官에 曰賞勞라하고 未及二歲하야 改秘書丞에 又曰賞勞라하고 賜以章服[2)]에 又曰賞勞라하고 秘書丞不久하야 又轉官에 又曰賞勞라하고 合得太常博士어늘 超遷員外郞에 又曰賞勞라하고 後行祠部爲名曹[3)]에 又曰賞勞라하고 作京官에 合作知縣이어늘 而作簽判에 又曰賞勞라하고 一任未滿하야 合更有一任知縣이어늘 又超通判差遣에 又曰賞勞라하니 此所以外人之議不允也라

신은 풍문으로 듣건대 知汝州 范祥이 相度陜西靑白鹽이 되었고 칙명으로 張子奭을 權知汝州로 差任했다고 하였습니다. 장자석은 관원으로 뽑혀 들어온 지 2년 안에 승진하여 員外郞이 되었으니, 조정의 뜻은 비록 공로에 대해 상을 준 것이라 하

지만 천하 사람들의 여론은 모두 요행으로 그렇게 된 것이라 합니다.

대개 장자석은 공로를 세운 것이 매우 적어 두 차례에 그쳤는데, 승진과 恩賜는 이미 그 恩數가 과중합니다. 예로부터 공로에 대한 상을 내리는 것은 한 번에 불과한 법이거늘 상을 주기를 그치지 않기 때문에 사람들의 말을 막기 어려운 것입니다. 애초에 선발되어 조정에 들어왔을 때 "노고에 대해 상을 준다." 하였고, 2년이 못 되어 秘書丞으로 자리를 바꾸어주면서 또 "노고에 대해 상을 준다." 하였습니다. 章服을 하사하면서 또 "노고에 대해 상을 준다." 하였고, 비서승에 있은 지 오래지 않아 또 관직을 옮겨주면서 또 "노고에 대해 상을 준다." 하였습니다.

응당 太常博士로 가야 하는데 등급을 뛰어넘어 員外郎으로 승진시키면서 또 "노고에 대해 상을 준다." 하였고, 그 후에 行祠部로서 名曹가 될 때도 "노고에 대해 상을 준다." 하였습니다. 京官으로 있었으면 응당 知縣이 되어야 하거늘 簽判에 임명하면서 또 "노고에 대해 상을 준다." 하였고, 한 번 임기가 차지도 않았으므로 응당 다시 한 번 지현을 맡아야 하거늘 또 등급을 뛰어넘어 通判으로 차임해 보내면서 또 "노고에 대해 상을 준다." 하였습니다. 이것이 외인들이 온당치 못하다고 말하는 까닭입니다.

1) 范祥 : 邠州 三水 사람으로 자는 晉公이다. 행정과 정치에 솜씨가 있어 일찍이 鹽法을 개혁하였다.
2) 章服 : 무늬로 직급을 표시한 禮服이다.
3) 行祠部爲名曹 : 祠部는 禮部에 속한 官名으로 종묘의 제사, 천문, 물시계, 國忌, 廟諱, 卜筮 등의 일을 관장한다. 名曹는 祠部에 속한 관원이다.

況范祥暫出句當하니 只合交割以次官員이어나 或轉運司[1]自差人權이어늘 今朝廷差人이 已是失體요 又於子奭爲此僥倖이라 今朝臣待闕在京者甚衆하니 豈無一人堪權知州[2]者리오 朝廷每用一人에 必當使天下人服이어늘 今每一差遣이면 則物議沸騰하야 累日不息이라 昔五代桑維翰[3]爲晉相하야 一夕除節度使十五人爲將하되 而人皆服其精이러니 今中書差一權知州而不能免人譏議者는 蓋事無大小요 當與不當而已라 其張子奭을 伏乞追寢權差之命하고 仍乞今後外處差出知州에 只委本路

轉運使差官權하소서

더구나 范祥은 잠시 외직으로 나가 직무를 맡아보았으니, 단지 직무를 교대하여 관원의 부관이 되거나 轉運司에서 남의 代理로 差任해야 할 터이거늘, 지금 조정에서 사람을 차임하는 것이 이미 체통을 잃었고 게다가 장자석에게는 이런 요행으로 벼슬을 얻게 하는 일을 하였습니다. 지금 조정 신하들로 京師에 있으면서 빈자리가 나기를 기다리는 사람이 매우 많으니, 어찌 權知州를 맡을 만한 사람이 하나도 없겠습니까. 조정은 한 사람을 쓸 때마다 반드시 천하 사람들로 하여금 心服하게 해야 하거늘, 지금 한 번 차임해 보낼 때마다 물의가 들끓어 여러 날 동안 그치지 않습니다.

옛날 五代 때 桑維翰은 後晉의 재상이 되어 하룻저녁에 節度使 15명을 제수해 장수로 삼았는데도, 사람들이 모두 그 정밀함에 심복하였습니다. 그런데 지금 중서성에서 한 명의 權知州를 차임하고도 사람들의 비난을 면치 못하는 것은, 대개 일에는 크고 작음이 없고 마땅한가 마땅하지 못한가에 달려 있을 뿐이기 때문입니다. 장자석에 대해 바라옵건대 權差하라는 명을 뒤미쳐 중지하시고, 또 바라옵건대 지금 이후로 外處의 知州를 차출할 때는 本路의 轉運使에게 관리를 차임하는 권한을 위임하소서.

1) 轉運司 : 轉運使의 官署로 한 방면의 財賦를 관장하는 부서이다.
2) 權知州 : 宋나라 초에 五代 때의 각 나라들이 있던 藩鎭을 감독하기 위해 節度使를 도성에 와 머무르게 하고 그 대리로 조정에서 관원을 파견하여 州郡을 다스리게 했는데 이를 權知某軍州事라 했다. 후에 생략하여 知州라 하였다.
3) 桑維翰 : 五代 시대 後晉 사람이다. 그가 進士에 응시했을 때 試官이 그의 姓이 喪과 同音임을 싫어하여 합격자 명단에서 그를 빼버렸다. 어떤 사람이 그에게 굳이 진사 급제를 하려고 할 것이 아니라 달리 벼슬을 구할 수도 있지 않느냐고 하자, 그가 분개하여 〈日出扶桑賦〉를 지어서 자신의 뜻을 보이고, 또 무쇠 벼루〔鐵硯〕를 만들어 보여주면서 말하기를 "이 벼루가 다 닳거든 마음을 바꿔 다른 길로 벼슬을 구하겠다." 하고는 그 후로 더욱 열심히 공부하여 끝내 진사에 급제했다. ≪舊五代史 晉書 桑維翰傳≫

至於賞罰之柄하얀 貴在至公이라 今莫大之罪를 不過一刑而止어늘 豈有勞者終身行賞

而不已리오 亦乞今後有勞效之人이어든 量其大小하야 一賞而止하고 若其別著能效어든 則拔擢自可不次니 人亦自然無言이라 伏以朝廷用人을 惟患守例而不能不次하고 選任但不涉於僥倖하면 實有材藝之人이라도 誰敢有言이리오 子奭作使西鄙하니 不謂無勞로되 但恩典已優하고 於賞已足이라 可惜令天下指爲僥倖之人而掩其前效온 況又上虧朝政하니 不可不思라 取進止하소서

賞罰의 권한으로 말하자면 중요함이 지극히 公正한 데 있습니다. 지금 막대한 죄를 지은 사람도 한 번 형벌을 주는 데 불과할 뿐이거늘, 어찌 노고가 있는 사람이라고 종신토록 상을 주어 그치지 않을 수 있단 말입니까. 또한 바라옵건대 지금 이후로 공로를 세운 사람이 있거든 그 공로의 크고 작음을 헤아려서 한 번 상을 주고 그쳐야 합니다. 만약 특별히 드러난 공로가 있으면 등급을 뛰어넘어 발탁해도 될 것이니 사람들도 자연 비난하는 말이 없을 것입니다.

삼가 생각건대 조정이 인재를 등용함에 있어서 오직 관례를 지킬 것만 생각할 뿐 등급을 뛰어넘어 발탁하지 못하고 선임할 때에는 다만 요행으로 벼슬을 얻게 되는 점만 없게 할 뿐입니다. 그렇게 하면 실로 재주와 기예가 뛰어난 사람이 있더라도 누가 감히 말하겠습니까. 張子奭은 서쪽 변방에 사신으로 갔으니 공로가 없다고 할 수는 없습니다. 다만 恩典을 이미 넉넉하게 내렸고 상도 이미 충분히 주었는지라 가석하게도 천하 사람으로 하여금 그를 지목하여 요행으로 벼슬을 얻은 사람이라 하고 종전에 세운 공로는 덮어버리게 하였습니다. 게다가 또 위로 조정의 政事에 흠이 되게 하니, 생각하지 않아서는 안 됩니다. 성상께서 결정하소서.

## 12. 論江淮官吏箚子* 江淮의 官吏에 대해 논한 箚子

* 내용 중에 王倫의 일을 말한 것으로 보아 이 글은 仁宗 慶曆 3년(1043) 6월에 지어진 듯하다. 왕륜은 본래 沂州 虎翼軍의 사졸이었다. 慶曆 3년 5월에 수십 명을 선동하여 兵變을 일으켜 巡檢使 朱進을 죽이고 密州와 青州 일대에서 접전을 하였다. 京東都提擧巡檢 傅永吉이 진압하자 남쪽 江淮 지방으로 내려가 泰州와 揚州 등 楚 지방을 공격하였다. 결국 7월에 和州에서 피살되었다.

臣聞江淮官吏等各爲王倫事奏案하야 已到多時로되 而尙未聞斷遣이러니 仍聞議者猶欲寬貸라 臣聞昨來江淮官吏가 或斂物獻送하고 或望賊奔迎하고 或獻納[1]兵甲하고 或同飮宴이라하니 臣謂倫一叛卒이라 偶肆猖狂이어니와 而官吏敢如此者는 蓋知賊可畏而朝廷不足畏也라 今若更行寬貸하면 則紀綱隳壞하고 盜賊縱橫하야 天下大亂이 從此始矣라 何以知之오 昨王倫事起에 江淮官吏未行遣之間에 京西官吏가 又已棄城而走하고 望賊而迎하니 若江淮官吏를 不重行遣이면 則京西官吏도 亦須輕恕라 京西官吏가 見江淮官吏已如此하면 則天下諸路가 亦指此兩路爲法하야 在處官吏가 皆迎賊棄城하고 獻兵納物矣리니 則天下何由不大亂也리오

신은 듣건대 江淮 지역의 관리 등이 각각 王倫의 일로 올린 奏案이 이미 조정에 이른 지 오래인데 아직도 결단을 내리시지 못했다고 하였습니다. 이어 듣건대 이 문제를 의논하는 이들은 관대하게 용서해주고자 한다고 하였습니다. 신은 듣건대 접때 온 강회의 관리가 물품을 거두어 적에게 보내기도 하고, 적을 멀리서 보고 달려가 영접하기도 하고, 적에게 병기와 갑옷을 바치기도 하고, 적들과 함께 술을 마시기도 한다고 합니다.

신은 생각건대 왕륜은 일개 반역한 졸개라 우연히 제멋대로 미친 짓을 한다손 치더라도, 관리로서 감히 이런 짓을 하는 자들은 적이 두려울 뿐 조정이 두렵지 않다는 것을 알기 때문입니다. 그런데 지금 만약 관대하게 용서해준다면 기강은 무너지고 도적은 날뛰어 천하의 큰 혼란이 이로부터 시작될 것입니다.

어떻게 알 수 있는가 하면 이렇습니다. 지난날 왕륜의 일이 일어났을 때 강회의 관리들을 아직 처벌하지 않은 사이에 京西의 관리들도 이미 성을 버리고 도주하고 적을 멀리서 바라보고 영접하였습니다. 만약 강회의 관리들을 중하게 처벌하지 않으면 경서의 관리들도 가볍게 용서해주어야 할 것입니다. 경서의 관리들이 강회의 관리들이 이와 같은 것을 본다면 천하의 각 지방들도 이 두 지방을 가리켜 본보기로 삼아서 모든 곳의 관리들이 적을 영접하고 성을 버리며 병기를 적에게 바치고 물품을 바칠 것이니, 천하가 어찌 크게 혼란하지 않을 수 있겠습니까.

1) 獻納 : 本集에는 '納'자가 없다.

臣伏思祖宗艱難하야 創造基圖하고 陛下憂勤하야 嗣守先業이어늘 而一旦四夷外叛하고 盜賊內攻하니 其壞之者誰哉오 皆由前後迂繆之臣이 因循寬弛하야 使朝威不振에 綱紀遂隳라 今已壞之至此로되 而猶不革前非하야 以寬濟寬하니 何以救弊리오 如晁仲約[1)]等은 情法至重하야 俱合深行이니 議者無由曲解라 或聞以謂自是朝廷素不爲備하니 不可全罪外官이라하니 假如有殺父與兄者면 豈可只言自是朝廷素無敎化라하야 而不罪殺親之人리오 又如有人掠奪生人男女金帛이어든 不可只言自是朝廷素無禮讓이라하야 而不罪劫人之賊이라 迂儒不可用하니 可笑如此라

신은 삼가 생각건대 祖宗朝에서 간난을 겪으며 나라의 기반을 세웠고 폐하께서 국사를 위해 근심하고 노력하여 선대의 왕업을 이어 지켜오셨습니다. 그런데 하루아침에 사방 오랑캐들이 밖에서 배반하고 도적이 안에서 공격하니, 이렇게 무너지게 한 자는 누구이겠습니까. 모두 前後의 무능하고 그릇된 신하들이 그럭저럭 늘 해오던 대로 느슨하게 일을 처리하여 조정의 위엄이 떨쳐지지 못하고 기강이 마침내 무너지게 했기 때문입니다. 지금 이미 무너짐이 이 지경에 이르렀는데도 오히려 종전의 잘못을 고치지 않고 느슨한데다 더 느슨하게 하고 있으니, 어떻게 폐단을 고칠 수 있겠습니까.

晁仲約 같은 사람들은 죄를 지은 정상과 적용될 법이 지극히 무거워 모두 중벌로 다스려야 마땅할 것이니, 의논하는 이들이 달리 이해해 용서하자고 주장할 길이 없습니다. 혹 듣기로는 조정이 평소에 대비하지 않았으니 외지의 관리들에게만 전적으로 죄를 줄 수 없다고 합니다. 가령 아버지를 죽이고 형을 죽인 자가 있다면 어찌 조정이 평소에 교화를 펴지 않아서 그렇다고만 말하고 父兄을 죽인 사람에게 죄를 주지 않을 수 있겠습니까. 또 예컨대 남녀를 협박하여 금품과 비단을 약탈한 자가 있을 경우 다만 조정이 평소 禮讓을 하지 않아서 그렇다고만 말하고 사람을 협박한 도적에게 죄를 주지 않을 수 없습니다. 迂闊한 선비는 써서는 안 되니, 가소롭기가 이와 같습니다.

1) 晁仲約 : 慶曆 연간(1041~1048)에 進士가 되었고 벼슬은 正奉大夫에 이르렀으며, 知深州를 역임하였다. 관련 사실은 자세하지 않다.

李熙古豈獨是朝廷素有備之州며 傅永吉[1]豈獨是朝廷素練之兵이리오 蓋用命則破賊矣라 今朝廷素無禦備어늘 爲大臣者又不責之하고 守州縣者合有罪어늘 又寬之하면 天下之事를 何人任責가 竊緣韓綱[2]是大臣之家라 父子兄弟가 竝在朝廷하고 權要之臣皆是相識이라 多方營救라 故先於江淮官吏寬之하니 只要韓綱行遣不重이라 今大臣不思國體하고 但樹私恩하니 惟陛下以天下安危爲計하야 出於聖斷하야 以勵群下하면 則庶幾國威粗振하고 賞罰有倫이라 其晁仲約等을 乞重行朝典하고 乞不寬恕하소서 取進止하소서

李熙古가 맡은 고을은 어찌 유독 조정이 평소에 대비한 고을이겠으며, 傅永吉이 맡은 고을은 어찌 유독 조정이 평소에 훈련시킨 군병이겠습니까. 대개 군병이 장수의 명을 따르면 적을 격파할 수 있는 것입니다. 지금 조정이 평소 적을 대비하지 않았거늘 대신이 된 자들을 또 문책하지 않고, 州縣의 수령들은 응당 죄를 받아야 할 터이거늘 이마저 느슨하게 용서한다면 천하의 일을 어느 누가 책임지겠습니까.

韓綱은 대신의 집안 사람이라 부자 형제가 모두 조정에 있고 권력을 쥔 要路의 신하들이 모두 평소 잘 알고 지내온 사람들이라 이들이 다방면으로 애써 구해주었습니다. 그런 까닭에 강회의 관리들에 앞서 느슨하게 용서해주었던 것이니, 이는 단지 한강을 重罪로 처벌하지 않으려고 그랬던 것일 뿐입니다.

지금 대신들이 국가의 체모는 생각하지 않고 단지 사사로운 은혜를 심고 있으니, 바라건대 폐하께서 천하의 안위를 생각하시어 聖心으로 판단하시어 신하들을 독려하소서. 그렇게 하시면 국가의 위엄이 다소 떨쳐지고 賞罰에 질서가 있게 될 것입니다. 조중약 등은 바라옵건대 조정의 법으로 중벌을 내리고 느슨하게 용서하지 마소서. 성상께서 결정하소서.

1) 傅永吉 : 王倫이 반란을 일으켰을 때, 徐的의 裨將이 되어 왕륜을 추격하여 采石磯에서 죽였다.
2) 韓綱 : 당시 參知政事 尙書左丞으로 있던 韓億의 맏아들이다. 그의 형제 여덟 사람이 모두 조정에 관료가 되었다. 성격이 좀스럽고 급하여 慶曆 연간에 知光化軍이 되었을 때 휘하 장졸들을 다스리지 못하고 도리어 그들에게 축출되었다.

宋大家歐陽文忠公文抄 卷4

# 箚子

## 01. 乞補館職箚子* 館職에 보임해주기를 청하는 箚子

* 이 글은 宋 英宗 治平 3년(1066)에 쓴 것이다. 이해는 歐陽脩의 나이가 60세 되던 해이다. 영종이 中書省에 "홍수가 나 水災가 발생했는데, 言事하는 신하들이 '어진 이를 등용하지 않았기 때문에 그런 것입니다.'라고 하였으니, 어찌하여 그러한 것인가." 하였다. 이에 歐陽脩가 본편을 지어 자신의 생각을 말했다.

**是大體要處**라

이는 대체의 중요한 곳이다.

**臣竊以治天下者**는 **用人非止一端**이라 **故取士不以一路**[1)]하니 **若夫知錢穀曉刑獄**하며 **熟民事精吏幹**하고 **勤勞夙夜**하야 **以辦集爲功者**를 **謂之材能之士**라하고 **明於仁義禮樂**하며 **通於古今治亂**하고 **其文章論議**가 **與之謀慮天下之事**에 **可以決疑定策論道經邦者**를 **謂之儒學之臣**이라하니 **善用人者必使有材者竭其力**하고 **有職者竭其謀**라 **故以材能之士布列中外**하야 **分治百職**하야 **使各辦其事**하며 **以儒學之臣**으로 **置之左右**하야 **與之日夕謀議**하야 **講求其要而行之**하고 **而又於儒學之中**에 **擇其尤者**하야 **置之廊廟**하야 **而付以大政**하야 **使總治群材衆職**하야 **進退而賞罰之**하니 **此用人之大略也**라

신은 삼가 다음과 같이 생각합니다. 천하를 다스리는 이는 人材를 쓰는 것이 한 가지에 그치지 않습니다. 그러므로 한 가지 길로 선비를 취하지 않습니다. 錢穀을 잘 알고 刑獄에 밝으며 백성의 일에 익숙하고 관리의 일을 잘하며 밤낮으로 부지런히 일하여 성과를 거두는 것으로 공적을 삼는 이를 才能의 선비라 하고, 仁義와 禮樂에 밝으며 古今의 治亂에 통달하고 그 문장과 의논이 더불어 천하의 일을 의논함

에 의심스러운 것을 결단하고 계책을 결정하며 도를 논하고 나라를 경영할 만한 이를 儒學의 선비라 하니, 인재를 잘 쓰는 이는 반드시 재능이 있는 사람으로 하여금 그 힘을 다하게 하고 식견이 있는 이로 하여금 그 智謀를 다하게 합니다.

그러므로 재능이 있는 선비를 중외에 두루 배치하여 모든 직책을 분담하여 저마다 자기 일을 하게 하며, 유학의 선비를 좌우에 두어서 밤낮으로 논의하여 요체를 강구하여 시행하게 합니다. 그리고 또 유학의 선비 중에서 뛰어난 이를 가려뽑아서 廊廟에 두고서 大政을 맡겨 모든 인재와 모든 직책을 총괄하여 등용하고 퇴출하고 상을 주고 벌을 주게 합니다. 이것이 인재를 쓰는 방도의 대략입니다.

1) 取士不以一路 : 인재를 취함에 여러 경로가 있다는 의미이다. 宋나라 때 館閣에서 인재를 취함에 세 가지 방법을 썼다. 하나는 進士試에 합격하는 것, 하나는 대신들의 천거, 하나는 蔭補인 父子 승계이다.

由是言之컨댄 儒學之士는 可謂貴矣니 豈在材臣之後也리오 是以前世英主明君이 未有不以崇儒嚮學爲先하고 而名臣賢輔 出於儒學者가 十常八九也라

이를 통해 말하건대 유학의 선비는 귀하다 할 만하니, 어찌 재능이 있는 신하 뒤에 있겠습니까. 이런 까닭에 지난 시대에 영명한 군주는 유학을 숭상하고 학문을 중시하는 것을 우선으로 삼지 않는 이가 없었고 이름난 재상 중 유학에서 나온 이가 열에 늘 여덟, 아홉이었습니다.

臣竊見方今取士之失이 患在先材能而後儒學하며 貴吏事而賤文章이라 自近年以來로 朝廷患百職不修하야 務獎材臣이라 故錢穀刑獄之吏가 稍有寸長片善하야 爲人所稱者를 皆已擢用之矣라 夫材能之士는 固當擢用이나 然專以材能爲急하고 而遂忽儒學爲不足用하야 使下有遺賢之嗟하고 上有乏材之患하니 此甚不可也라

신은 삼가 보건대 지금 선비를 취하는 방법이 잘못된 것은 재능을 먼저하고 유학을 뒤로하며 관리의 실무를 중시하고 문장을 천시하는 데 그 문제점이 있습니다. 근년 이래 모든 직책이 제대로 수행되지 못함을 조정이 근심하여 재능이 있는 신

하를 장려하는 데 힘썼습니다. 이런 까닭에 錢穀의 회계를 잘하고 刑獄의 처리에 밝은 관리로 조그마한 장점과 능력이 있어 남들에게 일컬어지는 사람을 모두 발탁하여 썼습니다. 대저 재능이 있는 선비는 진실로 발탁해 씀이 마땅합니다. 그러나 오로지 재능을 우선한 나머지 마침내 유학을 소홀히 여겨 쓸 만하지 못하다 하여 아래에는 어진 인재가 버려져 있다는 탄식이 있고 위에는 인재가 부족하다는 근심이 있게 하니, 이는 매우 옳지 못합니다.

**臣謂方今材能之士**는 **不患有遺**니 **固不足上煩聖慮**요 **惟儒學之臣**은 **難進而多棄滯**하니 **此不可不思也**라 **臣以庸繆**로 **過蒙任使**하야 **俾陪宰輔之後**[1]라 **然平日論議不能無異同**하고 **雖日奉天威**나 **又不得從容曲盡拙訥**이라 **今臣有館閣取士愚見**하야 **具列如別箚**[2]하노니 **欲望聖慈**는 **因宴閒之餘**하야 **一迂睿覽**하야 **或有可采**어든 **乞常賜留意**하소서 **今取進止**하소서

신은 생각건대 지금 재능이 있는 선비는 버려진 사람이 있을까 근심할 것이 없으니 진실로 위로 성상께 염려를 끼칠 게 못 되고, 오직 유학의 선비는 등용하기 어려워 버림받고 積滯된 이가 많으니, 이 점을 생각하지 않아서는 안 됩니다. 신은 용렬한 몸으로 과분한 신임을 받아서 재상의 뒤에서 모시게 되었으나 평소의 의논은 재상과 다른 곳이 없을 수 없었으며, 게다가 비록 날마다 성상을 모시지만 조용히 서툴고 어눌한 말이나마 다하지 못하였습니다.

지금 신이 관각에서 선비를 뽑는 법에 대한 어리석은 견해가 있어 別箚와 같이 다 진달하오니, 바라건대 성상께서는 한가한 여가에 한 번 읽어보시고 혹 채택할 만한 점이 있거든 늘 유의해주소서. 지금 성상께서 결정하소서.

1) 俾陪宰輔之後 : 이때 歐陽脩가 副宰相 격인 參知政事에 임명되었으므로 이렇게 말한 것이다.
2) 箚 : 本集에는 '奏'자로 되어 있고 ≪唐宋八大家文鈔 校注集評≫에는 '札'자로 되어 있다.

**按宋制**에 **館閣取士以三路**하니 **進士高科一路也**며 **大臣薦擧一路也**며

**歲月疇勞一路也**[1)]요 **而其外又有制科召試**하야 **以待非常之士**러니 **而今獨有高第與庶吉士兩項而已**요 **餘則竝不可得**이라

살펴보건대 관각에서 세 가지 길로 선비를 뽑으니, 진사과에 높은 순위로 급제하는 것이 한 가지 길이요, 대신의 천거가 한 가지 길이요, 경력이 오래거나 노고에 보답하는 것이 한 가지 길이고, 그 밖에 또 制科와 召試를 두어서 비상한 선비를 대우하였는데 지금은 진사과에 급제한 자와 庶士·吉士 두 항목이 있을 뿐 나머지는 모두 할 수가 없다.

1) 宋制……歲月疇勞一路也 : 이 부분은 本集의 내용을 축약한 것이다. 本集에 의하면, 進士科 第三人(진사과에 3등으로 급제한 자) 이상으로 급제한 사람과 制科에 급제한 사람은 등차를 막론하고 모두 한 번 임용을 거치고는 곧바로 館職에 기용하였고, 진사과 第四人과 第五人은 두 번 임용을 거치고는 역시 館職에 임용될 수 있게 하였다. 兩府의 臣僚로 처음 임명된 자가 각각 두세 사람을 천거하면 즉시 불러 館職에 등용하였다. 그 나머지 일이 많은 부서에 오래 근무하였거나 중임을 맡은 사람은 특별히 館職을 兼帶하게 하였다. ≪文忠集≫

## 02. 論乞令百官議事箚子* 百官으로 하여금 일을 의논하도록 할 것을 논한 箚子

* 이 글은 仁宗 慶曆 3년(1043), 歐陽脩의 나이 37세에 쓴 것이다. 慶曆 2년에 歐陽脩는 上書하여 政事의 弊端을 논하다가 知滑州로 천거되었다. 3년에 仁宗이 言路를 넓히고 정사를 닦으니 사람들이 歐陽脩를 천거하여 臺諫으로 삼아야 한다고 하였다. 이에 知諫院이 되어 이 글을 썼다.

**開誠布公之見**이 **漢唐以來所少者**라

誠心을 다해 公正한 議論을 편 견해가 漢·唐 이래 드문 것이다.

**世宗庚戌年**에 **虜犯京邑**하야 **來通馬市**[1)]어늘 **亦下百官群議**가 **亦同此**하니

惜也라 次日에 又將出頭建議者가 竝坐禍譴이라

明 世宗 庚戌年(1550)에 도적이 경기 고을을 침범하여 와서 馬市를 열거늘 이 문제를 백관에게 하달하였는데 의논한 것이 또한 이때와 같았으니, 안타까운 일이다. 게다가 다음날에 장차 출두하여 건의하려던 이가 모두 화를 입어 譴罷되었다.

1) 馬市 : 말을 무역하는 시장이다. 중국은 전통적으로 비단, 소금, 차 등을 변방 유목 민족의 말과 서로 교역하였다. 唐 玄宗 때 시작되어 宋나라에서도 그 제도를 그대로 유지했는데, 대체로 찻잎과 말을 교역하였다.

臣伏見祖宗時에 猶用漢唐之法하야 凡有軍國大事及大刑獄이어든 皆集百官叅議하니 蓋聖人愼於臨事하야 不敢專任獨見하고 欲採天下公論하야 擇其所長하야 以助不逮之意也라 方今朝廷議事之體가 與祖宗之意相背하야 每有大事어든 秘不使人知之하고 惟小事可以自決者를 却送兩制[1]定議어든 兩制知非急務라 故忽略拖延하야 動經年歲하고 其中時有一兩事體大者를 亦與小事一例忽之하고 至於大事하얀 秘而不宣하니 此尤不便當이라 處事之始에는 雖侍從之列이라도 皆不與聞이어니와 已行之後에는 事須彰布니 縱有乖誤하야 却欲論列이라도 則追之不及이온 況外廷百官疎遠者가 雖欲有言이라도 陛下豈得而用哉아 所以兵興數年에 西北二方이 累有事宜處置多繆者는 皆由大臣自無謀慮而杜塞衆見也라

신은 삼가 보건대 祖宗 때에도 漢·唐의 법을 써서 무릇 軍國의 大事 및 큰 형옥이 있으면 모두 百官을 모아서 논의에 참여하게 하였으니, 성스러운 임금께서 일에 임했을 때 신중하여 감히 자기 생각대로 하지 않고 천하의 공론을 모아 그중 좋은 것을 택하여 자신의 부족한 점을 도우려는 뜻이었습니다.

지금 조정이 일을 의논하는 체통이 조종의 뜻과 서로 배치되어 매양 큰 일이 있으면 비밀로 숨겨 남들이 알지 못하게 하고 오직 스스로 결단할 수 있는 작은 일만을 도리어 兩制에 보내어 의논을 결정하게 하면 양제에서는 급무가 아님을 알기 때문에 소홀히 여기고 시일을 끌어 걸핏하면 해를 넘기곤 하였습니다. 그중에 때로 한두

가지 事體가 큰 것들이 있어도 역시 작은 일과 같이 취급해 소홀히 여기고 큰 일에 이르러서는 숨기고 공포하지 않으니, 이는 더욱 온당치 못합니다.

일을 처리하는 시초에는 비록 侍從의 반열에 있는 사람이 모두 참여할 수 없지만 일이 시행된 뒤에는 일을 세상에 공포해야 하니, 비록 일에 착오가 있더라도 문책하고자 하면 이미 때가 지나버려 어쩔 수 없게 됩니다. 하물며 소원한 자리에 있는 外廷의 백관이야 비록 말하고 싶은 것이 있더라도 폐하께서 어찌 들어서 쓸 수 있겠습니까. 이런 까닭에 병란이 일어난 지 몇 해 동안 西·北 두 방면에서 누차 일처리가 사리에 맞지 않은 곳이 많았던 것은 모두 대신이 스스로 지모와 사려가 없고 뭇 사람의 견해를 막은 데서 말미암은 것입니다.

1) 兩制 : 兩制는 內制와 外制이다. 내제는 일반적으로 翰林學士 知制誥가 맡아 황제의 大制誥, 勅令, 詔令, 大赦免令 등의 문장을 관장한다. 외제는 中書舍人 知制誥가 맡아 일반 공문서의 문장을 관장한다. 歐陽脩의 〈又論館閣取士札子〉의 自注에 "한림학사를 내제라 하고 중서사인을 외제라 한다. 지금은 雜學士와 待制를 합쳐서 통칭 兩制라 한다." 하였다.

臣今欲乞凡有軍國大事에 度外廷須知而不可秘密者 如北虜去年有請合從與不合從[1]과 西戎今歲求和[2]當許與不當許 凡如此事之類를 皆下百官廷議하야 隨其所見同異하야 各令署狀하고 而陛下擇其長者而行之하되 不惟愼重大事하야 廣採衆見하고 兼又於庶官寒賤疎遠人中에도 時因議論하야 可見其高材敏識者는 國家得以用之하고 若百官都無所長이면 則自用廟堂之議요 至於小事하얀 竝乞只令兩府[3]自定하고 其錢穀合要見本末이어든 則召三司官吏至兩府하야 討尋供析하야 而使大臣自擇하고 至於禮法하얀 亦可召禮官法官詢問이니 如此則事之大小가 各得其體라 如允臣所請이어든 且乞將西戎請和一事하야 先集百官廷議하소서 取進止하소서

신은 지금 청하건대 무릇 군국의 대사 중 外廷이 알아야 하고 비밀로 숨겨서는 안 된다고 생각되는 것으로, 예컨대 北虜(거란)가 지난해 청한 것을 따라야 하는지 따라서는 안 되는지, 西戎(西夏)이 올해 화친을 청한 것을 들어주어야 하는지 들어주어서는 안 되는지, 이와 같은 것들을 모두 백관에 하달하여 조정에서 의논케 합니다.

그 다음 그 견해가 같으냐 다르냐에 따라 각각 狀文을 써서 보고하게 하고 폐하께서 그중 좋은 것을 가려서 시행하시되 대사에 신중하여, 뭇사람들의 의견을 널리 채택하실 뿐 아니라 지위가 낮고 소원한 관리들 중에서도 때로 의논을 통하여 높은 재능과 민첩한 식견이 있음을 알 수 있는 자들은 국가가 쓰면 될 것이고, 만약 백관들 중에서 전혀 좋은 견해가 없으면 묘당의 의논을 써야 할 것입니다.

작은 일에 이르러서는 모두 兩府로 하여금 스스로 결정하게 하고, 錢穀 중 응당 회계의 본말을 알아야 할 경우에는 三司의 관리를 불러 양부에 오게 해서 조사해 사실을 供招하게 하고 대신으로 하여금 스스로 옳고 그름을 가리게 하소서. 禮法에 이르러서는 역시 예관과 법관을 불러 자문해야 할 것입니다. 이와 같이 하면 크고 작은 일들이 각각 체통에 맞게 될 것입니다.

신의 소청을 允當하게 여기신다면 우선 西戎이 화친을 청해온 한 가지 일을 가지고 먼저 백관을 모아서 조정에서 의논하게 하소서. 성상께서 결정하소서.

1) 北虜去年有請合從與不合從 : 慶曆 2년(1042)에 契丹이 宋나라에 땅을 할양해달라고 요구하였는데, 이것을 가리킨다. 北虜는 契丹이다.
2) 西戎今歲求和 : 慶曆 3년에 西夏가 송나라에 사람을 보내어 공물을 바치고 화친을 청한 사실을 가리킨다.
3) 兩府 : 송나라 때 中書省과 樞密院 두 부서를 합칭한 것이다.

## 03. 論諫院宜知外事箚子* 諫院이 도성 밖의 일을 알아야 함을 논한 箚子

* 이 글은 仁宗 慶曆 3년에 歐陽脩가 知諫院으로 있을 때 쓴 글이다.

忠悃之識이라

忠誠에서 나온 識見이다.

**臣竊聞近日爲軍賊王倫事[1)]하야 江淮州軍이 頻有奏報하니 朝廷不欲人知하야 召進奏官[2)]等於樞密院하야 責狀不令漏泄에 指揮甚嚴이라하니 不知此事出於聖旨아 或只是兩府大臣意欲如此아 以臣料之컨댄 爲近日言賊事者多라 朝廷欲人不知하야**

**以塞言路耳**라

신은 삼가 듣건대 근자에 軍賊 王倫의 일 때문에 江淮의 고을이 자주 보고를 올리자, 조정은 사람들이 알지 못하게 하고자 進奏官 등을 樞密院에 불러다 놓고, 보고하는 狀文을 세상에 누설하지 말도록 요구하면서 명령이 매우 엄했다 합니다. 이 일이 성상의 뜻에서 나온 것입니까. 혹 단지 兩府 대신의 뜻이 이와 같이 하고자 한 것일 뿐입니까. 신이 생각해보건대 근자에 賦稅 문제를 말하는 이가 많기 때문에 조정이 사람들이 알지 못하게 하고자 해서 언로를 막은 것일 뿐입니다.

1) 王倫事 : 本書 권3 〈論江淮官吏箚子〉 題下註 참조.

2) 進奏官 : 宋나라 때 進奏院이란 부서에 두었던 관원이다. 唐나라 때 藩鎭, 즉 각 지방의 官長들이 각각 수도에 京邸를 두어 上都留後院이라 부르다가 大曆 12년(777)에 上都進奏院으로 고쳐서 각 州鎭의 관원들이 수도에 들어갈 때 머무는 곳으로 삼고 아울러 章奏나 召命 및 각종 공문을 전달하는 곳으로 삼았다. 宋나라 초기에도 역시 이 제도를 그대로 따라서 進奏院을 설치하고 進奏官을 두었다.

**臣謂方今多事之際**에 **雖有獨見之明**이라도 **尙須博採善謀**하야 **以求衆助**어든 **豈可聾瞽群聽**하며 **杜塞人口**아 **況朝廷處事**가 **未必盡能合宜**요 **臣下獻忠**이 **未必全無可採**아 **至如王倫**하얀 **驅殺士民**하고 **攻劫州縣**하야 **江淮之上**에 **千里驚擾**하니 **事已若斯**어늘 **何由掩蓋**아 **當今列辟之士**[1]가 **極有憂國之人**하야 **欲爲人主獻言**이라도 **常患聞事不的**이어든 **況臺諫之官**은 **元是本職**가

신은 생각건대 지금과 같이 다사다난한 때에는 비록 특출하게 밝은 식견이 있다 하더라도 오히려 좋은 의견을 널리 채택하여 뭇사람들의 도움을 받아야 하는데, 어찌 사람들의 귀를 멀게 하고 사람들의 입을 막아서야 되겠습니까. 게다가 조정이 처리하는 일이 모두 이치에 맞지는 못하고 신하가 올리는 忠言이 전혀 채택할 만한 것이 없지 않음에 있어서겠습니까.

王倫의 경우로 말하자면 士民을 몰아서 죽이고 州縣을 공격해 위협하여 江淮 지역, 千里 땅의 백성들이 놀라 소요를 일으켰습니다. 일이 이미 이와 같거늘 무슨 연

유로 사실을 엄폐하는 것입니까. 지금 조정의 신하들 중 매우 나라를 근심하는 사람이 있어 군주를 위해 충언을 바치고자 하더라도 사실을 들은 것이 的確하지 못할까 늘 걱정합니다. 하물며 대간의 관리들은 원래 諫言을 올리는 것이 本職임에 있어서겠습니까.

1) 列辟之士：列士와 辟士의 합칭으로 모두 군주의 上士이다. 제후의 士와 상대하여 일컫는 것이다. 여기서는 조정의 신하들을 가리킨다.

**凡有論列[1]이 貴在事初니 善則開端하고 惡則杜漸하야 言於未發이라야 庶易回改어늘 今事無大小히 常患後時하야 或號令已行하고 或事迹已布하니 縱欲論救나 多不能及이어늘 若更秘密하야 不使聞知면 則言事之臣이 何由獻說가 臣今欲乞指揮進奏院[2]하야 凡有事非實封[3]者어든 不須秘密하소서 臣因此更有起請事件하야 畫一如後하노이다**

무릇 論列은 일이 있은 시초에 하는 것이 중요하니, 그 일이 선하면 단서를 열어주고 악하면 조짐을 막아서 일이 아직 현실로 나타나기 전에 말해야 바꾸고 고칠 수 있습니다. 지금은 일의 크고 작음을 막론하고 늘 때늦게 말하는 문제점이 있습니다. 그래서 혹은 명령이 이미 내려졌고 혹은 사실이 이미 두루 알려졌으니, 비록 의논하여 구제하고자 해도 대개 이미 늦습니다. 그런데다 만약 비밀에 부쳐 사람들이 알지 못하게 한다면 言事의 직책을 맡은 신하들이 무슨 수로 할 말을 올릴 수 있겠습니까. 신은 지금 바라건대 進奏院에 조칙을 내려 그 일이 實封할 것이 아니면 비밀에 부치지 말게 하소서.

신은 이 일로 인하여 다시 청할 일이 있어 아래와 같이 아룁니다.

1) 論列：관리가 글을 올려 檢擧하거나 탄핵하는 것이다.

2) 進奏院：藩鎭의 京邸吏를 唐나라 때 都留后院이라 부르다가 宋나라 때에 進奏院이라 불렀다. 門下省의 官屬으로 각 州鎭의 관원들이 京師에 들어올 때 묵었던 곳이며, 아울러 狀奏와 詔令 및 각종 공문서의 전달을 담당하였다. 南宋 이후로는 給事中으로 하여금 주관하게 하였다.

3) 實封：固封 또는 密封과 같은 말이다.

一. 竊見御史臺見有進奏官이 逐日專供報狀하니 欲乞依御史臺例하야 選差進奏官一人하야 凡有外方奏事及朝廷詔令除改어든 竝限當日內報諫院하소서

1. 삼가 보건대 御史臺에 현재 進奏官을 두어서 날마다 보고하는 狀文을 바치는 일을 전담하고 있으니, 바라건대 어사대의 例에 따라 진주관 한 사람을 차출하여 무릇 외방에서 들어오는 奏事 및 조정의 詔令, 관리의 改差와 除授가 있으면 모두 당일 내에 한하여 諫院에 보고하게 하소서.

一. 竊見唐制에 諫臣爲供奉之官이면 常在天子仗內하야 朝廷密議를 皆得聞之러니 今雖未曾恢復舊制나 欲乞凡遇朝廷有大處置와 四方奏報에 事非常程과 及諫官風聞하야 事未得實者어든 竝許詣兩府請問하면 庶知審實하야 得以論列이라

1. 삼가 보건대 唐나라 제도에는 諫臣이 供奉하는 관원이 되면 늘 천자의 측근에 있으면서 조정의 密議를 모두 들을 수 있게 되어 있었습니다. 지금 비록 옛 제도를 회복할 수는 없지만 바라건대 무릇 조정에 큰 處事와 사방의 보고 중 일이 범상치 않은 경우와 간관이 풍문으로 사실을 제대로 알 수 없는 경우가 있으면 모두 兩府에 가서 물을 수 있도록 허락하소서. 그렇게 하면 아마도 사실을 자세히 알아서 論列할 수 있을 것입니다.

右件二事를 如允臣所請이어든 乞降指揮施行하소서 取進止하소서

위 두 건의 일에 대해 신의 소청을 윤허하신다면, 바라건대 조칙을 내려 시행하소서. 성상께서 결정하소서.

## 04. 乞添上殿班箚子* 大殿에 오르는 班列의 인원을 더 추가할 것을 청한 箚子

* 이 글은 仁宗 嘉祐 원년(1056) 10월에 쓴 글이다.

臣伏見陛下自今春服藥[1)]已來로 群臣不得進見이러니 今聖體康裕하야 日御前後殿하야 視朝決事하니 中外臣庶가 無不感悅이라 然侍從臺諫省府臣寮가 皆未曾得上殿奏

事라

신은 삼가 보건대 폐하께서 올봄 服藥하신 이래로 신하들이 알현하지 못하였는데, 지금은 성상의 체후가 건강하시어 날마다 전후 大殿에 납시어 조회를 보고 국사를 결재하시니 중외의 신민들이 감격하고 기뻐하지 않는 이가 없습니다. 그러나 侍從, 臺諫, 省府의 신료들은 모두 대전에 올라 일을 아뢸 수 있었던 적이 없었습니다.

1) 陛下自今春服藥 : 嘉祐 원년(1056) 정월에 仁宗이 大慶殿에서 조회를 받다가 중풍에 걸려 갑자기 건강이 악화된 일을 가리킨다.

今雖邊鄙寧靜하고 時歲豐稔하며 民無疾厲하고 盜賊不作하야 天下庶務가 粗循常規하야 皆不足上煩聖慮라 陛下可以遊心淸閑하야 頤養聖體라 然侍從臺諫省府[1]臣寮는 皆是陛下朝夕左右論思獻納委任之臣이니 豈可曠隔時月하야 不得進見於前가 不惟亦有天下大務理當論述者요 至於臣子之於君父하야도 動經年歲에 不得進對하니 豈能自安가 今欲望聖慈는 每遇前後殿坐日하야 中書樞密院退後에 如審官三班銓司[2]不引人이어든 則許臣寮一班上殿하야 假以頃刻하야 進瞻天威면 不勝臣子區區之願也라

지금 비록 변방이 조용하고 농사가 풍년이며 백성들은 疾苦가 없고 도적은 일어나지 않아 천하의 모든 일이 다소 常規를 따르고 있어, 모두 위로 성상의 심려를 끼쳐드리지 않으므로 폐하께서 마음을 한가로이 가지시어 옥체를 靜養하실 수 있습니다만 시종, 대간, 성부의 신료들은 모두 폐하께서 조석으로 측근에 두고서 국사를 의논하고 의견을 올리게 하는 신임하는 신하들이니, 어찌 오랜 시일 동안 만나지 않아서 앞에 나아가 뵙지 못해서야 되겠습니까. 천하의 큰 일을 이치상 마땅히 의논하고 진달해야 할 것이 있을 뿐 아니라 臣子가 君父에 이르러서도 걸핏하면 해를 넘기도록 만나 뵙지 못하니, 어찌 스스로 편안할 수 있겠습니까.

이제 바라건대 성상께서는 전후 대전에 좌정할 때마다 中書省과 樞密院이 퇴청한 뒤에 審官, 三班, 銓司의 사람을 접견하지 않을 경우에는 신료 한 반열을 대전에 오르도록 허락하여 잠깐의 시간을 주어서 용안을 우러러볼 수 있게 해주소서. 臣子로

서 바라 마지않습니다.

1) 省府：三省과 二府를 합친 말로 조정을 뜻한다.
2) 審官三班銓司：審官은 審官院을 가리킨다. 淳化 연간(990~994)에 太宗은 中樞院의 권력이 과중하다는 臺諫 向敏의 건의를 받아들여 中書吏房을 나누어 審官院을 두었다. 三班은 三班院으로 武臣의 인사와 고과 등의 일을 맡았다. 銓司는 관리의 선발・인사・고과를 주관하였다.

**如允臣所請**이면 **乞下閤門**[1]**施行**하고 **仍約束上殿臣寮**하야 **不得將干求恩澤訴理功過及細碎閑慢等事**를 **上煩聖聰**하고 **或乞約定上殿時刻**이니 **所貴不煩久坐**라 **伏候勅旨**하노이다

신의 소청을 윤허하신다면, 바라건대 閤門에 하달하여 시행하는 한편 대전에 오르는 신료들을 단속하여 은택을 내려주기를 청하거나 功過를 조사해주기를 청하는 것과 자질구레하고 긴요치 않은 일들을 가지고 위로 성상의 귀를 번거롭게 하지 못하게 하소서. 또 바라건대 대전에 오르는 시각을 약정해야 할 것이니, 중요한 것은 번거롭게 오래 앉아 있지 못하게 하는 것입니다. 삼가 勅旨를 기다립니다.

1) 閤門：閤門使로 政令을 위로 진달하고 아래로 하달하는 일 등을 관장하는 관리이다.

## 05. 論任人之體不可疑劄子* 사람을 任用했으면 의심해서는 안 됨을 논한 劄子

* 이 글은 仁宗 慶曆 4년(1044)에 지은 것이다.

**的確**이라

적확하다.

**臣近見淮南按察使邵餗**[1]**奏**하니 **爲體量知潤州席平**[2]**爲政不治及不敎閱兵士等**이라 **朝廷以餗爲未足信**하야 **又下提刑司**[3]**再行體量**이라

신이 근자에 淮南按察使 邵飾의 奏文을 보니, 知潤州 席平의 정사가 다스려지지 못한 것과 병사들을 훈련하지 않은 것 등을 조사하기를 청한 것이었는데, 조정이 소식을 믿지 못하겠다고 여겨 또 이 문제를 提刑司에게 하달하여 재차 조사하게 하였습니다.

1) 邵飾(986～1058) : ≪宋史≫에 傳이 없다. ≪北宋經撫年表≫에 의하면 慶曆 4년(1044) 3월에 浙江轉運使 邵飾이 知洪州로 자리를 옮겼다고 했으니, 席平을 탄핵한 것이 아마도 이때일 듯하다.

2) 席平 : ≪宋史≫에 傳이 없다. ≪宋人傳記資料索引≫에 의하면, 太常少卿·光祿卿에 올랐다.

3) 提刑司 : 刑獄과 公事를 검검하는 官署이다. 宋 眞宗 때 이후로 각 지방〔路〕에 설치, 각 州의 사법, 형옥을 감찰하고 農桑을 관리하였다.

**臣竊以轉運**[1]**提刑**은 **俱領按察**이라 **然朝廷寄任重者爲轉運**이요 **其次乃提刑爾**어늘 **今寄任重者言事**를 **反不信**하고 **又質於其次者而決疑**하니 **臣不知邵飾果是才與不才可信與否**[2]어니와 **如不才不可信**이면 **則一路數十州事**를 **豈宜委之**며 **若果才而可信**이면 **又何疑焉**이리오 **又不知爲提刑者其才與飾優劣如何**니 **若才過於飾**이면 **尙可取信**이어니와 **萬一不才**라도 **於飾見事相背**하야 **却言席平爲才**하면 **邵飾合有罔上之罪矣**리니 **若反以罪飾**하면 **臣料朝廷必不肯行**이라 **若捨飾與席平俱不問**이면 **則善惡不辨**하고 **是非不分**이온 **況席平曾作臺官**하야 **立朝無狀**하야 **只令制勘**[3]도 **亦不能了**하고 **尋爲御史中丞**하야 **以不才奏罷**하니 **朝廷兩府而下**가 **誰不識乎**이리오 **其才與不才**는 **人人盡知**하니 **何必更令提刑體量然後爲定**이리오

신은 삼가 다음과 같이 생각합니다. 轉運使와 提刑은 모두 按察하는 일을 맡고 있지만 조정의 위임이 무거운 것은 전운사이고 그 다음이 제형입니다. 그런데 지금 위임이 무거운 자가 일을 말한 것을 도리어 믿지 아니하고 또 그 다음인 자에게 질정하여 의심을 판단하였습니다.

신은 邵飾이 과연 재능이 있는지 재능이 없는지, 믿을 만한지 믿을 만하지 못한지는 알지 못하겠습니다. 다만 만약 재능이 없고 믿을 만하지 못하다면 한 지방 수십

州의 일을 어찌 위임할 수 있으며, 만약 과연 재능이 있고 믿을 만하다면야 어찌 의심하십니까. 그리고 제형인 자도 재능이 소식과 비교해 나은지 못한지 알지 못하겠습니다. 재능이 소식보다 낫다면 오히려 믿을 만하겠거니와 만일 재능이 없다 하더라도 소식과 일을 보는 견해가 서로 어긋나서 도리어 석평이 재능이 있다고 한다면 소식은 응당 임금을 기만한 죄를 받아야 할 것입니다.

그런데 만약 도리어 소식에게 죄를 준다면 신은 조정이 그렇게 시행하지 않을 것으로 생각되고, 만약 소식과 석평 모두 버려두고 불문에 부친다면 선악이 가려지지 못하고 시비가 밝혀지지 못할 것입니다. 게다가 석평은 일찍이 臺官이 되어 조정에 있으면서 한 일이 보잘것없어 단지 制勘하는 일을 시켜도 제대로 하지 못하였으며, 얼마 뒤 御史中丞이 되어서는 재능이 없다는 이유로 탄핵을 받아 파면되었으니, 조정 兩府 이하 사람들이 누군들 석평을 알지 못하겠습니까. 그의 재능이 있는지 재능이 없는지는 사람들마다 다 아는데 무엇하러 굳이 제형을 시켜 조사해본 뒤에 결정할 필요가 있겠습니까.

1) 轉運 : 轉運使로 宋나라 초기에는 그 직권이 軍政, 民政, 財政, 刑獄 등을 포괄하였으니, 사실상 한 지방〔路〕의 최고 실권자였다. 眞宗 이후에 提刑司 등의 기구를 두어서 그 권력을 분할하였다.

2) 可信與否 : 本集에는 '可信與不可信'으로 되어 있다.

3) 制勘 : 사실을 조사해 裁決하는 것이다.

今外議皆言執政大臣이 託以審慎爲名이나 其實不肯主事而當怨하고 須待言事者再三陳述하야 使被黜者知大臣迫於言者하야 不得已而行하야 只圖怨不歸己라하니 苟誠如此면 豈有念民疾苦澄淸官吏之意哉아 若無此意인댄 只是好疑不決이니 則尤是朝廷任人之失이라 自去年以爲轉運使不察官吏라하야 特出詔書하야 加以使名하야 責其按察이라 今按察使依稟詔書하야 擧其本職이어늘 又却疑而不聽이면 今後朝廷命令을 誰肯信之리오

지금 조정 밖의 의논은 모두 "집정대신이 가탁하여 신중을 기한다는 것으로 명목을 삼고 있지만 기실은 일을 맡아서 원망을 받으려 하지 않습니다. 그래서 言事하는

신하가 재삼 진술하기를 기다림으로써 축출당하는 자로 하여금 대신이 언사하는 신하에게 핍박을 받아서 부득이 이렇게 하는 것임을 알게 하여, 단지 원망이 자기에게 돌아오지 않기를 도모할 뿐이다."라고들 합니다. 진실로 이와 같다면 어찌 백성의 질고를 염려하고 관리를 징계할 뜻이 있겠습니까. 만약 이러한 뜻이 없다면 단지 조정이 의심하기를 좋아하고 결단하지 않는 것이니, 더욱이 조정이 사람을 임용하는 도리가 잘못된 것입니다.

지난해부터 轉運使가 관리를 按察하지 않는다고 하여 특별히 詔書를 내고 '使'란 명칭을 더하여 안찰할 것을 責勵하였습니다. 지금 按察使가 조서를 받고서 본직을 수행하였는데 도리어 의심하고 그의 말을 들어주지 않으면 지금 이후로 조정의 명령을 누가 믿어주겠습니까.

凡任人之道는 要在不疑니 寧可艱於擇人이언정 不可輕任而不信이라 若無賢不肖히 一例疑之면 則人各心闌하리니 誰肯辦事리오 今邵餗言一不才顯者라하니 所貴朝廷肯行이니 然後部下振竦하고 官吏畏服이어늘 今反爲朝廷不信하야 却委別人하면 則餗之使威를 誰肯信服이리오 餗亦慙見其下하리니 今後見事에 不若不爲라 不獨邵餗一人이라 臣竊聞諸處多有按察官吏가 皆爲朝廷不行이라 人各嗟慙하야 以謂任以事權이라가 反加沮惑하니 朝廷之意를 不可諭也라 伏望聖慈取邵餗所奏하야 特與施行하고 又令今後按察使奏人에 如不才老病灼然不疑者는 不必更委別官하야 示以不信이니 所貴不失任人之道하야 而令臣下盡心이라 取進止하소서

무릇 사람을 임용하는 도리는 무엇보다 사람을 의심하지 않는 것이 중요하니, 차라리 사람을 가려뽑기를 어렵게 할지언정 가볍게 임용해놓고 믿지 않아서는 안 됩니다. 만약 유능하고 무능하고를 막론하고 일률적으로 의심하면 사람들이 저마다 마음이 지칠 터이니, 누가 일을 하려 하겠습니까.

지금 邵餗이 "席平은 일개 재능 없는 사람임이 분명하다."고 말했으니, 중요한 것은 조정이 이 말을 듣고 기꺼이 시행하는 것입니다. 그런 뒤에 부하들은 기강이 잡히고 관리들은 두려워 복종할 터이거늘, 지금 도리어 조정의 신임을 받지 못해 조정이 다른 사람에게 위임한다면 소식의 안찰사로서의 위엄을 누가 믿고 복종하려 하

겠습니까. 소식도 자기 아랫사람들 보기 부끄러울 터이니, 이후로는 일을 보면 차라리 하지 않느니만 못할 것입니다.

소식 한 사람뿐 아니라, 신은 삼가 듣건대 각처에 많은 按察使들이 모두 조정에 의해 자기들의 주청이 시행되지 못하자 저마다 탄식하고 부끄러워하면서 "일의 권한을 맡겨놓고서 도리어 뜻을 막고 의심하니, 조정의 뜻을 알 수 없다." 합니다.

삼가 바라건대 성상께서는 소식이 주청한 바를 받아들여 특별히 시행하소서. 또 지금 이후로 안찰사가 사람에 대해 上奏할 때 그 사람이 재능이 없거나 늙고 병들었음이 분명하여 의심할 나위 없을 경우에는 굳이 다른 관리에게 다시 위임하여 신임하지 않는다는 뜻을 보이지 않도록 해야 할 것이니, 중요한 것은 사람을 임용하는 도리를 잃지 않아 신하로 하여금 마음을 다하게 하는 것입니다. 성상께서 결정하소서.

## 06. 論軍中選將箚子* 軍中에서 將帥를 선발하는 것에 대해 논한 箚子

* 이 글은 仁宗 慶曆 3년(1043)에 지은 것이다.

軍卒中選將도 亦是一策이라

軍卒 중에서 將帥를 뽑는 것도 하나의 方策이다.

臣伏見國家自西鄙用兵에 累經敗失로 京師勁卒이 多在征行하야 禁衛諸軍이 全然寡少하고 又無將帥以備爪牙[1)]라 方今爲國計者는 但務外憂夷狄하야 專意邊陲하니 殊不思根本內虛에 朝廷勢弱하면 萬一有事에 無以支吾라 今軍帥暗懦하야 非其人이요 禁兵驕惰하야 不可用하니 此朝廷自以爲患이니 不待臣言而可知也라 臣亦歷考前世有國之君컨대 多於無事之際에 恃安忘危하야 備患不謹하야 使禍起倉卒하야 而至敗亡者有矣라 然未有於用兵之時에 而反忘武備를 如今日者라

신은 삼가 보건대 국가가 서쪽 변방에서 전쟁을 치르며 누차 패전하고부터 京師의 강한 병졸들이 대다수 출정을 가서 禁衛를 담당하는 군대들에는 禁兵이 턱없이 적으며, 게다가 임금 호위에 대비할 장수가 없습니다. 지금 국가를 위해 계책을 세

우는 자는 다만 밖으로 夷狄을 근심하여 오로지 변방에 뜻을 두는 데만 힘쓰고 있으니, 국가의 근본이 안에서 허약하여 조정의 형세가 날로 쇠약해지면 만에 하나 일이 났을 경우 지탱할 수 없다는 것을 전혀 생각하지 않습니다.

지금 장수들은 병법에 어둡고 나약하여 적임자가 아니고, 禁衛兵들은 교만하고 게을러 쓸 수가 없습니다. 이는 조정이 스스로 근심거리로 여기고 있으니 굳이 신의 말을 기다리지 않아도 알 수 있을 것입니다. 신이 또한 옛날에 나라를 소유했던 임금들을 두루 살펴보건대 대개 국가에 일이 없을 때 편안함을 믿고 위태함을 잊어 환난에 대비함이 신중하지 못하다가 화란이 창졸간에 일어나 패망에 이르는 경우는 있었습니다. 그러나 오늘과 같이 用兵하고 있을 때 도리어 武備를 잊은 경우는 있지 않았습니다.

1) 爪牙 : 임금을 호위하는 무관을 뜻하는 말이다. ≪詩經≫ 〈小雅 祈父〉에 "기보여, 우리는 왕의 용맹스러운 군사로다.〔祈父 予王之爪牙〕" 한 데서 온 말이다. 또한 兵權을 맡은 司馬를 가리키기도 한다.

**兵法曰 將者**는 **民之司命**이요 **國家安危之主也**[1]라하야늘 **今外以李昭亮王克基輩當契丹**[2]하고 **內以曹琮李用和等衛天子**[3]하니 **如當今之事勢**에 **而以民之司命國之安危**로 **繫此數人**하니 **安得不取笑四夷**하야 **遭其輕侮**리오 **臣謂去歲北虜**가 **忽興狂悖**[4]하고 **今年元昊**가 **妄有請求**[5]하니 **若使朝廷有一二人中材之將**하야 **叩頭效死**하야 **奮身請戰**하야 **誓雪君恥**하고 **少增國威**면 **則戎狄未敢侵陵**하고 **朝廷未至屈辱**이어늘 **奈何自中及外**에 **都無一人**하야 **旣無可恃以力爭**하고 **遂至甘心於自弱**가 **夫天下至廣**이어늘 **遂無一人者**는 **非眞無人也**라 **但求之不勤不至耳**라

병법에 "장수는 백성의 목숨을 맡은 자이고 국가의 안위를 책임지는 자이다." 하였습니다. 지금 밖으로는 李昭亮, 王克基와 같은 사람들이 거란을 막고 있고, 안으로는 曹琮, 李用和 등이 천자를 호위하고 있습니다. 지금과 같은 事勢에 백성의 목숨을 맡는 일과 국가의 안위를 책임지는 일을 이 몇 사람에게 매어놓았으니, 어떻게 사방 오랑캐에게 비웃음을 받아 업신여김을 당하지 않을 수 있겠습니까.

신은 생각건대 지난해에는 北虜(거란)가 갑자기 일어나 횡포를 부렸고 올해에는

元昊가 함부로 화친을 청구하였으니, 만약 조정에 한두 사람 보통 재능의 장수라도 있어 머리를 조아리며 목숨을 바칠 각오로 자신을 던져서 적과 싸우길 청하여 임금의 치욕을 씻고 국위를 조금이나마 떨치고자 했다면, 오랑캐들이 감히 침범하지 못하고 조정이 굴욕을 당하는 데 이르지는 않았을 것입니다. 그런데 어찌하여 조정 안으로부터 조정 밖에 이르기까지 한 사람도 없어, 이미 힘써 싸울 수 있는 믿을 만한 이가 없고 마침내 스스로 나약한 모습을 보이는 것을 기꺼이 감수하는 지경에 이르렀단 말입니까.

대저 천하는 지극히 넓거늘 마침내 한 사람도 없는 것은 참으로 사람이 없는 게 아니라 다만 사람을 구하는 것이 부지런하지 못하고 지극하지 못했기 때문일 뿐입니다.

1) 兵法曰……國家安危之主也 : ≪孫子兵法≫ 〈作戰〉에 나온다. 원문은 다음과 같다. "故知兵之將 民之司命 國家安危之主也"

2) 今外以李昭亮王克基輩當契丹 : 李昭亮은 본래 武將 가문 출신으로 軍中의 일에 익숙하고 宿衛를 통솔한 경력도 있다. 그러나 歐陽脩는 그를 將才로 보지 않았다. 〈論李昭亮不可將兵箚子〉를 지어 그에게 장수를 맡겨서는 안 됨을 말하기도 했다.

   王克基는 宋나라 건국공신 王審琦의 손자이다. 그러나 역시 재주가 뛰어난 인물은 아니었다. 본명은 王世安인데, 景祐 연간(1034~1037)에 王世基라는 이름을 하사받았다. 조부의 음덕으로 供奉官을 하사받았다.

3) 內以曹琮李用和等衛天子 : 曹琮은 송나라 건국 공신 曹彬의 아들이다. 曹彬이 자신의 아들을 천거하여 武將으로 삼았다. 조심스럽고 신중하여, 뒤에 都指揮使에 올랐다. 李用和는 빈한한 가문 출신으로 재상의 반열에 오른 인물이다. 사람됨이 침착하고 과묵하여 권세를 멀리하였다.

4) 去歲北虜 忽興狂悖 : 慶曆 2년(1042)에 거란이 몇 차례에 걸쳐 蕭英, 劉六符 등을 파견하여 國書를 보내 국토를 떼어줄 것을 청한 사실과 幽州에 병력을 집결시켰던 일을 가리킨다.

5) 今年元昊 妄有請求 : 元昊는 西夏의 임금이다. 慶曆 3년에 서하가 송나라에 사람을 보내어 공물을 바치고 화친을 청하였다.

臣伏思自用兵以來로 朝廷求將之法이 不過命近臣擧朝士換武官及選試班行(항) 方略[1]等人而已니 近臣所擧가 不過俗吏材幹之士며 班行所選은 乃是弓馬一夫之勇이요 至於方略之人하얀 尤爲乖濫이라 試中者僅堪借職縣尉[2]參軍[3]齋挽[4]而已라 於此求將而欲捍當今之患하니 此所以困天下而取侮夷狄者也라 臣不知朝廷以此數事爲求將之術이 果是乎아 果非乎아 以爲是則所得何人이며 知其非則盍思改革이리오 又不知朝廷以將爲易得乎아 爲難得乎아 爲易得인댄 則數歲未見一人이요 知其難得인댄 則當多方用意하야 早思求擇이니 俟其臨患하야 何可得乎아 伏望陛下는 特詔兩府大臣하야 別議求將之法하고 盡去循常之格하야 以求非常之人이니 苟非不次以用人이면 難弭當今之大患이라

신은 삼가 생각건대 用兵한 이래로 조정에서 장수를 구하는 법은 近臣이 朝士를 기용하여 무관 자리로 바꾸는 것과 班行의 무관 또는 兵書에 밝은 사람을 시험으로 선발하는 것에 불과합니다. 근신이 기용한 사람은 그저 실무만 할 줄 아는 俗吏에 불과하며, 반항에서 선발한 사람은 활쏘기와 말타기에 능한 일개 武夫일 뿐이고 병서에 밝은 사람에 이르러서는 더욱 관직을 주는 도리에 어긋나고 그들의 능력에 과분합니다. 시험에 합격한 사람들은 겨우 縣尉·參軍·齋挽 정도의 직책에 임시로 쓸 수 있을 정도입니다. 여기에서 장수를 구하여 지금의 환난을 막고자 하니, 이것이 천하를 곤경에 빠뜨리고 오랑캐들에게 모욕을 당하는 까닭입니다.

신은 알지 못하겠습니다. 이 몇 가지로 장수를 구하는 방법으로 삼는 것이 과연 옳습니까? 과연 그릅니까? 옳다고 한다면 얻은 장수는 누구이며, 그른 줄 안다면 어찌 방법을 고칠 것을 생각하지 않으십니까? 또 알지 못하겠습니다. 조정이 장수를 얻기 쉽다고 생각합니까? 얻기 어렵다고 생각합니까? 얻기 쉽다고 한다면 몇 해 동안 한 사람도 보지 못하였고, 얻기 어렵다고 한다면 마땅히 다방면으로 마음을 써서 일찌감치 장수를 구하려고 생각해야 할 것이니, 막상 환난에 부닥치기를 기다려야 어찌 얻을 수 있겠습니까?

삼가 바라건대 폐하께서는 특별히 兩府의 대신에게 詔命을 내려서 장수를 구하는 방법을 따로 의논하고 종전의 常規에 따르는 격식을 모두 없애버려서 비상한 사람을 구해야 할 것이니, 진실로 격식을 뛰어넘어서 사람을 쓰지 않으면 지금의 큰 환

난을 막기 어려울 것입니다.

1) 班行(항)方略 : 班行은 항렬이니, 조정 반열 중 무관을 가리킨다. 方略은 책략 또는 병법을 뜻하는 말로 여기서는 병법, 兵書를 뜻한다.
2) 縣尉 : 秦·漢 때 縣의 수령인 縣令 또는 縣長 아래에 尉를 두어 한 縣의 治安을 담당하게 하였는데 후대에 그대로 인습하여 宋나라 때도 그 제도를 그대로 따랐다.
3) 參軍 : 官名으로 東漢 말엽부터 '參某某軍事'란 명칭이 있어왔는데 이는 軍事 참모를 뜻하는 말이다. 후대에 와서는 郡의 관원에도 참군을 두었다.
4) 齋挽 : 齋郎과 挽郎의 병칭이다. 재랑은 宗廟社稷의 祭祀를 맡는 小吏로 조선시대의 參奉과 같고, 만랑은 國喪 때 靈柩를 인도하며 挽歌를 부르는 일을 맡는 小吏이다.

臣亦嘗有愚見하야 久欲條陳하니 若必講求면 庶可參用이리라 臣伏見唐及五代至乎國朝에 征伐四方하야 立功行陣하야 其間名將이 多出軍卒하니 只如西鄙用兵以來로도 武將稍可稱者往往出於軍中이라 臣故謂只於軍中에 自可求將이라하노니 試略言求將之法하야 謹條如左하노라

신은 일찍이 어리석은 견해가 있어서 진달하고자 한 지 오래이니, 만약 반드시 장수를 구하는 방법을 강구하고자 하신다면 아마 참고할 수 있을 것입니다. 신은 삼가 보건대 唐나라와 五代로부터 國朝에 이르기까지 사방을 정벌하여 군대에서 공로를 세워 그동안 명장이 군졸에서 많이 나왔으니, 서쪽 변방에 用兵한 이래로도 무장 중에서 이름을 일컬을 만한 자는 왕왕 軍中에서 나왔습니다. 신은 그러므로 "단지 군중 자체 내에서 장수를 구해야 한다."고 하는 것입니다. 장수를 구하는 방법을 대략 말하여 삼가 아래와 같이 조목조목 진달해보겠습니다.

凡求將之法은 先取近下禁軍至廂軍[1]中年少有力者하되 不拘等級하고 因其技同者하야 每百人을 團爲一隊而敎之하야 較其技精而最勇者면 百人之中에 必有一人矣리니 得之以爲隊將이면 此一人技勇이 實能服其百人矣리니 以爲百人之將이 可也라 合十隊

將而又敎之하야 較其技精而最勇者면 十人之中에 必有一人矣리니 得之以爲裨將이면 此一人之技勇이 實能服其千人矣리니 以爲千人之將이 可也라 合十裨將而又敎之하면 夫技勇出千人之上하야 而難爲勝矣리니 則當擇其有識見知變通者하면 十人之中에 必有一人矣리니 得之以爲大將이면 此一人之技勇이 乃萬人之選이요 而又粗知變通이니 因擇智謀之佐以輔之하야 以爲萬人之將이 可也라 幸而有技勇不足而材識出乎萬人之外者면 此不世之奇將이니 非常格之所求也라 臣所謂只於軍中自可求將者此也라 誠能如此면 得五七萬兵이요 隨而又得萬人之將五七人하고 下至千人百人之將皆自足이리니 然後別立軍名而爲階級之制하야 每萬人爲一軍하야 以備宿衛하야 有事則行師出征하고 無事則坐威天下니 比夫以豐衣厚祿으로 養驕惰無用之卒하야 而遞遷次補하고 至於校帥하얀 皆是凡愚暗懦之人인댄 得失相萬矣라 若臣之說이 果可施行이면 俟成一軍하야 則代舊禁兵萬人散出之하야 使就食于外하되 新置之兵은 便制其始하야 稍增舊給하야 不使太優하고 常役其力하야 不令驕惰하면 比及新兵成立하고 舊兵出盡하얀 則京師減冗費得精兵이리니 此之爲利又遠矣라

무릇 장수를 구하는 방법은 먼저 가까운 禁軍으로부터 廂軍에 이르기까지 그중에서 나이가 젊고 힘이 있는 자를 먼저 뽑되 등급에 구애되지 말고, 그 기예가 같은 자들을 백 명씩 묶어서 한 부대로 만들어 교련하여 누구의 기예가 좋고 가장 용맹한지를 비교해보면 백 명 중에 필시 한 명이 있을 터이니 이 사람을 얻어서 隊將으로 삼습니다. 그러면 이 한 사람의 기예와 용맹이 실로 백 명을 복종시킬 수 있을 터이니, 백 명을 거느리는 대장으로 삼아도 될 것입니다.

열 명의 대장을 모아서 또 교련하여 누가 기예가 좋고 가장 용맹한지 비교해보면 열 명 중에 필시 한 명이 있을 터이니, 이 사람을 얻어서 裨將으로 삼습니다. 그러면 이 사람의 기예와 용맹이 실로 천 명을 복종시킬 수 있을 터이니, 천 명을 거느리는 장수로 삼아도 될 것입니다.

열 명의 비장을 모아서 또 교련하면 기예와 용맹은 1천 명 위에 뛰어난 터라 서로 이기기 어려울 것이니, 식견이 있고 변통할 줄 아는 자를 가려뽑아야 합니다. 그렇게 하면 열 명 중에 필시 한 명이 있을 터이니, 이 사람을 얻어서 大將으로 삼습니다.

이 한 사람의 기예와 용맹이 만 명 중에서 뽑힌 사람이고 게다가 변통할 줄을 다소 알고 있으니, 이에 지모가 있는 보좌관을 뽑아서 그를 돕게 하여 만 명을 거느리는 장수로 삼아도 될 것입니다. 다행히 기예와 용맹이 부족하지 않고 재주와 식견이 만 명을 거느릴 장수보다 뛰어난 사람이 있다면 이는 불세출의 탁월한 장수이니, 常格에 따라서 구할 수 있는 바가 아닙니다. 신이 말한 "단지 군중 자체 내에서 장수를 구해야 한다."는 것이 이런 경우입니다.

진실로 이와 같이 할 수 있다면 5, 7만의 군병을 얻을 수 있고 따라서 또 만 명을 거느릴 장수 5, 7명을 얻을 수 있으며, 아래로 천 명, 백 명을 거느릴 장수에 이르러서도 절로 넉넉할 것입니다. 그런 뒤에 軍名을 따로 세우고 계급의 제도를 만들어서 만 명씩 1軍을 만들어서 宿衛에 대비해두어 일이 있을 때는 군사를 출동시켜 정벌하고 일이 없을 때는 앉아서 천하에 위엄을 보이면 됩니다. 풍족한 의복과 녹봉으로 교만하고 나태해 쓸모없는 군졸을 길러서 次序에 따라 승진시키고 장교와 장수에 이르러서는 모두 무능하고 나약한 사람인 경우와 비교해보면 득실이 현격히 차이날 것입니다.

신의 주장을 과연 시행할 수 있다면, 1軍이 만들어지길 기다려 예전의 禁兵 만 명을 대신하게 하고 예전의 금병들을 흩어 내보내어 밖에서 생활하게 하되 새로 둔 군병들을 그 처음에 통제하여 예전에 지급하는 것보다 급료를 조금 더 주어 너무 많게 하지는 말고 늘 힘을 쓰는 일을 시켜 교만하고 나태하지 않게 하소서. 그렇게 하면 새 군병이 성립되고 예전의 군병이 다 나갈 무렵에 이르면 京師의 군대에 쓸데없는 비용을 줄이고 정예병을 얻을 수 있을 터이니, 이렇게 하는 이익이 또 클 것입니다.

1) 廂軍 : ≪宋史≫ 〈兵志〉에 "宋나라의 兵制는 대개 세 가지이니, 천자의 近衛兵은 도성을 지키고 정벌하는 일을 맡는데 禁軍이라 하고, 각 州의 鎭兵은 使役을 맡는데 廂軍이라 한다." 하였다.

**右臣所陳**은 **只是選勇將訓衛兵之一法耳**니 **如捍邊破賊奇才異略之人**은 **不可謂無**라 **伏乞早賜留意精求**하소서 **謹具奏聞**하고 **伏候勅旨**하노이다

이상 신이 진달한 바는 단지 勇將을 선발하고 衛兵을 훈련시키는 한 가지 방법일 뿐이니, 변방을 방어하고 적을 격파하는 뛰어난 재주와 남다른 지략을 가진 사람 같은 경우는 없다고 말할 수 없습니다. 삼가 바라건대 어서 유념하여 정밀히 찾으소서. 삼가 갖추어 아뢰옵고, 엎드려 칙지를 기다립니다.

## 07. 論逐路取人箚子* 각 路에서 人材를 뽑을 것을 논한 箚子

* 이 글은 治平 4년(1067)에 지은 것이다. 이해에 英宗이 죽고 神宗이 즉위하였는데, 이해 정월에 歐陽脩는 이 글을 써서 올렸고, 2월에 參知政事에서 파직되어 知亳州로 좌천된다.

**剖析處 最痛快**하야 **可誦**이라

분석한 것이 매우 통쾌하여 읽어볼 만하다.

**臣伏見近有臣僚上言**하야 **乞將南省**[1)]**考試擧人**[2)]하되 **各以路分糊名**[3)]하야 **於逐路每十人解一人等事**하야 **雖已奉聖旨**하야 **送兩制詳定**이나 **臣亦有愚見**하니 **合具敷陳**하노이다

신은 삼가 보건대 근래 어떤 신료가 아뢰어 南省에서 擧人을 考試하되 각 지방〔路〕별로 糊名을 나누어 각 지방마다 열 명에 한 명을 뽑게 하는 등의 일을 청하였습니다. 비록 이미 聖旨를 받들어 이 사안을 兩制에 보내 詳定하게 하였으나, 신도 어리석은 견해가 있으니 응당 갖추어 진달해야 마땅합니다.

1) 南省 : 尙書省을 가리킨다. 唐나라 때 尙書省이 大明宮 남쪽에 있었기 때문에 사람들이 이렇게 부른 것이다. 禮部가 과거를 관장하는데 尙書省에 속한다.
2) 擧人 : 隋·唐·宋時代 때 각 지방에서 추천하여 수도로 가서 과거에 응시하는 사람들을 가리키는 말이다. 明·淸 때에 와서는 지방의 鄕試에 합격한 사람을 가리키는 말로 쓰였다.
3) 糊名 : 試卷의 이름을 封糊하여 사사로이 농간을 부리는 작폐를 금하는 것이다.

**竊以國家取士之制**가 **比於前世**에 **最號至公**하니 **蓋累聖留心**하야 **講求曲盡**하야 **以謂王**

者無外하니 天下一家라 故不問東西南北之人하고 盡聚諸路貢士[1]하야 混合爲一하야 而惟材是擇하고 又糊名謄錄[2]而考之하야 使主司莫知爲何方之人誰氏之子하야 不得有所憎愛薄厚於其間이라 故議者謂國家科場之制가 雖未復古法이나 而便於今世라하니 其無情如造化하며 至公如權衡이 祖宗以來不可易之制也라

삼가 생각건대 국가에서 선비를 뽑는 제도가 예전 세상에 비해 매우 공정하다는 평판을 받고 있습니다. 대개 누대에 걸친 列聖들께서 유념하여 방법을 곡진히 講求하시어 '王者는 영토에 밖이 없으니, 천하가 한 집안이다.'라 여기셨습니다. 그래서 동서남북의 사람을 불문하고 각 지방의 貢士들을 하나로 혼합하여 오직 재능에 따라 선발하고 또 糊名하고 謄錄한 다음 심사하여 主司로 하여금 어느 지방의 사람, 어느 누구의 아들인지 알지 못하게 하여 거기에 사사로운 애증이나 厚薄을 두지 못하게 하였습니다.

그러므로 의논하는 이들은 "국가의 과거 제도가 비록 옛 법제를 회복하지는 못했으나 지금 세상에 편리하다."고 합니다. 그 사사로운 감정이 없음은 천지의 운행과 같고 지극히 공정함은 저울의 추와 같으니, 이는 祖宗 이래 바꿀 수 없는 제도입니다.

1) 貢士 : 鄕試에 합격하여 지방의 수령으로부터 과거에 응시할 자격을 추천받은 사람이다.

2) 謄錄 : 과거에서 筆跡을 보고 특정한 사람을 선발하는 부정을 막기 위해 과거의 답안인 試卷을 베낀 것을 가지고 고시관으로 하여금 심사하게 한 제도이다. 송나라 때에는 謄錄院을 두어 시권을 모두 베끼게 하였다.

傳曰 無作聰明亂舊章[1]이라하고 又曰 利不百者不變法[2]이라하야늘 今言事之臣이 偶見一端하고 卽議更改하니 此臣所區區欲爲陛下守祖宗之法也라 臣所謂偶見一端者는 蓋言事之人이 但見每次科場에 東南進士得多하고 而西北進士得少라 故欲改法하야 使多取西北進士爾니 殊不知天下至廣하야 四方風俗異宜하고 而人性各有利鈍하니 東南之俗은 好文이라 故進士多而經學少하고 西北之人은 尙質이라 故進士少而經學多하니 所以科場取士에 東南多取進士하고 西北多取經學者는 各因其材性

**所長**하야 **而各隨其多少取之**라 **今以進士經學**으로 **合而較之**하면 **則其數均**이요 **若必論進士**면 **則多少不等**이라 **此臣所謂偏見之一端**이니 **其不可者一也**라

傳에 이르기를 "스스로 옳다고 여겨서 옛 법도를 어지럽히지 말아야 한다." 하였고, 또 이르기를 "이익이 백 배가 아니면 법을 바꾸지 않는다." 하였습니다. 그런데 지금 言事하는 신하가 우연히 한 가지만 보고서 곧 법을 바꿀 것을 주장하였으니, 이것이 신이 구구히 폐하를 위하여 祖宗의 법제를 지키고자 하는 바입니다.

신이 "우연히 한 가지만 보았다." 한 것은 대개 言事하는 사람이 단지 매번 科場에서 동남 지방의 선비가 많이 급제하고 서북 지방의 진사가 적게 급제하는 것을 보았기 때문에 법제를 고쳐서 서북 지방 진사를 많이 뽑고자 한 것일 뿐입니다. 이는 천하는 지극히 넓어 사방의 풍속에 마땅함이 다르고 사람의 성품은 저마다 영리함과 우둔함이 있으니, 동남 지방의 풍속은 文을 좋아하기 때문에 진사가 많고 경학이 적으며 서북 지방 사람은 質을 숭상하기 때문에 진사가 적고 경학이 많음을 알지 못한 것입니다. 과장에서 선비를 뽑음에 동남 지방에서 진사를 뽑고 서북 지방에서 경학을 많이 뽑은 까닭은 각각 그 材性의 所長에 따라 각각 많고 적음을 따라서 뽑은 것이니, 지금 진사와 경학을 가지고 합하여 비교하면 그 수가 균등하고 굳이 진사만 말하면 수의 많고 적음이 균등하지 않습니다. 이것이 신이 말한 편견 중 한 가지이니, 첫째 불가한 것입니다.

1) 傳曰 無作聰明亂舊章 : ≪書經≫ 〈周書 蔡仲之命〉에 나오는 말이다. 원문은 다음과 같다. "率自中 無作聰明 亂舊章 詳乃視聽 罔以側言 改厥度 則予一人汝嘉"

2) 又曰 利不百者不變法 : ≪戰國策≫ 〈趙策 二〉에 나오는 말이다. 원문은 다음과 같다. "故利不百者不變俗 功不什者不易器 今王破卒散兵 以奉騎射 臣恐其攻獲之利 不如所失之費也"

**國家方以官濫爲患**하니 **取士數必難增**이라 **若欲多取西北之人**이면 **則却須多減東南之數**니 **今東南州軍進士取解者二三千人處**에 **只解二三十人**하면 **是百人取一人**이니 **蓋已痛裁抑之矣**요 **西北州軍取解至多處**가 **不過百人**이어늘 **而所解至十餘人**이면 **是**

十人取一人이니 比之東南에 十倍假借之矣라 若至南省하야 又減東南而增西北하면 是已裁抑者를 又裁抑之하고 已假借者를 又假借之니 此其不可者二也라

국가는 바야흐로 관직이 너무 많은 것을 걱정하고 있으니 선비를 뽑는 수는 필시 더하기 어려울 것이므로, 만약 서북 지방의 사람을 많이 뽑고자 하면 도리어 동남 지방 선비를 뽑는 수를 많이 줄여야 할 것입니다. 지금 동남 지방 州軍의 진사로 향시에 합격한 자 2, 3천 명 중에서 단지 2, 30명만 뽑으면 이는 백 명 중에서 한 명을 뽑는 것이니, 이미 몹시 억제한 것입니다. 서북 지방 州軍의 진사로 향시에 합격한 사람 수는 아무리 많아야 백 명에 불과하거늘 과거에서 뽑은 사람이 10여 명에 이르면 이는 열 명 중에서 한 명을 뽑은 것이니, 동남 지방과 비교해보면 열 배나 더 너그럽게 봐준 셈이 됩니다. 그런데 만약 南省의 과거에서 또 급제자 수를 동남 지방은 줄이고 서북 지방은 더 보태면 이는 이미 억제한 것을 또 억제하고 이미 너그럽게 봐준 것을 또 너그럽게 봐주는 것입니다. 이것이 둘째 불가한 것입니다.

東南之士는 於千人中解十人하니 其初選已精矣라 故至南省所試하야 合格者多하고 西北之士는 學業不及東南이어늘 當發解時하야 又十倍優假之하니 蓋其初選已濫矣라 故至南省所試하야 不合格者多어늘 今若一例以十人取一人하면 則東南之人은 合格而落者多矣요 西北之人은 不合格而得者多矣라 至於他路하야도 理不可齊니 偶有一路가 合格人多어든 亦限以十一落之하고 偶有一路가 合格人少어든 亦須充足十一之數하야 使合落者得하고 合得者落하야 取舍顚倒하고 能否混淆하니 其不可者三也라

동남 지방의 선비는 천 명 중에서 열 명을 급제시켰으니, 처음 선발이 이미 정밀합니다. 그러므로 南省에서 시험을 보일 때 이르러서 합격하는 사람이 많은 것입니다. 서북 지방의 선비는 학업이 동남 지방의 선비에 미치지 못하거늘 향시에서 진사를 뽑을 때 게다가 더 너그럽게 봐주어 열 배를 뽑으니, 처음 향시에서 선발할 때 수가 너무 많은 것입니다. 그러므로 남성에서 시험 보일 때 이르러서 합격하는 사람이 적은 것입니다.

그런데 지금 만약 일률적으로 열 명 중에서 한 명을 뽑는다면 동남 지방 사람은

합격해야 함에도 낙방하는 사람이 많을 것이고, 서북 지방 사람은 합격하지 못해야 함에도 합격하는 사람이 많을 것입니다. 다른 지방에 이르러서도 이치상 다 같을 수는 없으니, 우연히 한 지방에 합격하는 사람이 많으면 10분의 1을 뽑는 규정으로 낙방시키고 우연히 한 지방에 합격한 사람이 적으면 또한 10분의 1의 수를 굳이 채워서, 낙방해야 할 사람은 합격하고 합격해야 할 사람은 낙방하게 해서 선비를 취사하는 것이 전도되고 유능한 사람과 무능한 사람이 뒤섞이게 될 것입니다. 이것이 셋째 불가한 점입니다.

**且朝廷專以較藝取人**이어늘 **而使有藝者屈落**하고 **無藝者濫得**하야 **不問謬濫**하고 **只要諸路數停**하니 **此其不可者四也**라

게다가 조정이 오로지 문예를 겨루는 것으로 사람을 뽑거늘 문예가 있는 사람을 낙방시키고 문예가 없는 사람을 합격시켜, 방법의 잘못은 불문하고 오직 각 지방의 합격자 수를 균등하게 하고자 합니다. 이것이 넷째 불가한 점입니다.

**且言事者**는 **本欲多取諸路土著之人**하니 **若此法一行**이면 **則寄應**[1]**者爭趨而往**이니 **今開封府寄應之弊**에 **可驗矣**라 **此所謂法出而姦生**이니 **其不可者五也**라

그리고 言事한 자는 본래 각 지방의 토착인을 많이 뽑고자 하는 법입니다. 만약 이 법이 한 번 시행되면 寄應하는 자들이 다투어 과장에 갈 것이니, 지금 開封府의 기응의 폐단에서 잘 알 수 있습니다. 이것이 이른바 '법이 나오면 농간이 생긴다.'는 것이니, 이것이 다섯째 불가한 점입니다.

1) 寄應 : 어떤 사람이 다른 지방에 寄居하며 그 지방의 과거에 응시하는 것을 말한다. 東州는 모집인원이 적어 경쟁률이 높고 西州는 모집인원이 많을 때 동주의 사람이 西州에 임시로 기거하면서 서주의 무과에 응시하는 것이다.

**今廣南東西路**[1]**進士**는 **例各絶無學業**하야 **諸州但據數解發**하고 **其人亦自知無藝**하야 **只來一就省試而歸**하야 **冀作攝官爾**어늘 **朝廷以嶺外**[2]**烟瘴**은 **北人不便**이라하야 **須藉**

攝官[3)]이라 亦許其如此하니 今若一例與諸路十人取一人이면 此爲繆濫이 又非西北之比니 此其不可者六也라

지금 廣南 東西 두 路의 진사는 으레 각 지방마다 전혀 학업이 없어서 각 州에서 단지 숫자에 의거해 향시의 합격자를 뽑습니다. 뽑힌 사람 자신도 문예가 없는 줄 알고서, 단지 와서 南省의 과거에 응시하고 돌아가 攝官이 되기를 바랄 뿐입니다. 그런데 조정이 嶺外의 나쁜 풍토와 기후는 북쪽 사람들이 살기에 불편하다고 하여 섭관을 임시로 둘 필요가 있었기에 역시 이렇게 하는 것을 허락하였으니, 지금 만약 일률적으로 다른 지방과 같이 열 명 중에서 한 명을 뽑는다면 이는 잘못됨이 또 서북 지방에 비할 바가 아닙니다. 이것이 여섯째 불가한 점입니다.

1) 廣南東西路 : 廣南東路와 廣南西路를 합칭한 것이다. 宋 開寶 연간(963~975)에 嶺南轉運使를 두고 廣南路라고도 불렀다. 端拱 연간(988~989) 후에 광남로를 東路와 西路로 나누었다. 동로의 治所는 廣州에 있고 서로의 치소는 桂州에 있었다.
2) 嶺外 : 중국의 五嶺 밖이다. 옛날에 풍토가 좋지 않아 북방 사람들이 살기 어려운 지역으로 유배지였다.
3) 攝官 : 代理하는 임시 관원이다.

凡此六者乃大槩爾라 若舊法一壞면 新議必行하리니 弊濫隨生을 何可勝數리오 故臣以謂且遵舊制하야 但務擇人하고 推朝廷至公[1)]하야 待四方如一하야 惟能是選하면 人自無言이니 此乃當今可行之法爾라

무릇 이 여섯 가지는 대략일 뿐입니다. 만약 옛 법이 한 번 무너지면 새 주장이 필시 시행될 터이니, 잘못된 폐해가 따라서 생기는 것을 어찌 이루 다 헤아릴 수 있겠습니까. 그러므로 신은 생각건대 우선 옛 제도를 따라서 단지 사람을 가려뽑는 데 힘쓰고 조정의 공정함을 미루어서 사방을 한결같이 대하여 오직 유능한 사람을 뽑는다면 사람의 말이 절로 없어질 것입니다. 이것이 바로 지금 시행할 만한 법입니다.

1) 至公 : 本集에는 '之公'으로 되어 있는데 이에 따라 번역하였다.

**若謂士習浮華**하니 **當先考行**이라하면 **就如新議**라도 **亦須只考程試**[1]니 **安能必取行實之人**이리오 **議者又謂西北近虜**하니 **士要牢籠**이라하니 **此甚不然之論也**라 **使不逞之人不能爲患則已**어니와 **苟可爲患則何方無之**리오 **前世賊亂之臣起於東南者甚衆**하니 **其大者如項羽蕭銑**[2]**之徒是已**라 **至如黃巢王仙芝**[3]**之輩**하얀 **又皆起亂中州者爾**이니 **不逞之人**이 **豈專西北**이리오 矧**貢擧所設**은 **本待材賢**이라 **牢籠不逞**은 **當別有術**이니 **不在科場也**라 **惟事久不能無弊**니 **有當留意者**라 **然不須更改法制**요 **止在振擧綱條爾**라

만약 선비들의 습속이 浮華하니 응당 먼저 행실을 살펴봐야 한다고 한다면, 설사 이 새 주장대로 한다 하더라도 모름지기 程試를 보여야 할 것이니, 어찌 반드시 행실이 있는 선비만을 뽑을 수 있겠습니까. 의논하는 이가 또 이르기를 "서북쪽은 오랑캐의 땅에 가까우니, 선비들을 통제해야 한다." 하니, 이는 매우 옳지 않은 주장입니다. 가사 不逞한 사람이 환난을 일으킬 수 없다면 그만이겠지만 진실로 환난을 일으킬 수 있다면 무슨 방법인들 없겠습니까. 옛날에 반란을 일으킨 신하들로 동남지방에서 일어난 사람이 매우 많으니, 그중 큰 자는 바로 項羽, 蕭銑과 같은 자들입니다. 黃巢, 王仙芝와 같은 자들에 이르러서는 또 모두 중원에서 난리를 일으킨 자들이니, 불령한 사람이 어찌 오직 서북쪽에서만 나왔겠습니까.

게다가 貢擧를 설치한 것은 본래 어질고 유능한 인재를 대우하기 위한 것입니다. 따라서 불령한 사람들을 통제하는 것은 방법이 따로 있어야 할 것이지 科場에 있지는 않습니다. 일이란 오래가면 폐단이 없을 수 없으니 응당 유의해야 합니다. 그러나 법제를 고칠 필요는 없고 단지 강령과 조목만 바로잡으면 됩니다.

1) 程試 : 규정에 따라 시행하는 정식 考試이다. 景德 4년(1007)에 考校進士程式을 제정하였고, 얼마 뒤에 또 親試進士條制를 제정하였다.
2) 蕭銑 : 583~621. 後梁 宣帝의 증손이다. 大業 7년(611)에 巴陵에서 校尉 董景珍 등이 起兵하였을 때 우두머리로 추대되어 5일 만에 1만 명의 군사를 얻었다. 이에 자칭 梁王이라 하고 연호를 鳳鳴이라 하였으며, 이듬해 稱帝하였다. 뒤에 河間王 孝恭(591~640)에 의해 대패하여 장안에서 피살되었다.
3) 黃巢王仙芝 : 黃巢와 王仙芝는 모두 唐나라 말기 농민봉기를 일으킨 인물로, 두 사람 모두 소금 판매상인 출신이다.

近年以來로 擧人盛行懷挾하고 排門大譟하며 免冠突入하야 虧損士風하고 傷敗善類[1)]하니 此由擧人旣多에 而君子小人雜聚하야 所司力不能制하고 雖朝廷素有禁約條制甚嚴이나 而上下因循에 不復申擧하니 惟此一事爲科場大患이어늘 而言事者獨不及之하니 願下有司하야 議革其弊하소서 此當今科場之患也라

근년 이래로 擧人들이 몰래 책을 품속에 숨기고 오는 짓을 많이 하고, 문을 밀치고 크게 떠들며 관을 벗은 채 마음대로 돌입하여, 士風을 훼손하고 善類를 침해하고 있습니다. 이는 擧人이 너무 많음에 군자와 소인이 뒤섞여서 담당 有司가 제어하지 못하고 비록 조정에서 평소 禁約하는 法條가 매우 엄하지만 위아래로 그대로 답습하여 그 법조를 다시 바로 세우지 못했기 때문입니다. 바로 이 한 가지 일이 과장의 큰 우환거리이거늘 言事한 이가 유독 언급하지 않았으니, 원컨대 이 문제를 유사에게 하달하여 그 폐단을 의논하여 고치게 하소서. 이는 지금 과장의 우환거리입니다.

1) 近年以來……傷敗善類 : 擧人은 지방 鄕試에 합격하여 중앙에서 실시하는 과거에 응시할 자격을 가진 자를 말한다. 嘉祐 2년(1057), 임금이 친림하는 親試의 과거 응시자가 殿試 응시자와 함께 처음으로 黜落을 면했다. 당시 進士들의 문풍이 점점 기벽한 데로 흘러 문장을 까다롭게 쓰기만 하고 혼후한 기풍이 점점 사라졌다. 과장에서의 무례도 극치에 달해 모자를 벗고 들어오는가 하면 모여서 큰 소리로 떠들거나 책을 품에 숨기고 들어오기도 했다. 歐陽脩는 이러한 풍조를 몹시 경계하여 억제하려 하였다.

臣忝貳宰司[1)]하야 預聞國論하니 苟不能爲陛下守祖宗之法하고 而言又不足取信於人主면 則厚顔尸祿에 豈敢偸安而久處乎아 故猶此彊言하노니 乞賜裁擇하소서

신은 외람되게 副宰相으로 있으면서 국사를 의논하는 자리에 참여하고 있으니, 진실로 폐하를 위하여 조종의 법을 지키지 못하고 게다가 말이 임금께 믿음을 받기에 부족하다면 낯 두껍게 녹봉만 축내는 자리에 어찌 감히 눈앞의 안일만 생각해 오래 앉아 있을 수 있겠습니까. 그래서 외려 이렇게 힘써 아뢰오니, 바라옵건대 헤아려 결정하소서.

1) 貳宰司 : 副宰相이다. 宋나라 때에는 參知政事를 부재상으로 삼았다. 歐陽脩

는 嘉祐 6년(1061) 윤8월부터 治平 4년(1067) 2월까지 참지정사로 있었다.

## 08. 言青苗錢第一箚子* 青苗錢에 대해 말한 첫 번째 箚子

* 이 글은 神宗 熙寧 2년(1069)에 지어졌다. 당시 歐陽脩는 兵部尙書 知青州로 있었다. 青苗錢은 王安石이 만든 青苗法이다. 가난한 백성들은 흉년이 들거나 보릿고개를 만나면 식량이 부족하여 종자마저 남길 수가 없었다. 이때 富豪로부터 곡식과 종자를 빌렸는데 그 이자가 6개월에 너무나 가혹하여 대부분의 빈농이 소작인 또는 農奴로 전락하고, 부호들이 곡물 생산과 유통을 매점하여 가격을 마음대로 조정하기에 이르렀다. 이 폐단을 없애려고 정부에서 농민에게 직접 低利로 곡물을 빌려주는 정책을 도입한 것이 청묘법이다.

그러나 탐관오리들이 이자를 높여 도리어 착취의 수단으로 변질되기에 이르렀고, 이에 范鎭, 范仲淹, 呂公著, 孫覺, 鄭戩, 程顥 등이 청묘법의 폐해를 極論하였다. 歐陽脩 역시 韓琦를 이어 청묘법의 폐해를 논했는데, 그것이 바로 이 글이다.

**蘇氏兄弟所論次青苗不便處**가 **最詳悉**하고 **而歐公此疏**는 **尤似有分剖**이라

蘇氏 형제(蘇軾, 蘇轍)가 청묘법의 불편한 점을 논술한 것이 매우 상세하고, 歐陽公의 이 疏는 특히 분석을 잘한 점이 있는 듯하다.

**臣伏見朝廷新制**하야 **俵散青苗錢以來**로 **中外之議**가 **皆稱不便**하야 **多乞寢罷**하되 **至今未蒙省察**하니 **臣以老病昏忘**하야 **雖不能究述利害**나 **苟有所見**이면 **其敢**[1)]**不言**가 **臣今有起請事件**하야 **謹具畫一如後**하노이다

신이 삼가 보건대 조정이 새로 제도를 만들어서 青苗錢를 나누어 지급한 이래 中外의 논의가 모두 불편하다고 하여 그만둘 것을 청하는 사람이 많은데도 지금까지 살펴주지 않으시니, 신이 늙고 병들어 정신이 昏憒하여 비록 그 利害를 상세히 다 기술할 수는 없지만 진실로 견해가 있으면 감히 말하지 않을 수 있겠습니까. 신은 지금 청할 일이 있어 삼가 아래와 같이 조목조목 갖추어 아룁니다.

1) 其敢 : 豈敢과 같다.

一. 臣竊見議者言靑苗錢取利於民爲非어늘 而朝廷深惡其說하야 至煩聖聽하야 命有司具述本末委曲하야 申諭中外以朝廷本爲惠民之意라 然告諭之後에 搢紳之士가 論議益多하고 至於田野之民하얀 蠢然固不知周官泉府[1]爲何物이오 但見官中放債에 每錢一百文要二十文利爾라 是以申告雖煩이나 而莫能諭也라 臣亦以謂等是取利어늘 不許取三分而許取二分하니 此孟子所謂以五十步笑百步者[2]니 以臣愚見으론 必欲使天下曉然知取利非朝廷本意인댄 則乞除去二分之息하고 但令只納元數本錢이니 如此라야 始是不取利矣라 蓋二分之息을 以爲所得多耶인댄 固不可多取於民이어니와 所得不多耶인댄 則小利又何足顧리오 何必以此上累聖政가

1. 신이 삼가 보건대 의논하는 이가 말하기를 "청묘전으로 백성에게 이자를 취하는 것이 옳지 않다."고 하는데, 조정이 그 말을 매우 싫어하여 심지어 성상께 아뢰어서 有司에게 명하여 그 본말의 자세한 내용을 갖추어 기술하여 조정이 본래 백성에게 은혜를 끼치려는 뜻을 단단히 告諭하게 하였습니다. 그러나 告諭한 뒤에 搢紳 사대부들의 논의가 더욱 많아졌고, 田野의 백성들에 이르러서는 무지하여 진실로 周官의 泉府가 무엇인지 알지 못하고 다만 관가에서 백성들에게 돈을 꾸어줄 때 1錢마다 20文씩 이자를 요구하는 것만 알 뿐입니다. 이런 까닭에 단단히 고유하는 것은 비록 많지만 아무도 알아듣지 못하는 것입니다.

신도 생각건대 다 같이 이자를 취하는 것이거늘 3푼을 취하는 것은 허락하지 않고 2푼을 취하는 것은 허락하니, 이는 孟子가 말한 50보로 100보를 비웃는다는 것입니다. 신의 어리석은 견해로는 온 천하 사람들로 하여금 이자를 취하는 것이 조정의 본의가 아님을 꼭 환히 알게 하고자 한다면 2푼의 이자를 없애고 단지 元數인 本錢만 납부하게 해야 할 것이니, 이렇게 해야 비로소 이자를 취하지 않는 것입니다. 2푼의 이자를 두고 얻는 것이 많다고 여긴다면 진실로 백성에게 많이 취해서는 안 될 것이요, 얻는 바가 많지 않다고 여긴다면 작은 이익 따위를 어찌 돌아볼 것이 있겠습니까. 무엇하러 구태여 이런 문제로 성상의 政事에 누를 끼칠 필요가 있겠습니까.

1) 周官泉府 : ≪周官≫은 곧 ≪周禮≫의 이칭이다. 泉府는 司徒의 屬官으로, 국가의 稅收, 시장에 원활히 유통되지 않는 물품의 구매, 화폐 유통 등을 관장했던 기관이다. 여기서 泉은 경제가 샘물처럼 막히지 않고 원활히 흐르게 하고자 한다는 의미를 지닌다. ≪周禮≫ 〈地官 泉府〉에 “천부는 시장의 세금 징수를 관장하여 시장의 팔리지 않는 물품과 화폐가 백성들 사이에 유통되지 않고 있는 것을 거두어들인다.〔泉府掌以市之征布 斂市之不售貨之滯于民用者〕” 하였다. 王安石이 周나라 때 천부의 제도를 인용하여 ‘청묘전으로 백성들에게 이자를 거두어들인다.’는 주장에 답하였기 때문에 이 말을 쓴 것이다. ≪宋會要 食貨≫

2) 孟子所謂以五十步笑百步者 : ≪孟子≫ 〈梁惠王 上〉에 나온다. 원문은 다음과 같다. 孟子가 대답하기를 “왕께서 전투를 좋아하시니, 청컨대 전투를 가지고 비유하겠습니다. 둥둥 북을 울려 서로 접전이 벌어졌는데 갑옷을 버리고 병기를 끌고 도망치되 어떤 사람은 100步를 도망친 뒤에 멈추고 어떤 사람은 50보를 도망친 뒤에 멈추어서, 50보로 100보를 비웃으면 어떻습니까?” 하니, 왕이 말하기를 “불가합니다. 다만 100보를 도망치지 않았을 뿐이지 이 또한 도망친 것입니다.” 하였다.〔孟子對曰 王好戰 請以戰喩 塡然鼓之 兵刃旣接 棄甲曳兵而走 或百步而後止 或五十步而後止 以五十步笑百步 則何如 曰 不可 直不百步耳 是亦走也〕

一. 臣檢詳元降指揮[1)]컨댄 如災傷及五分已上은 則夏料[2)]青苗錢을 令於秋料送納하고 秋料於次年夏料送納이라 臣竊謂年歲豐凶은 固不可定하니 其間豐年常少而凶歲常多라 今所降指揮는 蓋只言偶然一料災傷爾라 若連遇三兩料水旱이면 則青苗錢積壓拖欠數多하리니 若纔遇豐熟하면 却須一倂催納이니 則農民永無豐歲矣라 至於中小熟之年에 不該得災傷分數요 合於本料送納者하얀 或人戶無力하고 或頑猾拖延하야 本料尙未送納了當하니 若令又請次料合俵錢數하면 則積壓轉多하야 必難催索이라 臣今欲乞人戶遇災傷하야 本料未曾送納者와 及人戶無力或頑猾하야 拖延不納者를 竝更不支俵與次料錢이니 如此則人戶免積壓拖欠하며 州縣免鞭扑[3)]催驅하며 官錢免積久失陷이라

1. 신이 원래 내리신 詔書를 자세히 살펴보건대, 재해나 상해가 5푼 이상에 미치는 경우에는 여름에 납부해야 할 靑苗錢을 가을에 납부하고 가을에 납부할 것은 다음 해 여름에 납부하게 하였습니다. 신은 생각건대 한 해 작황의 豐凶은 진실로 일정할 수 없습니다. 그동안 풍년은 늘 적고 흉년은 늘 많았으니, 지금 내리신 조서는 단지 우연히 한 차례 할당된 농작물의 재해와 상해에 대한 것을 말했을 뿐입니다. 만약 연이어 2, 3년 동안 홍수와 가뭄의 재해를 만난다면 누적된 청묘전 逋欠 액수가 많아졌다가, 풍년을 만났다 하면 도리어 한꺼번에 다 납부해야 할 터이니, 이렇게 되면 농민들은 영영 풍년일 때가 없게 될 것입니다.

중간 풍작이 들거나 또는 작은 풍작이 든 해여서 재해나 상해에 대한 할당 분량을 응당 받지 못하고 본래의 분량을 그대로 납부해야 하는 경우에 이르러서는 혹 人戶가 그럴 능력이 없기도 하고 혹 모질고 교활하여 납부 시일을 오래 끌기도 하여 그 기간에 납부할 청묘전의 분량도 오히려 납부하지 않고 있을 터에 또 다음 기간 청묘전을 지급해달라고 청구한다면 누적된 액수가 점점 많아져서 필시 독촉하기 어려워질 것입니다.

신은 이제 바라건대 人戶가 재해나 상해를 만나서 그 기간에 납부해야 할 청묘전의 액수를 납부하지 않은 경우 및 인호가 능력이 없거나 모질고 교활하여 시일만 끌고 납부하지 않은 경우는 모두 다음 기간 청묘전의 액수를 지급하지 않아야 할 것입니다. 이와 같이 하면 인호가 납부할 청묘전 액수를 누적하거나 납부할 기간을 오래 끄는 일이 없고 州縣에는 체벌을 받으며 독촉을 받는 것을 면하고 관전은 납부받을 액수가 오래 누적되어 손실을 입는 일을 면할 것입니다.

1) 指揮 : 唐·宋 때 詔勅, 命令 등 공문을 이르는 말이다.
2) 夏料 : 料는 1차에 납부하도록 할당받은 액수이다. 즉 여름에 납부해야 할 액수인 것이다.
3) 鞭扑 : ≪書經≫ 〈虞書 舜典〉에 "떳떳한 형벌로 보여주되 流刑으로 五刑을 용서하며, 채찍은 官府의 형벌로 삼고 회초리는 學校의 형벌로 삼는다.〔象以典刑 流宥五刑 鞭作官刑 扑作敎刑〕" 한 데서 온 말이다.

一. 臣竊聞議者多以抑配人戶爲患이라 所以朝廷屢降指揮하야 丁寧約束州縣官吏

不得抑配百姓이라 然諸路各有提擧管勾[1)]等官하야 往來催促하야 必須盡錢俵散而後止하니 由是言之컨댄 朝廷雖指揮州縣하야 不得抑逼百姓請錢이라도 而提擧等官이 又却催促盡數散俵라 故提擧等官은 以不能催促盡數散俵爲失職하고 州縣之吏는 亦以俵錢不盡爲弛慢不才하니 上下不得不遞相督責者는 勢使之然하야 各不獲已也라 由是言之컨댄 理難獨責州縣抑配矣라 以臣愚見으론 欲乞先罷提擧管勾等官하야 不令催督然後에 可以責州縣不得抑配요 其所俵錢은 取民情願하야 專委州縣하야 隨多少散之하고 不得須要盡數며 亦不必須要闔縣之民戶戶盡請이니 如此則自然無抑配之患矣리라

1. 신은 듣건대 의논하는 이들이 대개 억지로 人戶들에게 靑苗錢을 分配하는 것이 문제점이라 합니다. 그런 까닭에 조정에 누차 조서를 내려 州縣의 관리들을 간곡하게 단속하여 백성들에게 억지로 분배하지 못하게 하였습니다.

그러나 각 지방마다 提擧, 管勾 등의 관리들이 있어 왕래하며 독촉하여 청묘전을 백성들에게 모두 나누어 지급한 뒤에야 그칩니다. 이런 見地에서 말하면, 조정이 비록 州縣에 명령을 내려 백성들을 억압하여 청묘전을 청하지 못하도록 하지만 제거 등 관원들이 도리어 독촉하여 액수대로 다 청묘전을 나누어 지급하게 합니다. 그러므로 제거 등 관원들은 액수대로 청묘전을 모두 분배하도록 독촉하지 않은 것을 직책을 잘못 수행한 것으로 여기고, 州縣의 관리들 역시 청묘전을 다 분배하지 못한 것을 태만하고 재능이 없는 것으로 여기니, 위아래가 서로 번갈아 독책하지 않을 수 없는 것은 형세가 그렇게 만들어 각각 어쩔 수 없는 것입니다. 이런 견지에서 말하면 주현이 청묘전을 억지로 분배하라고 요구하기에는 이치상 어렵습니다.

신의 어리석은 소견으로는 바라건대 먼저 제거, 관구 등의 관원을 파면하여 독촉하지 못하도록 해야 할 것이니, 그런 뒤에야 주현에서 청묘전을 백성들에게 억지로 분배하지 못하도록 요구할 수 있을 것입니다. 그리고 분배하는 청묘전은 백성들의 청원을 받아서 오로지 주현에 위임하여 액수의 많고 적음에 따라 나누어 지급하고, 굳이 액수대로 다 분배하려고 하지 말며 또한 굳이 모든 縣의 백성들이 家戶마다 모두 청묘전을 청하게 할 필요가 없습니다. 이와 같이 하면 자연히 청묘전을 백성들에게 억지로 분배하는 근심이 없어질 것입니다.

1) 提擧管勾 : 提擧는 관리한다는 뜻인데 宋代의 관직 명칭이다. 송대에 提擧常平倉, 提擧茶鹽, 提擧水利 등의 관직이 있었다. 여기서는 제거상평창을 가리킨다. 管勾 역시 관직 이름으로 각급 기구의 政務를 처리하는 관직이다.

右는 謹具如前이라 臣以衰年昏病으로 不能深識遠慮하니 所見目前이 止於如此라 然而青苗之議가 久已喧然이라 中外群臣乞行寢罷者를 不可勝數하니 其所陳久遠利害가 必已詳盡而無遺矣라 一日陛下赫然開悟하야 悉採群議하고 追還新制하야 一切罷之하야 以便公私면 天下之幸也라 若中外所言雖多라도 猶未能感動天聽이면 則見行不便法中에 有此三事 尤繫目下利害가 如臣畫一所陳하니 伏望聖慈特賜裁擇하소서 今取進止하소서

이상과 같이 삼가 갖추어 아룁니다. 신이 노년에 정신이 흐리고 병약하여 깊이 알고 멀리 생각하지 못하였으니, 목전에 본 바가 이와 같은 데 그쳤습니다. 그러나 青苗錢에 관한 논의가 떠들썩한 지 이미 오래라 中外의 신하들로 그만둘 것을 청한 자를 이루 헤아릴 수 없으니, 그들이 진달한 먼 장래의 利害가 필시 이미 상세하여 빠뜨린 바가 없을 것입니다. 따라서 어느 날 폐하께서 분발해 깨달으셔서 많은 의견을 다 받아들이고 새 제도를 예전대로 되돌려 모두 혁파하여 公私 간에 편리하게 하신다면 천하의 다행일 것입니다.

만약 중외의 신하들이 말한 바가 비록 많아도 폐하의 귀를 감동시키지 못한다면 현행의 불편한 법 중에서 이 세 가지가 더욱 목금의 利害에 관계됨이 신이 위에서 진달한 바가 같으니, 삼가 바라건대 성상께서 특별히 헤아려 선택해주소서. 지금 성상께서 결정하소서.

## 09. 請耕禁地箚子* 禁地에 耕作하게 하기를 청하는 箚子

* 이 글은 仁宗 慶曆 4년(1044)에 지은 것으로, 당시 歐陽脩는 河東路轉運使의 命을 받들고 河東에 있었다. 宋나라의 개국공신 潘美가 河東 지방을 통수할 때 도적들이 침탈하는 것에 대해 책임을 회피하려고 변방 백성들에게 이주정

책을 펴서, 변방 일대 農地에 농경을 금하고 空地로 비워두었다. 이것을 禁地라고 하는데, 이후로 空地가 매우 광범하게 발생하였다. 인종 때에 와서 歐陽脩가 解禁을 하여 다시 농사를 지을 수 있게 청하였는데, 바로 이 글이다.

經國至計니 與蘇子由所上乞禁邊臣爭界箚子로 互看이라

국가를 경영하는 지극한 계책이니, 蘇子由(蘇轍)가 올린 〈邊臣들이 고을의 경계를 다투는 것을 금하기를 청한 차자〔乞禁邊臣爭界箚子〕〉와 서로 참고해 보아야 한다.

臣昨奉使河東[1)]하야 相度沿邊經久利害라 臣竊見河東之患은 患在盡禁沿邊之地하야 不許人耕하고 而私糴[2)]北界[3)]斛斗하야 以爲邊儲하니 其大害有四라 以臣相度컨댄 今若募人耕植禁地하면 則去四大害而有四大利라

신이 근래 使命을 받들고 河東에 가서 변방 일대의 먼 장래의 이해를 상세히 살펴보았습니다. 신이 삼가 보건대 하동의 근심은, 문제가 변방 일대의 땅에 모두 금지령을 내려 사람들이 경작하는 것을 허락하지 않아 백성들이 사적으로 北界(遼나라)의 곡식을 사들이게 해서 변방의 비축 식량을 삼는 데 있으니, 그 해로운 점이 네 가지가 있습니다. 신이 헤아려보건대 지금 만약 사람을 모집하여 禁地를 경작해 곡식을 심게 하면 네 가지 큰 해로움을 없애고 네 가지 큰 이로움을 있게 할 수 있을 것입니다.

1) 臣昨奉使河東 : 慶曆 4년 陝西 지방에 병란이 일어나고 河東에 식량이 바닥났다. 이에 麟州(州治가 現 섬서성 神木縣에 있었음)를 폐지하거나 州의 治所를 內地로 옮기자는 의견이 제출되었다. 그러자 麟州를 폐지했을 때 발생하는 백성들의 부담 때문에 폐지를 반대하는 의견도 있었다. 조정에서 歐陽脩를 河東路에 보내어 麟州 존폐에 따른 손익이 어떠한지 실질적으로 고찰하게 하였다.

2) 私糴 : 백성들이 개인적으로 高價에 식량을 구매하여 관부의 和糴에 부응하는 것이다. 和糴은 본래 정부가 백성을 위해 고가로 곡식을 사들여 군량미로 쓴다는 취지에서 만든 제도이다. 그러나 변질되어 관아에서 낮은 가격에 강제로 사들였는데, 백성들은 여기에 부응하기 위해 富豪에게 高價로 곡식을 사서 바

처야 했다. 결국 과세처럼 되었던 것이다.

3) 北界 : 宋나라 북쪽에 있던 遼나라를 가리킨다.

**河東地形山險**하여 **輦運不通**하니 **邊地旣禁**이면 **則沿邊乏食**하야 **每歲仰河東一路稅賦和糴[1]入中[2]和博[3]斛斗支往**이라 **沿邊人戶**가 **旣阻險遠**하야 **不能輦運**일새 **遂賫金銀絹銅錢等物**하야 **就沿邊貴價**하야 **私糴北界斛斗**라 **北界禁民以粟馬南入我境**하야 **其法至死**어늘 **今邊民冒禁私相交易**하야 **時引爭鬪**하야 **輒相斫射**하니 **萬一興訟**하면 **遂搆事端**이니 **其引惹之患一也**라

河東의 지형은 산이 험준하여 수레로 운송하지 못하니, 변방의 땅에 경작을 이미 금지하였고 보면 변방 일대에 양식이 부족하여 해마다 河東 지방의 賦稅, 和糴, 入中, 和博으로 들어온 곡식을 지급해주는 데 의지하고 있습니다. 변방 일대의 人戶는 이미 지형이 험준하고 먼 지방이라 수레로 곡식을 운송하지 못하기 때문에 마침내 금은과 명주, 동전 등 물품을 사서 변방 일대의 곡식 값이 비싼 지역에 가서 私糴으로 北界의 곡식을 사고 있습니다. 북계는 백성들에게 곡식과 말을 남쪽으로 우리 땅에 들여 넣는 것을 금지하여 그 법이 사형에 이릅니다. 그런데도 지금 변방의 백성들은 禁法을 범하면서 사적으로 교역하다가 때로는 투쟁을 일으켜 서로 칼로 찍고 활로 쏘기까지 하니, 만일 쟁송이 일어나면 마침내 사단을 만들게 될 것입니다. 이것이 야기될 첫째 근심입니다.

1) 和糴 : 변방의 급한 수요에 공급한다는 명목으로 군량과 馬草를 구입하는 것이다.

2) 入中 : 상인들이 군량과 마초를 변방에 운송해주고 증명을 받아 가지고 京城에 가서 그 값으로 현금 또는 차와 같은 專賣物을 받는 것이다.

3) 和博 : 관부에서 은이나 비단 따위의 물품을 가지고 식량으로 바꾸어 변방에 보내는 것이다.

**今吾有地**로되 **不自耕植**하고 **而偸糴隣界之物以仰給**하니 **若敵常歲豐及緩法不察**하야 **而米過吾界**하면 **則尙有可望萬一**이어니와 **虜歲不豐**이어나 **或其與我有隙**하야 **頓嚴邊**

界禁約하야 而閉糴不通하면 則我軍遂至乏食이리니 是我師飢飽가 繫在敵人이니 其患二也라

지금 우리는 땅이 있는데도 스스로 경작하지 않고 이웃 北界의 곡물을 몰래 사들임으로써 그것에 의지해 공급하고 있으니, 만약 저 적국이 평상시 풍년이거나 법을 느슨히 적용해 세밀히 살피지 않아 곡물이 우리 땅으로 넘어온다면 그나마 만에 하나 가망이 있겠지만, 저 오랑캐들이 풍년이 들지 못하거나 우리와 사이가 나빠져서 갑자기 변방의 禁約을 엄격히 세워서 곡물을 유통하지 못하도록 폐쇄한다면 우리 군사들은 마침내 양식이 부족한 데 이를 것입니다. 이는 우리 군사의 굶주림과 배부름이 적국 사람들에게 달려 있는 것이니, 그 둘째 근심입니다.

代州岢嵐寧化火山[1)]四州軍은 沿邊地既不耕하야 荒無定主하야 虜人得以侵占이라 往時代州陽武寨爲蘇直等爭界하야 訟久不決하야 卒侵却二三十里러니 見今寧化軍天池之側에 杜思榮等又來爭侵하야 經年未決하고 岢嵐軍爭掘界壕러니 賴米光濬[2)]多方力拒而定하니 是自空其地하야 引惹北人하야 歲歲爭界니 其害三也라

代州, 岢嵐, 寧化, 火山 네 州軍은 변방 일대의 땅을 이미 경작하지 않아 주인 없이 황폐한 채 버려져 있어 적국 사람들이 들어와 〈이 변방 일대의 땅을〉 차지하고 있습니다. 예전에 대주 陽武寨에서 蘇直 등에 의해 국경 분쟁이 일어나 쟁송이 오래도록 해결되지 못하는 바람에 마침내 2, 30리를 빼앗겼습니다. 현재 寧化軍 天池 근처에 杜思榮 등이 또 와서 다투어 침범하여 한 해가 넘도록 해결되지 못하고 있고, 岢嵐軍에서는 堀界壕 땅을 두고 다투었는데 米光濬이 다방면으로 힘써 막은 덕분에 안정되었습니다. 이는 스스로 우리 땅을 비워두어 北界의 사람들을 들어오게 만들어서 해마다 국경의 땅을 놓고 다투는 것이니, 그 셋째 해로운 것입니다.

1) 代州岢嵐寧化火山 : 모두 河東路에 속하는 고을로 現 山西省과 陝西省 북쪽 지역에 해당한다.

2) 米光濬 : 米光濬은 당시 岢嵐軍使로 있던 인물이다. 능력이 있고 무예에 능한데다 변방의 일을 환히 꿰고 있으며 통솔력이 뛰어나 歐陽脩가 누차 추천했던 인물이다. 本集에 〈擧米光濬狀〉과 〈再擧米光濬狀〉이 있다. 하동의 변경 지대

에 경작을 금하자, 하동 지방 일대는 심한 식량 부족에 시달렸고, 그것을 해결하기 위해 중앙정부의 눈을 피해 契丹과 암암리에 식량을 교역하였다. 그로 인해 국경이나 식량가격으로 인한 분쟁이 자주 발생하였다. 이때 활약하여 거란의 도발을 막은 인물이 미광준이다.

**禁膏腴之地不耕**하고 **而困民之力以遠輸**하니 **其害四也**라

기름진 땅을 禁地로 만들어 경작하지 않고 백성들의 힘을 피곤하게 하면서까지 먼 곳의 곡물을 수송해오니, 그 넷째 해로운 것입니다.

**臣謂禁地若耕**하면 **則一二歲間**에 **北界斛斗**를 **可以不糴**이리니 **則邊民無爭糴引惹之害**하고 **我軍無饑飽在敵之害**하고 **沿邊地有定主無爭界之害**라 **邊州自有粟**이면 **則內地之民無遠輸之害**니 **是謂去四大害而有四大利**라 **今四州軍地**가 **可二三萬頃**이니 **若盡耕之**면 **則其利歲可得三五百萬石**이니 **伏望聖慈特下兩府商議**하야 **如可施行**이어든 **則召募耕種**하소서 **稅入之法**은 **各有事目**하니 **容臣續具條陳**하리이다 **取進止**하소서

신은 생각건대 禁地를 경작하면 한두 해 사이에 北界의 곡물을 사들이지 않을 수 있을 터이니, 그렇게 되면 변방의 백성들은 곡물을 사들이느라 일어나는 분쟁의 해로움이 없으며, 우리 군사들은 굶주림과 배부름이 적국 사람에게 달려 있는 해로움이 없으며, 변방 일대에는 정해진 땅 주인이 있어 경계를 다투는 해로움이 없고, 변방 고을 자체에 곡물이 있으면 내지의 백성들이 멀리서 곡물을 수송해오는 해로움이 없을 것입니다. 이것이 제가 말한 "네 가지 큰 해로움을 없애고, 네 가지 큰 이로움을 있게 할 수 있다."는 것입니다.

지금 네 州軍의 땅은 2, 3만 頃이나 되니, 만약 이 땅을 모두 경작한다면 그 이득은 한 해에 3, 5백만 섬을 얻을 수 있을 것입니다. 삼가 바라건대 성상께서는 이 문제를 특별히 兩府에 하달하여 상의하게 하여 시행할 만하면 백성들을 모집해서 경작하게 하소서. 稅入에 관한 법은 각각 事目이 있으니, 신이 이어서 조목조목 진달할 수 있을 것입니다. 성상께서 결정하소서.

宋大家歐陽文忠公文抄 卷5

# 箚子

## 01. 論契丹求御容箚子* 거란이 御容을 구하는 것을 논한 箚子

* 이 글은 仁宗 嘉祐 2년(1057)에 지은 것이다. 이해 3월에 거란이 宋나라에 사신을 보내 御容을 요구하였다. 그래서 歐陽脩가 이 글을 올려 대책을 진달하였던 것이다. 御容은 황제의 畫像이다.

**老成練達之言**이라

老成하고 熟達한 말이다.

**臣伏見契丹所遣汎使**[1)]는 **專爲御容而來**라 **中外之議**가 **皆謂前歲旣已許之**하니 **於理不可中止**라 **失於不早踐言**하야 **致彼非時遣使**라하더니 **及朝夕以來**하얀 **傳聞頗異**하야 **或云大臣共議**하야 **欲遂拒而不與**라하니 **若然則臣恐釁隙之端**이 **自此而始**니 **禍患之起**를 **未易遽言**이라

신은 삼가 보건대 거란이 파견한 汎使는 오로지 御用을 요구하기 위해 온 것입니다. 중외의 의논은 모두 "지난해에 이미 허락했으니, 도리상 중도에 그만둘 수 없다. 일찍 말을 실천하지 않는 실수를 저질러 저들이 때 아니게 사신을 보내는 일을 초래했다." 하였습니다. 그런데 최근에 와서는 전해 들리는 말이 매우 달라져 "대신이 함께 의논하여 마침내 거절하고 주지 않고자 한다." 합니다. 만약 그러하다면 신의 생각에는 분쟁의 단서가 이로부터 시작될 터이니, 일어나는 환난이 얼마나 클지 대번에 말하기 쉽지 않을 듯합니다.

1) 汎使 : 宋나라 때 다른 나라로 파견하여 임시로 일을 보게 하는 使節을 일컫는 말이다.

**大凡爲國謀事者**는 **必先明信義重曲直**하고 **酌人情量事勢**니 **四者皆得然後**에 **可以不疑**라 **苟一有未然**이라도 **尙恐敗事**어든 **況四者俱失**이면 **豈可不思**리오 **契丹與中國通盟久矣**러니 **而嚮來宗眞**[1]이 **特於信好**에 **自表慇懃**하야 **別有家書**[2]하고 **繼以畫像**[3]하니 **聖朝納其來意**하야 **許以報之**어늘 **而乃遷延至今**하야 **遂欲食言而中輟**하니 **是則彼以推誠結我**어늘 **我以不信待之**니 **失信傷義 甚非中國待夷狄之術**이요 **而又其曲在我**하야 **使彼易以爲辭**라

무릇 국가를 위해 일을 도모하는 자는 반드시 먼저 신의를 밝히고 시비를 중히 여기며 인정을 짐작하고 사세를 헤아리니, 이 네 가지가 모두 제대로 된 뒤에야 의심하지 않을 수 있습니다. 만약 한 가지만 그렇지 못하더라도 오히려 일을 망칠까 두려운데, 하물며 이 네 가지가 모두 잘못되면 어찌 생각하지 않을 수 있겠습니까.

거란이 중국과 通交한 지 오래입니다. 예전에 耶律宗眞이 특별히 신의와 우호에 스스로 은근한 뜻을 보여, 따로 家書를 보내고 이어서 畫像을 보내오니, 우리 조정이 저들이 온 뜻을 받아들여 답하겠다고 허락하였습니다. 그런데 지금까지 끌다가 마침내 식언하여 중도에 그만두고자 하니, 이는 저들이 성의를 다해 우리와 우호를 맺고자 하는데 우리는 不信으로 답하는 것입니다. 이는 신의를 잃는 것으로, 중국이 夷狄을 대하는 방법이 전혀 아니고, 게다가 그 잘못이 우리에게 있어 저들로 하여금 쉽게 할 말을 할 수 있게 합니다.

1) 宗眞 : 遼나라 7대 황제인 興宗 耶律宗眞이다. 재위 기간은 1031~1055년이고, 이 시기에 송나라와 관계가 밀접하였다. 글씨에도 뛰어났다.
2) 家書 : 國書이다. 遼나라를 낮추어서 이렇게 말한 것이다.
3) 繼以畫像 : ≪遼史≫ 〈道宗本紀〉에 "淸寧 원년(1055)에 사신을 보내 先帝의 유물을 송나라에 보내주었다." 하였는데, 선제는 興宗을 가리키고 유물은 흥종의 화상을 가리킨다. 즉 흥종의 화상을 보내주고 송나라 천자의 화상을 달라고 했던 것이다.

**自南北**[1]**通和以來**로 **信問往復之際**에 **每於報答**에 **常從優厚**하니 **假借旣久**에 **其心已驕**어든 **況此畫像之來**에 **特表慇懃之意**하니 **是則於平常之禮**에는 **厚報以驕之**하고

慇懃之來에는 則不報以沮之니 沮之면 彼必怒요 不報면 彼必恥니 懷恥畜怒면 何所不爲리오 此人之常情也라 許其父하고 不許其子하니 厚薄之際는 此亦人情之難處也라

南北이 通交한 이래 書信이 오가는 즈음에 우리가 저들에게 답할 때마다 늘 넉넉하고 후하게 했으니, 너그럽게 대한 지 오래됨에 저들의 마음이 이미 교만해졌습니다. 하물며 이 화상을 보내옴에 특별히 은근한 마음을 표함에 있어서겠습니까. 이는 평상한 禮에는 후하게 답하여 저들을 교만하게 하고, 은근한 마음으로 보내온 것에는 답하지 않아 저들을 沮止하는 것이니, 저지하면 저들이 반드시 노할 것이고 답하지 않으면 저들이 반드시 수치로 생각할 것입니다. 수치를 품고 노여움을 쌓아두면 무슨 짓인들 하지 못하겠습니까. 이것이 사람의 常情입니다. 아비에게는 허락하고 아들에게는 허락하지 않으니, 후하게 대하고 박하게 대하는 사이, 이것이 또한 인정에 있어 난처한 곳입니다.

1) 南北 : 남쪽은 宋, 북쪽은 遼를 가리킨다.

臣竊見契丹來書에 初無寒溫候問之言하고 直以踐言孤約爲說하니 其意在於必得이라 若此時被沮면 勢必更來니 事旣再三에 豈能堅執가 若待其失於遜順하야 已成釁隙然後與之면 則重爲中國之辱이요 又使夷狄謂中國難以恩意交요 惟可以勢力脅이라하여 因之引惹하야 別有他求하면 則爲後患何可涯哉아 今虜主[1]雖弱이나 而中國邊備未完하고 廟謀未勝하니 未可生事어늘 而欲執我曲彼直之議하야 以起戎而結禍하면 夫察彼事勢컨댄 必不能中止요 量我事勢컨댄 又未能必沮之라 臣故曰四者俱失也라하노이다

신이 삼가 거란에서 보내온 서신을 보건대, 처음부터 안부를 묻는 인사말이 없고 곧바로 '말을 실천하라', '약속을 저버렸다.'라고 말하였으니, 그 뜻이 기필코 어용을 얻는 데 있습니다. 만약 이러한 때 저지를 당하면 형세상 반드시 다시 올 것이니, 일이 이미 두세 차례에 이르면 어찌 굳이 고집할 수 있겠습니까. 만약 우리가 잘못 遜順한 태도를 보였다가 이미 우리와 저들 사이에 틈이 생기기를 기다린 뒤에 어용을 주면 거듭 중국의 모욕이 될 것이고, 또 외국으로 하여금 '중국은 恩意로 사귀어서는 안 되고 오직 세력으로 협박해야 한다.'고 생각하게 할 것입니다. 이로 말미암

아 문제를 야기해 별도로 요구하는 것이 있게 된다면 후환을 어찌 헤아릴 수 있겠습니까.

지금 거란이 비록 약하지만 중국의 변방 備禦가 완전하지 못하고 조정의 계책에 승산이 없으니, 일을 일으켜서는 안 됩니다. 그런데 우리 쪽이 잘못이고 저쪽이 옳은 의논을 가지고서 전쟁을 일으켜 禍를 만들고자 한다면, 저들의 事勢를 헤아려보건대 필시 중지하지 못할 것이고 우리의 사세를 헤아려보더라도 반드시 저지하지는 못할 것입니다. 신은 그러므로 "네 가지가 모두 잘못되었다." 하는 것입니다.

1) 虜主 : ≪全宋文≫에는 契丹으로 되어 있다.

**臣又聞虜使入境之日**에 **地震星隕**하야 **變異非常**이라하니 **先事深防**이라도 **猶恐不及**이어든 **失計招禍**를 **豈可自爲**리오 **臣願聖慈**는 **出於獨斷**[1]하야 **勿沮其善意**하고 **無失我信言**[2]하소서 **臣今欲乞回諭虜中**하야 **告以如約**하고 **直候今冬因遣常使**[3]**時與之**하면 **則於事體稍便**이라 **伏乞速下兩府商議**하소서 **上繫國家利害**하니 **臣不敢不言**이로소이다 **今取進止**하소서

신은 또 듣건대 오랑캐(거란)의 사신이 국경에 들어오던 날 지진이 일어나고 운석이 떨어져 비상한 變怪가 있었다고 합니다. 일이 생기기 전에 단단히 방비하더라도 오히려 손을 쓸 수 없게 될까 걱정인데, 계책을 잘못하여 화를 초래하는 것을 어찌 스스로 할 수 있겠습니까. 신은 바라건대 성상께서는 홀로 결단하시어, 그들의 좋은 뜻을 저지하지 말고 우리의 신실한 말을 잃지 마소서.

신은 지금 바라건옵건대, 敵中에 回諭하여 약속대로 하겠다고 고하고, 곧바로 올 겨울을 기다려 常使를 보내는 때를 인하여 어용을 보내소서. 그렇게 하면 事體에 다소 온당할 것입니다. 삼가 바라옵건대 이 사안을 속히 兩府에 하달하여 논의하게 하소서. 위로 국가의 이해에 관계된 터라 신이 감히 말하지 않을 수 없었습니다. 지금 성상께서 결정하소서.

1) 獨斷 : 임금이 홀로 결단하는 것이다. ≪管子≫〈明法解〉에 "밝은 임금은 두루 듣고 홀로 결단한다.〔明主者 兼聽獨斷〕" 한 데서 온 말이다.

2) 信言 : 신실한 말이다. ≪老子≫에 "신실한 말은 아름답지 못하고 아름다운 말

은 신실하지 못하다.〔信言不美 美言不信〕" 하였다.

3) 常使 : 賀至使, 冬至使와 같이 해마다 일정한 시기에 오는 사신을 뜻하는 말이다.

## 02. 論澧州瑞木乞不宣示外廷箚子* 澧州에서 나온 상서로운 나무를 논하며 外廷에 公布해 보이지 말기를 청한 箚子

* 이 글은 仁宗 慶曆 3년(1043)에 지은 것이다. 이해 12월에 知澧州 馮載가 상서로운 감나무를 바쳤다. 그 나무에 '太平之道' 넉 자가 저절로 나타나 있었기 때문에 풍재가 이 나무을 바쳐 천자에게 아첨하고자 한 것인데, 歐陽脩가 이 글을 지어 천자로 하여금 속지 않게 했던 것이다.

亦是持大體處라

역시 대체를 견지한 곳이다.

臣近聞澧州進柿木成文에 有太平之道四字라하니 其知州馮載는 本是武人이라 不識事體하고 便爲祥瑞하야 以媚朝廷이라 臣謂前世號稱太平者는 須是四海晏然하야 萬物得所러니 方今西羌[1]叛逆하야 未平之患在前하고 北虜驕悖하야 藏伏之禍在後라 一患未滅에 一患已萌하고 加以西則瀘戎이요 南則湖嶺이니 凡與四夷連接에 無一處無事하고 而又內則百姓困弊에 盜賊縱橫이라 昨京西陝西에 出兵八九千人하야 捕數百之盜하되 不能一時剪滅하고 只是僅能潰散이나 然却於別處結集이라 今張海[2]雖死나 而達州軍賊이 已刦百人이요 又殺使臣하니 其勢不小하고 興州又奏八九十人이라 州縣皇皇하니 何以存濟오 以臣視之컨댄 乃是四海騷然하고 萬物失所하니 實未見太平之象이라

신은 근자에 듣건대, 澧州에서 진상한 감나무의 무늬에 '太平之道' 네 글자가 있다고 하였습니다. 知州인 馮載는 본래 무인이라 事體를 알지 못하고 대뜸 상서로 여겨 이것을 가지고 조정에 잘 보이려 하였습니다. 신은 생각건대, 지난 시대에 태평이라

일컬어진 경우는 모름지기 사해가 평안하여 백성들이 제자리를 얻었던 때입니다.

그런데 지금은 西羌(西夏)이 반역하여 평안하지 못한 근심이 앞에 있고, 北虜(契丹)가 패려하여 잠복된 화가 뒤에 있어, 하나의 근심이 없어지기도 전에 하나의 근심이 이미 싹트고 있습니다. 게다가 서쪽으로는 瀘州와 戎州요 남쪽으로는 兩湖와 嶺南이니, 무릇 사방 오랑캐와 인접함에 한 곳도 일이 없는 데가 없습니다. 그리고 또 안으로는 백성이 困弊하고 도적이 설치고 있습니다.

접때 京西와 陝西에 병력 8, 9천 명을 내보내어 수백 명의 도적을 사로잡기는 하였지만, 일시에 소탕하지는 못하였고 단지 겨우 도적들을 흩어지게 할 수 있었을 뿐이었습니다. 그러나 도리어 도적들이 딴 곳에 결집하여 있습니다. 지금 張海는 비록 죽었으나 達州軍의 도적이 이미 백 명이 되고, 게다가 使臣을 죽였으니 그 세력이 작지 않습니다. 興州에도 도적이 8, 90명이라 보고하였습니다. 이에 州縣이 놀라 경황이 없으니 어떻게 조처해야 하겠습니까. 신이 보건댄 사해가 소란하고 백성들이 살 곳을 잃은 것이니, 실로 태평의 기상을 보지 못하겠습니다.

1) 西羌 : 중국 서쪽에 사는 西戎 종족의 이름으로 氐羌이라고도 한다. 戎은 서방 종족의 총칭이다. 여기서 西羌은 西夏를 가리킨다.
2) 張海 : 陝西省 일대에서 일어난 농민 반란군의 두목이다. 慶曆 3년(1043)에 郭邈山 등과 굶주린 백성 천여 명을 거느리고 商山에서 반란을 일으켰고, 얼마 뒤에 黨君子・范三 등과 합세하여 10여 州에 걸쳐 세력을 떨쳤다. 뒤에 趙元喆・張宏 등이 거느린 관군과 싸우다가 패전하여 죽었다.

臣聞天道貴信하야 示人不欺라하니 臣不敢遠引他事요 只以今年內事驗之호리라 昨夏秋之間에 太白經天하야 累月不滅[1)]하고 金木相掩[2)]하야 近在端門[3)]이어늘 考於星占하니 皆是天下大兵將起之象이라 豈有纔出大兵之象하고 又出太平之道리오 是一歲之內에 前後頓殊하니 豈非星象麗天에 異不虛出가 凡於戒懼에 常合修省이요 而草木萬類가 變化無常하니 不可信憑하야 便生懈怠라 臣又思若使木文不僞요 實是天生이라도 則亦有深意하니 蓋其文이 止曰 太平之道者는 其意可推也라 夫自古帝王致太平이 皆自有道하니 得其道則太平이요 失其道則危亂이라

신은 듣건대 "하늘의 도는 믿음을 중시하여 사람들에게 속이지 않음을 보인다." 하였으니, 신은 감히 멀리 다른 일을 인용하지 않고 단지 올해 안의 일로 증명해보겠습니다.

지난 여름과 가을 사이에 太白星이 하늘을 가로질러 여러 달 동안 사라지지 않았고, 金星과 木星이 서로 가려서 端門 가까이에 있었습니다. 점성술로 헤아려보건대, 모두 천하에 큰 兵亂이 장차 일어날 조짐이었습니다. 어찌 이제 막 큰 병란이 일어날 조짐을 내고 또 '太平之道'를 내겠습니까. 이는 한 해 안에서 앞뒤가 현격히 다른 것이니, 어찌 星象이 하늘에 걸려 있음에 異變을 헛되이 내지 않는 것이 아니겠습니까. 무릇 戒愼하고 恐懼하는 도리에 있어 늘 반성해야 할 것입니다. 그리고 초목과 같은 만물은 변화가 無常하니, 이를 신빙하여 나태한 마음을 일으켜서는 안 됩니다.

신은 또 생각건대 가령 나무 무늬가 가짜가 아니고 실제로 하늘이 낸 것이라 하더라도 역시 여기에는 깊은 뜻이 있을 터이니, 대개 그 무늬가 '太平之道'에만 그친 것은 그 뜻을 미루어 알 수 있습니다. 예로부터 제왕이 태평을 이룬 데는 모두 스스로 도가 있었으니, 그 도를 얻으면 태평하고 그 도를 잃으면 危亂했습니다.

1) 太白經天 累月不滅 : ≪宋史≫ 〈仁宗本紀〉 및 〈天文志〉에 의하면, 明道 원년(1032) 7월에 太白星이 30일 동안 낮에 나타났다고 하고, 慶曆 3년(1043) 8월에는 태백성이 낮에 나타나서 여러 달 동안 사라지지 않았다고 한다. 태백성은 金星 또는 啓明星이라고도 하는데 옛날의 점성술에서 이 별은 殺伐을 주관한다고 한다. 따라서 이 별이 낮에 나타난 것을 두고 전란이 일어날 징조로 본 것이다.
2) 金木相掩 : 금성과 목성이 서로 만나는 천문 현상을 말한다. 옛날의 점성술에서는 이것을 凶兆로 여겼다. ≪宋史≫ 〈天文志〉에 "慶曆 3년에 태백성이 歲星을 범하였다." 하였다. 목성을 歲星이라고도 한다.
3) 端門 : 별 이름이다. ≪晉書≫ 〈天文志 上〉에 "南藩 지역에 해당하는 곳의 두 별 사이를 단문이라 한다." 하였다. 또한 端門은 궁궐의 정남향의 문으로 正殿 앞에 있는 정문이다.

**臣視方今**에 **但見其失**이요 **未見其得也**라 **願陛下憂勤萬務**하고 **擧賢納善**을 **常如近**

日하야 不生逸豫하면 則二三歲間에 漸期修理어니와 若以前賊張海等小衰로 便謂後賊不足憂라하고 以近京得雪로 便謂天下大豐이라하며 熟見北虜未來하야 便謂必無事라하고 見西賊通使하야 便謂可罷兵이라하야 指望太平하고 漸生安逸이니 則此瑞木乃誤事之妖木耳라

신이 지금의 현실을 보건대, 다만 잘못된 것만을 보겠고 옳은 것은 보지 못하겠습니다. 원컨대 폐하께서는 온갖 정무에 근심하고 노고하시며 어진 이를 등용하고 善을 받아들임을 늘 요즈음처럼 하여, 안일한 마음을 내지 마소서. 그렇게 하시면 2, 3년 사이에 점차 잘 다스려지기를 기약할 수 있을 것입니다. 만약 전일의 도적 張海 등이 다소 쇠미해졌다고 하여 대뜸 후일의 도적은 근심할 게 못 된다고 하고, 京師 근방에 눈이 내렸다고 하여 대뜸 천하에 大豐이 들 것이라 하며, 北虜가 아직 쳐들어오지 않은 것을 물끄러미 바라보고서 대뜸 반드시 일이 없을 것이라 하고, 西賊이 사신을 왕래하는 것을 보고 대뜸 전쟁 대비를 그만두어도 될 것이라 하면서, 태평을 손꼽아 바라고 점차 안일한 마음을 내신다면 이 상서로운 나무가 바로 일을 그르치는 요망한 나무가 될 것입니다.

臣見今年曾進芝草者今又進瑞木하니 竊慮四方相效하야 爭造妖妄이라 其所進瑞木을 伏乞更不宣示臣寮하고 仍乞速詔天下州軍하야 告以興兵累年에 四海困弊하니 方當責己憂勞之際하야 凡有奇禽異獸草木之類를 竝不得進獻이니 所以彰示聖德하고 感勵臣民이라 取進止하소서

신은 보건대 올해 芝草를 바쳤던 자가 지금 또 상서로운 나무를 바쳤으니, 사방 사람들이 서로 본받아 다투어 요망한 것을 지어낼까 염려됩니다. 그 사람이 바친 상서로운 나무를, 삼가 바라건대 다시 신료들에게 보이지 마소서. 그리고 또 바라건대 속히 천하의 州軍에 조서를 내려 "병란이 일어난 지 여러 해에 사해가 困弊하니, 자기를 죄책하며 근심하고 수고해야 할 이때에 무릇 기이한 날짐승이나 길짐승, 초목 따위를 일체 바치지 말라."라고 포고하소서. 이것이 성상의 덕을 드러내 보이고 신민들을 감동시켜 격려하는 것입니다. 성상께서 결정하소서.

## 03. 論河北守備事宜箚子* 河北의 守備에 대한 事宜를 논한 箚子

* 이 글은 仁宗 慶曆 3년(1043)에 지은 것이다. 이해 정월에 西夏가 使臣을 보내 保安軍에 이르러서 宋나라와 和議를 맺었는데 遼나라가 이 일에 개입하여 和議를 성사시키는 데 도움을 주었다. 그래서 遼나라가 사신을 보내어 화의가 성사되었는지 물으며, 자신들이 도움을 준 것을 빙자하여 宋나라를 업신여겼다. 그래서 歐陽脩가 이 글을 올려 변방을 지키는 일을 잊지 말라고 조정을 일깨운 것이다.

先事制勝之言이라

일이 있기 전에 미리 적을 제압하여 승리하는 말이다.

臣伏見朝廷方遣使하야 與西賊議通和之約하니 近日竊聞邊臣頻得北界文字來에 問西夏約和了與未了라하니 苟實如此면 事深可憂라 臣以謂天下之患이 不在西戎而在北虜하니 縱使無此文字라도 終須貽患朝廷이라 契丹通好가 僅四十年에 無有纖芥之隙이어늘 而輒萌姦計하야 妄有請求하니 竊以戎狄貪惏에 性同犬彘하야 遇强則伏하고 見弱便欺라 見我無謀하야 動皆屈[1]就하야 謂我爲弱하고 知我可欺라 故添以金繒이 未滿其志하야 更邀名分하야 抑使必從하니 無事而來도 尙猶如此어든 若更因西事하야 攬以爲功하야 別有過求면 將何塞請가 此天下之人이 無愚與智히 共爲朝廷寒心者也라 今若果有文字來하야 督通和之事하니 則臣謂醜虜狂計가 其迹已萌하니 不和則詰我違言하고 旣和則論功責報하야 不出年歲에 恐須動作이니 苟難曲就면 必至交兵이리라

신이 삼가 보건대 조정이 바야흐로 사신을 보내어 西賊(西夏)과 화친의 맹약을 의논하고 있습니다. 그런데 근일에 듣건대, 邊臣이 자주 北界(契丹)의 글을 받아오는데 그 글에서 西夏와 화친을 맺는 일을 마쳤는지 마치지 않았는지를 묻는다고 하였습니다. 만약 정말로 이와 같다면 일이 매우 염려스럽습니다.

신은 생각건대, 천하의 근심이 西戎(서하)에 있는 것이 아니라 北虜(거란)에 있

으니, 비록 이런 글이 없다 하더라도 마침내 조정에 근심을 끼치게 될 것입니다. 거란은 우호를 통한 지 거의 40년 동안에 지푸라기만 한 틈도 없었는데 문득 간특한 계책을 내어 망령되게 청구하고 있으니, 생각건대 戎狄은 탐욕이 많아서 그 性情이 개나 돼지와 같아서 강함을 만나면 복종하고 약함을 보면 속이니, 우리가 계책이 없어서 번번이 자기에게 굽히고 드는 것을 보면 우리를 약하다고 여기고 우리를 속일 수 있음을 안 것입니다. 그러므로 금과 비단을 더 주는 것이 저들의 뜻을 만족스럽게 하지 못하여, 다시 명분을 찾아 우리 사신을 억눌러 굳이 자기 뜻을 따르게 하였습니다.

일이 없이 오는 것도 오히려 이와 같은데, 하물며 서하와 화친을 맺는 일을 계기로 삼아서 그것을 움켜쥐고 자기 공로라 하고서 따로 지나친 요구를 한다면 무엇을 가지고 그 요청에 답하겠습니까.

이것은 천하 사람들이 어리석은 사람과 지혜로운 사람을 막론하고 다 같이 조정을 두고 한심하게 생각하는 것입니다. 지금 과연 저들의 글이 와서 화친을 통하는 일을 독책하니, 신은 생각건대 추악한 北虜의 간사한 계책이 그 자취가 이미 드러났습니다. 서하와 화친을 맺지 않으면 우리에게 약속한 말을 어겼다고 힐책할 것이고, 화친을 맺고 나면 공로를 논하여 보답을 요구하고서 한 해를 넘기기도 전에 아마도 군사를 일으킬 것이니, 만약 저들의 뜻에 따라주기 어려워하면 필시 전쟁을 하는 데 이르게 될 것입니다.

1) 屈 : ≪唐宋八大家文鈔 校注集評≫에는 '曲'자로 되어 있다.

至於選將練師하얀 旣難卒辦이오 禦戎制勝은 當在機先이니 臣竊怪在朝之臣이 尙偸安靜하야 自河以北에 絶無處置하니 因循弛慢에 誰復挂心가 豈可待虜使在廷하고 寇兵壓境然後에 計無所出하야 空務張皇而已哉아 今國家必謂兩意雖乖나 尙牽盟誓[1]하니 邊防處置를 未敢張皇이라하리니 以臣思之컨댄 莫若精選材臣하야 付與邊郡하야 使其各圖禦備하야 密務修完이 此最爲得也라 況今邊防處置가 百事乖方이요 惟有擇人이 最爲首務라 今北邊要害州軍이 不過十有餘處하니 於文武臣寮中에 選擇十餘人이면 不爲難得이라 各以一州付之하야 使其各得便宜如理家事하야 完城壘하고 訓兵戎하며

習山川하고 蓄糧食하야 凡百自辦하야 不煩朝廷經度이니 以玆預備라도 尙可支吾라

장수를 선발하고 군사를 훈련하는 일에 이르러서는 갑작스럽게 하기 어렵고, 적을 막아 승리하는 것은 응당 기선을 제압하는 데 달려 있습니다. 신은 조정의 신하들이 아직도 목전의 안일에 빠져서 黃河 이북에는 전혀 조처함이 없는 것을 괴이하게 여깁니다. 이렇게 그럭저럭 세월만 보내며 해이하고 태만하니, 이 문제를 누가 다시 마음에 두겠습니까. 어찌 北虜의 사신이 우리 조정에 와 있고 적병이 국경을 압박하기를 기다렸다가, 그런 뒤에 아무런 계책을 낼 수 없어 놀라 수선만 피워서야 되겠습니까.

지금 국가에서는 필시 '양쪽의 뜻은 비록 어긋났지만 여전히 화친의 맹약에 견제를 받고 있으니, 변방을 방비하는 일에는 감히 수선을 떨 필요가 없다.'고 여길 것입니다. 신이 생각건대 재능이 있는 신하를 잘 가려뽑아서 변방의 고을을 맡겨서 각각 자체적으로 방비 태세를 갖추어 武備를 완수하도록 은밀히 힘쓰게 하는 것이 가장 좋은 계책입니다. 게다가 지금 변방 방어에 대한 조처는 모든 방도가 다 어그러져버렸고, 오직 사람을 잘 가려뽑는 것이 가장 급선무입니다.

지금 북쪽 변방의 要害인 州軍은 10여 곳에 불과하니, 文·武 신료 중에서 잘 가려뽑으면 인재를 얻기는 어렵지 않을 것입니다. 이들에게 각각 한 고을씩 맡겨서 저마다 자기 집안일을 다스리듯이 편의에 따라 일을 하게 하여, 성곽과 보루를 튼튼히 보수하게 하고 군병을 훈련시키며, 산천의 형세를 익숙히 알도록 하고 양식을 비축하게 하여, 모든 것을 스스로 하고 조정이 경영하지 않아도 되게 해야 할 것이니, 이런 방법으로 미리 대비하면 그나마 지탱할 수 있을 것입니다.

1) 盟誓 : 맹서는 거란과 和議를 맺은 것을 가리킨다. 宋 眞宗이 거란의 침공을 받고 親征하면서 澶淵(전연)에서 금품을 주고 盟約을 맺었던 것을 가리킨다. 진종은 후일에 이 일을 부끄러워하여 "天書에 의해 封禪하여 四海를 진압하라고 꿈에 神人이 천서를 내렸다."라는 거짓말을 하였고, 承天門과 泰山에서 천서를 얻었다고 사실을 날조하였다. ≪宋史 眞宗本紀≫

至如鎭定一路[1]하얀 最爲要害라 張存[2]昔在延州하야 以不了事罷去어늘 今乃委以

鎭府하고 王克基凡庸輕巧하야 非將臣之材어늘 而任定州하고 其餘州郡多匪其人하니 臣欲乞陛下特詔兩府大臣하야 取見在邊郡守臣可以禦敵捍城訓兵待戰者留之하고 其餘中常之材不堪邊任者를 悉行換易이니 若秋風漸勁에 虜釁有端하면 陛下試思邊鄙之臣이 誰堪力戰이며 朝廷之將이 誰可出師리오

鎭定路 한 지역의 경우로 말하자면 가장 要害가 되는 곳입니다. 張存은 예전에 延州에 있으면서 일을 끝마치지 못했다는 이유로 파직되어 떠났음에도 지금 鎭府를 맡겼고, 王克基는 범범하고 용렬하며 경박하고 교묘하여 장수가 될 재목이 아님에도 定州에 있으며, 그 나머지 州郡의 수령도 적임자가 못 되는 사람이 많습니다. 신은 바라건대 폐하께서 兩府의 대신들에게 특별히 詔書를 내려 현재 변방 고을의 수령 중에서 적을 막아 성을 지키고 군병을 훈련시켜 전투에 대비할 수 있는 사람을 뽑아서 남겨두고, 그 나머지 평범한 인재로 변방의 직임을 감당하지 못하는 자는 모두 바꾸소서. 가을바람이 점차 매서워질 때 적이 침공할 단서가 있으면, 폐하께서는 변방을 지키는 신하 중에 누가 힘써 싸울 만하면 조정의 장수 가운데 누가 군사를 출동할 수 있는지 생각해보소서.

1) 鎭定一路 : 眞定府路를 가리킨다. 처음 명칭은 鎭州路였다. 이 지역은 宋나라와 遼나라의 접경지대여서 두 나라 사이의 충돌이 빈번하게 발생했다.
2) 張存 : 冀州 사람으로 자는 誠之이다. 京東・河北・陝西轉運使를 역임하였다.

當臣初授諫職之時하야 見朝廷進退大臣에 陛下銳意求治하고 必謂群臣自此震慴하며 百事自此修擧요 西北二事는 最爲大者니 自當處置요 不待人言이러니 及就職以來已數十日이로되 而政令之出이 漸循舊弊하여 惟言事之臣拾遺補闕[1]者가 勉强施行其一二하고 至如講大利害하고 正大紀綱하며 外制四夷하고 內紓百姓하는 凡廟堂帷幄之謀하얀 未有一事施行於外者라 臣忝司諫諍하니 豈敢不言가

신이 처음 諫官의 직책에 제수되었을 때, 조정이 대신을 등용하고 퇴출함에 있어 폐하께서 뜻을 굳게 가다듬어 세상을 잘 다스리려고 하시는 것을 보았습니다. 그리고 반드시 신하들이 이로부터 놀라고 두려워하여 모든 일이 이로부터 잘 되어가고

서쪽 西夏와 북쪽 거란의 두 일은 가장 중대한 것이니 남의 말을 기다리지 않고 응당 조처할 것이라 여겼습니다.

그런데 직책에 나아간 이래 이미 수십 일이 지났는데 政令이 나오는 것이 점차 舊弊를 따라, 오직 言事하는 신하가 拾遺補闕하는 것만 마지못해 한두 가지 시행할 뿐 큰 이해를 말하고 큰 기강을 바로잡으며 밖으로 外夷를 제압하고 안으로 백성을 편안하게 하는 무릇 조정 근신들의 계책에 이르러서는 한 가지 일도 밖에 시행한 것이 있지 않습니다. 신은 諫諍의 일을 맡고 있으니, 어찌 감히 말하지 않을 수 있겠습니까.

1) 拾遺補闕 : 임금의 결점을 보완하고 잘못을 바로잡는 것이다. 漢 武帝 때의 名臣으로 直諫을 잘하기로 이름난 汲黯이 있었다. 무제가 급암을 淮陽太守로 임명하자 그가 말하기를, "신은 몸이 허약하여 질병이 많아 지방관의 직무를 감당할 수 없습니다. 신은 中郎이 되어 대궐을 드나들며 임금의 결점을 보완하고 잘못을 바로잡는〔補闕拾遺〕 일을 하기를 원합니다." 하였다. ≪史記 汲黯列傳≫

伏望陛下는 不忘社稷之深耻하야 無使夷狄之交侵하고 駿發天威하야 督勵臣下하소서 仍乞詢問兩府大臣하되 西鄙和與不和能保契丹別無辭說否아 苟有所說이면 能以廟謨奇筭沮止之否아 苟無謀以止之면 則練兵選將과 備邊待寇를 賊至而後圖면 能不敗事否아하소서 臣願陛下勿謂去歲六符之來[1]를 可以賄解하소서 今而有請이면 則事難從矣라 勿謂累年西賊爲患하야 習以爲常하소서 若此事一動이면 則天下搖矣리라 臣所言者는 社稷之大計也니 願陛下留意而行之하소서 取進止하소서

삼가 바라건대 폐하께서는 사직의 깊은 수치를 잊지 마시어 夷狄들이 서로 침공해 오지 못하게 하시고, 天威를 속히 떨치시어 신하들을 독려하소서. 또 바라건대 兩府의 대신들에게 묻되 "서쪽 변방의 적과 화친했는가 아닌가. 거란은 별다른 말이 없을 것이라 보장할 수 있는가. 진실로 거란이 무슨 말을 하면 조정의 계책으로 저지할 수 있는가. 만약 저지할 계책이 없을 경우에는 군병을 훈련시키고 장수를 선발하는 일과 변방을 방비하고 적의 침략에 대비하는 일을 적이 이른 뒤에 도모한다면

실패하게 되지 않겠는가." 하소서.

신은 원컨대, 지난해 劉六符가 왔던 일을 재물을 주어서 해결할 수 있었다고 하지 마소서. 지금 저들의 요청이 있으면 그 일을 따르기 어려울 것입니다. 여러 해 동안 西賊이 우환거리가 되어 익숙해져서 늘상 있어온 일로 여긴다고 하지 마소서. 만약 이 일이 한 번 움직이면 천하가 흔들릴 것입니다. 신이 말하는 바는 社稷의 큰 계책이니, 원컨대 폐하께서는 유의하여 시행하소서. 성상께서 결정하소서.

1) 六符之來 : 慶曆 2년(1042)에 遼나라가 劉六符를 宋나라에 사신으로 보낸 일을 가리킨다.

## 04. 論麟州事宜箚子* 麟州의 일을 어떻게 하는 것이 마땅한지에 대해 논한 箚子

* 이 글은 仁宗 慶曆 4년(1044) 5월에 지어진 것이다. 이해 4월에 歐陽脩가 황제의 생신을 축하하러 온 거란의 사신을 接伴하여 都亭驛에서 연회를 열었고, 河東으로 가서 麟州의 사정을 관찰하였다. 내용은 麟州의 治所를 옮기거나 廢置하는 것은 모두 옳지 않으니, 응당 토호에게 위임하여 방어하게 해야 한다는 것이다. 인주는 송나라 때 河東路에 속하였고 치소는 新春에 있었다.

的確之見이라

적확한 견해이다.

臣昨奉聖旨하야 至河東하야 與明鎬[1]商量麟州事러니 緣臣未到間에 鎬已一面與施昌言[2]等으로 先有奏議라 尋再準樞密院箚子하니 備錄鎬等所奏하야 令臣更切同共從長相度이라 臣遂親至河外하야 相度利害하야 與明鎬等으로 再行商議하야 乞那減兵馬人數면 可以粗減兵費라하야 已具連署奏聞하고 此外臣別有短見合盡條陳其利害措置之說일새 列爲四議하노니 一曰辨衆說이요 二曰較存廢요 三曰減寨卒이요 四曰委土豪라 如此則經久之謀가 庶近禦邊之策이라 謹具畫一如後하노이다

신이 어저께 성지를 받들고 하동에 이르러 明鎬와 麟州의 일을 의논하였는데, 신

이 도착하지 못한 사이에 명호가 이미 일면으로 施昌言 등과 먼저 奏議하였습니다. 얼마 뒤에 다시 추밀원의 차자에 의거해보니, 명호 등이 주의한 내용을 갖추어 기록하여 신으로 하여금 다시 함께 만나서 좋은 쪽으로 상의하게 하신 것이었습니다. 신이 마침내 직접 河北으로 가서 利害를 헤아려보고, 명호 등과 다시 상의하여 병마와 사람의 수를 줄이면 軍費를 줄일 수 있다고 청하기로 하여 이미 連署하여 上奏하였습니다.

이 밖에 신이 별도로 단견이 있어 응당 그 利害와 조처에 관한 일을 조목조목 모두 진달해야겠기에 네 가지 의논을 열거합니다. 첫째는 뭇사람들의 말을 분변하는 것이고, 둘째는 보존하는 것과 廢置하는 것을 비교하는 것이고, 셋째는 寨의 군졸을 줄이는 것이고, 넷째는 土豪에게 위임하는 것입니다. 이와 같이 하면 장구한 모책이 변방을 방어하는 방책에 거의 근사할 것입니다. 삼가 아래와 같이 조목조목 진달합니다.

1) 明鎬 : 989~1048. 宋나라 때 密州 安丘(現 山東省 安丘市) 사람으로 자는 化基이다. 眞宗 祥符 5년(1010)에 진사시에 합격하였다. 知同州를 지낼 때 변경지방 호족의 자제들 가운데 학업이 없고 무능한 사람을 뽑아 훈련시켜 淸邊軍을 만들어 운영하였다. 뒤에 三司戶部判官 및 東京·益州路 轉運使를 역임했다. 慶曆 8년(1048)에 文彦博이 河北宣撫使가 되고 명호가 副使가 되어 宣毅卒王의 난을 진압하고, 그 공으로 參知政事가 되었다. 시호는 文烈이다.

2) 施昌言 : ?~1064. 宋 慶曆 연간(1041~1048)에 활동한 시인이다. 자는 正臣으로 通州 靜海(現 江蘇省 南通) 사람이다. 仁宗 때에 진사에 올라 通判滁州, 河北都轉運使를 거쳐 英宗 治平 원년(1064)에 知越州로 있다가 세상을 마쳤다.

一曰辨衆說者는 臣竊詳前後臣寮起請컨댄 其說有四하니 或欲廢爲寨名하고 或欲移近河次하고 或欲抽兵馬以減省饋運하고 或欲添城堡以招輯蕃漢이라 然廢爲寨而不能減兵이면 則不若不廢니 苟能減兵而省費면 則何害爲州리오 其城壁堅完하며 地形高峻은 乃是天設之險이니 可守而不可攻이어니와 其至黃河與府州가 各纔百餘里니 若徙之河次라도 不過移得五七十里之近이요 而棄易守難攻之天險이니 以此而言컨댄 移廢二說은

未見其可라 至如抽減兵馬하얀 誠是邊議之一端이라 然兵冗不獨麟州라 大弊乃在五寨[1)]하니 若只減麟州而不減五寨면 與不減同이라 凡招輯蕃漢之民이 最爲實邊之本이라 然非朝廷一力可自爲니 必須委付邊臣하야 許其久任하고 漸推恩信하야 不限歲年하야 使得失不繫於朝廷之急하고 而營緝如其家事之專이라야 方可收其遠效니 非二年一替之吏所能爲也라 臣謂減兵添堡之說은 近之而未得其要라하노이다

첫째 '뭇 사람들의 말을 분변해야 한다는 것'이란 다음과 같습니다.

신이 그동안 신료들이 奏請한 것을 자세히 살펴보니 그 내용이 네 가지입니다. 어떤 사람은 州를 없애고 寨라는 명칭을 붙이고자 하고, 어떤 사람은 황하 근처로 옮기고자 하고, 어떤 사람은 군병과 말을 뽑아내어서 군량과 馬草 운송을 줄이고자 하고, 어떤 사람은 성곽과 보루를 첨가하여서 邊境의 이민족과 한족을 불러 모으고자 합니다.

그러나 州를 없애고 寨를 만들더라도 군병을 줄이지 못한다면 城이란 명칭을 없애지 않느니만 못할 것이니, 만약 군병을 줄이고 경비를 줄일 수 있다면 州로 있은들 무슨 문제 될 게 있겠습니까. 성벽이 튼튼하고 지형이 높은 것은 그야말로 하늘이 만든 험준한 요새라 수비할 수는 있고 공격할 수는 없습니다. 그렇지만 황하와 府州까지의 거리가 각각 겨우 백여 리밖에 안 되니, 만약 황하로 옮긴다 하더라도 불과 5, 70리 근처로 옮길 뿐, 수비하기는 쉽고 공격하기는 어려운 天險의 요새를 버리는 것입니다. 이로써 말한다면 황하 근처로 옮기자는 주장과 州를 없애자는 주장은 아무래도 옳지 못합니다.

군병과 말을 뽑아내어 줄이자는 주장으로 말하자면 진실로 변방 경영에 관한 중요한 논의거리입니다. 그러나 군병이 쓸데없이 많은 것은 麟州뿐만이 아니니, 큰 폐단은 바로 5寨에 있습니다. 따라서 만약 인주의 군병과 말을 줄이고 5채의 군병과 말은 줄이지 않는다면, 줄이지 않는 것과 마찬가지입니다. 무릇 변방의 이민족과 한족을 불러 모으는 것은 무엇보다 변방을 충실하게 하는 근본이 됩니다.

그러나 조정 혼자만의 힘으로 해낼 수 있는 것이 아니고, 반드시 邊臣에게 위임하여 오래도록 그 일을 전담하도록 허락하고 점차 은혜와 믿음을 미루되 햇수에 제한을 두지 말아서 그 일의 득실이 조정의 급무에 매이지 않고 경영하기를 자기 집일을

하듯 할 수 있게 해야 비로소 원대한 공효를 거둘 수 있을 것이니, 2년에 한 번 바뀌는 관리가 할 수 있는 바가 아닙니다. 신은 생각건대 군병을 줄이고 보루를 첨가해야 한다는 주장은 그럴 듯하지만 일의 요체에 맞지 않습니다.

1) 五寨：現 山西省 雁門 일대에 있던 宋나라 때의 邊寨이다. 建寧·鎭川·中堠·百勝 등 다섯 곳이 있었다.

二曰較存廢者는 今河外之兵이 除分休[1]外하야도 尙及二萬이라 大抵盡河東二十州軍하야 以贍二州五寨하야 爲河外數百邊戶而竭數百萬民財면 賊雖不來라도 吾已自困하야 使賊得不戰疲人之策하고 而我有殘民斂怨之勞니 以此而思컨댄 則似可廢나 然未知可存之利라 今二州五寨가 雖云空守無人之境이나 然賊亦未敢據吾地하니 是尙能斥賊於二三百里外라 若麟州一議移廢면 則五寨勢亦難存이라 兀爾府州가 便爲孤壘하야 而自守不暇리니 是賊可以入據我城堡하고 耕牧我土田하야 夾河對岸이 爲其巢穴이라 今賊在數百里外라도 沿河尙費於防秋어든 若使夾岸相望이면 則泛舟踐氷하야 終歲常憂寇至하야 沿河內郡이 盡爲邊戍리니 以此而慮컨댄 則不可不存이나 然須得存之之術이라

둘째 '보존하는 것과 廢置하는 것을 비교하는 것'이란 다음과 같습니다.

지금 河外의 군병은 번갈아 쉬는 군병을 제외하고도 오히려 2만이나 됩니다. 대저 하동 20州의 군사를 죄다 동원하여 2州(麟州, 府州) 5寨를 넉넉하게 하여 河外의 수백 邊戶를 만드느라 수백만 백성의 재물을 긁어모은다면, 적이 비록 오지 않더라도 우리가 이미 스스로 곤궁해져서 적으로 하여금 싸우지 않고 상대방을 지치게 하는 계책을 얻게 하고, 우리에게는 백성을 피폐하게 해 원망을 받는 수고가 있게 하니, 이로써 생각해본다면 폐치해도 될 듯합니다. 그러나 이는 보존해야 할 이점을 알지 못하는 것입니다.

지금 2주 5채는 비록 사람이 없는 境界를 속절없이 지키고 있지만 적도 감히 우리 땅을 점거하지 못하니, 이는 외려 적을 2, 3백 리 밖으로 내치는 것입니다. 만약 인주를 한 번 옮기거나 폐치하자고 논의하면 5채도 형세상 보존되기 어려울 것입니

다. 외로이 남은 府州는 곧 외로운 堡壘가 되고 말아서 자기를 지키기에도 겨를이 없을 터이니, 이렇게 되면 적이 우리 성과 보루에 들어와 점거하고 우리 땅과 농토에서 경작하고 목축할 수 있어서 황하 양쪽 기슭이 적의 소굴이 될 것입니다.

지금 적이 수백 리 밖에 있음에도 황하 연안에는 오히려 防秋에 힘을 써야 하는데, 만약 황하 양쪽 기슭에서 서로 마주 보고 있게 된다면 배를 띄우거나 얼음이 언 강을 건너와서 한 해 동안 늘 적이 쳐들어올까 근심하여 황하 연안 안의 고을들이 죄다 변방을 수비하는 진지가 될 터이니, 이 문제를 가지고 생각한다면 그대로 보존해두지 않아서는 안 됩니다. 그러나 모름지기 보존하는 방법을 알아야 합니다.

1) 分休 : 番休와 같은 말로 병사가 번갈아가면서 쉬는 것이다. ≪資治通鑑≫에 "당시 동방의 官兵들이 모두 번갈아 쉬고 있었는데 滿寵이 表를 올려 중군 병사들을 부르고 아울러 쉬고 있는 장수와 군사들을 부를 것을 청하였다.〔時 東方吏士皆分休 寵表請召中軍兵 并召所休將士〕" 하였는데, 그 註에 "分休는 番休와 같다.〔分休猶番休也〕" 하였다.

三曰減寨卒者는 臣勘會慶曆三年一年用度컨댄 麟州用糧七萬餘石草二十一萬餘束이요 五寨用糧一十四萬餘石草四十萬餘束이니 其費倍於麟州라 於一百二十五里之地에 列此五寨하니 除分兵歇泊外에 尙有七千五百人이요 別用二千五百人負糧하고 又有幷忻等十州軍百姓輸納하며 外及商旅入中往來하니 其冗長勞費를 不可勝言이라 逐寨不過三五十騎가 巡綽伏路하고 其餘坐無所爲하니 蓋初建五寨之時에 本不如此라 寨兵各有定數하니 建寧置一千五百人하고 其餘四寨는 各止三百至五百이러니 今之冗數는 竝是後來增添이라 臣謂今事宜稍緩하야 不比建寨之初라 然且約舊數라도 尙不至冗費라 臣請只於建寧에 留一千人하야 置一都巡檢[1]하고 其鎭川中堠百勝三寨에 各留五百하고 其餘寨兵所減者는 屯於淸寨堡하야 以一都巡檢領之니 緣此堡最在近東하야 隔河便是保德軍이라 屯兵可以就保德軍請糧하니 則不煩輸運過河供饋라 若平日路人宿食諸寨는 五百之卒이 巡綽有餘라 或些小賊馬는 則建寧之兵이 可以禦捍이요 若賊數稍多면 則淸寨之兵이 不失應援이니 蓋都不去百里之內하니 非是減兵이요 但那移就食而已라 如此則河外省費하고 民力可紓라

셋째 '寨의 군졸을 줄이는 것'이란 다음과 같습니다.

신이 慶曆 3년(1043) 한 해의 용도를 심사해보건대, 麟州는 양곡 7만여 섬과 건초 21만여 束을 썼고, 5寨는 양곡 14만여 섬과 건초 40만여 속을 썼으니, 5채의 비용이 인주보다 곱절이 됩니다. 125리의 땅에 이 5채를 늘어놓았으니, 교대로 휴식하는 병사를 제외하더라도 오히려 7천5백 명이 있습니다. 게다가 따로 2천5백 명의 인력을 써서 양곡을 운반하고, 또 幷州・忻州 등 열 고을의 군졸과 백성들이 양곡을 운송하고 밖으로는 상인들까지도 그 안에 들어와 왕래하니, 거리가 멀어서 고생과 경비가 많이 드는 것을 이루 다 말할 수 없습니다.

한 寨마다 불과 기병 3, 50기가 순찰하고 경비할 뿐, 나머지는 가만히 앉아 하는 일이 없습니다. 처음 5채를 세울 때에는 본래 이렇지는 않았습니다. 寨의 병사는 각각 정해진 수가 있었으니, 建寧에는 1천5백 명을 두었고 그 나머지 네 寨에는 각각 3백 내지 5백 명에 그쳤습니다. 지금의 쓸데없이 많은 병사 수는 모두 그 후에 더 늘인 것입니다.

신은 생각건대 지금의 사정은 조금 느긋하여 寨를 세우던 당초에 비할 바는 아닙니다. 그러나 우선 예전의 수로 제한하더라도 쓸데없는 비용이 드는 데 이르지는 않을 것입니다. 신은 청컨대 건녕에는 단지 1천 명만 남겨두고 都巡檢 한 명을 두며, 鎭川・中堠・百勝 3채에는 각각 5백 명만 남겨두소서. 그리고 이 寨들에서 줄인 병사를 淸寨堡에 주둔시키고 도순검 한 명이 통솔하도록 하소서. 이 청채보는 동쪽에 가장 가까워 황하를 건너면 바로 保德軍이라, 주둔하는 병사들이 보덕군에 가서 양곡을 청할 수 있으므로 번거롭게 양곡을 수송하여 황하를 건너 공급하지 않아도 되기 때문입니다. 평상시에 행인들이 이 寨들에 숙식할 경우에는 5백 명의 군졸이 순찰하면 충분할 것입니다. 사소한 적의 기병 정도는 건녕의 군사들이 막을 수 있을 것이고, 적의 숫자가 많으면 청채보의 군사들이 어김없이 응원할 것입니다. 이곳들은 모두 1백 리 안을 벗어나지 않으니, 군사를 줄이는 게 아니고 단지 군사를 옮겨서 식량이 있는 데로 나아가게 하는 것일 뿐입니다. 이와 같이 하면 河外에 드는 비용은 줄고 백성들의 힘은 느긋하게 펴질 수 있을 것입니다.

1) 都巡檢 : 송나라 때 변방 지역이나 여러 郡이 연접한 곳에 두었던 武官으로 순

시하며 도적을 막는 일을 맡았다.

四曰委土豪者는 今議麟州者는 存之則困河東하고 棄之則失河外라하니 若欲兩全而不失인댄 莫若擇一土豪하야 委之自守라 麟州堅險하니 與兵二千이면 其守足矣온 況所謂土豪者가 乃其材勇이 獨出一方하니 威名旣著에 敵所畏服이요 又能諳敵情僞하야 凡於戰守에 不至乖謀하니 若委以一州면 則其黨自視州如家하리니 繫己休戚에 其戰自勇하며 其守自堅이요 又其旣是土人이라 與其風俗情接하니 人賴其勇하고 亦喜附之리니 則蕃漢之民을 可使漸自招集이라 是外能捍賊而戰守하며 內可輯民以實邊이니 省費減兵이 無所不便이라 比於命吏而往하야 凡事仰給於朝廷컨댄 利害百倍也라 必用土豪인댄 非王吉[1)]이면 不可하니 吉見在建寧寨하야 蕃漢依吉而耕於寨側者가 已三百家라 其材勇則素已知名이온 況其官序自可知州아 一二年間에 視其後效하야 苟能善守어든 則可世任之하야 使長爲捍邊之守라

넷째 '土豪에게 위임하는 것'이란 다음과 같습니다.

지금 麟州의 일을 논의하는 이들은 인주를 그대로 두면 河東을 곤란하게 하고 버리면 河外를 잃게 된다고 하니, 만약 양쪽 모두 온전히 하여 잃지 않고자 한다면 한 명의 토호를 가려뽑아서 그에게 인주를 맡겨서 스스로 지키게 하느니만 못합니다.

인주는 튼튼하고 험준한 곳이니 군사 2천 명만 주면 충분히 지킬 수 있을 것입니다. 더구나 이른바 토호란 자는 곧 재주와 용맹이 한 지방에서 특출하니 위명이 이미 드러남에 적들이 두려워하는 바이고, 또 적의 실정과 속임수를 잘 알아서 무릇 전투와 수비에 있어서 계책이 어긋나는 데 이르지 않을 것입니다.

따라서 만약 한 州를 맡긴다면 그들이 州를 보기를 자기 집처럼 여길 것이니, 자기의 興亡과 苦樂이 달린 터라 그 전투에서는 절로 용감하고 그 수비에서는 절로 견고할 것입니다. 게다가 이미 그 지방 사람이라 풍속과 民情에 밀접하니 사람들이 그의 용맹을 믿고 또한 그에게 의지하기를 좋아할 터인즉 변방의 백성들을 점차 불러 모을 수 있을 것입니다.

이렇게 되면 밖으로는 적을 막아서 전투하고 수비할 수 있으며 안으로는 백성을

모아서 변방을 튼튼히 할 수 있을 터이니, 비용을 줄이고 병력을 줄일 수 있어 불편할 것이 없습니다. 이는 관리를 임명해 보내서 모든 일을 조정에 의지하는 것에 비교하면 利害가 백 배나 차이가 납니다.

반드시 토호를 쓴다면 王吉이 아니면 안 됩니다. 왕길은 현재 建寧寨에 있는데, 왕길을 의지하여 寨 부근에서 농사를 짓는 변방의 백성이 이미 3백 가구나 됩니다. 그의 재주와 용맹은 평소에 이미 이름이 났는데다, 더구나 그 관직의 등급이 본디 知州를 맡길 수 있음에 있어서이겠습니까. 한두 해 동안 成效가 있는지를 살펴보아서 진실로 잘 지키면 대대로 知州에 임명하여 길이 변방을 수비하게 해도 될 것입니다.

1) 王吉 : 宋 仁宗 때의 장수로 魏釗와 더불어 姜郎阿의 반란군을 토벌하였다.

右臣所陳은 乃是大計니 伏望聖慈는 特賜裁擇하소서 若可以施行이면 則紓民減費之事를 容臣續具條列하리이다 取進止하소서

이상 신이 진달한 바는 바로 국가의 큰 계책이니, 삼가 바라건대 성상께서는 특별히 헤아려 선택해주소서. 만약 이 계책을 시행할 수 있다면 백성의 힘을 덜고 비용을 줄이는 일을 신이 이어서 구체적으로 진달할 수도 있을 것입니다. 성상께서 결정하소서.

## 05. 論湖南蠻賊可招不可殺箚子* 湖南의 蠻賊들을 불러서 회유해야지 죽여서는 안 됨을 논한 箚子

* 이 글은 仁宗 慶曆 4년(1044) 3월에 지어진 것이다. 湖南은 荊州 남쪽 지방으로 潭州・衡州・道州・永州・邵州・郴(침)州・全州 7州와 武岡軍, 桂陽監을 아우른다. 수도에서 멀리 떨어져 있기 때문에 南蠻이 출몰하는 지역으로 간주되었다. 이 글에서 歐陽脩는 남만을 회유하여 국가의 안정을 도모할 것을 힘써 주장하였다.

予嘗按粵右大略은 南夷醜亂에 只須一勦殺元兇之後에 便行招撫라 故

予曰 莫善於鵰剿而莫不善於大征이라하니 歐公意亦同此라

내가 일찍이 살펴보건대, 粤右 지역을 다스리는 큰 책략은 南夷가 반란을 일으키면 단지 한 번 원흉만 죽인 뒤에는 곧바로 招撫하면 된다. 그러므로 나는 "원흉을 제거하는 것보다 좋은 게 없고 대대적으로 정벌하는 것보다 좋지 못한 것이 없다."고 하니, 歐陽公의 뜻 또한 이와 같다.

臣風聞楊畋[1)]近與蠻賊鬪敵하야 殺得七八十人首級이라하고 仍聞入彼巢穴하야 奪其糧儲하야 挫賊之鋒하고 增我士氣라하니 畋之勇略이 固亦可嘉라 然朝廷謀慮事機에 宜思久遠이니 竊恐上下之心이 急於平賊하야 聞此小捷에 便形虛喜하야 不能鎭靜하고 外示輕脫이라 其間二事가 尤合深思니 一曰不待成功하고 便行厚賞이요 二曰謂其可殺하고 更不肯招라 苟或如此면 則計之大失而事之深害也라

신은 풍문으로 듣건대 楊畋이 근자에 蠻賊과 싸워서 7, 80명의 수급을 베었다고 합니다. 또 한편 듣건대 적의 소굴에 들어가 비축해둔 양식을 빼앗아 적의 예봉을 꺾고 우리의 사기를 드높였다고 합니다. 양전의 용맹과 지략은 진실로 가상하다 하겠습니다.

그러나 조정이 중요한 군사적 일을 의논할 때에는 마땅히 먼 장래를 생각해야 할 것이니, 염려하건대 上下의 마음이 적을 평정하는 데만 급급하여 이 작은 승첩을 듣고는 곧 기쁨에 들뜬 기색을 나타내고 진정하지 못하여 밖으로 경솔한 모습을 보였습니다.

그중의 두 가지 일을 더욱 깊이 생각해야 할 것이니, 첫째는 戰功을 다 이루기를 기다리지 않고 곧바로 후한 상을 내리는 것이고, 둘째는 죽여야 한다고만 생각하여 불러서 회유하려 하지 않는 것입니다. 진실로 이와 같이 한다면 계책이 크게 잘못되고 일에 매우 해가 되는 것입니다.

1) 楊畋 : 자는 樂道이고 新泰 사람이다. 慶曆 연간(1041~1048)에 岳州知事가 되었고 殿中丞으로 발탁되었다. 그는 장수의 집안에서 태어나 호남의 猺賊을 토벌하였고, 후에 龍圖閣直學士・知諫院이 되었다. 進士試에 합격하였고 학문을 좋아하여 사대부들 사이에 평판이 좋았으며, 성품이 淸廉 謹愼하고 생활

이 검약하였다.

**今湖南捕賊者**가 **殺一人頭**에 **賞錢十千**이라 **官軍利賞**하야 **見平人盡殺**하니 **平人驚懼**하야 **盡起爲盜**라 **除鄧和尙李花脚**[1]**等數十頭項外**에 **其餘隨大小成火**[2]**者**를 **不可勝數**라 **今畋所擊**은 **只一洞**이로되 **所聚已二千餘人**이요 **於二千人中**에 **殺七八十人**하니 **是二十分之一**이라 **其餘時暫鳥散**이나 **必須復集**이라

지금 호남에서 적을 잡는 자는 한 사람의 머리를 베어 오면 1만 錢을 상으로 줍니다. 그래서 관군들이 상을 탐내어 평민들을 보면 죄다 죽이니, 평민들이 놀라고 두려워 모두 일어나 도적이 되고 있습니다. 鄧和尙·李花脚 등 수십 명의 두목 외에 그 나머지 크고 작게 도적떼를 이루고 있는 자들이 이루 헤아릴 수 없이 많습니다. 지금 楊畋이 공격한 곳은 한 골짜기일 뿐이지만 모여 있는 자들이 이미 2천여 명이고, 2천 명 중에서 7, 80명을 죽였으니, 이는 20분의 1일 뿐입니다. 그 나머지는 잠시 흩어졌으나 필시 다시 모일 것입니다.

1) 鄧和尙李花脚 : 미상이다.
2) 成火 : 고대 兵制에서 10명이 함께 밥을 지어 먹으므로 10명을 火라 한다. 여기서는 조직을 이루고 있음을 뜻한다.

**臣見自古蠻**蜒(연)**爲害者**를 **不聞盡殺**이요 **須是招降**이라 **昨緣邵飾**[1]**等失信於黃捉鬼**[2]하야 **遂恐更難招誘**하니 **今若因畋小勝**하야 **示以恩威**면 **正是天與招服之機**니 **不可失也**라 **若令畋自作意度**하야 **招取大頭項者**하고 **因此小勝**하야 **傳布捷聲**하고 **其餘諸處結集者**를 **分行招誘**하면 **藉此聲勢**하야 **必可盡降**하야 **旬日之間**에 **湖南定矣**리라 **若失此時**하고 **漸向夏熱**하야 **以我所病暑之兵**으로 **當彼慣習水土之賊**이라가 **小有敗衄**이면 **則彼勢復堅**하리니 **不惟爲害湖南**이요 **必慮自此貽朝廷憂患**이라 **今於未了之間**에 **便行厚賞**하면 **則諸處巡檢捕賊官等**이 **見畋獲賞**하야 **爭殺平人**하고 **而畋等自恃因戰得功**하야 **堅執不招之議**하고 **朝廷亦恃畋小勝**하고 **更無招輯之心**하리니 **上下失謀**에 **必成大患**이라 **其楊畋等**을 **伏乞且降勅書獎諭**하야 **授與事宜**하고 **俟彼招安**하야

**便行厚賞**하소서

신이 보건대 예로부터 남쪽 오랑캐로서 해를 끼치는 자들을 다 죽였다는 말은 듣지 못하였고 반드시 불러 항복하게 했었습니다. 지난날 邵飾 등은 黃捉鬼에게 신의를 잃어서 마침내 더 이상 적을 불러 회유하기 어려웠던 것이니, 지금 만약 楊畋이 작은 승리를 거둔 기회를 타서 은혜와 위엄을 보인다면 그야말로 하늘이 적을 불러서 복종시킬 기회를 준 것이니, 놓쳐서는 안 됩니다.

양전으로 하여금 자기의 뜻인 것처럼 해서 대두령들을 불러 모으게 해놓고, 이 작은 승리를 거둔 기회를 타서 승리했다는 소문을 두루 알린 다음 그 나머지 다른 곳에 결집한 자들을 따로 불러 회유한다면, 이 聲勢에 힘입어서 필시 모두 항복하게 할 수 있어 旬月 사이에 호남이 평정될 수 있을 것입니다. 만약 이때를 놓치고 점차 더운 여름으로 접어들어서 더위에 지친 우리 병사로 그 지역 水土에 익숙한 적들을 맞았다가 조금이라도 패전하게 되면 저들의 형세가 다시 견고해질 것이니, 호남에 해가 될 뿐 아니라 필시 이로부터 조정에 우환을 끼치게 될까 염려됩니다.

지금 일을 다 마치지도 않은 때에 곧바로 후한 상을 내리면 각처에서 巡檢하며 적을 잡은 관리들이 양전이 상을 받은 것을 보고 다투어 평민들을 죽일 것이며, 양전 등은 전투하여 전공을 세운 것을 스스로 믿고서 적을 불러 회유하지 않는다는 주장을 굳게 지키고, 조정도 양전의 작은 승리를 믿고서 더 이상 적을 불러 회유할 마음이 없게 될 터이니, 상하가 계책을 잘못하여 필시 큰 우환을 이루게 될 것입니다. 양전 등을 엎드려 바라건대 우선 칙서를 내려 奬諭하여 일처리의 마땅한 방도를 주고, 저들이 도적들을 회유해 안정시키기를 기다려 후한 상을 내리소서.

1) 邵飾 : 本書 권4 〈論任人之體不可疑箚子〉 題下註 참조.

2) 黃捉鬼 : 吉州 사람으로 巫術을 잘하였다. 형제 몇 사람이 모두 巫術을 배워 常寧을 왕래하고 溪洞을 출입하면서 蠻族 수백 명을 유혹하여, 재물을 훔치고 국가가 전매하는 소금을 판매하고 관군을 죽였다. 이 사실이 보고되자 조정이 楊畋을 提點刑獄 督攻討事로 발탁하여 토벌하게 했으나 이기지 못하였다. 그 뒤에 湖南轉運使 郭輔之가 招撫하였다. 이때부터 호남에 安撫司를 두기 시작했다.

今湖南賊數雖多나 然首惡與本賊絶少하고 其餘盡是枉遭殺戮逼脅爲盜之徒니 在於人情에 豈忍盡殺이리오 惟能全活人命多者라야 則其功更大니 仍乞明說此意하야 諭與楊畋하고 其賞典을 乞少遲留라야 庶合事體라 取進止하소서

지금 호남에 도적의 수가 비록 많으나 수괴와 本賊은 매우 적고, 그 나머지는 억울하게 살육을 당하고 핍박과 위협을 받아 도적이 된 자들입니다. 인정에 있어 어찌 차마 죄다 죽일 수 있겠습니까. 오직 인명을 살림이 많은 자라야 그 공이 더욱 큰 것이니, 바라건대 이러한 뜻을 분명히 말하여 楊畋에게 諭示하고, 賞典은 조금 보류해야 事體에 맞을 것입니다. 성상께서 결정하소서.

## 06. 論乞放還蕃官胡繼諤箚子* 蕃官 胡繼諤을 방면해 돌려보내기를 청하는 문제를 논한 箚子

* 이 글은 仁宗 慶曆 3년(1043)에 지어진 것이다. 宋나라 때 변방에 분쟁이 많았기 때문에 왕왕 귀순한 이민족 首長에게 변방을 맡아 다스리게 했다. 胡繼諤과 그 아들 胡守淸이 延州를 오래 다스려 자못 政績이 있었는데, 단지 邊臣이 이들을 의심하였기 때문에 內地로 옮겨 오게 되었다. 歐陽脩가 이 일은 타당치 못하다고 생각하여 이 글을 올린 것이다.

深透人情國體之言이라

사람들의 마음과 국가의 체모를 깊이 꿰뚫어본 말이다.

臣竊見朝廷前歲以延州[1)]蕃官胡繼諤因爲邊臣[2)]所疑하야 移入內地하야 見任亳州都監하고 以子守淸悉領父之諸部러니 風聞近爲不服亳州水土하야 死亡却家族하고 身又疾病일새 曾有奏陳하야 乞移一京西地涼之處라하니 臣謂方今西鄙用兵之際에 朝廷宜廣推恩信하야 撫御蕃夷라 旣欲守淸盡死於邊疆인댄 當厚遇繼諤하야 保全其家族이니 豈有旣任其子하고 又疑其父리오

신은 삼가 보건대, 조정이 지난해 延州의 胡繼諤이 邊臣의 의심을 받은 일로 말미

암아 그를 내지로 옮겨보내 현재 亳州都監을 맡고 있고, 호계악의 아들 守淸으로 하여금 그 아버지가 다스리던 부족들을 모두 맡아 다스리게 하였습니다. 그런데 풍문으로 듣건대, 근자에 박주의 水土에 적응하지 못해 가족들이 모두 사망했고 자신도 병들었기에 이미 글을 올려서 京西의 기후가 서늘한 한 곳으로 이주시켜 줄 것을 주청했다고 합니다.

신은 생각건대 지금 서쪽 변방에 분쟁이 일어나고 있는 때에 조정이 의당 은혜와 신의를 널리 미루어 蕃夷를 慰撫해야 할 것입니다. 이미 수청으로 하여금 목숨을 다해 변방을 지키게 하고자 하였다면 응당 계악을 후하게 대우하여 그 가족을 보전해주어야 할 것이니, 어찌 이미 그 아들을 임용해놓고 또 그 아비를 의심할 수 있겠습니까.

1) 延州 : 延安府로 송나라 때는 鄜延路에 속했다. 現 陝西省 延安府에 해당한다.
2) 邊臣 : ≪北宋經撫年表≫ 및 ≪宋史≫ 〈龐籍傳〉을 살펴보건대, 慶曆 원년(1041)부터 5년까지 鄜延路의 經略按撫使는 龐籍이었다. 따라서 방적을 가리킨다.

繼諤求遷內地이나 其實異鄕이요 雖曰居官이나 乃是囚繫라 致其失所하고 身病家亡이온 況彼初心이 又無顯過어늘 在繼諤之身에 已有幽囚寃枉之嘆하고 於守淸之分에 又失駕馭豪傑之方하니 萬一繼諤疾病하야 死而不歸면 守淸父子之心이 豈得無恨이리오 反視中國하야 乃爲世讐하야 必與邊陲로 別生患害하고 其餘部族도 亦必離心國家라 自用兵已來로 凡有計謀에 未聞勝筭하고 尤於招撫蕃夷之術에 常失恩威하야 致使離叛者多하야 皆願附賊이러니 在於繼諤에 處置特乖하니 臣欲乞因其有請하야 召至京師하야 與雪前疑하고 厚加禮遇하야 放還本族하야 示以推誠하소서

繼諤이 내지로 옮겨주기를 청하였으나 기실 타향이고, 비록 관직에 있다 하나 그야말로 囚禁된 신세라, 그로 하여금 살 곳을 잃게 하고 자신은 병들고 집안은 망하게 만들었습니다. 하물며 그의 初心에는 게다가 드러난 잘못이 없거늘, 계악 자신에게는 이미 죄수로 수금되어 억울하다는 탄식이 있고 守淸의 분수에 있어서는 호족들을 제어할 방도를 잃었으니, 만일 계악이 질병으로 죽어서 돌아가지 못하면 수청은 자식 된 마음에 어찌 한이 없을 수 있겠습니까. 중국과 반목하여 대대로 원수로

여겨 반드시 변방에 따로 우환을 일으킬 것이고 그 나머지 부족들도 필시 국가에 마음이 떠날 것입니다.

전쟁이 일어난 이후로 무릇 計謀가 있을 때마다 勝算은 듣지 못했고, 더욱이 蕃夷를 회유해 慰撫하는 방도에 있어서는 늘 은혜와 신의를 잃는 바람에 離叛하는 자가 많아서 모두 도적에게 빌붙길 원하도록 하였는데 계악의 경우에는 조처가 특히 어긋났습니다.

신은 바라건대 그의 요청이 있음을 말미암아서 그를 불러 京師로 오게 하여 종전의 그에 대한 의심을 씻어주고 후하게 예우하여 자기 종족에게 돌아가게 하여 성심으로 대한다는 뜻을 보이소서.

**守淸得父子復完**하면 **必思盡節**이요 **繼諤感國家之遇**하야 **必有所施**라 **若朝廷猶以爲疑**인댄 **卽乞先以此意詔問守淸**하소서 **計其必無棄父之理**리라 **若彼自不欲其歸**면 **則他日可無後患**이라 **取進止**하소서

守淸은 그들 부자가 다시 완전해진다면 반드시 충절을 다하리라 생각할 것이고, 繼諤은 국가의 예우에 감동하여 반드시 힘써 일하는 바가 있을 것입니다. 만약 조정이 아직도 그를 의심한다면 바라건대 먼저 이 뜻으로 詔書를 보내 수청에게 물으소서. 생각건대 그가 필시 아버지를 버릴 리가 없을 것입니다. 만약 그가 자기 아버지를 延州로 돌려보내는 것을 스스로 바라지 않는다면 후일에 후환이 없게 될 것입니다. 성상께서 결정하소서.

## 07. 論乞與元昊約不攻唃厮囉箚子* 元昊에게 唃厮囉를 공격하지 않겠다는 약속을 받아낼 것을 청하는 일을 논한 箚子

* 이 글은 仁宗 慶曆 4년(1044) 2월에 지어진 것이다. 元昊가 계속된 전쟁에 지쳐 宋나라와 화친하기를 원하였다. 唃厮囉는 송나라에 귀순한 지 이미 오래고 게다가 누차 송나라를 공격하는 원호의 군사를 격퇴하였다. 그래서 원호가 곡시라를 멸망시키고자 하였다. 이때 歐陽脩는 諫官으로 있으면서 이 글을 올

려 원호와 화의를 맺을 때 곡시라를 공격하지 않겠다는 약속을 받아냄으로써 원호의 세력이 팽창하는 것을 막아 무궁한 후환에서 벗어날 것을 청하였다.

곡시라는 贊普[1]의 후손에서 나온 사람으로 본명은 欺南陵溫籛逋이며 羌族이다. 大中祥符 원년(1014)에 곡시라가 사신을 보내 송나라에 조공하였고, 明道 초(1032)에 寧遠大將軍 등에 제수되었고 송나라에 귀순하였다. 이후로 여러 차례 원호의 침범을 막아서 송나라 변방을 지키는 데 큰 공을 세웠다.

1) 贊普 : 吐藩의 부족 사람들이 자기 君長을 이르는 말이다.

**虜族不和則中國自尊**이라

오랑캐들이 서로 불화하면 중국은 절로 높아진다.

**臣風聞魚周詢[1]余靖[2]孫抃[3]等奉使北虜[4]**이 **皆有事宜**라 **爲北虜中詰問元昊通和之意**라하니 **將來必須因此別與朝廷生患**이라 **又聞敵人已欲議移界至**하야 **漸示相侵**이라하니 **禍亂之萌**이 **其端可見**이라

신은 듣건대, 魚周詢, 余靖, 孫抃 등이 北虜(거란)에 사신 갔다 와서 보고한 것에는 모두 타당한 사리가 있는데 북로 중에 있을 때 우리가 元昊(西夏)와 화친하려는 뜻에 대해 힐문을 받았다고 하니, 장래에 반드시 이로 말미암아 따로 조정에 환난을 야기하게 될 것입니다. 또 듣건대 敵人이 이미 국경을 넓힐 것을 의논하고자 하여 우리 국경을 침범할 뜻을 점차 보인다고 하니 화란의 조짐이 싹트고 있음을 알 수 있습니다.

1) 魚周詢 : 雍丘 사람으로 자는 裕之이고 進士試에 합격하였다. 宋 仁宗 때 벼슬이 右諫議大夫・權御史中丞에 이르렀다.
2) 余靖 : 曲江 사람으로 자는 安道이다. 范仲淹을 論劾하여 좌천시킨 일로 歐陽脩・嚴洙와 같이 좌천되었고 이 일로 더욱 명성이 알려졌다. 歐陽脩・王素・蔡襄과 함께 四諫이라 일컬어졌다. 벼슬이 工部尙書에 이르렀다.
3) 孫抃(996~1064) : 송나라 때 眉州 眉山 사람으로 자는 夢得이다. 皇祐 연간에 權御史中丞으로 있으면서 환관과 執政大臣을 자주 논핵하였으며, 인재를

천거하기를 좋아하고 권력과 지위에 욕심이 없었다. 嘉祐 5년(1060)에 樞密副使가 되었고 이내 參知政事로 자리를 옮겼다.

4) 北虜 : 거란족이 세운 遼나라를 가리킨다.

臣自去年春으로 始蒙聖恩하야 擢在諫列에 便値朝廷與西賊初議和好어늘 臣當時首建不可通和之議하야 前後具奏狀箚子十餘次論列에 皆言不和則害少요 和則害多라하니 利害甚詳하고 懇切亦至라 然天下之士가 無一人助臣言하고 朝廷之臣이 無一人採臣說이라 今和議垂就에 禍胎已成이어늘 而韓琦自西來하야 方言和有不便之狀하고 余靖自北至에 始知虜利急和之謀하니 見事何遲오 雖悔無及이라

신은 지난해 봄에 비로소 성은을 입어 간관의 반열에 발탁되자 곧바로 조정이 西賊(원호)과 처음으로 화친을 의논하는 일을 만났습니다. 신은 당시 화친을 맺어서는 안 된다는 의논을 맨 먼저 주장하여 전후로 奏狀과 箚子를 올려 십여 차례 論列하였습니다. 모두 화친하지 않으면 해가 적고 화친하면 해가 많다고 말했으니 그 利害가 매우 상세하고 간절함이 또한 지극했습니다.

그러나 천하의 선비들 가운데 신의 말에 동조한 이는 한 사람도 없었고, 조정의 신하들 중에서 신의 말을 채택한 이는 한 사람도 없었는데, 지금 和議가 거의 이루어져 화의 싹이 이미 만들어졌거늘, 韓琦가 西邊으로부터 와서 비로소 화친을 맺음에 불편한 점이 있는 정상을 말하였고, 余靖이 북변으로부터 와서야 우리가 화친을 서두르는 것을 북로가 이용하려는 계책을 비로소 알았으니, 일에 기미를 보는 것이 어쩌면 이토록 늦었단 말입니까. 후회해도 이제 소용이 없습니다.

當臣建議之際하야 衆人方欲急和하니 以臣一人으로 誠難力奪衆議라 今韓琦余靖親見二虜事宜하고 中外之人亦漸知通和爲患하니 臣之前說이 稍似可採라 但願大臣不執前議하고 早肯回心하면 則於後悔之中에 尙有可爲之理라

신이 건의할 때에는 뭇사람들이 바야흐로 화친을 서두르고자 하고 있었으니, 신 한 사람으로 뭇사람들의 주장을 힘으로 꺾기 어려웠습니다. 지금 韓琦와 余靖이 두 오랑캐에 대한 마땅한 사리를 직접 보았고 중외의 사람들도 점차 화친을 맺는 것이

우환거리가 됨을 알았으니, 신이 전에 주장한 것이 다소 채택할 만한 것이었습니다. 다만 대신들이 종전의 주장을 고집하지 말고 어서 마음을 돌리길 바랄 뿐이니, 그렇게 한다면 후회스러운 중에 그래도 해볼 만한 이치가 있을 것입니다.

**昨來許賊之物**[1)]은 **數已太多**나 **然尙有禁靑鹽**[2)]**還侵地等事**가 **非賊所利**라 **幸其因此自絶**하야 **不遣人來**하니 **朝廷深戒前非**하야 **愼自持重**하고 **因而罷議**하야 **不落賊計**하면 **則轉禍爲福**에 **後策可爲**요 **若賊志愈驕**하고 **貪心未滿**하야 **復遣人使**하야 **更有須求**면 **則假此爲名**하야 **亦可拒絶**이라

지난날 적에게 주기로 허락한 물건들은 수량이 이미 너무 많습니다. 그러나 그나마 靑鹽을 운송하는 것을 금지하고 침탈한 땅을 돌려주는 등의 일은 적이 이롭게 여기는 바가 아닌 점이 있기에 다행히 이로 말미암아 적이 스스로 관계를 끊어서 사람을 보내오지 않았습니다. 조정이 전날의 잘못을 깊이 경계하여 조심해 스스로 신중한 태도를 유지하다가, 이어서 화의를 그만두어 적의 계략에 떨어지지 않으면 화를 돌려 복으로 만들어서 후일의 좋은 계책을 도모해볼 수 있을 것입니다. 그리고 만약 적의 뜻이 더욱 견고하고 탐욕스런 마음이 차지 않아 다시 使者를 보내 요구하는 것이 있으면, 이를 핑계로 명분을 삼아서 또한 거절할 수 있을 것입니다.

1) 昨來許賊之物 : 西夏의 원호가 稱臣한 뒤 사신을 보내 송나라와 화친을 맺기로 할 때 송나라가 명주, 은, 차 등의 물품을 주기로 허락한 것이다. 이때 송나라에서는 원호에게 靑鹽을 운송하는 것을 금지하고 침략한 땅을 돌려줄 것을 요구하였다.

2) 靑鹽 : 간수가 굳어 돌덩이처럼 딱딱해진 것을 갈아 만든 소금이다. 푸른색을 띠므로 청염이라고 한다. 돌소금이라고도 한다. 한방에서 약재로 이용된다.

**今通和之事**는 **爲中國之患大**하고 **爲二虜**[1)]**之利深**하니 **萬一西賊貪利深**하야 **而不惜侵地**하고 **更無他求**하야 **急來就和**면 **則此時取舍**가 **便繫安危**니 **陛下宜詔執議之臣**하야 **定果決之計**하되 **認賊肯和之意**하고 **知我害彼利之謀**하야 **尤須多方以事拒絶**이라

지금 화친을 맺는 일은, 중국의 우환거리가 됨은 크고 두 오랑캐의 이익이 됨은

깊습니다. 만일 西賊이 이익을 탐내는 욕심이 깊어서 침탈한 땅을 아까워하지 않고 더 이상 다른 요구 없이 서둘러 와서 화친을 맺자고 하면, 이러한 때 취사선택에 곧 국가의 안위가 달렸습니다. 폐하께서는 이 문제를 의논하는 신하들에게 詔命을 내려 과감한 계책을 결정하되, 적이 화친하려는 의도를 파악하고 우리에게는 해롭고 적에게는 이로운 계책임을 알아서 특히 여러 방도로써 거절해야 할 것입니다.

1) 二虜 : 거란과 西夏를 가리킨다.

**臣計西賊無故而請和者**는 **不止與北虜通謀**하야 **共困中國**이요 **兼欲作謀款我**하야 **併力以呑唃厮囉摩旃瞎旃**[1]**之類諸族**하야 **地大力盛**하고 **然後東向以攻中國耳**라 **今若未有他計拒其來和**어든 **則當賜以詔書**하야 **言唃厮囉等皆受朝廷官爵**하야 **父子爲國蕃臣**이니 **今若講和則不得攻此數族**이라하소서 **且攻此數族**은 **是賊本心所貪**이니 **聞我此言**이면 **必難聽約**이리니 **用此爲說**이면 **亦可解和**라

신은 생각건대 西賊이 까닭 없이 화친을 청한 것은 北虜와 공모하여 중국을 곤란하게 하려는 데 그칠 뿐 아니고, 꾀를 내어 우리와 화친해놓고서 북로와 힘을 합쳐서 唃厮囉·摩旃·瞎旃 등의 부족들을 병탄하여 땅이 커지고 힘이 세진 뒤에 동쪽을 향하여 중국을 공격하려는 것입니다.

지금 만약 서적이 화친을 맺으러 오는 것을 거절할 다른 계책이 없으면 응당 詔書를 내려 "곡시라 등은 모두 조정의 관작을 받아서 父子가 국가의 藩臣이 되었으니 지금 만약 강화를 맺는다면 이 몇 부족을 공격해서는 안 된다."고 말하소서. 그리고 이 몇 부족을 공격하는 것은 적이 본심에서 탐내는 바이니, 우리의 이런 말을 들으면 필시 약속을 들어주기가 어려울 것입니다. 이를 이유로 삼으면 화의를 무산시킬 수 있을 것입니다.

1) 摩旃瞎旃 : 마전과 할전은 吐蕃에 속하는 작은 부족들이다. 現 甘肅省 西寧縣 서쪽에 있었다.

**臣所以區區惟願未和者**는 **蓋臣愚慮 知不和患輕**하야 **易爲處置**나 **和後患大**하야 **不可**

**支吾**라 **臣前後奏章**에 **論列已備**하니 **此乃天下安危大計**라 **聖心日夜所憂**니 **臣爲言事之官**이라 **見利害甚明**하고 **若不極言**이면 **罪當誅戮**이라 **伏望省覽**하소서 **取進止**하소서

신이 구구히 화친을 맺지 말기를 원하는 까닭은 대개 신의 어리석은 생각에 화친을 맺지 않는 것이 화가 가벼워 처리하기가 쉬우나 화친을 맺은 뒤에는 화가 커서 지탱할 수 없을 것임을 알기 때문입니다. 신은 전후로 올린 奏章에서 이런 문제를 이미 자세히 열거해 아뢰었으니, 이는 바로 천하의 안위가 달린 큰 계책으로 성상께서 밤낮으로 근심하시는 바입니다. 신이 言官의 자리에 있으니 利害를 매우 분명히 보고도 만약 자세히 말하지 않는다면 그 죄는 誅戮을 당해 마땅할 것입니다. 엎드려 바라건대 살펴주소서. 성상께서 결정하소서.

## 08. 論與西賊大斤茶箚子* 西賊에게 大斤茶를 주는 문제를 논한 箚子

* ≪宋史≫〈仁宗本紀〉에 의하면, 慶曆 4년(1044) 10월에 西夏가 宋나라와 和親을 맺었다. 이에 元昊는 稱臣하고 송나라는 원호를 西夏의 임금으로 책봉하고 해마다 명주, 은, 차 등을 주기로 했다. 이 조약 중에서 차를 줄 때 大斤으로 줄 것인지 小斤으로 줄 것인지를 명시하지 않았다. 그래서 歐陽脩가 이 글을 올린 것이다. 따라서 이 글은 아직 화친이 맺어지기 전에 쓴 것이다.

**臣伏覩昨者西賊來議通和**에 **朝廷許物數目不少**하니 **內茶一色**이 **元計五萬斤**이나 **緣中國茶法**이 **大斤小斤不同**이어늘 **當初擬議之時**에 **朝廷謀慮不審**하야 **不曾明有指定斤數**하니 **竊慮西賊通和之後**에 **須要大斤**이리니 **若五萬斤大斤**이면 **是三十萬小斤之數**니 **如此則金帛二十萬茶三十萬**이 **乃是五十萬物**이라

신은 삼가 보건대 근자에 西賊(서하)이 와서 화친을 의논할 때 조정이 저들에게 주기로 허락한 물품의 數目이 적지 않습니다. 그중에 차 한 품목은 원래 5십만 근으로 계산했습니다. 그러나 중국의 차에 대한 법은 大斤과 小斤이 같지 않은데, 당초 의논하려 할 때 조정의 사려가 치밀하지 못하여 분명히 斤數를 지정하지 않았습니다. 따라서 신은 염려하건대 서적이 화친을 맺은 후 틀림없이 대근을 요구할 것이

니, 만약 5만 대근이라면 이는 30만 소근의 수량에 해당합니다. 이렇게 되면 금과 명주가 20만 근이요 차가 30만 근이라 결국 50만 근의 물량이 될 것입니다.

**眞宗時**에 **契丹大擧至澶**(전)**州**하되 **只用三十萬物**[1]이러니 **三十年後**에 **乘國家用兵之際**하야 **兩國交爭**에 **方添及五十萬**하고 **今元昊一隅之敵**이어늘 **一口便與五十萬物**이라 **臣請略言爲國家大患一兩事**하리니 **不知爲國計者 何以處之**오

眞宗 황제 때 거란이 대거 남침하여 澶州에 이르렀을 때도 단지 30만 근의 물품만 썼고, 30년 뒤에 국가가 군대를 출동할 때 양국이 전쟁을 하고서야 바야흐로 물품을 더 보태어 50만 근을 주었습니다. 그런데 지금 元昊는 한 변방의 적일 뿐이거늘 한마디 말에 곧바로 50만 근의 물품을 주는 것입니다. 신은 대략 국가의 큰 우환 두 가지를 말하겠으니, 국가의 계책을 세우는 이들이 어떻게 처리할지 모르겠습니다.

1) 眞宗時……只用三十萬物 : 宋 景德 원년(1004)에 거란의 군사가 대거 南下하여 황하 북쪽 澶州 부근을 침공하였다. 宋 眞宗이 친히 戰線에 와서 督戰하였다. 거란의 統軍使인 蕭撻覽이 화살을 맞고 전사하자 거란의 사기가 크게 꺾여 쌍방이 화친을 맺고 이른바 '澶淵之盟'을 체결하였다.

**三十萬斤之茶**는 **自南方水陸二三千里**에 **方至西界**라 **當今民力困乏**하니 **陛下不恥屈志就和**는 **本爲休民息力**이로되 **若歲般輦不絶**이면 **只此一物**이 **可使中國公私俱困**이니 **此大患一也**라 **計元昊境土人民**컨댄 **歲得三十萬茶**면 **其用已足**이라 **然則兩榷場**[1]**捨茶之外**에 **須至別將好物**하야 **博易賊中無用之物**이니 **其大患二也**라 **契丹常與中國爲敵國**하야 **指元昊爲小邦**하니 **若見元昊得物之數與彼同**하면 **則須更要增添**이리니 **何以應副**오 **不過云茶不比銀絹**이요 **本是麤物**이리니 **則彼必須亦要十數萬大斤**이리라 **中國大貨利**가 **止於茶鹽而已**어늘 **今西賊一歲三十萬斤**이요 **北虜更要三二十萬**이면 **中國豈得不困**이리오 **此其大患三也**라

30만 근의 차는 남방으로부터 수륙 2, 3천 리를 지나야 비로소 서쪽 땅에 이를 수 있습니다. 지금 민력이 困乏하여 폐하께서 뜻을 굽히고 화친을 맺는 것을 수치로

여기지 않으시는 것은 본래 백성을 쉬게 하고 힘을 기르게 하고자 한 것이었는데, 만약 해마다 운송을 그치지 않게 되면 단지 차 한 물건이 중국의 公私를 모두 곤핍하게 할 수 있을 것입니다. 이것이 큰 우환 중 하나입니다.

元昊의 땅에 있는 백성을 헤아려보건대 해마다 30만 근의 차를 얻으면 쓰기에 충분할 것입니다. 그렇다면 두 교역 장소에서 차 외에 모름지기 따로 좋은 물건을 가지고서 西賊의 땅의 필요 없는 물건과 교역하여야 할 것입니다. 이것이 큰 우환 중 둘째입니다.

거란이 늘 중국과 적국이 되어 원호를 가리켜 小邦이라 하니, 만약 원호가 얻은 물품 수량이 자기 나라와 같음을 보면 틀림없이 더 달라고 요구할 터이니, 어떻게 부응하겠습니까. "차는 은・명주와는 달리 변변찮은 물건일 뿐이다."라고 할 수밖에 없을 터인데, 그렇게 하면 저들은 필시 10여만 대근을 요구할 것입니다. 중국의 큰 貨利가 차와 소금일 뿐이거늘 지금 서적이 한 해에 30만 근을 가져가고 게다가 北虜가 다시 2, 30만을 요구하면 중국이 어떻게 곤핍하지 않을 수 있겠습니까. 이것이 큰 우환 중 셋째입니다.

1) 榷場 : 專賣의 세금을 징수하는 교역 장소이다. 여기서는 송나라와 서하 양국의 국경에 설치한 교역 장소를 가리킨다.

**昨與西賊議和之初**에 **大臣急欲事就**하야 **不顧國家利害**하고 **惟恐許物不多**라가 **及和議將成**하야 **契丹語洩**하니 **兩府方有悔和之色**이라 **然許物已多**하야 **不可追改**라 **今天幸有此一事**가 **尙可罷和**하니 **臣乞陛下特召兩府大臣共議**하야 **保得久遠**하야 **供給四夷**하고 **中國不困**하면 **則雖大斤不惜**이라 **若其爲患**이 **如臣所說**이요 **不至妄言**이어든 **卽乞早議定計**하소서 **取進止**하소서

근자에 西賊과 화의하던 당초, 대신이 급하게 일을 이루고자 한 나머지 국가의 利害를 돌아보지 않고 오직 저들에게 주기로 허락하는 물품이 적을까 염려하였습니다. 그러다가 화의가 이루어질 무렵 거란이 말을 누설하니, 兩府가 비로소 화의를 후회하는 기색이 있습니다. 그러나 허락한 물품이 이미 많아서 뒤미쳐 고칠 수 없었습니다. 지금 천행으로 이 한 가지 일이 있어 그나마 화의를 파기할 수 있게 되었습

니다. 신은 바라건대 폐하께서 특별히 양부의 대신을 불러 함께 의논하여, 장구히 보장할 수 있어 四夷에 공급하고 중국이 곤핍하지 않을 수 있게 한다면 비록 大斤이라도 아깝지 않을 것입니다. 만약 그 우환이 됨이 신이 말한 바와 같아 신의 말이 망언이 아니라면, 바라건대 속히 의논해 계책을 정하소서. 성상께서 결정하소서.

## 09. 言西邊事宜第二箚子* 西邊의 事宜를 논한 두 번째 箚子

* 이 글은 英宗 治平 2년(1065) 정월에 지어진 것이다. 치평 원년 가을에 西夏의 임금 李諒祚가 자주 出兵하여 秦鳳과 涇原路를 침공하여 사람을 살육하고 가축을 노략질하였다. 그래서 歐陽脩가 이 글을 올려 "서하가 맹약을 어기고 변방을 침공하였으니, 조정이 사람을 잘 뽑아서 備禦해야 한다."고 말하였다. 그 언사가 극히 간절하다.

覽歐公前所上兵事컨댄 當時君臣合擊節而指揮者가 顧猶逡巡若此하니 宋之政體特弱이라

歐陽公이 앞에 올린 兵事를 보건대, 당시 기세를 올리며 지휘해야 할 임금과 신하가 도리어 이처럼 뒷걸음질을 치며 머뭇거리고 있었으니, 宋나라의 정치 체계가 매우 약하였다.

臣近曾上言諒祚爲邊患이니 朝廷宜早圖禦備하고 及乞遣一重臣하야 親與邊將議定攻守大計等事러니 至今多日에 未蒙降出施行이라 臣竊見慶曆中元昊作過時에 朝廷輕敵翫寇하야 無素定之謀하야 每遇邊奏急來면 則上下惶恐하야 倉卒指揮에 旣多不中事機라 所以落賊姦便하야 敗軍殺將하니 可爲痛心이라

신이 근자에 '諒祚가 변방의 근심이 되었으니 조정이 서둘러 備禦를 도모해야 한다.'는 것 및 한 중신을 파견하여 직접 변방의 장수들과 의논하여 攻守의 큰 계책을 결정하기를 청하는 등의 일을 아뢰었습니다. 그런데 지금까지 시일이 오래 지났는데도 조서를 내려 시행하지 않으십니다.

신은 삼가 보건대 慶曆 연간에 元昊가 과오를 저지를 때, 조정이 적을 가볍게 보고 침략을 대수롭지 않게 여겨 평소 결정해둔 계책이 없었습니다. 그래서 매양 변방의 보고가 급히 올라오면 상하가 황공하여 창졸간에 지휘하는 것이 이미 事機에 맞지 않은 경우가 많았습니다. 그런 까닭에 적의 간계에 빠져 군대는 패하고 장수는 죽었으니, 애통한 일입니다.

今者諒祚以萬騎寇秦渭兩路하야 焚燒數百里間하야 掃蕩俱盡이어늘 而兩路將帥不敢出一人一騎하니 則國威固已挫矣라 諒祚負恩背德如此어늘 陛下未能發兵誅討하고 但遣使者賫詔書賜之어늘 又拒而不納하니 使者羞媿俛首하야 懷詔而回하니 則大國不勝其辱矣라 當陛下臨御之初하야 遭此狂童하야 威沮國辱하니 此臣等之罪也라

지금 諒祚가 만 명의 기병으로 秦·渭 두 지방(路)을 공격하여 수백 리 지역을 불태워 남김없이 분탕질을 쳤는데도 이 두 지방의 장수들은 감히 한 사람, 한 기마도 출동하지 않았으니, 국가의 위세가 진실로 이미 꺾였습니다. 양조의 배은망덕함이 이와 같거늘 폐하께서는 군사를 출동시켜 토벌하지 못하고 단지 사자를 보내 조서를 내려주었는데도 양조가 또 거절하고 받지 않으니, 사자가 부끄러워 머리를 숙인 채 조서를 품고서 돌아왔은즉 대국으로서 너무도 큰 모욕입니다. 폐하께서 臨御하신 당초에 이런 고약한 놈을 만나 위엄이 꺾이고 국가가 모욕을 당했으니, 이는 신들의 죄입니다.

臣謂陛下宜赫然發憤하야 以邊事切責大臣이요 至於山川形勢가 有利有不利와 士卒勇怯에 孰可用하며 孰不可用과 何處宜攻하며 何處宜守하고 何兵宜屯某地하며 何將可付某兵하야 如此等事甚多로되 皆陛下聖慮所宜及者라 臣謂陛下宜因閒時하야 御便殿하야 召當職之臣하야 使按圖指畫하야 各陳所見이면 陛下可以不下席而盡在目前이니 然後制以神機睿略하야 責將相以成功이어늘 而陛下以萬機之繁으로 旣未及此하고 兩府之臣如臣等日所進呈은 又皆常程公事라 亦未嘗聚首合謀하야 講定大計하고 外則四路邊臣이 自賊馬過後로 亦不聞別有擘畫하니 臣恐上下因循이 又如

慶曆之初矣라

신은 생각건대 폐하께서 마땅히 赫然히 분노하여 변방의 일로 대신들을 호되게 질책하셔야 할 것입니다. 산천의 형세가 유리한지 불리한지, 사졸 중에 누가 용감하여 쓸 만하고 누가 비겁하여 써서는 안 되는지, 어느 곳을 공격해야 하고 어느 곳을 공격해서는 안 되는지, 어느 군대는 어느 지역에 주둔하고 어느 장수에게는 어느 군대를 맡겨야 할지에 이르러서는 이와 같은 일들이 매우 많지만 모두 폐하께서도 이미 생각하셨을 것입니다.

신은 생각건대 폐하께서 한가한 때를 틈타 편전에 납시어 當職 신하들을 불러서 지도를 보고 손가락으로 가리키며 저마다 소견을 진달하게 하면 폐하께서 좌석을 내려오시지 않고도 모두 눈앞에 본 듯이 환히 아실 수 있을 것입니다. 그런 뒤에 성상의 신령한 슬기와 계책으로 제어하여 將相들에게 성공하도록 책려해야 할 것입니다.

그런데 폐하께서는 萬機의 번다한 정무 때문에 미처 이렇게 하지 못하셨고 兩府의 대신인 신 등 같은 이들이 날마다 보고해 올린 것들은 모두 통상적인 관례에 따른 公事일 뿐 머리를 맞대고 함께 의논하여 큰 계책을 결정하지는 못하였으며, 밖으로는 4路의 邊臣들이 적의 기마가 침공해 온 뒤로 역시 별다른 계획을 올렸단 말을 듣지 못했으니, 신은 상하가 그럭저럭 고식적으로 대처하는 것이 慶曆 연간 초기와 같을까 걱정스럽습니다.

近者韓琦曾將慶曆中議山界[1]文字進呈하니 此邊事百端中一端爾라 蓋琦亦患事未講求하야 假此文字爲題目하야 以牽合衆人之論爾라 自進呈後로 尋送密院이 至今多日이로되 亦未曾擬議하니 臣以非才로 陛下任之政府[2]하니 便是國之謀臣이라 若其謀慮淺近하며 所言狂妄이면 自可黜去不疑요 臣亦昨因目疾하야 懇求解職이러니 曲蒙聖恩하야 未許其去라 旣使在其位하고 又棄其言而不問하니 使臣尸祿厚顏에 何以自處오 所有臣前來所上奏狀을 欲望聖慈降付中書密院하야 與韓琦山界文字로 一處商量하야 若其言果不足取어든 棄之未晚이라 今取進止하소서

근자에 韓琦가 慶曆 연간 중에 山界를 의논한 글을 바쳤는데 이는 변방의 일 백 가지 중에 한 가지일 뿐입니다. 대개 한기 또한 일의 대책을 강구하지 못한 것을 걱정하여 이 글을 빌어서 제목으로 삼아서 뭇사람들의 의논에 애써 부합시킨 것일 뿐입니다. 이 글이 올려진 뒤로 樞蜜院으로 보내진 지가 지금까지 오랜 시일이 지났는데도 이에 대해 의논조차 한 적이 없습니다.

신은 무능한 몸임에도 폐하께서 정부에 임용하셨으니, 이는 국가의 謀臣입니다. 따라서 謀慮가 천근하고 말하는 바가 狂妄하면 의심할 것 없이 廢黜해야 옳습니다. 신도 근자에 眼疾 때문에 해직해주기를 간절히 요구했었는데 성은을 곡진히 입어 성상께서 벼슬을 떠나는 것을 허락하지 않으셨습니다. 이미 그 지위에 있게 해놓고 또 그 말을 무시하고 묻지 않으시니, 신으로 하여금 녹만 먹으며 뻔뻔스럽게 자리만 지키게 하는데 어떻게 스스로 처신하겠습니까.

신이 종전에 올린 모든 奏狀들을, 바라건대 성상께서는 中書省과 樞密院에 내려 보내 한기의 산계에 대한 글과 함께 의논해보게 하소서. 만약 그 말이 과연 취할 게 못 되면 버려도 늦지 않을 것입니다. 지금 성상께서 결정하소서.

1) 山界 : 山間 지방과 같은 말이다. 西夏의 소수 민족들이 산간 지방에 살았기 때문에 이들이 사는 곳을 이렇게 말한 것이다.
2) 臣以非才 陛下任之政府 : 嘉祐 6년(1061) 윤8월에서 治平 4년(1067)까지 歐陽脩가 參知政事를 맡았다. 政府는 재상이 정무를 보는 관청이다.

## 10. 論西賊占延州侵地箚子* 西賊이 延州의 침략한 땅을 점거하고 있는 것에 대해 논한 箚子

* 이 글은 仁宗 慶曆 4년(1044) 5월에 지어진 것이다. 康定 원년(1040)에 元昊가 먼저 金明寨・塞門・安遠寨를 격파하고 연주를 포위하고 마침내 연주의 경계 여러 곳에 城壘를 쌓으니 연주의 형세가 매우 긴장되었다. 宋나라가 여러 차례 명망이 무거운 장수를 보내 연주를 지키게 했으나 모두 큰 성과를 거두지 못하였다. 연주가 함락되면 關中이 적의 수중에 떨어질 판국이라 歐陽脩가 이 글을 올린 것이다.

臣竊聞元昊가 近於延州界上에 修築城壘하야 强占侵地하야 欲先得地然後議和라 故楊守素[1]未來에 而占地之謀先發이라하고 又聞邊將不肯力爭이라하니 此事所繫利害甚大라 臣料賊意컨대 見朝廷累年用兵에 有敗無勝하야 一旦計無所出하야 厚以金帛買和하고 知我將相無人하야 便欲輕視中國하야 一面邀求賂遺하며 一面侵占邊疆하니 不惟驕賊之心難從이요 實亦爲國之害不細라

신이 삼가 듣건대 "元昊가 근자에 延州 경계에 城壘를 쌓아서 침략한 땅을 강점하여 먼저 땅을 얻은 뒤에 화친을 의논하려 하니, 그러므로 楊守素가 오기 전에 땅을 점거하자는 모의가 먼저 나왔다."고 하고, 또 듣건대 "邊將이 힘써 싸우려 하지 않는다."고 하는데 이 일은 관계되는 바의 利害가 매우 큽니다.

신이 적의 뜻을 헤아려보건대, 우리 조정이 여러 해 전쟁을 치르는 동안 패전만 하고 승리는 없어 하루아침에 아무런 대책이 없게 되자 재물을 후하게 주어 화친을 사려 하는 것을 보고, 우리 將相 중에 인물이 없는 것을 알고는 중국을 경시하여 한편으로는 뇌물을 요구하고 한편으로는 邊疆을 침략해 점거하고 있는 것이니, 교만한 적의 마음을 따르기 어려울 뿐 아니라 실로 국가의 해가 됨이 적지 않습니다.

1) 楊守素 : 慶曆 연간에 西夏에서 온 사신이다.

今若縱賊於侵地하야 立起堡寨면 則延州四面이 更無捍蔽하야 便爲孤壘하야 而賊盡據要害之地리니 他時有事에 延州不可保守라 若失延州면 則關中遂爲賊有리니 以此而言인댄 則所侵之地를 不可不爭이라 伏況西賊議和는 事連北虜하니 今人無愚智이 皆知和爲不便이요 但患國家許物已多하야 難爲中悔하니 若得別因他事면 猶可絶和라 何況此侵地是中國合爭之事니 豈可不爭이리오

지금 만약 적이 침략한 땅에 보루와 성채를 쌓는 것을 그대로 놔두면 延州의 사면에 더 이상 적을 막을 곳이 없어서 연주는 곧 외로운 城壘가 되고 적이 요해가 되는 곳을 모두 점거할 터이니, 훗날 유사시에 연주를 지킬 수 없을 것입니다. 만약 연주를 잃으면 관중도 적의 소유가 될 것이니, 이로써 말하면 침탈된 땅을 되찾으려 싸우지 않아서는 안 됩니다.

더구나 西賊(서하)이 화친을 의논하는 것은 그 일이 北虜(거란)와 연관되어 있으니, 지금 사람들은 어리석건 지혜롭건 누구나 화친이 불편한 줄 알고 있고 다만 국가가 적에게 주기로 한 물품이 너무 많아 중도에 후회해도 그만두기 어려움을 걱정하고 있을 뿐입니다. 만약 이유를 댈 만한 다른 일이 있다면 그래도 화의를 끊을 수 있을 것입니다. 하물며 이 침탈된 땅은 중국이 응당 싸워서 되찾아야 되는 것이니, 어찌 싸우지 않을 수 있겠습니까.

臣謂今欲急和而不顧利害者는 不過邊臣外憚於禦賊而內欲邀議和之功하야 以希進用耳라 故不肯擊逐羌人하야 力爭侵地하니 蓋小人無識하야 只苟目前榮進之利하고 不思國家久遠之害니 是國家屈就通和하야 只與邊臣爲一時進身之利하고 而使社稷受無涯之患이니 陛下爲社稷計에 豈不深思리오 大臣爲社稷謀에 豈不極慮리오 伏望聖慈는 遣一使往延州하야 令龐籍[1]力爭取昊賊先侵之地하야 不令築城堡塞니 若緣此一事하야 得絕和議면 則社稷之福也라 臣仍慮西賊來人이 尙有靑鹽之說하니 此事人人皆知不可許로되 亦慮小人無識急於就和者가 尙陳鹽利以惑聖聽이라 伏望聖慈不納浮議하소서 取進止하소서

신은 생각건대 지금 화의를 서두르고자 하여 이해를 돌아보지 않는 것은 邊臣이 밖으로는 적을 막는 것을 꺼리고 안으로는 화의를 이루었다는 공로를 얻어서 자신이 승진하기를 바라는 것일 뿐입니다. 그러므로 羌族 사람들을 물리쳐 침탈된 땅을 빼앗으려 힘써 싸우지 않으니, 대개 小人이 식견이 없어 단지 목전의 榮進하는 이익을 얻는 데만 구차하고 국가에 장구히 끼칠 해를 생각하지 않는 것입니다. 이는 국가가 자세를 낮추어 적과 화친을 맺어서 단지 변신에게 한때 승진하는 이익만 주고 사직은 무한한 우환을 받게 하는 것입니다. 폐하께서 사직을 위해 계획함에 어찌 깊이 생각하시지 않았겠으며, 대신이 사직을 위해 도모함에 어찌 충분히 생각하지 않았겠습니까.

삼가 바라건대 성상께서는 사신 한 사람을 延州로 보내 龐籍으로 하여금 힘써 싸워서 元昊가 예전에 침탈한 땅을 되찾아 저들이 성과 보루를 쌓지 못하게 하셔야 할 것이니, 만약 이 일로 말미암아 화의를 끊을 수 있다면 사직의 복일 것입니다.

신은 한편 생각건대 서적이 보내온 사람이 아직도 青鹽을 요구하고 있으니, 이 일은 허락할 수 없음을 사람들이 누구나 알고 있지만 그래도 식견이 없는 소인이 화의를 이루는 데 급급한 나머지 청염의 이익을 진달하여 성상의 귀를 현혹할까 염려됩니다. 삼가 바라건대 성상께서는 근거 없는 주장을 받아들이지 마소서. 성상께서 결정하소서.

1) 龐籍 : 988~1063. 字는 醇之로 單州 武城(現 山東省 成武縣 伯樂鎭 龐樓村) 사람이다. 부친 龐格은 國子監博士이다. 大中祥符 8년(1015) 進士에 급제하여, 景祐 3년(1036)에 侍御史가 되었다. 西夏가 병란을 일으키자 慶曆 원년(1041)부터 5년까지 鄜延路經略按撫使 知延州를 역임하였다. 龍圖閣直學士 知延州로 있을 때 寨堡를 수축하고 백성을 모집하여 둔전을 경영하였으며, 군령을 엄숙하게 유지하여 방어를 철통같이 하였다. 강화가 맺어진 뒤 樞密副使를 거쳐 皇祐 3년(1051)에 승상이 되었다.

**予按當時朝廷**이 **狃於用兵之困**이라 **故亟亟乘元昊之僞爲臣**하야 **疑以要和**어늘 **而歐陽公之在諫垣**에 **獨以不欲急聽其和爲說**하니 **如論乞詔陝西將官**이 **一也**요 **論元昊來人**을 **請不賜御筵**[1]이 **二也**요 **論元昊來人**을 **不可令朝臣管伴**이 **三也**요 **論元昊不可聽其稱吾祖**가 **四也**요 **論乞廷議通和元昊事狀**이 **五也**요 **論西賊議和利害狀**이 **六也**요 **論乞不遣張子奭使元昊**가 **七也**요 **論乞與元昊約不攻角**厮囉가 **八也**요 **論西賊議和**에 **請以五問詰大臣**이 **九也**요 **論與西賊茶**에 **不當用大斤**이 **十也**요 **論西賊占延地界**가 **十一也**라

나는 살펴보건대 당시 조정이 전쟁의 피곤에 오래 시달렸다. 그런 까닭에 서둘러 元昊가 거짓으로 稱臣한 것을 기회로 여겨 저들이 화친을 맺고자 하는 것인가 생각하였는데, 歐陽公이 諫院에 있으면서 홀로 저들의 화친하자는 말을 급히 들어주어서는 안 된다는 말을 하였다.

예컨대 陝西의 將官에게 조서를 내리길 청하는 문제를 논한 것이 첫째이고, 원호가 보내온 사람에게 주연을 열어 대접하지 말 것을 논한

것이 둘째이고, 원호가 보내온 사람을 朝臣으로 하여금 接伴하게 해서는 안 됨을 논한 것이 셋째이고, 원호에게 '吾祖'라 일컫도록 허락해서는 안 됨을 논한 것이 넷째이고, 조정이 의논하여 원호와 화친을 맺기를 청하는 것을 논한 것이 다섯째이고, 西賊과 화친을 맺는 것의 利害를 논한 것이 여섯째이고, 張子奭을 원호에게 사신으로 보내지 말 것을 논한 것이 일곱째이고, 唃厮囉를 침공하지 말 것을 원호와 약속하자고 청하는 문제를 논한 것이 여덟째이고, 서적이 화친을 의논할 때 다섯 가지로 대신에게 힐문하기를 청하는 것을 논한 것이 아홉째이고, 서적에게 차를 줄 때 大斤을 써서는 안 됨을 논한 것이 열째이고, 서적이 延州 경계를 점거하고 있는 상황에 대해 논한 것이 열한째이다.

1) 御筵 : 임금이 열어주는 연회이다.

歐公이 豈不知西賊通和면 稍寬朝廷西顧之憂리오마는 而獨拳拳以不與通和爲計者는 蓋深見夫國體失之太弱하야 北旣狃於契丹하고 而南復狃於西夏어늘 不務選將練兵하야 以伸立國之威하고 而惟務厚幣重賄하야 以爲苟安之計면 則天下之勢가 愈不可支니 此其所以數絮絮于請和之間이요 而其執言往往以緣此一事得絶和議爲名하야 至於嘗請五路出師以伐爲守之說하니 歐公之言은 可謂忠謀遠覽之至者也어늘 惜也當時天子與執政이 皆不之聽하고 甚且韓范輩도 亦以在兵間久矣라 故亦如健鳥之垂翅하야 而思解機務以歸러니 已而로 西夏敗亡之後에 宋卒爲金遼所困하니 其亦以此也夫인저

西賊과 화친을 맺으면 조정의 서쪽 변방에 대한 근심을 다소 풀 수 있다는 것을 歐陽公이 어찌 알지 못했으랴. 그런데도 홀로 간절하게 화친을 맺어서는 안 된다고 주장한 것은 국가의 체통이 너무 약해져버려 북쪽으로는 이미 契丹과 친압하고 남쪽으로는 다시 西夏와 친압해졌거늘, 장수를 선발하고 군사를 훈련하여 국가의 위엄을 세우는 데 힘쓰지 않고 오직 폐백과 뇌물을 많이 써서 일시적인 안일을 도모하는 계책으

로 삼으면, 천하의 형세가 더욱 지탱할 수 없다는 것을 깊이 알았기 때문이다. 이것이 화친을 청하는 문제에 대해 자주 많은 말을 올렸던 까닭이고, 그 주장하는 말이 왕왕 '이 한 가지 일을 이유로 화의를 끊을 수 있다.'는 것으로 명분을 삼아서 일찍이 5路에서 군사를 출동하여 정벌로 수비를 삼기를 청하는 데 이르렀으니, 구양공의 말은 충성스러운 계책과 원대한 식견이 지극한 것이라 할 만하다.

그런데 애석하게도 당시의 천자와 집정이 모두 들어주지 않았고, 심지어 韓琦·范仲淹 같은 이들조차도 병영에 있은 지 오래였기 때문에 씩씩한 새가 지쳐 날개를 드리우는 것처럼 機務를 벗고 돌아가고 싶어하였다. 오래지 않아 서하가 패망한 뒤 송나라는 마침내 金·遼에 시달림을 받았으니, 또한 이 때문일 것이다.

宋大家歐陽文忠公文抄 卷6

# 狀*

* 狀은 자기 의견이나 사실을 진술하여 임금에게 올리는 文體이다. 狀奏 또는 奏狀이라고도 한다.

## 01. 論杜衍范仲淹等罷政事狀* 杜衍·范仲淹 등이 정사를 그만둔 것을 논한 狀

* 이 글은 仁宗 慶曆 5년(1045)에 지어진 것이다. ≪宋史≫〈歐陽脩傳〉에 의하면, 당시 杜衍 등이 讒議 때문에 파직되어 조정을 떠나니, 歐陽脩가 慷慨하여 이 글을 올렸던 것이다.

**臣聞士不忘身**이면 **不爲忠**이요 **言不逆耳**면 **不爲諫**이라 **故臣不避群邪切齒之禍**하고 **敢干一人難犯之顏**하노니 **惟賴聖明幸加省察**하소서

신은 듣건대 선비가 일신을 잊지 않으면 충신이 되지 못하고, 말이 귀에 거슬리지 않으면 諫言이 되지 못한다고 하였습니다. 그러므로 신은 간사한 무리가 이를 가는 화를 피하지 않고 一人인 군주의 범하기 어려운 안색을 감히 범하노니, 부디 성상께서는 살펴주소서.

**臣伏見杜衍韓琦范仲淹富弼等**은 **皆是陛下素所委任之臣**이어늘 **一旦相繼罷黜**하시니 **天下之士**는 **皆素知其可用之賢**이요 **而不聞其可罷之罪**라 **臣雖供職在外**하야 **事不盡知**나 **然臣竊見自古小人讒害忠賢**이 **其說不遠**하니 **欲廣陷良善則不過指爲朋黨**이요 **欲動搖大臣則必須誣以專權**이니 **其故何也**오

신은 삼가 보건대 杜衍·韓琦·范仲淹·富弼 등은 모두 폐하께서 평소에 신임하던 신하인데 하루아침에 서로 이어서 파출되었는데, 천하의 선비들은 모두 이들이 쓸 만한 어진 인재임은 알고 파출할 만한 죄가 있음은 듣지 못했습니다. 신은 비록 밖에서

供職하고 있어 사정을 다 알지는 못합니다. 그러나 신은 보건대 예로부터 小人이 충성스럽고 어진 신하를 모해할 때에는 그 내세우는 이유가 뻔하니, 선량한 사람을 두루 모함하고자 하면 붕당으로 지목하는 데 불과하고 대신을 흔들고자 하면 반드시 권력을 마음대로 휘두른다고 무함하게 마련이니, 그 까닭이 무엇이겠습니까.

夫去一善人而衆善人尙在면 則未爲小人之利요 欲盡去之면 則善人少過라 難爲一二求瑕요 惟有指以爲朋이면 則可一時盡逐이라 至如大臣하얀 已被知遇而蒙信任하니 則難以他事動搖요 惟有專權은 是上之所惡라 故須此說이라야 方可傾之라 臣料衍等四人이 各無大過어늘 而一時盡逐하고 弼與仲淹은 委任尤深이어늘 而忽遭離間하니 必有以朋黨專權之說上惑聖聰者리니 臣請試辨之하리라

한 명의 선한 사람을 제거해도 많은 선한 사람들이 그대로 남아 있으면 소인의 이익이 되지 못하고, 다 제거하고자 하면 선한 사람은 과실이 적어 일일이 흠을 찾아내기 어렵고, 오직 붕당으로 지목하면 일시에 모두 쫓아낼 수 있습니다. 대신으로 말하자면 이미 임금의 知遇를 입고 신임을 받고 있으니 다른 일로 흔들기는 어렵고, 오직 전권을 휘두르는 것은 임금이 싫어하는 바입니다. 그러므로 모름지기 이런 이유를 내세워야만 비로소 모함해 쫓아낼 수 있는 것입니다.

신은 생각건대 杜衍 등 네 사람은 저마다 큰 과오가 없거늘 일시에 모두 조정에서 쫓겨났고 富弼과 范仲淹은 신임이 더욱 깊은데도 느닷없이 이간질을 당하고 말았으니, 이는 필시 붕당을 짓고 전권을 휘두른다는 말로 성상의 귀를 현혹시킨 자가 있을 것입니다. 신이 한 번 밝혀보겠습니다.

昔年에 仲淹初以忠言讜論으로 聞於中外하야 天下賢士가 爭相稱慕하되 當時姦臣誣作朋黨에 猶難辨明이러니 自近日陛下擢此數人하야 竝在兩府하시니 察其臨事에 可見其不爲朋黨也라

예전에 范仲淹이 당초 충언과 직언으로 중외에 이름이 알려져서 천하의 어진 선비들이 다투어 칭찬하고 존모하였지만, 당시 간신들이 무함하여 붕당을 짓는다는

말을 만들어내자 오히려 변명하기 어려웠습니다. 그런데 근래 폐하께서 이 몇 사람을 발탁하여 兩府에 두시니, 그들이 일하는 것을 살펴보고서 이들이 붕당을 짓지 않았음을 아셨던 것입니다.

**蓋衍爲人淸愼而謹守規矩**하고 **仲淹則恢廓自信而不疑**하고 **琦則純信而質直**하고 **弼則明敏而果銳**라 **四人爲性**이 **旣各不同**하니 **雖皆歸於盡忠**이나 **而其所見各異**라 **故於議事**에 **多不相從**하니 **至如杜衍欲深罪滕宗諒**[1]이어늘 **仲淹則力爭而寬之**하고 **仲淹謂契丹必攻河東**이라하야 **請急修邊備**라하여늘 **富弼料以九事**하야 **力言契丹必不來**[2]라하고 **至如尹洙**하얀 **亦號仲淹之黨**이로되 **及爭水洛城事**[3]하얀 **韓琦則是尹洙而非劉滬**하고 **仲淹則是劉滬而非尹洙**라 **此數事尤彰著**하니 **陛下素已知者**라 **此四人者**는 **可謂天下至公之賢也**라 **平日閒居則相稱美之不暇**하고 **爲國議事則公言廷諍而不私**라 **以此而言**컨댄 **臣見衍等眞得漢史所謂忠臣有不和之節**[4]이니 **而小人讒爲朋黨**은 **可謂誣矣**라

대개 杜衍은 사람됨이 淸廉 謹愼하여 법도를 잘 지키며, 范仲淹은 도량이 넓고 자신감이 강하여 마음이 흔들리지 않으며, 韓琦는 純信하고 質直하며, 富弼은 명민하고 과감합니다. 이 네 사람의 성품이 이미 각각 다르니, 비록 충성을 다한다는 점에서는 결국 다 같아도 그 소견은 저마다 다릅니다. 그러므로 일을 의논할 때 서로 맞지 않은 경우가 많았습니다. 예컨대 두연은 滕宗諒에게 심하게 죄를 주고자 하였는데 범중엄은 힘써 반대하여 죄를 너그럽게 적용했으며, 범중엄은 거란이 반드시 河東을 침공할 것이라 하면서 변방의 수비를 급히 정비할 것을 청하였는데 부필은 아홉 가지 일로 요량하여 거란이 필시 오지 않을 것임을 역설하였습니다. 尹洙의 경우에 이르러서는 역시 범중엄의 무리이지만 '尹洙와 劉滬가 水洛城의 일에 대해 다툰 것'에 이르러서는 한기는 尹洙를 옳다 하고 劉滬를 그르다 했는데 범중엄은 유호를 옳다 하고 윤수를 그르다 하였습니다.

이 몇 가지 일은 더욱 환히 드러난 사실이니, 폐하께서 평소 이미 알고 있는 것입니다. 이 네 사람은 천하의 지극히 공정한 현인입니다. 평소 한가로이 지낼 때에는 서로 칭찬하기에도 겨를이 없고 국가를 위해 일을 의논할 때에는 공공연히 말하고

조정에서 간쟁하고 사사롭게 하지 않았습니다. 이로써 말해보건대, 신이 보기에 두연 등은 참으로 漢나라 역사에서 이른바 "충성스런 신하는 화합하지 못함이 있다." 는 절개를 얻은 것이니, 소인이 붕당이라 참소하는 것은 거짓이라 할 만합니다.

1) 滕宗諒 : 자는 子京이고 河南 사람이다. 범중엄과 함께 진사에 급제하였다. 慶曆 2년(1042) 元昊가 다시 침입하여 定州에서 전투가 벌어져 宋나라 군사가 대패하였다. 등종량이 당시 刑部員外郎 知涇州로 있으면서 수천 명의 농민을 모아서 성을 지켰다. 이때 범중엄이 慶州로부터 와서 구원하러 오니, 등종량은 소를 잡고 술자리를 마련해 군사들을 犒饋하고 전몰한 군사들의 처자식을 위로하니, 변방의 백성들이 다소 안정되었다. 이에 범중엄이 등종량을 천거하여 자기를 대신하게 하고 자신은 경주로 돌아갔다.

그 후 御史가 등종량이 경주에서 호궤한 것을 가지고 백성들을 침탈했다고 탄핵하니, 등종량이 죄가 다른 사람에게 미칠까 두려워 당시의 문서를 불태웠다. 등종량은 이 일로 벼슬이 강등되어 知虢州가 되었고 다시 知岳州로 옮겨갔다. 당시 두연이 樞密院에 있으면서 등종량에게 심하게 죄를 주고자 했는데 범중엄은 參知政事로 있으면서 힘써 등종량을 위해 변호하였다.

2) 富弼料以九事 力言契丹必不來 : 慶曆 4년(1044)에 거란이 군대를 출동하여 원호와 합세하여 河東에서 愛勒族을 공격하니, 仁宗이 거란과 서하가 합세해 침공해 올까 걱정하였다. 부필이 "병력을 출동할 명분이 없으니, 거란은 공격하지 않을 것입니다. 원호는 본래 거란과 서로 돕기로 약속했는데 지금 거란만이 중한 폐백을 받았으니 원호가 원망하는 말을 합니다. 그래서 변새에 성을 쌓아 대비하는 것입니다." 하였다. 부필의 말대로 거란은 끝내 침공하지 않았다. ≪宋史 富弼傳≫

3) 爭水洛城事 : 本書 권3 〈論水洛城事宜乞保全劉滬等箚子〉 題下註 참조.

4) 忠臣有不和之節 : 後漢 任延이 光武帝에게 "신은 듣건대 충성스런 신하는 화합하지 못하고, 화합하는 신하는 충성스럽지 못하다.〔臣聞忠臣不和 和臣不忠〕" 하였다. ≪資治通鑑≫

**臣聞有國之權**은 **誠非臣下之得專也**라 **然臣竊思仲淹等自入兩府以來**로 **不見其專權之迹**이요 **而但見其善避權也**라

신은 듣건대 국가를 소유하는 권력은 신하가 전횡할 수 있는 것이 아닙니다. 그러나 신은 생각건대 范仲淹 등은 兩府에 들어간 이래로 권력을 마음대로 휘두른 자취는 없고 단지 권력을 잘 辭避한 사실만 볼 수 있을 뿐입니다.

**權者得名位則可行**이라 **故好權之臣**은 **必貪位**하나니 **自陛下召琦與仲淹於陝西**에 **琦等讓至五六**이어늘 **陛下亦五六召之**하며 **富弼三命學士**하고 **兩命樞密副使**한데 **每一命**에 **皆再三懇讓**하니 **讓者愈切**에 **陛下用之愈堅**이라 **臣但見其避讓太繁**이요 **不見其好權貪位也**라 **及陛下堅不許辭**하야 **方敢受命**이나 **然猶未敢別有所爲**하니 **陛下見其皆未行事**하고 **乃特開天章**하야 **召而賜坐**하야 **授以紙筆**하야 **使其條事**라 **然衆人避讓**하야 **不敢下筆**하고 **弼等亦不敢獨有所述**이라 **因此又煩聖慈特出手詔**하야 **指定姓名**하야 **專責弼等條列大事而行之**하니 **弼等遲回又近一月**이라가 **方敢略條數事**라

권력이란 것은 名位를 얻으면 행할 수 있습니다. 그러므로 권력을 좋아하는 신하는 반드시 지위를 탐내기 마련입니다. 폐하께서 陝西에서 韓琦와 范仲淹을 부를 때 한기 등이 사양한 것이 대여섯 차례에 이르렀고 폐하께서도 대여섯 차례 불렀으며, 부필은 세 차례 學士에 임명되고 두 차례 樞密副使에 임명되었을 때 한 번 임명을 받을 때마다 모두 재삼 간절히 사양하니, 사양하는 사람이 더욱 간절할수록 폐하께서는 등용하심이 더욱 확고하셨습니다. 신은 단지 辭避하고 사양하는 것이 너무 빈번함을 보았을 뿐이고 권력을 좋아하고 지위를 탐내는 것은 보지 못했습니다. 폐하께서 완강하게 사양을 허락하지 않음에 미쳐서야 비로소 감히 명을 받아들였습니다.

그래도 오히려 감히 특별히 일을 하지는 못했습니다. 폐하께서 모두 주장하여 일을 하지 않는 것을 보고서야 비로소 특별히 손수 글을 써서 그들을 불러 자리에 앉게 하고서 종이와 붓을 주어서 일을 조목조목 진달하게 하였습니다. 그러나 사람들이 사양하여 감히 붓을 대지 못하고 부필 등도 감히 홀로 서술할 수 없었습니다. 이로 말미암아 또 번거롭게도 성상께서 특별히 손수 쓰신 詔書를 내려 성명을 지정하여 부필 등에게 큰일을 조목조목 열거하여 시행하도록 전임하였는데, 富弼 등이 또 한 달 가까이 머뭇거리다가 비로소 감히 몇 가지 일만 간략히 서술하였습니다.

仲淹深練世事하니 必知凡百難猛更張이라 故其所陳이 志在遠大而多若迂緩하고 但欲漸而行之以久하야 冀皆有效하고 弼性雖銳나 然亦不敢自出意見하고 但多擧祖宗故事하야 請陛下擇而行之라 自古君臣相得에 一言道合하야 遇事便行하나니 臣方怪弼等蒙陛下如此堅意委任하고 督責丁寧하되 而猶遲緩自疑하야 作事不果라 然小人巧譖하야 已曰專權者는 豈不誣哉아

范仲淹은 세상사에 경험이 매우 깊으니, 필시 모든 일들을 급작스레 바꾸고 고치기 어렵다는 것을 알았을 것입니다. 그러므로 그 진달한 바는 뜻이 원대한 데 있으나 실정이 어두운 듯한 경우가 많고, 단지 점진적으로 오랜 시일을 두고 시행하여 모두 효과가 있기를 기대합니다. 富弼은 성품이 비록 예리하지만 역시 감히 스스로 자기 의견을 내지는 못하고, 단지 祖宗의 고사를 들어 보이고서 폐하께서 선택해 시행할 것을 청할 뿐입니다.

예로부터 임금과 신하가 서로 뜻이 맞음에 한마디 말로 도가 합치하여 일을 만나면 곧바로 시행하는 법입니다. 신은 부필 등이 폐하께서 이처럼 굳은 뜻으로 위임하여 간곡하게 독책해주시는 총애를 입고도 오히려 머뭇거리며 주저하여 일을 함이 과감하지 못한 것을 의아하게 생각하고 있습니다. 그런데 소인이 간교하게 참소하여 이미 "권력을 마음대로 휘두른다." 하는 것은 어찌 誣陷이 아니겠습니까.

至如兩路宣撫하얀 聖朝常遣大臣이온 況自中國之威가 近年不振이라 故元昊叛逆一方而勞困及於天下하고 北虜乘釁하야 違盟而動에 其書辭侮慢하야 至有貴國祖宗[1]之言하니 陛下憤恥雖深이로되 但以邊防無備로 未可與爭하야 屈意買和[2]하니 莫大之辱이라 弼等見中國累年侵凌之患하고 感陛下不次進用之恩이라 故各自請行하야 力思雪恥하야 沿山傍海에 不憚勤勞하야 欲使武備再修하고 國威復振하니 臣見弼等用心이 本欲尊陛下威權하야 以禦四夷요 未見其侵權而作過也라

兩路의 宣撫 같은 경우에 이르러서는 聖朝에서 응당 대신을 보내야 하는데 더구나 중국의 위엄이 근년에 不振하고 있습니다. 그러므로 元昊가 한 지방에서 반역하자 노고가 천하에 두루 미쳤고, 北虜(거란)가 틈을 타고서 맹약을 어기고 움직이면

서 그 國書의 어투가 거만하여 심지어 '貴國祖宗'이란 말까지 있었습니다. 폐하께서 수치심은 비록 깊으시나 다만 변방에 방비가 없기 때문에 저들과 싸울 수 없어서 뜻을 굽혀서 화친을 샀으니, 막대한 치욕입니다.

富弼 등은 중국이 여러 해 동안 침략을 당해온 우환을 보았고 폐하께서 등급을 거치지 않고 특별히 등용해주신 은혜에 감격하였기 때문에, 저마다 자기가 가겠다고 자청하여서 국가의 수치를 씻어야겠다고 힘써 생각하여 산길을 가고 바닷가를 가며 고생을 꺼리지 않았습니다. 그리하여 武備를 다시 정비하고 국위를 다시 떨치게 하고자 했던 것이니, 신은 부필 등의 마음가짐이 본래 폐하의 권위를 높여서 사방 오랑캐를 막고자 하는 것만 보았고 폐하의 권위를 침범하여 과오를 저지른 것은 보지 못했습니다.

1) 貴國祖宗 : 거란이 國書에서 宋나라를 天子國으로 존중하지 않고 동등한 입장에서 송나라 조정을 貴國의 祖宗이라 말한 것이다.
2) 買和 : 적에게 재물을 주어서 화친을 맺는 것이다.

伏惟陛下 濬哲聰明에 有知人之聖하야 臣下能否를 洞見不遺라 故於千官百辟之中에 特選得此數人하야 驟加擢用이라 夫正士在朝는 群邪所忌요 謀臣不用은 敵國之福也니 今此數人이 一旦罷去하야 而使群邪相賀於內하고 四夷相賀於外면 此臣所爲陛下惜之也라

삼가 생각건대 폐하께서는 슬기롭고 총명하여 사람을 알아보는 밝음이 있으셔서 신하의 능력 여부를 빠뜨림 없이 환히 알고 계십니다. 그러므로 수많은 관료들 중에서 특별히 이 몇 사람을 뽑아서 갑자기 높이 발탁하셨습니다. 대저 바른 선비가 조정에 있음은 사특한 무리들이 싫어하는 바이고, 좋은 謀臣을 쓰지 않음은 적국의 복입니다. 이제 이 몇 사람이 하루아침에 파면되어 조정을 떠나감으로써 사특한 무리들로 하여금 안에서 서로 축하하게 하고 사방 오랑캐로 하여금 밖에서 서로 축하하게 한다면, 이는 신이 폐하를 위해 애석하게 여기는 바입니다.

伏惟陛下 聖德仁慈에 保全忠善하시니 退去之際에 恩禮各優하소서 今仲淹은 四路之

任[1)]이 亦不輕矣니 惟願陛下는 拒絶群謗하고 委任不疑하야 使盡其所爲하야 猶有裨補하소서 方今西北二虜가 交爭未已하니 正是天與陛下經營之時라 如弼與琦를 豈可置之閒處아 伏望陛下早辨讒巧하야 特加圖任하면 則不勝幸甚이라

삼가 생각건대 폐하께서는 聖德이 인자하여 忠善한 사람을 보전하시니 이들이 사퇴해 떠날 때 각자에게 넉넉한 恩禮를 베푸소서. 지금 范仲淹은 4路의 직임이 또한 가볍지 않으니, 바라건대 폐하께서는 뭇사람들의 비방을 막아서 끊고 전적으로 신임하여 의심하지 않아서 그가 할 일을 다하여 세상에 도움이 되게 하소서. 지금 서쪽과 북쪽의 두 적이 서로 다툼을 그치지 않으니, 그야말로 하늘이 폐하께 천하의 일을 경영할 기회를 주신 때입니다. 富弼·韓琦 등을 어찌 한가한 곳에 버려둘 수 있겠습니까. 엎드려 바라건대 폐하께서는 어서 간사한 참소를 변별하시고 이들을 특별히 임용하소서. 그렇게 하시면 더없는 다행이겠습니다.

1) 四路之任 : 范仲淹이 知邠州로 있으면서 陝西 4路 緣邊의 安撫使를 겸임하고 있었기 때문에 이렇게 말한 것이다.

臣自前歲召入諫院으로 十月之內에 七受聖恩而致身兩制라 方思君寵至深에 未知報效之所러니 今群邪爭進讒巧하고 正士繼去朝廷하니 乃臣忘身報國之秋니 豈可緘言而避罪리오 敢竭愚瞽하노니 惟陛下擇之하소서

신은 지난해 소명을 받고 간원에 들어와서부터 열 달 동안 일곱 차례 성은을 받아서 兩制에 오르게 되었습니다. 바야흐로 임금의 총애가 지극히 깊음을 생각함에 보답할 바를 알지 못하고 있었습니다. 그런데 지금 사특한 자들이 다투어 참소하는 간교한 말을 올리고 바른 선비들은 연이어 조정을 떠나고 있으니, 바로 신이 일신을 잊고 나라의 은혜에 보답해야 할 때입니다. 어찌 입을 다물고 잠자코 있음으로써 죄를 피해서야 되겠습니까. 감히 어리석은 견해를 다 아뢰오니, 폐하께서 재량하소서.

## 02. 論禁止無名子傷毁近臣狀* 無名子가 近臣을 中傷하고 훼방하는 것을 금지하기를 청하는 狀

* 이 글은 仁宗 慶曆 5년(1045)에 지어진 것이다.

亦是大體所係라

역시 국가의 대체에 관계된 것이다.

右[1]臣竊見前年宋庠[2]等出外之時에 京師先有無名子詩一首가 傳於中外라가 尋而庠罷政事러니 近又風聞外有小人이 欲中傷三司使王堯臣[3]者하야 復作無名子詩一篇하고 略聞其一兩句라 臣自聞此詩로 日夕疑駭하니 深思事理에 不可不言이로소이다

신은 삼가 보건대 지난해 宋庠 등이 외직으로 나갔을 때 그보다 앞서 京師에 無名子의 시 한 수가 중외에 두루 퍼지다가 얼마 뒤 송상이 參知政事를 그만두었습니다. 그런데 근자에 또 풍문으로 듣건대 도성 밖에서 三司使 王堯臣을 중상하려는 어떤 소인이 있어 다시 무명자의 시 한 편을 지었다고 하였는데, 그 시의 한두 구를 대략 들었습니다. 신이 이 시를 듣고부터 밤낮으로 의아하고 놀랐으니 사리를 깊이 생각해봄에 말하지 않을 수 없습니다.

1) 右 : 옛날에 글을 쓸 때 우측으로부터 써 내려가므로 官爵과 姓氏 등을 맨 오른쪽에 쓰게 마련이다. 따라서 右는 써야 할 관작과 성씨 등을 대신하는 것이다.
2) 宋庠 : 원래 이름은 郊이고 자는 公序이며 그 아우 宋祁와 함께 문학으로 이름나 二宋이라 일컬어졌다. 벼슬은 兵部尙書・平章事・樞密使에 이르렀고 鄭國公에 봉해졌으며 시호는 文獻이다. 寶元 2년(1039)에서 慶曆 원년(1041)까지 參知政事로 있다가 이해 5월에 파직되어 知楊州로 나갔다.
3) 王堯臣 : 자는 伯庸이고 進士試에 제1등으로 급제했으며 벼슬은 三司使・樞密副使를 거쳐 戶部侍郞・參知政事에 이르렀다. 시호는 文忠이다. ≪宋史≫ 〈王堯臣傳〉에 "추밀부사로 3년 동안 재임하면서 僥倖으로 벼슬을 얻는 것을 힘써 억제하였다. 이에 어떤 사람이 익명의 글을 경성에 두루 붙였으나 仁宗이 왕요신을 의심하지 않았다." 하였다.

伏以陛下視聽聰明하야 外邊事를 無小大히 無不知者하니 竊恐此詩流傳漸廣에 須達聖聰이라 臣忝爲陛下耳目之官[1)]하니 不欲小人浮謗之言이 上惑天聽이라 合先論列하야 以杜姦讒이온 況自兵興累年으로 繼以災旱하야 民財困竭하고 國帑空虛라 天下安危가 繫於財用虛實하니 三司之職이 其任非輕이라

삼가 생각건대 폐하께서는 보고 들으심이 총명하시어 外邊의 일을 크거나 작거나 할 것 없이 알지 못하시는 것이 없으니, 이 시가 점차 널리 퍼짐에 틀림없이 폐하의 귀에까지 들릴 것이라고 두려워하였습니다. 신은 외람되이 폐하의 이목을 대신하는 관원이 되었으니, 근거 없이 비방하는 소인의 말이 위로 성상의 귀를 현혹하지 못하게 하고자 합니다. 따라서 마땅히 먼저 이 사실을 논술하여 간사한 참소를 막고자 합니다. 더구나 병란이 일어난 뒤로 여러 해 동안 가뭄까지 이어져 백성들의 재물은 고갈되고 국가의 창고는 텅텅 비었습니다. 국가의 안위는 財用의 虛實에 달렸으니, 三司의 직위는 그 책임이 가볍지 않습니다.

1) 耳目之官 : 좌우에서 보필하는 신하를 뜻하는 말로, 舜임금이 "신하는 짐의 팔다리요 귀와 눈이 되어야 한다.〔臣作朕股肱耳目〕" 한 데서 유래한다. ≪書經 虞書 益稷≫ 歐陽脩가 당시 諫官으로 있었기 때문에 이렇게 말한 것이다.

近自姚仲孫[1)]罷去之後로 朝廷以積年蠹弊貧虛窘乏之三司로 付與堯臣하야 仰其辦事하니 乃是陛下委信責成之日이요 堯臣多方展效之時라 臣備見從前任人에 率多顧惜祿位하야 寧可敗事於國이언정 不肯當怨於身이러니 如堯臣者는 領職以來로 未及一月에 自副使以下不才者를 悉請換易하니 足見其不避嫌怨하고 不徇人情하야 竭力救時하야 以身當事라 今若下容讒間하고 上不主張하면 則不惟材智之臣이 無由展效라 亦恐忠義之士가 自玆解體라

근자에 姚仲孫이 三司使를 그만두고 떠난 뒤로 조정이 여러 해 동안에 걸친 侵蝕의 폐해로 빈곤하고 궁핍한 삼사를 王堯臣에게 맡겨서 일을 해결하기를 바랐으니, 이는 바로 폐하께서 신임하여 임무를 완수하게 한 날이고 왕요신이 다방면으로 힘을 내어 성은에 보답하려 한 때입니다.

신은 종전에 사람을 임용했을 때 대체로 녹봉과 爵位를 아까워하여 차라리 국가에 일을 망칠지언정 일신에 원망을 떠맡으려 하지 않았습니다. 그런데 왕요신 같은 자는 직책을 맡은 이래 한 달이 채 못 되어서 副使 이하 무능한 자들을 모두 바꾸어 줄 것을 청하였으니, 협의와 원망을 피하지 않고 인정을 따르지 않고서 힘을 다해 시국을 구제하면서 자기 몸으로 일을 떠맡는다는 것을 알 수 있습니다. 이제 만약 아래로 참소와 이간을 용납하고 위로는 주장하지 않으신다면 재주와 지모가 있는 신하들이 능력을 발휘할 수 없을 뿐 아니라 충의로운 선비들이 이로부터 와해될까 두렵습니다.

1) 姚仲孫 : 자는 茂宗이다. 河北轉運使로 있으면서 성곽과 보루, 무기를 대대적으로 보수하였다. 龍圖閣直學士 權三司使로 있다가 문서를 위조한 일 때문에 외직으로 쫓겨나 知蔡州가 되었다.

臣思作詩之人[1]은 雖不知其姓名이나 竊慮在朝之臣有名位與堯臣相類者가 嫉其任用하야 故欲中傷하야 只知爭進於一時하고 不思沮國之大計라 伏自陛下罷去呂夷簡夏竦之後에 進用韓琦范仲淹以來로 天下欣然하야 皆賀聖德하고 君子旣蒙進用에 小人自恐道消라 故共喧然하야 務騰讒口하야 欲惑君聽하고 欲沮好人하니 不早絶之면 恐終敗事온 況今三司蠹弊已深하고 四方匱乏已極하니 堯臣必須大有更張이라야 方能集事어늘 未容展效하고 已被謗言이라 臣近日已聞浮議紛然하야 云堯臣更易官吏에 專權侵政이라하고 今又造此詩語하야 搖惑群情하니 若不止之면 則今後陛下無以使人하고 忠臣無由事主라 讒言罔極[2]은 自古所患이니 若一啓其漸이면 則扇惑群小하고 動搖大臣하야 貽患朝廷이 何所不至리오

신은 생각건대 시를 지은 사람은 비록 그 성명을 알 수 없습니다. 그렇지만 생각건대 조정에 있는 신하 등에서 名位가 王堯臣과 비슷한 자가 왕요신이 임용된 것을 시기하여 일부러 중상하고자 하여 단지 한때 조정에 진출함을 다툴 줄만 알 뿐 국가의 큰 계책을 꺾는다는 것은 생각하지 못하는 것입니다.

폐하께서 呂夷簡과 夏竦을 파면한 뒤 韓琦와 范仲淹을 등용한 이래로 온 천하 사

람들이 기뻐하여 모두 聖德을 경하하였고, 군자가 이미 등용되자 소인은 자신들의 세력이 위축될까 스스로 두려워하였습니다. 그래서 다 함께 시끄럽게 떠들며 힘써 참소하는 말을 올려 임금의 귀를 현혹하려 하고 좋은 사람을 방해하려 하고 있으니, 일찌감치 이를 끊어버리지 않으면 끝내 일을 망칠까 두렵습니다. 더구나 지금 三司의 침식의 폐해가 이미 깊고 사방의 궁핍함이 이미 극도에 이르렀으니, 왕요신이 반드시 크게 개혁해야만 비로소 성공을 거둘 수 있을 터인데 그가 능력을 발휘하는 것은 용납되지 못하고 이미 비방하는 참소를 입었습니다.

신이 이미 근자에 듣건대 근거없는 말들이 어지럽게 일어나 "왕요신이 관리를 바꿀 때 권력을 마음대로 휘두르고 政事를 침범했다." 하였고, 지금 또 이 詩語를 날조하여 사람들의 마음을 흔들어 현혹시키니, 만약 이를 그치게 하지 않으면 지금 이후로 폐하께서는 사람을 부릴 수 없고 충신은 임금을 섬길 수 없게 될 것입니다. 끝없이 들어오는 소인의 참언은 예로부터 국가의 우환거리이니, 만약 그 조짐을 한 번이라도 열어주면 소인배들을 선동하고 대신을 요동시켜 조정에 우환을 끼침에 무슨 짓인들 하지 못하겠습니까.

1) 作詩之人 : 本集에는 '作詩者'로 되어 있다.
2) 讒言罔極 : ≪詩經≫ 〈小雅 青蠅〉에 "참소하는 사람이 끝이 없어서 사방의 나라를 서로 어지럽힌다.〔讒人罔極 交亂四國〕" 한 데서 온 말이다.

**伏望特降詔書**하야 **戒勵臣下**하야 **敢有造作言語**하야 **誣搆陰私者**어든 **一切禁之**하고 **及有轉相傳誦**하얀 **則必推究其所來**하야 **重行朝典**이니 **所貴**는 **禁止讒巧**하고 **保全善人**이라 **謹具狀奏聞**하고 **伏候勅旨**하노이다

삼가 바라건대 특별히 조서를 내려 신하들을 경계하고 면려하여 감히 근거없는 말을 조작하여 개인의 사적인 일을 터무니없이 날조하는 자가 있으면 일절 금지하고, 그러한 말을 옮겨서 퍼뜨리는 자가 있으면 반드시 그 말이 어디서 왔는지 철저히 조사하여 중벌을 내려야 할 것입니다. 무엇보다 중요한 것은 간교한 참언을 금지하고 선한 사람을 보전하는 것입니다. 삼가 奏狀을 갖추어 아뢰고 엎드려 勅旨를 기다립니다.

## 03. 論茶法奏狀* 茶法을 논한 奏狀

* 이 글은 仁宗 嘉祐 5년(1060)에 지어졌다. 宋나라 초기에는 茶의 판매를 국가가 맡아서 백성들의 사적인 판매를 엄금하였다. 그러나 민간에서 私的으로 판매하는 자는 근절되지 않았다. 가우 연간에 이르러 著作郞 何鬲과 三班奉職 王喜嘉가 글을 올려 茶法을 고쳐서 백성들이 錢稅를 내고 마음대로 차를 사고 팔 수 있게 할 것을 청하니, 仁宗이 윤허하였다. 그러나 이후로 錢稅를 내기는 힘들고 상인들은 이윤이 적어서 차를 판매하는 사람이 적어졌다. 그리하여 국고의 稅收가 줄어들었다. 이에 歐陽脩와 劉敞 등이 글을 올려서 새 茶法의 폐해를 진달했으나 인종이 들어주지 않았다. ≪宋史 食貨志≫

詳確이라

상세하고 확고하다.

右臣伏見朝廷近改茶法은 本欲救其弊失이어늘 而爲國誤計者가 不能深思遠慮하야 究其本末하고 惟知圖利而不圖其害어늘 方一二大臣銳於改作之時하야 樂其合意하고 倉卒輕信하야 遂決而行之하고 令下之日에 猶恐天下有以爲非者하야 遂直詆好言之士하야 指爲立異之人하야 峻設刑名하야 禁其議論이러니 事旣施行에 而人知其不便者十蓋八九라 然君子知時方厭言[1]而意怠不肯言하고 小人畏法懼罪而不敢言이라

신은 삼가 보건대 조정이 근자에 茶法을 개정한 것은 본래 그 폐단을 구제하고자 한 것이었거늘, 국가를 위해 계책을 잘못 세우는 자가 깊고 멀리 생각하여 그 본말의 정황을 따져보지 못해 오직 이익을 얻는 것만 도모할 줄 알고 그 폐해를 고치는 것은 도모하지 않았습니다. 그런데 바야흐로 한두 대신은 개혁을 예의 주력하고 있는 터라 자기들의 뜻에 합치하는 것을 좋아하여 그 본말을 깊이 따져보지 않고 창졸간에 가볍게 믿어 마침내 결행하였으며, 명을 내린 날에도 오히려 천하에 그르다고 할 사람이 있을까 염려하여 마침내 말하기를 좋아하는 선비들을 곧바로 비난하여 다른 주장을 세우는 사람으로 지목하고서 刑名을 준엄하게 만들어서 의논을 내는 것을 금지하였습니다. 개정된 茶法이 이미 시행되자 불편하다는 것을 아는 사람이

열에 여덟, 아홉이었습니다. 그러나 군자는 당시 함부로 말하는 것을 싫어하는 줄 알아서 뜻을 거의 말하려 하지 않았고, 소인은 법을 두려워하고 죄를 두려워하여 감히 말하지 못하였습니다.

1) 時方厭言 : 仁宗이 조서를 내려 새 茶法에 대해 함부로 말하지 못하게 한 것을 가리킨다.

今行之踰年에 公私不便하야 爲害旣多어늘 而一二大臣以前者行之太果하고 令之太峻하니 勢旣難回하야 不能遽改라하고 而士大夫能知其事者는 但騰口於道路요 而未敢顯言於朝廷하고 幽遠之民이 日被其患者는 徒怨嗟於閭里요 而無由得聞於天聽이라 陛下聰明仁聖하야 開廣言路하야 從前容納에 補益尤多러니 今一旦下令改事에 先爲峻法하야 禁絶人言하니 中外聞之에 莫不嗟駭라 語曰防民之口가 甚於防川하니 川壅而潰에 傷人必多[1]라하야늘 今壅民之口가 已踰年矣요 民之被害者가 亦已衆矣라 古不虛語를 於今見焉이로다

지금 시행된 지 해를 넘기는 동안 公私 간에 불편하여 그 폐해가 이미 많거늘 한두 대신들은 전자에 시행한 것이 매우 과감했고 명령한 것이 매우 준엄했으므로 형세를 이미 되돌리기 어려워 갑작스레 고칠 수 없다고 하고, 사대부 중 그 일을 아는 사람들은 단지 도로에서 얘기할 뿐 감히 조정에서 드러내놓고 말하지 못하며, 먼 지방에 사는 백성들로 날마다 피해를 입는 자들은 한갓 거리에서 원망하고 탄식할 뿐 폐하께 자기 생각을 들려드릴 길이 없습니다. 폐하께서는 총명하고 仁聖하여 언로를 열어 넓혀서 종전에 간언을 받아들이셔서 폐하께 補益된 바가 많았습니다. 그런데 지금은 하루아침에 명령을 내려 일을 고치게 하면서 먼저 법을 준엄하게 해서 사람들의 말을 금지해 끊으시니, 중외의 사람들이 듣고서 탄식하며 놀라지 않는 이가 없습니다. 옛말에 "백성의 입을 막는 것이 하천을 막는 것보다 심하니, 하천이 막혀 무너지면 다치는 사람이 반드시 많다." 하였습니다. 지금 백성의 입을 막은 지가 이미 해를 넘겼으니, 백성들이 피해를 입은 자도 이미 많을 것입니다. 옛말이 거짓이 아님을 지금 볼 수 있습니다.

1) 語曰防民之口……傷人必多 : ≪國語≫ 〈周語 上〉에 나온다. 周 厲王이 비방을 금지한 일에 召公이 대답한 말이다.

**臣亦聞方改法之時**하야 **商議已定**하되 **猶選差官數人**하야 **分出諸路**하야 **訪求利害**라하니 **然則一二大臣**은 **不惟初無害民之意**요 **實亦未有自信之心**이로되 **但所遣之人**이 **既見朝廷**이 **必欲更改**하야 **不敢沮議**하고 **又志在希合以求功賞**이라 **傳聞所至州縣**에 **不容吏民有所陳述**이요 **直云朝廷意在必行**하니 **但來要一審狀爾**라하니 **果如所傳**인댄 **則誤事者在此數人而已**라

신은 또한 듣건대 바야흐로 법을 개정할 때 의논이 결정되었는데도 관리 몇 사람을 뽑아서 각 지방에 나눠 보내서 그 利害를 묻고 알아오게 했다고 합니다. 그렇다면 한두 대신들은 애초에 백성을 해칠 뜻이 없었을 뿐 아니라 실로 자신하는 마음도 없었던 것입니다.

그렇지만 보낸 사람들이 조정이 기필코 법을 고치려 한다는 것을 이미 알아서 감히 의논을 막지 못하였고, 게다가 윗사람의 뜻에 영합하여 공로와 賞典을 얻는 데 마음이 있었습니다. 들리는 소문에 그들이 가는 州縣마다 관리와 백성들이 의견을 진술하는 것을 용납하지 않았고, 단지 "조정의 뜻이 반드시 시행하는 데 있으니, 단지 와서 상황을 한 번 살펴보는 것일 뿐이다." 하였다 하니, 과연 들리는 소문대로라면 일을 그르친 것은 이 몇 사람들에게 있을 뿐입니다.

**蓋初以輕信於人**하고 **施行太果**하니 **今若明見其害**인댄 **救失何遲**리오 **患莫大於遂非**요 **過莫深乎不改**니 **臣於茶法**에 **本不詳知**로되 **但外論既喧**에 **聞聽漸熟**이라 **古之爲國者**는 **庶人得謗於道**하고 **商旅得議於市**하고 **而士得傳言於朝**가 **正爲此也**라

애초에 사람을 가볍게 믿고 시행이 너무 과감하였으니, 지금 만약 그 폐해를 분명히 알았다면 잘못을 고치는 것이 더뎌서야 되겠습니까. 근심은 잘못을 덮는 것보다 큰 것이 없고, 과오는 고치지 않는 것보다 깊은 것이 없습니다. 신은 茶法에 대해 본래 상세히 알지 못하지만 외부의 의논이 이미 시끄러워 점차 익숙히 들었습니다.

옛날에 나라를 다스렸던 이들은 庶人들이 길에서 수군거릴 수 있고, 商人들이 저자에서 의논할 수 있고, 士들이 조정에서 말을 전할 수 있게 하였던 것이 바로 이 때문이었습니다.

**臣竊聞議者 謂茶之新法旣行**에 **而民無私販之罪**하야 **歲省刑人甚多**라하니 **此一利也**라 **然而爲害者五焉**이라

신이 삼가 듣건대 의논하는 이들이 이르기를 "새 茶法이 시행되자 백성들은 사적으로 차를 파는 죄가 없어져서 해마다 형벌을 받는 사람이 매우 많이 줄어들었다." 하니, 이는 한 가지 이로운 점입니다. 그러나 해로운 것은 다섯 가지입니다.

**江南荊湖兩浙數路之民**이 **舊納茶稅**러니 **今變租錢**하야 **使民破産亡家**에 **怨嗟愁苦**를 **不可堪忍**하야 **或擧族而逃**하고 **或自經而死**하니 **此其爲害一也**라

강남의 荊·湖·兩浙 등 몇 지방(路)의 백성들이 예전에는 차로 세금을 내었는데, 지금은 돈으로 세금을 내게 바꾸어 백성들로 하여금 파산하고 집안이 망해 원망과 근심, 고생을 견디지 못해 온 가족을 데리고 도망치기도 하고 스스로 목을 매어 죽기도 하게 하니, 이것이 첫째 해로운 점입니다.

**自新法旣用**으로 **小商所販至少**하고 **大商絶不通行**이라 **前世爲法以抑豪商**하야 **不使過侵國利與爲僭侈而已**요 **至於通流貨財**하얀 **雖三代至治**라도 **猶分四民**하야 **以相利養**이어늘 **今乃斷絶商旅**하니 **此其爲害二也**라

새 茶法이 쓰이면서부터 작은 상인들이 판매하는 것은 매우 적고 큰 상인들은 전혀 차를 유통하지 않습니다. 예전에는 법을 만들어서 豪商들을 억눌러서 국가의 이익을 지나치게 침해하거나 분수에 넘치게 사치한 짓을 하지 못하게 했을 뿐이고, 財貨를 유통하는 일에 이르러서는 비록 지극한 治世였던 三代 때에도 오히려 四民(士·農·工·商)을 나누어서 상호 이익을 주게 했습니다. 그런데 지금은 상인들의 판매를 단절하니, 이것이 둘째 해로운 점입니다.

自新法之行으로 稅茶路分이로되 猶有舊茶之稅而新茶之稅絶少하니 年歲之間에 舊茶稅盡하고 新稅不登하면 則頓虧國用이리니 此其爲害三也라

새 茶法이 시행되면서부터 路에 따라 茶稅를 나누었는데도 오히려 묵은 차에 대한 세금은 있으나 새 차에 대한 세금은 매우 적으니, 年月 사이에 묵은 차의 세금은 다하고 새 차의 세금은 올라오지 않으면 國用이 단번에 줄 것이니, 이것이 셋째 해로운 점입니다.

往時官茶[1]는 容民入雜이라 故茶多而賤하야 徧行天下러니 今民自買賣에 須要眞茶하니 眞茶不多하야 其價遂貴라 小商不能多販하고 又不暇遠行이라 故近茶之處는 頓食貴茶하고 遠茶之方은 向去更無茶食하니 此其爲害四也라

예전에 官茶는 백성들도 끼어들어 판매하는 것을 용납하였습니다. 그러므로 차가 많아서 값이 싸서 차가 천하에 두루 퍼질 수 있었는데, 지금은 백성들이 스스로 매매하면서 진품 차를 요구하니 진품 차는 많지 않아서 그 값이 비싸지고 말았습니다. 따라서 작은 상인은 많이 팔지 못하고 또 멀리 가서 차를 사올 겨를이 없습니다. 그러므로 차 산지에서 가까운 곳은 비싼 차를 두고 먹을 수 있고 차 산지에서 먼 지방은 앞으로는 더 이상 차를 먹을 수 없게 되었으니, 이것이 넷째 해로운 점입니다.

1) 官茶 : 官府에서 전매하는 차이다.

近年河北軍糧을 用見錢之法하야 民入米於州縣하야 以鈔算茶於京師어든 三司爲於諸場務[1]中擇近上場分하야 特留八處하야 專應副河北入米之人飜鈔算請[2]이라 今場務盡廢나 然猶有舊茶可算이라 所以河北和糴[3]이 日下未妨이어니와 竊聞自明年以後로 舊茶當盡하야 無可算請이라하니 則河北和糴이 實要見錢이니 不惟客旅得錢에 變轉不動이요 兼亦自京師歲歲輦錢於河北和糴이 理必不能이니 此其爲害五也라

근년에 河北에서 납부하는 軍糧을 돈으로 대납하는 법을 써서, 백성들이 州縣에 米穀을 납부하고 얻은 鈔引(어음)으로 京師에서 차를 계산하면, 三司가 이들을 위해 場務들 중에서 품질이 좋은 차를 납부하는 곳을 가려서 특별히 여덟 곳을 남겨두

어, 전적으로 하북에서 미곡을 납부하는 사람들이 鈔引을 바꾸어 차를 사서 판매하는 것을 신청하는 것(算請)에 부응하였습니다.

지금은 場務를 모두 폐지하였습니다만 그래도 아직 묵은 차로 鈔引을 계산할 수 있습니다. 그런 까닭에 하북의 和糴이 당장에는 문제 되지 않습니다. 그렇지만 신이 듣기로는 명년 이후로는 묵은 차가 다하여 算請할 수 없다고 합니다. 그렇다면 하북의 和糴은 실제로 돈이 필요할 것이니, 객지에서 돈을 변통할 수 없을 뿐 아니라 경사에서 해마다 하북으로 돈을 운송하여 화적하는 것은 이치상 필시 불가능할 것입니다. 이것이 다섯째 해로운 점입니다.

1) 場務 : 五代와 宋나라 때 소금, 쇠, 차 등을 전매하고 관리하는 기관이다. 생산과 專賣를 맡은 기관을 場이라 하고, 세금을 거두는 기관을 務라 한다.
2) 算請 : 소금이나 차의 세금을 납부하고 판매를 신청하는 것이다.
3) 和糴 : 시장의 쌀값을 고르게 조정하는 것이니, 쌀값이 비쌀 때는 官倉에서 싼 값에 쌀을 판매하고, 쌀값이 쌀 때는 관창에서 비싼 값에 사들이는 것이다.

**一利不足以補五害**니 **今雖欲減放租錢**[1)]하야 **以救其弊**나 **此特寬民之一端爾**라 **然未盡公私之利害也**라 **伏望聖慈**는 **特**[2)]**詔主議之臣**하야 **不護前失**하고 **深思今害**하야 **黜其遂非之心**하고 **無襲弭謗之迹**하야 **除去前令**하고 **許人獻說**하야 **亟加詳定**하야 **精求其當**이면 **庶幾不失祖宗之舊制**리이다

한 가지 이익이 다섯 가지 해로운 점을 補償할 수 없으니, 지금 비록 租錢을 감면하여 그 폐해를 구제하고자 하나 이는 단지 백성들의 힘을 덜어주는 한 가지 방법일 뿐입니다. 그러나 公私 간의 利害를 다 해결하지는 못합니다. 엎드려 바라옵건대 성상께서는 특별히 의논을 주관하는 신하에게 詔命을 내려 종전의 잘못을 두둔하지 말고 지금의 폐해를 깊이 생각하여 잘못을 덮으려는 마음을 없애고 비방을 막았던 옛일을 답습하지 마소서. 그리하여 지난번에 내린 명령을 없애고 사람들이 진언하는 것을 허락하여 속히 詳定하여 타당한 방법을 정밀히 찾으소서. 그렇게 하면 거의 祖宗의 옛 제도를 잃지 않을 것입니다.

1) 租錢 : 租稅 수입으로 생긴 돈이다.

2) 特 : 本集에는 '得'자로 되어 있다.

## 04. 論史館日曆狀* 史館의 日曆을 논한 狀

* 이 글은 仁宗 嘉祐 4년(1059)에 지어진 것이다. 日曆은 士官이 日記에 따라 조정의 政事를 기록한 책자이다. 宋나라 제도에 역사를 편수하기 전에 먼저 일력을 편수하였다.

今國家도 亦合採而酌行之라

오늘날 국가에서도 응당 채택하여 적절히 시행해야 한다.

右臣伏以史者國家之典法也니 自君臣善惡功過與其百事之廢置可以垂勸戒示後世者를 皆得直書而不隱이라 故自前世로 有國者莫不以史職爲重이라 伏見國朝之史에 以宰相監修하며 學士修撰하고 又以兩府之臣撰時政記[1]하며 選三館[2]之士當升擢者하야 乃命修起居注[3]하니 如此不爲不重矣라

신은 엎드려 아룁니다. 역사란 것은 국가의 典法이니, 君臣의 善惡·功過와 온갖 일의 시행과 폐지 중 勸戒를 남겨 후세에 보일 만한 것들을 모두 사실대로 정직하게 쓰고 숨기지 않습니다. 그러므로 지난 세상 때부터 국가를 소유한 분은 史職을 중시하지 않는 이가 없었습니다. 삼가 보건대 國朝의 역사는 재상으로써 監修하고 學士로써 修撰하고 또 兩府의 신하로써 時政記를 편찬하고 三館의 선비들 중 응당 승진될 사람을 가려뽑아서 起居注를 편수하게 하였으니, 이와 같이 신중하지 않음이 없었습니다.

1) 兩府之臣撰時政記 : 兩府는 中書省과 樞密院 두 기관을 가리킨다. 이 두 기관이 조정의 文·武 두 權柄을 나누어 장악하기 때문에 양부라 한다. 時政記는 재상이 매일 조정에서 奏對한 말을 기록한 것으로 역사 기록의 근거가 된다.
2) 三館 : 宋나라 때 昭文館, 史館, 集賢殿의 합칭이다.
3) 起居注 : 송나라 때 門下省에 起居郎, 中書省에 起舍人 한 명씩을 두어서 천자의 언동을 기록하게 하여 그 기록한 것을 起居注라 하였다.

然近年以來로 員具而職廢하야 其所撰述이 簡略遺漏하야 百不存一하고 至於事關大體者하얀 皆沒而不書하니 此實史官之罪而臣之責也라 然其弊在於修撰之官이 惟據諸司供報하고 而不敢書所見聞故也라 今時政記는 雖是兩府臣寮修纂이라 然聖君言動이 有所宣諭와 臣下奏議가 事關得失者를 皆不記錄[1]하고 惟書除目辭見(현)[2]之類하며 至於起居注亦然하야 與諸司供報公文無異하고 修撰官只據此詮次하고 繫以月日하야 謂之日曆而已라 是以로 朝廷之事를 史官雖欲書而不得書也라

그러나 근년 이래로 官員은 구비되었으나 직책은 폐지되어 그 찬술한 바가 간략하고 누락되어 백에 하나도 보존되지 못하였고, 일이 국가의 大體에 관계되는 것에 이르러서는 모두 湮沒하고 쓰지 않았으니, 이는 실로 사관의 죄이고 신의 책임입니다. 그러나 그 폐단은 수찬하는 신하가 오직 각 부서에서 보고하는 기록에만 근거하고 자기가 보고 들은 바를 감히 기록하지 못한 까닭에 있습니다. 지금 時政記는 비록 兩府의 신료들이 편수하지만 聖君이 언동으로 宣諭하신 것과 신하의 奏議 중 일이 得失에 관계되는 것들을 모두 기록하지 않고, 오직 除目과 辭見 같은 것들만 기록하였으며, 起居注에 이르러서도 그러하여 각 부서에게 보고하는 공문과 다름없고 修撰官은 단지 이에 의거하여 정리 서술하고 月日을 붙여서 日曆이라고 말할 뿐입니다. 이런 까닭에 조정의 일을 사관들이 비록 기록하고자 해도 기록할 수 없습니다.

1) 記錄 : 本集에는 '紀錄'으로 되어 있다.
2) 除目辭見(현) : 除目은 임금이 임명하고 면직하는 관리의 명단이다. 辭見은 내직의 관원이 외직으로 나갈 때나 지방관이 도성에 올 때 조정에서 천자를 알현하는 것이다.

自古人君은 皆不自閱史어늘 今撰述旣成에 必錄本進呈하니 則事有諱避에 史官雖欲書而又不可得也라 加以日曆時政記起居注를 例皆承前하야 積滯相因이라 故纂錄者常務追修累年前事나 而歲月旣遠에 遺失莫存하고 至於事在目今하야 可以詳於見聞者하야도 又以追修積滯하야 不暇及之하니 若不革其弊면 則前後相因하야 史官永無擧職之時하야 使聖朝典法으로 遂成廢墜矣라

예로부터 임금은 모두 史書를 보지 않았는데 지금은 찬술이 이루어지면 반드시 베껴 쓴 것을 바치게 하니, 避諱해야 할 일이 있으면 사관들이 비록 쓰고자 해도 쓸 수가 없습니다. 게다가 일력·시정기·기거주 모두 으레 종전의 기록을 그대로 물려받아 적체가 이어지고 있습니다. 그러므로 纂錄하는 이들이 늘 몇 해 전의 일을 뒤미쳐 편수하느라 애쓰고 있으나 세월이 이미 오래 지난 뒤라 기록을 유실하여 보존하지 못하고 있습니다. 심지어 현재에 있는 일로써 상세히 보고 들을 수 있는 것조차도 적체된 기록을 뒤미쳐 정리하느라 미처 기록할 겨를이 없으니, 만약 그 폐단을 고치지 않는다면 전후로 이어져서 사관은 영영 奉職할 때가 없어 우리 聖朝의 典法을 마침내 폐추시키게 될 것입니다.

**臣竊聞趙元昊**[1]**自初僭叛**로 **至復稱臣**히 **始終一宗事節**을 **皆不曾書**라하고 **亦聞修撰官甚欲紀述**이라하니 **以修纂後時**면 **追求莫得故也**라 **其於他事**에 **又可知焉**이라

신은 삼가 듣건대 趙元昊가 처음 반역하고부터 다시 稱臣할 때까지 시종 한 가지 사실을 모두 일치감치 기록하지 않았다고 합니다. 또 듣건대 수찬관이 몹시 기술하고 싶어 한다고 하니, 수찬이 때 늦으면 뒤미쳐 사실을 찾아도 얻을 수 없기 때문입니다. 다른 일에서 있어서 어떠하리란 것을 또 알 만합니다.

1) 趙元昊：本書 권1 〈通進司上皇帝書〉 題下註 참조.

**臣今欲乞特詔修時政記起居注之臣**하야 **竝以德音宣諭臣下奏對之語書之**하고 **其修撰官不得依前只據諸司供報編次陳目辭見**이요 **竝須考驗事實**하고 **其除某官者以某功 如狄靑等破儂智高**[1] **文彦博等破王則**[2]**之類**와 **其貶某職者坐某罪 如昨來麟州守將及幷州龐籍緣白草平事**[3] **近日孫沔所坐**[4]**之類**로 **事有文據及迹狀明白者**를 **皆備書之**니 **所以使聖朝賞罰之典**으로 **可以勸善懲惡昭示後世**라 **若大臣用情**하야 **朝廷賞罰不當者**도 **亦得以書爲警戒**니 **此國家置史之本意也**라 **至於其他大事**하얀 **竝許史院據所聞見書之**하되 **如聞見未詳者**는 **直牒諸處會問**과 **及臣寮公議異同朝廷裁置處分**을 **竝書之**하소서

신은 지금 바라건대 시정기와 기거주를 편수하는 신하에게 특별히 명을 내려 폐하의 德音으로 宣諭하시고 신하들이 奏對한 말을 모두 기록하며, 修撰官은 종전처럼 단지 각 부서에서 보고한 바에만 의거하여 除目과 辭見을 편집해 수록하지 말고 모두 사실이 맞는지 조사하게 하소서.

그리고 무슨 공로로써 아무 관직에 제수된 것으로 예컨대 狄靑 등이 儂智高를 무찌르고 文彦博 등이 王則을 무찌른 것과 같은 경우와, 무슨 죄에 걸려 아무 관직에서 좌천된 것으로 예컨대 근래 麟州의 守將 및 幷州의 龐籍이 白草平의 일로 죄를 받은 것과 근자에 孫沔이 犯法하여 죄를 받은 것 같은 경우로, 그 일에 증거로 삼을 글과 행적이 명백한 것은 모두 갖추어 기록하게 해야 할 것이니, 이는 聖朝의 賞罰의 법으로 勸善懲惡을 후세에 밝게 보일 수 있게 하는 것입니다.

대신이 사사로운 감정으로 일을 처리해 조정의 상벌이 합당하지 못한 경우도 기록하여 경계로 삼을 수 있어야 할 것이니, 이것이 국가가 사관을 둔 본의입니다. 기타 국가의 큰일에 이르러서도 모두 史院에서 보고 들은 대로 기록하되 보고 들은 바가 상세하지 않은 경우에는 직접 찾아가 사실을 물어서 기록한 것과 신료들의 公議가 서로 다르거나 조정이 재량해서 처분한 것을 모두 기록할 수 있도록 허락하소서.

1) 狄靑等破儂智高 : 狄靑은 宋 仁宗 때의 명장이다. 皇祐 3년(1051) 무렵에 廣源州의 오랑캐 儂智高가 반란을 일으키자 적청이 자원해 출전하여 적의 의표를 찌르는 공격을 하여 대승을 거두고 돌아와 樞密使에 제수되었다. ≪宋史 狄靑傳≫

2) 文彦博等破王則 : 文彦博은 汾州 介休 사람으로 字는 寬夫이고 대신의 지위에 올랐고 潞國公에 봉해졌다. 王則은 仁宗 때 河北 土兵의 수령으로 慶曆 7년(1047)에 군사를 일으켜 知州 張一得을 생포하고 건국하여 국호를 安陽이라 하고 연호를 得聖이라 하였다. 그 이듬해 明鎬와 문언박이 대군을 거느리고 가서 성을 포위하여 공격하니, 왕칙이 포위를 뚫고 村舍로 도망쳤다가 사로잡혀 京師로 압송되었다.

3) 麟州守將及幷州龐籍緣白草平事 : 麟州는 송나라 때 河東路에 속하고 治所는 新秦에 있었으며, 幷州는 河東路에 속하고 치소는 陽谷에 있었다.

龐籍은 자는 醇之이고 單州 成武 사람이다. 皇祐 3년에 재상이 되었고 황우 5년에 파면되어 知鄆州가 되었다. 麟州에서 白草平에 성채를 쌓는 것을 마음대로 허락했고 州의 장수 武戡 등이 西夏 사람에게 패전했다는 이유로 죄를 받았다가, 嘉祐 2년(1056)에 다시 觀門殿大學士 戶部侍郎 知青州가 되었다.

4) 孫沔所坐 : 孫沔은 자가 元規이고 會稽 사람이다. 天禧 연간(1017~1021)에 進士가 되었고 재주와 용맹은 뛰어났으나 성품이 방탕하여 연회와 여색을 좋아했다. ≪宋史≫ 〈孫沔傳〉에 "諫官 吳及과 御史 沈起가 손면은 방종하고 行檢이 없어 杭州와 幷州의 知事로 있을 때 不法을 자행했다고 보고하여 壽州로 좌천되었다." 한 것이 이를 가리킨다.

已上事節을 竝令修撰官하야 逐時旋據所得하야 錄爲草卷하야 標題月分하고 於史院躬親入櫃封鎖하고 候諸司供報齊足하야 修爲日曆하고 仍乞每至歲終하야 命監修宰相하여 親至史院하야 點檢修撰官紀錄事迹하야 內有不勤其事隳官失職者어든 奏行責罰하소서

이상의 사안을 모두 修撰官으로 하여금 수시로 입수한 바대로 기록하여 초본을 만들고 月分을 표기하게 한 다음, 史院에서 직접 궤짝에 넣어서 봉쇄하고 각 부서에서 보고가 나란히 들어오기를 기다려 이를 편수하여 일력을 만들게 하소서. 이어서 바라건대 매년 연말에 이르러 監修하는 재상으로 하여금 친히 사원에 가서 수찬관이 기록한 사적을 점검하여 그 안에 자기 일에 근면하지 않아 관직을 소홀히 수행한 자가 있으면 주청하여 責罰하게 하소서.

其時政記起居注日曆等을 除今日以前積滯者不住追修外에 截自今後로 竝令次月供報하야 如稍遲滯어든 許修撰官自至中書樞密院催請하고 其諸司供報拖延及史院有所會問과 諸處不畫時報應하야 致妨修纂者는 其當行手分[1)]하고 竝許史院牒開封府勾追嚴斷其日曆時政記起居注하며 竝乞更不進本하소서 所貴少修史職하야 上存聖朝典法이니 此乃臣之職事라 不敢不言하노이다 謹具狀奏聞하고 伏候勅旨하노이다

그 시정기·기거주·일력 등은 금일 이전까지 적체되어 뒤미처 편수하고 있는 것을 제외하고 단연코 지금 이후로는 모두 다음 달에 보고하게 하되, 만약 조금 지체되면 修纂官을 시켜 직접 中書省·樞密院에 가서 독촉하게 하고, 각 부서의 보고가

늦어지거나 史院에서 會問할 것이 있는 경우와 각처에서 제때에 맞춰 보고하지 않아 修纂에 차질을 빚게 하는 경우는 모두 手分을 행하도록 허락하소서. 아울러 사원이 開封府에 공문을 보내 그 일력·시정기·기거주를 조사하여 嚴斷하도록 허락하시고, 아울러 바라옵건대 이들이 다시는 기록한 사본을 바치지 못하게 하소서.

중요한 것은 史職을 조금 정비하여 위로 聖朝의 전법을 보존하는 것입니다. 이것이 바로 신의 職事라 감히 말하지 않을 수 없었습니다. 삼가 狀을 갖추어 아뢰고 엎드려 勅旨를 기다립니다.

1) 手分 : 송나라 때 州縣에서 고용해서 쓰는 일종의 差役이다.

## 05. 議學狀* 學校에 대해 의논하는 狀

* 이 글은 仁宗 嘉祐 원년(1056)에 지어졌다.

**議論有深識**하니 **當與朱子議貢擧等文參看**이라

議論에 깊은 識見이 있으니, 의당 朱子의 〈議貢擧〉 등의 글과 함께 참조해 보아야 할 것이다.

**右臣等伏見近日言事之臣**이 **爲陛下言建學取士之法者衆矣**라 **或欲立三舍**[1)]하야 **以養生徒**하고 **或欲復五經而置博士**하고 **或欲但擧舊制而修廢墜**하고 **或欲特創新學而立科條**하니 **其言雖殊**나 **其意則一**이라 **陛下愼重其事**하야 **下其議於群臣**이러니 **而議者遂欲創新學立三舍**하야 **因以辨士之能否**하야 **而命之以官**하니 **其始也則敎以經藝文辭**하고 **其終也則取以材識德行**이라 **聽其言則甚備**나 **考於事則難行**이라

신 등이 삼가 보건대 근일에 言事하는 신하로 폐하를 위해 학교를 세우고 선비를 뽑을 것을 말하는 자가 많습니다. 어떤 사람은 三舍를 세워서 생도를 양성하기를 바라고, 어떤 사람은 五經을 복구하여 博士를 두기를 바라고, 어떤 사람은 단지 옛 제도를 다시 시행하여 폐지된 것을 정비하기를 바라고, 어떤 사람은 특별히 새 학교를 만들고 科條를 세우기를 바라니, 그 말들은 비록 다르지만 그 뜻은 같은 것입니다.

폐하께서 그 일을 신중히 생각하여 군신들에게 의논을 하달하였는데 의논하는 이들이 마침내 학교를 새로 만들고 삼사를 세우고 이어서 선비들의 능력을 변별하여 관직에 임명하고자 하였으니, 이는 처음에는 六藝와 文辭로써 가르치고 마지막에는 재주와 식견, 덕행으로써 선비를 뽑는 것입니다. 그 말을 들어보면 매우 구비되었으나 실제 일에서 살펴보면 실행되기 어렵습니다.

1) 三舍 : 宋 元豐 연간(1078~1085) 이후로 태학과 지방 학교를 外舍・內舍・上舍로 나누고 이를 합칭하여 삼사라 하였다.

**夫建學校以養賢**하고 **論材德而取士**는 **此皆有國之本務而帝王之極致也**어늘 **而臣等謂之難行者**는 **何哉**오 **蓋以古今之體不同而施設之方皆異也**일새라

대저 학교를 세워서 어진 인재를 기르고 재주와 덕행을 따져보아 선비를 뽑는 것은 모두 국가를 소유한 이의 본무이고 제왕의 극치입니다. 그런데도 신 등이 실행되기 어렵다고 하는 것은 무슨 까닭이겠습니까. 대개 고금의 체제가 같지 않고 시설의 방도가 다르기 때문입니다.

**古之建學取士之制**는 **非如今之法也**니 **蓋古之所謂爲政與設敎者**는 **遲速異宜也**라 **夫立時日以趨事**하고 **考其功過而督以賞罰者**가 **爲政之法也**라 **故政可速成**이어니와 **若夫設敎**는 **則以勸善興化尙賢勵俗爲事**하니 **其被於人者漸則入於人也深**하고 **收其效者遲則推其功也遠**이라 **故常緩而不迫**이라

옛날의 학교를 세우고 선비를 뽑는 제도는 오늘날의 법과 같지 않았으니, 대개 옛날의 이른바 정치를 하고 학교를 설치하는 것은 더디고 빠름에 있어 마땅함이 다릅니다. 대저 시일을 정하여 일을 하고 그 공과를 상고하여 상벌로 독책하는 것이 정치를 하는 법입니다. 그러므로 그 정치가 속히 이루어질 수 있었습니다.

그러나 학교를 설치하는 것 같은 경우는 선을 권면하고 교화를 일으키며 어진 이를 높이고 세상 사람을 면려하는 것을 일로 삼습니다. 그래서 그 사람에게 끼치는 영향이 점차적이니 사람에게 먹혀드는 정도가 깊고 그 효과를 거둠이 더디니 그 공

을 미루어감이 멉니다. 그러므로 늘 느슨하게 하고 급박하게 하지 않습니다.

古者에 家有塾하고 黨有庠하고 遂有序하고 國有學하니 自天子諸侯之子로 下至國之俊選히 莫不入學이라 自成童而學하야 至年四十而仕하니 其習乎禮樂之容하며 講乎仁義之訓하며 敦乎孝悌之行하야 以養父兄하며 事長上하며 信朋友하고 而臨財廉하며 處衆讓하야 其修於身하고 行於家하고 達于隣里하고 聞于鄉黨하니 然後詢于衆庶하고 又定於長老之可信者而薦之라 始謂之秀士하고 久之에 又取其甚秀者爲選士하고 久之에 又取其甚秀者爲俊士하고 久之에 又取其甚秀者爲進士하니 然後辨其論隨其材而官之라

고대에는 집안에는 塾이 있고 黨에는 庠이 있고 遂에는 序가 있고 國에는 學이 있었으니, 천자와 제후의 아들로부터 아래로 나라의 뛰어난 인재들에 이르기까지 학교에 들어가지 않는 이가 없었습니다. 成童(15세) 때부터 공부하여 나이 마흔에 이르러 벼슬하였으니, 그 예악의 용모를 익히며 인의의 가르침을 배우며 효제의 행실을 돈독히 하여 부형을 봉양하며 윗사람을 섬기며 붕우에 믿음이 있고 財利를 만나서는 청렴하며 사람들과 함께 있을 때는 겸양하여 자신에게서 수양하고 집안에서 실행하고 이웃에까지 인정을 받고 고을에 알려집니다. 그런 뒤에 뭇사람들에게 묻고 또 믿을 만한 어른들에게서 결정하여 천거합니다.

처음에는 秀士라 하고, 오래 지나서는 또 그중에서 매우 뛰어난 자를 뽑아서 選士로 삼고, 오래 지나서 또 그중에서 매우 뛰어난 자를 뽑아서 俊士로 삼고, 오래 지나서 또 그중에서 매우 뛰어난 자를 뽑아서 進士로 삼으니, 그런 뒤에 그 논의를 변별하고 그 재능에 따라서 관직을 줍니다.

夫生七八十歲而死者가 人之常壽也어늘 古乃以四十而仕하니 蓋用其半生하야 爲學考行하고 又廣察以隣里鄉黨而後에 其人可知라 然則積德累善이 如此勤而久하고 求賢審官이 如此愼而有次第하니 然後矯僞干利之士가 不容於其間하야 而風俗不陷于媮薄也라 古之建學取士가 其施設之方이 如此也라

대저 태어나서 7, 80세에 죽는 것이 사람들의 보통 수명이거늘 옛날에는 40세에 벼슬하였으니, 대개 그 반생을 써서 학문하며 행실을 고찰하고, 또 그 이웃과 고을을 가지고 널리 살펴본 뒤에 그 사람됨을 알 수 있습니다. 그렇다면 덕과 선을 쌓는 것이 이와 같이 부지런하고 오래며 어진 인재를 찾아 관직을 임명함이 이와 같이 신중하여 단계가 있은 뒤에야, 거짓되고 이익만 구하는 선비가 그 사이에 용납될 수 없고 풍속이 경박한 데 빠지지 않는 것입니다. 옛날의 학교를 세우고 선비를 뽑는 것은 그 시행의 방도가 이와 같았습니다.

**方今之制**는 **以貢擧取人**이라 **往者四歲一詔貢擧**러니 **而議者患於太遲**하야 **更趣之爲間歲**하니 **而應擧之士來學於京師者**가 **類皆去其鄕里**하고 **遠其父母妻子**하야 **而爲旦暮干祿之計**하니 **非如古人自成童至於四十**히 **就學於其庠序**하야 **而隣里鄕黨**이 **得以衆察**하고 **徐考其行實也**라 **蓋古之養士**는 **本於舒遲**러니 **而今之取人**은 **患於急迫**하니 **此施設不同之大槪也**라

지금의 제도는 貢擧로써 사람을 뽑습니다. 예전에는 4년 만에 한 번 詔命을 내려 공거를 하니, 의논하는 이들이 너무 더딤을 걱정하여 다시 기간을 짧게 하여 2년마다 하게 하였습니다. 그런데 과거에 응시하는 선비로 경사에 와서 공부하는 이들은 대개 향리를 떠나고 부모 처자와 멀어져서 조석으로 벼슬하여 녹봉을 받을 생각을 하고 있으니, 옛사람들이 成童 때부터 마흔 살에 이르기까지 庠·序에 나아가 배워 이웃과 고을에서 많은 사람들이 살펴보아 천천히 그 행실을 고찰할 수 있는 것과는 같지 않습니다. 대개 옛날의 선비 양성은 본래 느긋한 데 근본하였는데 오늘날 사람을 뽑는 것은 급박한 데 문제점이 있으니, 이것은 시행이 같지 않은 대략입니다.

**臣請詳言方今之弊**하리이다 **旣以文學取士**어늘 **又欲以德行官人**하고 **且速取之歟**면 **則眞僞之情未辨**이라 **是朝廷本欲以學勸人修德行**이라가 **反以利誘人爲矯僞**니 **此其不可一也**라

신은 청컨대 지금의 폐단을 상세히 말하겠습니다. 이미 문학으로 선비를 뽑아놓

았거늘 또 덕행으로 관직을 주고자 하고 게다가 속히 사람을 뽑고자 한다면 진위의 실정을 분간할 수 없을 것입니다. 이렇게 되면 조정이 본래 학문으로 사람에게 권면하여 덕행을 닦게 하고자 했다가 도리어 이익으로 사람을 유인하여 거짓된 짓을 하게 하는 것이니, 이것이 첫째 불가한 점입니다.

若遲取之歟면 待其衆察徐考而漸進이리니 則文辭之士는 先已中於甲科하고 而德行之人은 尙未登於內舍니 此其不可二也라

만약 더디게 사람을 뽑는다면 뭇사람들이 살펴보고 천천히 고찰하기를 기다려 점차 등용해야 할 것입니다. 그렇다면 문장에 능한 선비는 먼저 이미 甲科에 합격하였는데 덕행이 있는 사람이 아직 內舍에도 오르지 못할 것이니, 이것이 둘째 불가한 점입니다.

且今入學之人은 皆四方之游士라 齎其一身而來하야 烏合群處하니 非如古人在家在學하야 自少至長히 親戚朋友와 隣里鄕黨이 衆察徐考其行實也라 不過取於同舍一時之毁譽而決於學官數人之品藻爾니 然則同學之人이 蹈利爭進하야 愛憎之論에 必分朋黨이라 昔東漢之俗이 尙名節이로되 而黨人之禍가 及天下[1]하니 其始起於處士之橫議而相訾也라 此其不可三也라

게다가 오늘날 입학하는 사람은 모두 사방에서 멀리 온 선비들이라 자기 일신을 가지고 와서 무질서하게 무리 지어 거처하고 있으니, 옛사람들이 자기 집에 있고 학교에 있으면서 어릴 때부터 장성할 때까지 친척·붕우와 이웃·고을에서 많은 사람들이 천천히 그 행실을 고찰하는 경우와는 같지 않습니다.

한때 學舍에 함께 거처하는 사람들의 헐뜯고 칭찬하는 말에서 취하고 學官 몇 사람의 품평에서 결정하는 데 불과할 뿐입니다. 그렇다면 학교에서 함께 공부하는 사람들이 자기 이익을 구하려 다투어 나아가 愛憎에 따른 논의로 필시 붕당이 나눠질 것입니다. 옛날 東漢 때의 습속이 명예와 절개를 숭상하였지만 黨人의 災禍가 천하에 미쳤으니, 그 시초에는 처사들이 제멋대로 말하여 서로 헐뜯은 데서 일어났습니

다. 이것이 셋째 불가한 점입니다.

1) 昔東漢之俗……及天下 : 東漢 靈帝 建寧 2년(169)에 靈帝가 어린 나이에 즉위하여 환관들이 득세하자 陳蕃, 李膺, 郭泰, 賈彪, 范滂, 竇武, 陳寔 등 200여 명의 선비들이 환관의 발호를 반대하다가 환관들의 무함에 빠져 도리어 종신 금고에 처해져 벼슬길이 막혔고, 언론이 과격하지 않았던 陳寔과 郭泰를 제외한 100여 명의 名士들이 모두 죽임을 당하였다. ≪後漢書 黨錮列傳≫

夫人之材行은 若不因臨事而見이면 則守常循理가 無異衆人이니 苟欲異衆이면 則必爲迂僻奇怪하야 以取德行之名하고 而高談虛論하야 以求材識之譽라 前日慶曆之學이 其弊是也라 此其不可四也라

대저 사람의 재주와 행실은 실제 일에 부닥쳐서 보지 않으면, 재주와 행실이 있는 사람일지라도 평상한 상태를 지키고 이치를 따르는 것이 보통 사람들과 다를 바가 없으니, 진실로 보통 사람들과 다르기를 바란다면 필시 오활하고 편벽되고 기이하고 괴상한 짓을 하여 덕행이 있는 명성을 취하고 담론을 고상하게 하고 논의를 공허하게 하여 재주와 식견이 있다는 명예를 얻으려 할 것입니다. 지난날 慶曆 연간의 학교의 경우가 바로 이러한 폐단입니다. 이것이 넷째 불가한 점입니다.

今若外方專以文學貢士어늘 而京師獨以德行取人이면 則實行素履가 著於鄕曲하야 而守道丘園之士는 皆反見遺리니 此其不可五也라

지금 만약 지방에서는 오로지 문학으로 선비를 천거해 올리거늘 경사에서는 덕행으로 사람을 뽑는다면, 평소의 행실이 鄕里에 드러나고 초야에서 도를 지키며 사는 선비들은 모두 도리어 누락하고 말 것이니, 이것이 다섯째 불가한 점입니다.

近者에 朝廷患四方之士寓京師者多나 而不知其士行하야 遂嚴其法하야 使各歸於鄕里러니 今又反使來聚於京師하야 云欲考其德行이라하니 若不用四方之士하고 止取京師之士면 則又示人以不廣이니 此其不可六也라

근자에 조정이 사방의 선비들로 경사에 寓居하고 있는 이들은 많으나 그 선비로서의 행실을 알 수 없는 것을 걱정하여 마침내 법을 엄히 만들어서 저마다 향리로 돌아가게 하였습니다. 그런데 지금 또 도로 경사로 와서 모이게 하고서 "덕행을 살펴보고자 한다."고 하니, 만약 사방의 선비들을 뽑지 않고 단지 경사의 선비들만 뽑는다면, 또 사람들에게 인재를 뽑는 것이 넓지 못함을 보여주는 것입니다. 이것이 여섯째 불가한 점입니다.

夫儒者所謂能通古今者는 在知其意하며 達其理하야 而酌時之宜爾라 大抵古者敎學之意는 緩而不迫이라 所以勸善興化하며 養賢勵俗이 在於遲久요 而不求近效急功也라

儒者의 이른바 고금을 통달했다고 하는 것은 뜻을 알고 이치를 알아서 時宜를 적절히 짐작하는 데 있습니다. 대저 옛날의 敎學의 뜻은 느긋하고 급박하지 않았습니다. 그런 까닭에 선을 권면하고 교화를 일으키며 어진 인재를 양성하고 풍속을 면려하는 것이 더디고 오래 하는 데 있었고, 빠른 효과와 급한 성과를 구하지 않았습니다.

臣謂宜於今而可行者는 立爲三舍가 可也요 復五經博士가 可也라 特創新學은 雖不若卽舊而修廢나 然未有甚害하니 創之亦可也라 敎學之意는 在乎敦本하니 而修其實事하야 給以糇糧하고 多陳經籍하야 選士之良者하고 以通經有道之士爲之師하야 而擧察其有過無行者黜去之하면 則在學之人이 皆善士也리니 然後取以貢擧之法하고 待其居官爲吏에 已接於人事하야 可以考其賢善優劣하야 而時取其尤出類者旌異之하면 則士知修身力行이 非爲一時之利요 而可伸於終身이니 則矯僞之行不作하고 而媮薄之風歸厚矣라 此所謂實事之可行於今者也라

신은 생각건대 오늘에 마땅하여 실행할 수 있는 것은 三舍를 세우는 것이 좋고 五經博士를 복구하는 것이 좋으며, 새 학교를 특별히 세우는 것은 비록 옛 학교에다 폐지된 제도를 다시 정비하는 것만 못하지만 그다지 해로울 건 없으니 새로 세워도 좋을 것입니다.

교학의 뜻은 근본을 돈독히 하는 데 있으니, 그 實事를 정비하여 양식을 지급하고 經籍을 많이 비치해두고서 선비들 중 좋은 사람들을 뽑고 경서에 통달하고 도가 있는 선비를 스승으로 삼아서, 선비들 중 過失은 있고 행실이 없는 자를 살펴서 축출하면 학교에 있는 사람들은 모두 선한 선비일 것입니다.

그런 뒤에 貢擧의 법으로 선비를 뽑고 그 선비들이 관직 생활을 하여 이미 人事를 접하여 그 능력의 우열을 살펴 알 수 있을 때를 기다려서, 때로 그중에서 더욱 뛰어난 사람을 뽑아서 褒奬하면 선비들이 자신을 수양하고 행실에 힘쓰는 것이 일시적인 이익이 아니라 종신토록 뜻을 펼 수 있게 하는 것임을 알 터이니, 이렇게 되면 거짓된 행실이 일어나지 않고 경박한 풍조가 敦厚하게 될 것입니다. 이것이 이른바 오늘날 실행할 수 있는 實事입니다.

**臣等伏見論學者四人**이 **其說各異**어늘 **而朝廷又下臣等**하야 **俾之詳定**이라 **是以**[1]**盡衆人之見而採其長者爾**라 **故臣等敢陳其所有**하야 **以助衆議之一**하니 **非敢好爲異論也**라 **伏望聖慈特賜裁擇**하소서

신 등은 삼가 보건대 학교를 논하는 자 네 사람은 그 견해가 각각 다르거늘 조정은 또 신 등에게 그 문제를 하달하여 詳定케 하셨습니다. 이런 까닭에 뭇사람들의 견해를 다 모아서 그중 좋은 것을 채택했을 뿐입니다. 그러므로 신 등은 감히 이 모든 견해들을 진달하여 衆議 중 하나를 도울 뿐이니, 감히 이론을 주장하기를 좋아한 것은 아닙니다. 엎드려 바라옵건대 성상께서 특별히 헤아려 선택하소서.

1) 是以 : 本集에는 '是欲'으로 되어 있다.

## 06. 乞與尹構一官狀* 尹構에게 관직 한 자리를 줄 것을 청하는 狀

* 이 글은 仁宗 嘉祐 4년(1059)에 지어졌다. 尹構는 尹洙의 아들이다.

**正議卽古人錄孫叔敖之裔而負薪行歌者**[1]라

바른 의논은 옛사람이 땔나무를 지고 가며 노래하던 孫叔敖의 자손

을 錄用한 것과 같다.

1) 古人錄孫叔敖之裔而負薪行歌者：춘추시대 楚나라 재상 孫叔敖가 莊王을 도와 霸業을 이루었다. 그러나 손숙오는 천성이 청렴결백하였기 때문에 그가 죽은 뒤에 그의 처자식은 매우 곤궁한 생활을 해야 했다. 손숙오와 친했던 악공인 優孟이 손숙오의 의관을 걸치고 손바닥을 치며 담소하였는데 한 해쯤 되자 손숙오 생전의 모습과 꼭 같게 되었다.

우맹이 손숙오 차림을 하고 장왕을 찾아가 손숙오처럼 행동하자 장왕이 깜짝 놀라 그를 다시 재상으로 삼으려 하였다. 우맹이 사양하면서 노래를 지어 불렀는데 그 노래 끝 구절에, "초나라 재상 손숙오는 죽을 때까지 청렴했으나 지금 그의 처자식은 가난하고 곤궁하여 땔나무를 팔아 끼니를 때우니 재상이 되어서 무엇하랴." 하니, 장왕이 그 말뜻을 알아차리고 손숙오의 자손을 불러 땅을 봉해주었다. ≪史記 滑稽列傳≫

右臣等伏見故起居舍人直龍圖閣尹洙[1]는 文學議論이 爲當世所稱이요 忠義剛正이 有古人之節이라 初蒙朝廷擢在館閣하야 而能不畏權臣하고 力排衆黨하야 以論范仲淹事라가 遂坐貶黜[2]하고 其後元昊僭叛에 用兵一方하니 當國家有西顧之憂하야 思得材謀之臣하야 以濟多事하야 而洙自初出師로 至於元昊納款히 始終常在兵間하야 比一時之人에 最爲宣力이어늘 而群邪醜正하야 誣搆百端에 卒陷罪辜하야 流竄以死라 嚮蒙陛下仁聖恩憐하야 哀其寃枉하야 特賜淸雪하야 俾復官資하니 足以感動群心하고 勸勵忠義라

신 등은 삼가보건대 起居舍人 直龍圖閣 尹洙는 문학과 의논이 당세에 일컬어졌고 충의 강직하여 古人의 절개가 있었습니다. 처음에 조정에 발탁되어 館閣에 있으면서 권신을 두려워하지 않고 힘써 衆人의 黨을 배척하여 范仲淹의 일을 논하다가 마침내 이 때문에 좌천되어 조정에서 쫓겨났습니다.

그 후에 元昊가 참람되게 모반하여 한 방면에서 군사를 동원하게 되니, 국가가 서쪽 방면을 돌아보는 근심이 있어 재능과 지모가 있는 신하를 얻어 다사다난한 시국을 구제하려고 생각할 때를 당하여, 윤수가 처음 군사를 출동할 때부터 원호가

화친을 청할 때까지 시종 늘 軍中에 있으면서 그 당시 사람들에 비해 가장 많은 힘을 썼는데도, 간사한 자들이 정직한 군자를 시기하여 온갖 방법으로 모함하니 마침내 무고한 죄에 빠져 귀양을 가서 죽고 말았습니다.

예전에 仁聖하신 폐하께서 은혜를 베풀어 그 억울한 정상을 불쌍히 여겨 특별히 죄를 씻어주고 다시 官資를 회복하게 해주시니, 사람들의 마음을 감동시키고 충의를 권면할 만하였습니다.

1) 尹洙 : 자는 師魯이고 벼슬은 起居舍人 直龍圖閣에 이르렀다. 문장의 풍격이 簡古하고 시를 잘 지었다. 歐陽脩는 〈尹師魯墓銘〉에서 당대에 문학과 논변이 뛰어나다는 명망이 있고 窮達과 禍福에 임하는 그의 절개가 옛 군자에 손색이 없다고 평하였다. ≪唐宋八大家文抄 宋大家歐陽文忠公文抄 尹師魯墓銘≫

2) 初蒙朝廷擢在館閣……遂坐貶黜 : ≪宋史≫ 〈尹洙傳〉에 "대신의 천거로 조정에 들어와서 館閣校勘이 되었고 太子中允으로 자리를 옮겼다. 마침 范仲淹이 좌천되었는데 칙명으로 백관에게 붕당을 짓는 것을 경계한다는 내용의 방을 朝堂에 붙이니, 윤수가 上奏하기를 '범중엄은 본디 충성스럽고 절개가 곧은 사람으로 신은 그와 스승과 벗의 의리가 있으니, 범중엄의 黨인 셈입니다. 지금 범중엄이 붕당을 지었다는 이유로 죄를 받았으니, 신이 구차히 면할 수는 없습니다.' 하였다. 이에 재상이 노하여 관각교감에서 落職되고 다시 掌書記 監唐州酒稅가 되었다." 하였다.

**今洙孤幼**가 **竝在西京**에 **家道屢空**[1]하야 **衣食不給**이라 **洙止一男構**하니 **年方十餘歲**에 **惸然無依**하니 **實可嗟惻**이라 **伏見將來祫享大禮**[2]에 **在近群臣**이 **皆得奏蔭子孫**하니 **伏望聖慈**는 **錄洙遺忠**하고 **憫洙不幸**하야 **特賜其子一官**하야 **庶霑寸祿**하야 **以免饑寒**하면 **則天地之仁**에 **幽顯蒙德**이라 **臣等忝列侍從**에 **媿無獻納**하니 **苟有所見**이면 **不敢不言**이로소이다 **謹具狀奏聞**하고 **伏候勅旨**하노이다

그러나 지금 尹洙의 어린 아들이 모두 西京에 있는데 집안 형편이 몹시 가난하여 衣食이 부족할 지경입니다. 윤수는 단지 한 아들 構만을 두었는데 나이 현재 10여 세에 외로워 의지할 데가 없으니, 실로 측은해 탄식할 만합니다.

삼가 보건대 장차 祫享의 大禮를 거행하려는 즈음에 근방에 있는 신하들이 모두 자손에게 蔭職을 내려달라고 주청할 수 있습니다. 삼가 바라건대 성상께서는 윤수의 충성을 잊지 마시고 윤수의 불행을 불쌍히 여겨 특별히 그 아들에게 한 관직을 내려주어 조금의 녹봉을 받아 飢寒을 면하게 해주소서. 그렇게 하시면 천지와 같은 인애에 저승의 윤수와 이승의 그 아들이 모두 은덕을 입을 것입니다.

신 등은 외람되이 시종의 반열에 있으면서 아무런 忠言을 올린 게 없어 부끄러운 터라 진실로 소견이 있으면 감히 말하지 않을 수 없습니다. 삼가 狀을 갖추어 아뢰고 엎드려 勅旨를 기다립니다.

1) 屢空 : 孔子가 제자 顔回를 두고 "안회는 도에 가까웠고 자주 끼니를 굶었다. 〔子曰 回也其庶乎 屢空〕" 한 데서 온 말로, 집이 몹시 가난하여 끼니를 잇지 못할 정도임을 뜻한다. ≪論語 先進≫

2) 祫享大禮 : 大祫이라고도 하는데 合祭이다. 즉 遷廟한 먼 조상의 신주와 아직 천묘하지 않은 가까운 조상의 신주를 太祖廟에 모셔놓고 지내는 제사이다. 三年喪을 마치고 새 신주를 宗廟에 들여 모실 때 한 차례 거행하고, 그 다음해 禘祭 때 또 한 차례 거행하고, 이후로는 5년에 한 차례씩 거행한다. ≪宋史≫ 〈仁宗本紀〉에 "嘉祐 4년(1059) 10월 癸酉日에 태묘에서 大祫을 거행하며 大赦令을 내리고 百官에게 은혜를 내렸다."는 기록이 있다.

## 07. 擧丁寶臣狀* 丁寶臣을 천거하는 狀

* 이 글은 仁宗 嘉祐 4년(1095)에 지어졌다. 丁寶臣은 자가 元珍이고 晉陵 사람이다. 형 宗臣과 함께 문장이 뛰어나 二丁이라 불렸다. 景祐 연간(1034~1037)에 進士試에 합격하였고 벼슬이 秘書閣校理에 이르렀다. 英宗이 인물을 논할 때면 칭찬하였고 歐陽脩와 친하였다. ≪宋史≫에는 그의 傳이 없다.

**丁元珍之爲智高所敗一節은 歐公所最憐이라 故其論捄如此라 觀王荊公誌銘에 尤可涕라**

丁元珍이 儂智高에게 패한 한 가지 일은 歐陽公이 가장 안타깝게 생각하는 것이었다. 그러므로 이와 같이 글을 올려 그를 구제하려 했던 것이다. 王荊公(王安石)이 지은 묘지명을 보면 더욱 눈물을 흘릴 만하다.

**右臣竊見太常丞湖州監酒務丁寶臣**이 **前任知端州日**에 **因遭儂智高事停官**하고 **敍理監當**[1]이라 **方智高攻劫嶺南**하야 **州縣例以素無備禦**로 **官吏各至奔逃**라 **兼聞當時獨寶臣**이 **曾捉得智高探事人**하야 **便行斬決**하고 **及曾鬪敵**하니 **朝廷以其如此**라 **故他人皆奪兩官**하고 **獨寶臣只奪一官**하니 **以此見其比衆人情理之輕**이라

신은 삼가 보건대 太常丞 湖州監酒務 丁寶臣이 前任 知端州로 있을 때 儂智高의 일을 만남으로 해서 停職되고 監當의 사무를 관리하는 직책에 임명되었습니다. 바야흐로 농지고가 嶺南을 공격할 때 州縣은 으레 평소 대비가 없었기 때문에 관리들이 저마다 도망치고 말았습니다.

아울러 듣건대 당시에 유독 정보신만이 농지고가 정탐하러 보낸 사람을 사로잡아서 곧바로 참수하였고 적군과 싸웠습니다. 조정이 이와 같은 사실을 알았기 때문에 주현의 다른 관리들은 모두 두 자급을 강등시키고 정보신만은 단지 한 자급만 강등시켰던 것이니, 이로써 다른 사람에 비해 정상이 가벼웠음을 알 수 있습니다.

1) 監當 : 宋代에 차, 소금, 술 등의 세금을 거두고 철물을 주조하는 등의 일을 관리하는 지방관이다. ≪宋史 職官志≫

**臣伏見寶臣**은 **履行清純**하야 **頗有官業**이로되 **惟海賊遽至**에 **力屈致敗**가 **出於不幸**이라 **今者伏遇祫享恩赦**에 **欲望聖慈特與不候監當滿任**하고 **牽復官資**하야 **就移一親民差遣**하소서 **如後犯入己贓**[1]이면 **臣甘當同罪**하리이다 **謹具奏聞**하고 **伏候勅旨**하노이다

신은 삼가 보건대 丁寶臣은 평소 행실이 청렴하고 순수하여 자못 관리로서의 업적이 있었습니다. 다만 海賊이 갑자기 들이닥쳐 힘이 다해 패전한 것은 그의 불행에서 나온 것이었습니다. 이제 삼가 祫享의 恩賜를 만난 즈음에, 바라건대 성상께서 특별히 은혜를 베풀어 監當의 임기가 차기를 기다리지 말고 다시 본래의 관작을 회복시켜 한 지방관 자리로 옮겨 差遣하소서. 만약 이후에 受賂罪를 범하면 신이 기꺼

이 같은 죄를 받을 것입니다. 삼가 갖추어 아뢰고 엎드려 勅旨를 기다립니다.

1) 入己贓 : 뇌물을 받은 죄, 즉 受賂罪이다.

## 08. 再論許懷德狀* 許懷德을 다시 논하는 狀

* 이 글은 仁宗 嘉祐 5년(1060)에 지어졌다. 許懷德은 자가 師古이고 開封府 祥符 사람이다. 신장이 6척이 넘고 말타기와 활쏘기를 잘하였다. 젊은 나이에 부친이 東西班殿侍에 임명됨으로 해서 누차 발탁되어서 殿前都指揮使 左班都虞候에 이르렀다. 元昊가 반란을 일으켰을 때 외직으로 나가 邊將이 되어 누차 전공을 세웠고 한편으로는 누차 모종의 일로 폄직되었다.

宋人이 於國家體統處에 多失之因循寬弛라 故歐公이 往往發憤하야 勸主上振肅紀綱하야 以維持之라 蘇氏父子亦如此라

송나라 사람이 국가의 체통에 관계되는 곳에서는 대개 그럭저럭 넘기고 엄격히 처리하지 못하였다. 그러므로 歐陽公이 왕왕 분노하여 임금에게 기강을 바로잡아 체통을 유지할 것을 권하였다. 蘇氏 父子(蘇洵, 蘇軾, 蘇轍)도 이와 같은 글을 올렸다.

臣竊以謂治天下가 在明號令이요 正朝廷이 在修紀綱이니 號令所行과 紀綱所振은 由人主有賞罰之柄也라 若號令出而不從하며 紀綱弛而不整하고 又不以賞罰臨之요 而欲正朝廷治天下인댄 臣不知其可也라

신은 삼가 생각건대 천하를 다스리는 것은 호령을 분명히 하는 데 있고 조정을 바로잡는 것은 기강을 바로 세우는 데 있으니, 호령이 행해지고 기강이 바로 서는 것은 임금이 賞罰의 권병을 가지고 있기 때문입니다. 만약 호령이 나갔는데도 따르지 않으며 기강이 느슨한데도 바로 세우지 않고 게다가 상벌로 다스리지 않고서, 조정을 바로잡고 천하를 다스리고자 한다면 신은 가능한지 알지 못하겠습니다.

**今者陛下親祀宗廟**에 **不敢獨受其福**하고 **推恩群臣**하야 **徧及中外**하니 **此聖德之至深厚也**어늘 **而臣下輒敢有所輕重**하야 **以謂例恩泛及**이라하야 **視以爲輕而慢之**하니 **原其情理**컨대 **其可恕乎**아 **方祫享始畢**에 **恩典推行**하니 **命出之日**에 **宰相押班**[1]하야 **百官在列**하고 **宣揚制誥**하야 **布告天下**어늘 **而將臣偃蹇**하야 **不肯受命**하고 **稽停制書四十餘日**이로되 **有司無所申擧**하고 **恬然不以爲怪**[2]하니 **是陛下號令不能行於朝廷**하고 **而紀綱弛壞於武士**라 **凡士之知治體者**가 **皆爲陛下惜也**라

지금 폐하께서 종묘에 친히 제사를 지내면서 감히 그 복을 홀로 받지 않고 은혜를 신하들에게 미루어주셨으니, 이는 지극히 심후한 聖德입니다. 그런데 신하들이 감히 제멋대로 논의하여 "으레 주는 은혜가 범범하게 두루 미친 것이다."라 하여 가볍게 보아 忽慢히 여기니, 그 정상을 따져보건대 용서할 수 있겠습니까.

祫享이 막 끝났을 때 恩典을 신하들에게까지 베푸시니, 그 명이 나오던 날 재상이 押班하여 백관이 반열에 있었고 制誥를 선양하여 천하에 두루 알렸거늘, 將臣들이 오만하여 그 명을 받으려 하지 않고 制書를 40여 일 동안이나 稽留해두었습니다. 그런데도 有司가 거듭 올리지 않은 채 태연히 아무렇지 않게 여기고 있으니, 이는 폐하의 호령이 조정에 행해지지 못하고 기강이 武士들에게서 해이해진 것입니다. 무릇 선비로서 통치의 체통을 아는 이들은 모두 폐하를 위해 애석하게 여기고 있습니다.

1) 押班 : 조회할 때 재상이 신하들의 반열 제일 앞에 있기 때문에 반열을 통솔한다는 뜻으로 이렇게 말하는 것이다. 宋나라 초기에는 押班官이 있었다가 후에 폐지되고 재상이 맡았다.

2) 將臣偃蹇……恬然不以爲怪 : 歐陽脩의 〈論許懷德狀〉에 "근자에 허회덕은 祫享하고 신하들에게 성은을 내렸을 때 응당 두 차례 表를 올려 사양하는 뜻을 진달해야 하는데도 단지 한 차례만 表를 올렸고, 비답이 내린 뒤에 다시 표를 올리지 않은 채 지금까지 40일 동안이나 지체하여 制書는 閤門에 그대로 놓여 있습니다. 명을 받지도 않고 사양하는 뜻을 진달하지도 않고 있습니다. ……오랫동안 계류해둔 채 사양하지도 않고 받지도 않고 있으니, 이는 분명 조정을 가벼이 보아 업신여기고 임금의 명을 거역하는 것인데도 합문에서 거

듭 올리지 않고 台司와 風憲도 규탄하지 않고 있습니다." 하였다.

臣謂方今國家全盛하고 天下無虞하야 非有强臣悍將難制之患이로되 而握兵之帥가 輒敢如此不畏朝廷者는 蓋由從前不惜事體하고 因循寬弛하야 有以馴致也라 今若又不正其罪罰하고 而公爲縱弛하면 則恐朝廷失刑이 自此而始하고 武臣驕慢이 亦自此而始하며 號令不行於下하고 紀綱遂壞於上이 亦自此而始리라

신은 생각건대 지금 국가가 매우 융성하고 천하에 우환이 없어 강한 신하와 사나운 장수를 제어하기 어려운 근심이 있는 것이 아닙니다. 그런데 병권을 쥔 장수가 감히 이와 같이 조정을 두려워하지 않는 것은 종전에 일의 체통을 중히 여기지 않아 그럭저럭 넘기고 엄격히 처리하지 못하여 이런 결과를 초래한 것입니다.

지금 만약 또 그 罪罰을 바로잡지 못하고 공공연히 느슨하게 풀어놓으면 조정이 형벌을 잘못 시행하는 것이 이로부터 시작되고, 무신이 교만을 부리는 것 또한 이로부터 시작되며, 호령이 아래서 행해지지 못하고 기강이 위에 무너지는 것 또한 이로부터 시작될까 염려됩니다.

夫古人所謂見於未萌者는 智之明也요 若事有萌而能杜其漸者는 又其次也니 若見其漸而與[1]之浸成後患者를 深可戒也라

대저 옛사람이 이른바 "일이 아직 싹트기 전에 알아차린다."는 경우는 지혜가 밝은 것이고, 일이 싹텄어도 그 조짐을 막을 수 있는 경우는 또 그 다음이니, 그 조짐이 생겨난 것을 보고도 점차 후환을 이루게 방치해두는 것을 깊이 경계해야 합니다.

1) 與 : 本集에는 '興'자로 되어 있다.

臣前日爲許懷德事하야 曾有奏論하야 略陳大概하니 蓋以方今賞罰之行이 只據簿書法令以從事하고 而罕思治體어든 況如懷德은 在法非輕하고 於事體又重이라 故臣復罄愚瞽하노니 伏乞聖慈裁擇而行之하소서

신이 許懷德의 일 때문에 일찍이 上奏하여 그 대강을 진달한 적이 있었으니, 대개

현재 賞罰이 단지 簿書와 법령에 의거하여 시행되고 정치의 체통을 생각하는 경우가 드물기 때문이었습니다. 하물며 회덕 같은 자는 법에 있어 그 죄가 가볍지 않고 일의 체통에 있어서도 중대합니다. 그러므로 신이 다시 어리석은 생각을 다 아뢴 것이니, 엎드려 바라옵건대 성상께서 헤아려 선택해 시행하소서.

宋大家歐陽文忠公文抄 卷7

# 狀

## 01. 論修河 第一狀* 黃河를 수리하는 문제를 논한 첫째 狀

* 이 글은 仁宗 至和 2년(1055) 3월에 지어졌다. 당시 富弼이 재상으로 있으면서 李仲昌이 六塔河를 수리하여 황하의 옛 水路를 회복시키자는 주장에 찬동하였다. 歐陽脩가 이 글을 올려서 그러한 큰 공사를 일으키지 말 것을 청하였다. 전후로 세 차례 글을 올렸는데 이 글이 맨 처음 올린 것이다. 六塔河는 河南 清風縣 六塔鎮 동남쪽 30리 떨어진 곳에 있는데 지금은 진흙이 가득 차고 물은 흐르지 않는다.

**此等奏疏**는 **利害最深切**하고 **文字最圓暢**하니 **西漢而下**로 **不多見者**라

이러한 奏疏는 이해가 매우 깊고 절실하고 문장이 매우 원만하고 通暢하니, 西漢 이후로 많이 볼 수 없는 것이다.

**右臣竊見朝廷**이 **近因臣寮建[1]議**하야 **欲塞商胡[2]**하고 **開橫隴[3]**하야 **回大河於故道**하야 **已下三司**하야 **候今秋興役**하야 **見令京東[4]計度物料次**라 **臣伏以國家興大役動大衆**에 **必先順天時量人力**하야 **謀於其始而審然後必行**하되 **計其所利者多**라야 **乃能無悔**라

신은 삼가 보건대 조정이 근자에 신료의 건의에 따라 商胡를 막고 橫隴을 열어서 黃河를 옛 물길로 돌리고자 그 사안을 이미 三司에 하달하여 올 가을을 기다려 공사를 일으키려고 합니다. 그래서 현재 京東으로 하여금 필요한 물자를 계산해보게 하였습니다.

신은 삼가 생각건대 국가가 큰 역사를 일으키고 많은 백성을 동원할 때에는 반드시 먼저 天時에 순응하고 인력을 헤아려 시초에 계획을 세워서 신중히 점검해보아

야 합니다. 그런 뒤에 반드시 실행에 옮기되 계산해보아 이익 되는 바가 많아야 후회가 없을 것입니다.

1) 建 : 저본에는 '諫'자로 되어 있는데, 本集과 四庫全書本 ≪唐宋八大家文鈔≫에 의거하여 '建'자로 바로잡았다.
2) 商胡 : 澶州에 있던 지역이다.
3) 橫壟 : 澶州에 있던 지역이다.
4) 京東 : 京東路로 北宋 至道 3년(997)에 설치한 15路의 하나이다.

**伏見比年以來**로 **興役動衆**하야 **勞民費財**어늘 **不精謀慮於厥初**하야 **輕信利害之偏說**하야 **擧事之始**에 **旣已倉惶**하고 **群議一搖**에 **尋復悔罷**하니 **臣不敢遠引他事**하야 **上煩聖聰**이라 **只如往年河決商胡**하니 **是時執政之臣**이 **不愼計慮**하야 **遽謀修塞**하야 **科配**[1]**一千八百萬稍芟**[2]하야 **騷動六路一百有餘州**하야 **官吏催驅**가 **急若星火**에 **民庶愁苦**가 **盈於道塗**라 **或物已輸官**하고 **或人方在路**러니 **未及興役**에 **遽已罷修**하야 **虛費民財**하야 **爲國斂怨**하니 **擧事輕脫**에 **爲害若斯**라 **雖旣往之失難追**나 **而可鑑之**蹤**未遠**이어늘 **今者又聞復有修河之役**하야 **聚三十萬人之衆**하야 **開一千餘里之長河**라하니 **計其所用物力**컨대 **數倍往年**이라 **當此天災歲旱之時民困國貧之際**하야 **不量人力**하고 **不順天時**하니 **臣知其有大不可者五**라

삼가 보건대 근년 이래 역사를 일으키고 대중들을 동원하여 백성을 수고롭게 하고 물자를 허비하거늘, 그 시초에 정밀히 생각해 계획을 세우지 않고 利害에 관해 한쪽에 치우친 주장을 가벼이 믿었습니다. 그래서 처음 일을 시작할 때 이미 황급하여 어쩔 줄 몰랐고 뭇사람들의 의논이 한 번 흔들자 얼마 못 가서 다시 후회하고서 역사를 그만두었습니다.

신은 감히 다른 일을 끌어와서 성상의 귀를 귀찮게 해드리지 않겠습니다. 단지 지난해 商胡 지역에서 黃河의 둑이 터졌을 경우를 들어보겠습니다. 이때 집정대신이 신중히 생각해 계획을 세우지 못하고 대뜸 둑이 터진 곳을 막으려고 생각하여 1천8백만 稍芟을 각 지역에 분담시켜 6路 1백여 州를 뒤흔들었습니다. 그리하여 관리들의 독촉이 성화보다 더 급박함에 시름에 잠기고 고통받는 백성들이 도로에

가득하였습니다. 어떤 사람은 물자를 이미 관부에 수송했고 어떤 사람은 바야흐로 도로에 있었는데, 아직 역사를 일으키기도 전에 갑자기 황하를 보수하는 공사를 그만두어 백성들의 재물만 허비하여 국가에 원망을 돌아가게 했으니, 일하는 것이 경솔함에 그 피해가 이와 같았습니다.

비록 이왕의 잘못은 어쩔 수 없더라도 거울삼을 수 있는 지난 자취가 멀지 않거늘, 지금 또 듣건대 다시 황하를 보수하는 역사를 시작해서 3만 명의 백성을 모으고 1천여 리의 긴 강을 뚫는다고 하니, 이 역사에 드는 物力을 계산해보면 지난해보다 몇 곱절이 더 많습니다. 이 天災로 가뭄이 든 때, 백성은 곤궁하고 국가는 빈핍할 즈음에 인력을 헤아리지 않고 天時를 따르지 않으니, 신은 매우 불가한 점 다섯 가지가 있다는 것을 압니다.

1) 科配 : 관부에서 정식으로 부과하는 세금 외에 임시로 더 세금을 부과하여 각 지역 또는 사람들로 하여금 분담하게 하는 것이다.

2) 稍芟 : 강을 메워서 물길을 방해하는 나뭇가지나 갈대 따위이다.

**蓋自去秋**로 **以及今春**히 **半天下苦旱**에 **而京東尤甚**하고 **河北次之**하니 **國家常務安靜賑恤之**라도 **猶恐饑民起而爲盜**어든 **何況於此兩路**에 **聚大衆**하야 **興大役**이리오 **此其必不可者一也**라

지난해 가을부터 올해 봄까지 천하의 반쪽이 가뭄에 시달렸는데 京東路가 더욱 심하고 河北路가 그 다음으로 심하였으니, 국가가 늘 백성을 안정시키고 賑恤하는 데 힘쓰더라도 오히려 굶주린 백성이 일어나 도적이 될까 걱정입니다. 하물며 이 경동과 하북 두 지역에서 많은 백성을 모아 큰 역사를 일으킴에 있어서이겠습니까. 이는 첫째로 반드시 불가한 점입니다.

**河北自恩州用兵之後**로 **繼以凶年**하야 **人戶流亡**하야 **十失八九**라가 **數年以來**로 **稍稍歸復**이라 **然死亡之餘**에 **所存無幾**하고 **瘡痍未斂**하며 **物力未完**이어늘 **今又遭此旱歲**하야 **京東自去冬**으로 **無雨雪**하야 **麥不生苗**하야 **已及暮春**하얀 **粟未布種**하니 **不惟目下乏食**이요 **兼亦向去無望**이어늘 **而欲於此兩路**에 **興三十萬人之役**하니 **若別路差夫**면 **則**

**遠處難爲赴役**하고 **就河便近**이면 **則此兩路力所不任**이니 **此其必不可者二也**라

河北路는 恩州에 전쟁이 있은 이후로 흉년까지 이어진 탓에 백성들(人戶)이 집을 떠나 떠돌아다녀 本鄕의 人戶 중 10호에 8, 9호가 없어졌다가 몇 해 이래로 차츰 백성들이 자기 집으로 돌아오고 있습니다. 그러나 사망한 나머지 남은 백성이 얼마 안 되며 백성들의 질고는 아직 아물지 않고 물력은 아직도 제대로 회복되지 못했습니다. 게다가 지금 또 이 가뭄이 든 해를 만나 京東路는 지난해 겨울부터 눈이 내리지 않아 보리가 싹을 틔우지 못하고 늦봄에 이르러서는 곡식을 파종하지 못하고 있으니, 당장에 양식이 부족할 뿐 아니라 앞으로도 가망이 없습니다.

그런데도 이 두 지역(路)에서 30만 명을 동원하는 역사를 일으키려 하니, 만약 다른 지역에서 인부를 차출하려 하면 먼 곳에서는 赴役하기 어려울 것이고 황하 가까운 곳에서 인부를 모으면 이 두 지역의 힘으로는 감당하기 어려울 것입니다. 이것이 둘째로 반드시 불가한 점입니다.

**臣伏見往年河決滑州**[1)]에 **曾議修塞**하니 **當時公私事力**이 **未如今日貧虛**라 **然猶收聚物料**하고 **誘率民財**하야 **數年之間**에 **方能興役**이어든 **況今國用方乏**하며 **民力方疲**아 **且合商胡**하야 **塞大決之洪流**는 **此自是一大役也**요 **鑿橫隴**하야 **開久廢之故道**는 **此又一大役也**라 **自橫隴至海一千餘里**에 **埽岸**[2)]**久已廢壞**어늘 **頓須修緝**하니 **此又一大役也**라 **往年公私有力之時**에 **興一大役**에도 **尙須數年**이어든 **今倂三大役倉卒興爲於災旱貧虛之際**하니 **此其必不可者三也**라

신은 삼가 보건대 지난해 滑州에서 黃河의 둑이 터졌을 때 보수해서 막는 일을 의논한 적이 있었습니다. 당시에 公私 간의 事力이 지금처럼 빈핍하지 않았는데도 물자를 모으고 백성들을 설득해 재물을 거두어서 몇 해 만에야 비로소 역사를 일으킬 수 있었습니다. 하물며 지금은 국가의 재용이 바야흐로 궁핍하고 백성들의 힘이 바야흐로 피로함에 있어서이겠습니까.

게다가 商胡를 메워서 크게 터진 홍수의 흐름을 막는 것은 본래 하나의 큰 역사이고, 橫隴을 뚫어서 물이 흐르지 않은 지 오래인 옛 물길을 여는 것은 또 하나의 큰

역사입니다. 횡롱으로부터 바다에 이르기까지 1천여 리에 埽岸이 이미 붕괴된 지 오래이거늘 이를 단번에 보수해야 할 것이니, 이는 또 하나의 큰 역사입니다.

지난해 공사 간에 힘이 있을 때 큰 역사를 일으켰는데도 오히려 몇 해가 걸렸는데 지금은 세 가지 큰 역사를 가뭄으로 빈핍한 때에 창졸간에 함께 일으키려 하니, 이것이 셋째로 반드시 불가한 점입니다.

1) 滑州 : 現 河南 滑縣이다.

2) 埽岸 : 埽는 옛날에 황하의 물길을 다스릴 때 볏짚, 돌덩이, 나뭇가지 등을 한데 모아 묶어서 둥근 기둥 모양으로 만들어서 물길을 막거나 기슭을 보호하던 물건이다. 즉 이것으로 축조한 제방이다.

就令商胡可塞하고 故道可回라도 猶宜重察天時人力之難爲어든 何況商胡未必可塞이요 故道未必可回者哉아 臣聞鯀[1]障洪水하야 九年無功이러니 禹得洪範五行之書하야 知水趨下之性[2]하야 乃因水之流하야 疏決就下하니 而水患乃息이라 然則以大禹之神功으로도 不能障塞其流하고 但能因而疏決爾어늘 今欲逆水之性하야 障而塞之하야 奪洪河之正流하야 斡以人力而回注하니 此大禹之所不能이라 此其必不可者四也라

가령 商胡를 막을 수 있고 옛 물길을 되돌릴 수 있다 하더라도 오히려 天時와 民力으로 보아 하기 어려운지를 신중히 살펴야 하거늘, 하물며 상호를 막을 수 있다고 보장할 수 없고 옛 물길을 되돌릴 수 있다고 보장할 수 없음에 있어서이겠습니까.

신은 듣건대 鯀이 홍수를 막으면서 9년 동안 성공을 거두지 못하였는데, 禹임금은 洪範五行의 책을 얻어서 물이 아래로 흐르는 속성을 알고서 비로소 물의 흐름에 따라 물길을 틔워서 아래로 흐르게 하니, 홍수의 우환이 그제야 그쳤습니다. 그렇다면 우임금의 神功으로도 물길의 흐름을 막지 못하고 단지 물길을 따라 소통시켰을 뿐이거늘, 지금 물의 성질을 거슬러 물길을 가로막아서 홍수의 바른 물길을 빼앗아서 사람의 힘으로 물길을 바꾸어 돌려서 흘러가게 하고자 하니, 이는 우임금도 하지 못한 일입니다. 이것이 넷째로 반드시 불가한 점입니다.

1) 鯀 : 禹의 아버지로 崇伯에 봉해졌으며 四凶 중의 한 사람이다. 堯임금 때 큰 홍수가 있어 사방이 물에 잠겼다. 그래서 요임금이 곤에게 물길을 다스리도록

명했으나 9년 동안 공적을 이루지 못하였고, 아들 禹가 그 뒤를 이어서 황하의 治水를 이루었다 한다. 箕子가 "옛날에 곤이 홍수를 막다가 오행의 순서를 어지럽혀 놓았다.〔在昔鯀陻洪水 汨陳其五行〕"고 하였다. ≪書經 周書 洪範≫

2) 禹得洪範五行之書 知水趨下之性 : ≪書經≫ 〈周書 洪範〉에 천하를 다스리는 아홉 가지 大法인 九疇를 말했으니, 五行·五事·八政·五紀·皇極·三德·稽疑·庶徵·五福이다. 그중 오행에서 "물은 적시면서 아래로 흐른다.〔水曰潤下〕" 하였다.

橫隴湮塞이 已二十年이요 商胡決流가 又亦數歲니 故道已塞而難鑿하고 安流已久而難回라 昨聞朝廷이 曾遣故樞密直學士張奎[1]計度에 功料極大러니 近者再行檢計에 減得功料하야 全少功料하니 少則所開淺狹하고 淺狹則水勢難回라 此其必不可者五也라

橫隴에 물길이 매몰되어 없어진 지가 이미 20년이고 商胡에 물길을 틔운 지가 또한 몇 해이니, 옛 물길은 이미 막혀서 뚫기 어렵고 편안히 물이 흐른 지 오래되어 되돌리기 어렵습니다. 어저께 듣건대 조정이 일찍이 故 樞密直學士 張奎를 보내 계산해보게 한 결과 공정과 필요한 물자가 매우 많았는데, 근자에 다시 조사하고 계산해본 결과 공정과 필요한 물자를 줄여서 이것이 현저히 적어졌다고 합니다. 공정과 필요한 물자가 적으면 새로 뚫는 물길이 얕고 좁을 것이고 물길이 얕고 좁으면 물길의 형세를 돌리기 어려울 것입니다. 이것이 다섯째로 반드시 불가한 점입니다.

1) 張奎 : 988~1052. 宋나라 때 臨濮 사람으로 자는 仲野이다. 河南府의 수령으로 나아가서 정사를 잘한 것으로 이름났다.

臣伏見國家累歲災譴[1]甚多하고 其於京東에 變異尤大라 地貴安靜이어늘 動而有聲이라 巨嵎山摧하고 海水搖蕩하니 如此不止가 僅乎十年이니 天地警戒는 必不虛發이라

신은 삼가 보건대 국가에는 여러 해에 걸쳐 天災가 매우 많았고, 특히 京東路에는 災異가 더욱 컸습니다. 땅은 安靜을 중시하는 법이거늘 땅이 움직여서 소리가 났습니다. 그리하여 큰 산이 무너지고 바닷물이 크게 일렁였으니, 이와 같은 현상이 그치지 않은 지가 10년에 가까웠습니다. 천지의 경계는 반드시 헛되이 내는 것이 아

닙니다.

1) 災譴 : 하늘이 災異를 내려 임금을 譴責하는 것으로 여기는 것이다.

**臣謂變異所起之方**에 **尤宜加意防懼**어늘 **今乃欲於凶旱之年**에 **聚三十萬之大衆於變異最大之方**하니 **臣恐地動山搖**에 **災禍自此而始**라 **方今京東**은 **赤地千里**에 **饑饉之民**이 **正苦天災**어늘 **又聞河役將動**에 **往往伐桑拆屋**하야 **無復生計**하니 **流亡盜賊之患**을 **不可不虞**라 **欲望聖慈**는 **特降德音**하야 **速罷其事**하고 **當此凶歲**하야 **務安人心**하고 **徐詔有司**하야 **審詳利害**하며 **縱令河道可復**이라도 **乞候豐年餘力**하야 **漸次興爲**하소서 **臣實庸愚**라 **本無遠見**이로되 **得於外論**에 **不敢不言**이라 **謹具狀奏聞**하노이다

신은 생각건대 災異가 일어나는 지방에 더욱 마음을 써서 방비하고 걱정해야 하거늘 지금 가뭄이 든 해에 30만 대중을 재이가 가장 큰 지방에서 모으려 하니, 신은 땅이 움직이고 산이 흔들려 재이가 이로부터 생기는 것이 아닌가 합니다. 지금 京東路는 천 리에 붉은 맨땅만 드러나 굶주리는 백성들이 그야말로 天災에 고통을 받고 있거늘, 또 듣건대 黃河를 수리하는 일을 장차 시작할 때라 왕왕 뽕나무를 베고 뜯어가서 백성들이 더 이상 살아갈 길이 없다고 하니, 백성들이 유리걸식하다 도적이 되는 우환을 근심하지 않아서는 안 될 것입니다.

바라옵건대 성상께서는 특별히 德音을 내려 속히 그 일을 그만두고 이 흉년이 든 때에 인심을 힘써 안정시키고 有司에게 천천히 명을 내려 이 일의 利害를 상세히 조사하게 하소서. 비록 황하의 옛 물길을 회복할 수 있다 하더라도, 바라옵건대 풍년에 힘이 넉넉할 때를 기다려 점차적으로 공사를 일으키소서. 신은 실로 용렬하고 우매한 자라 본래 원대한 식견이 없지만 외부의 논의를 들었기에 감히 말씀드리지 않을 수 없었습니다. 삼가 狀을 갖추어 아룁니다.

## 02. 論修河 第二狀* 黃河를 수리하는 문제를 논한 둘째 狀

* 이 글은 仁宗 至和 2년(1055) 9월에 지어졌다. 이때 歐陽脩가 임시로 右諫議大夫가 되어 거란의 국모 생신을 축하하는 사절단의 일원으로 가서 인종의 御

眞을 가져오려 했었다. 그런데 마침 거란의 興宗이 죽어서 새 임금의 즉위를 축하하는 사절단인 登位國信使의 일원이 되었다. 사신으로 가기 전에 이 글을 올려서 황하의 제방이 터진 원인을 말하고 六塔河의 물길을 여는 것에 대한 문제점을 자세히 진달하였다.

**指言利害明切**이라

利害를 가리켜 말한 것이 분명하고 절실하다.

**臣伏見學士院**[1)]이 **集兩省臺諫官**하야 **議修河事**하야 **未有一定之論**하니 **蓋由賈昌朝欲復故道**[2)]하고 **李仲昌請開六塔**[3)]하야 **互執一說**하야 **莫知孰是**하니 **以臣愚見**으론 **皆謂不然**이라 **言故道者**는 **未詳利害之原**하고 **述六塔者**는 **近乎欺罔之繆**하니 **何以言之**오

신은 삼가 보건대 學士院이 兩省(門下省・中書省)과 臺諫의 관원들을 모아서 黃河를 수리하는 일을 의논하여 아직도 합일된 견해를 도출하지 못했습니다. 이는 대개 賈昌朝는 옛 물길을 회복시키고자 하고, 李仲昌은 六塔河에 물길을 열자고 청하여 서로 자기 주장을 고집하여 어느 쪽이 옳은지 알 수 없기 때문인데, 신의 어리석은 소견으로는 모두 옳지 못합니다. 옛 물길을 말하는 사람은 利害의 근원을 자세히 알지 못하고, 육탑하를 말하는 사람은 欺罔하는 잘못에 가깝습니다. 어찌하여 그렇게 말하는 것이겠습니까.

1) 學士院 : 翰林學士院의 준말로 임금의 명령인 制書를 작성하는 일을 관장한다.
2) 賈昌朝欲復故道 : 賈昌朝(998~1065)는 宋나라 開封 사람으로 자는 子明이다. 慶曆 3년(1043)에 參知政事에 제수되었고 嘉祐 원년(1056)에 재차 樞密使에 제수되었는데 박학하고 논변을 잘하였다. 저서에 ≪群經音辨≫과 문집이 있다. 이때 가창조가 商胡를 막아 큰 물길을 틔우자고 힘써 주장하였다.
3) 李仲昌請開六塔 : 仁宗 때 황하를 수리하는 문제를 의논했는데 李仲昌의 주장을 따라서 북쪽으로 흐르는 물길을 막고 六塔河에 강물을 끌어들였다. 그런 뒤에 물길이 다시 터져서 익사한 사람이 부지기수였다. 이 일로 이중창을 파직하고 下獄하였다.

**今謂故道可復者**는 **但見河北水患**하야 **而欲還之京東**이라 **然不思天禧以來河水屢決**[1] **之因**이라 **所以未知故道有不可復之勢**니 **此臣故謂未詳利害之原也**라 **若言六塔之利者**는 **則不攻而自破矣**라 **且開六塔**에 **既云減得大河水勢**라 **然今恩冀**[2] **之患**에 **何緣尙告危急**고 **此則減水之利**가 **虛妄可知**라 **開六塔者又云可以全回大河**하야 **使復横壟故道**라하되 **見今六塔**은 **只是分減之水**[3] 로되 **下流無歸**하야 **已爲濱棣德博**[4] **之患**이니 **若全回大河**하야 **以入六塔**이면 **則其害如何**리오 **此臣故謂近乎欺罔之繆也**라

지금 옛 물길을 회복할 수 있다고 하는 자는 단지 河北路의 수해의 근심을 보고서 물길을 京東路로 돌리고자 하는 것입니다. 그러나 天禧 연간(1017~1021) 이래 黃河가 누차 터진 원인을 알지 못하였습니다. 그런 까닭에 옛 물길을 회복할 수 없는 형세를 알지 못하는 것이니, 이 때문에 신이 "利害의 원인을 자세히 알지 못한다."고 한 것입니다.

六塔河에 물길을 여는 것이 이롭다고 말하는 사람의 경우는 공박하지 않아도 그 주장이 절로 깨질 것입니다. 게다가 육탑하에 물길을 여는 것에 대해 이미 "황하의 물이 흐르는 형세를 줄일 수 있다."고 했습니다. 그런데 지금 恩州와 冀州의 水災에 대해 무슨 연유로 아직도 위급하다고 보고하는 것입니까. 이렇고 보면 황하의 물이 흐르는 형세를 줄일 수 있다고 하는 것이 허망한 주장임을 알 수 있습니다.

육탑하에 물길을 열자고 주장하는 자가 또 말하기를 "황하의 물줄기를 전부 다 돌려서 다시 横壟의 옛 물길로 흘러가게 할 수 있다."고 합니다. 그러나 지금 육탑하는 단지 황하의 물길을 나누어 흐르게 한 것일 뿐인데도 하류에서 물이 흘러갈 데가 없어서 이미 濱州・棣州・德州・博州 지역에 홍수의 피해가 생기고 있습니다. 만약 황하의 물길을 전부 다 돌려서 육탑하로 들어가게 하면 그 患害가 어떠하겠습니까. 이것이 신이 말하는 "欺罔하는 잘못에 가깝다."는 것입니다.

1) 天禧以來河水屢決 : 天禧는 宋 眞宗의 연호이다. 천희 3년(1019)과 4년에 滑州에서 황하가 터져 강물이 몇 州를 덮었고, 仁宗 天聖 6년(1028)에는 澶州에서 황하가 터졌고, 景祐 3년(1036)에도 황하가 澶州에서 터졌고, 慶曆 8년(1048)에는 商胡에서 황하가 터졌다.

2) 恩冀 : 恩州와 冀州의 합칭이다. 은주는 治所가 現 山東省 淸河에 있었고, 기

주는 치소가 現 河北 冀縣에 해당하는 信都에 있었다.
3) 六塔 只是分減之水 : 六塔河는 商胡 부근에 있는 강인데 橫壟에 물길을 뚫어 황하와 연결될 수 있었다. 지금은 진흙으로 메워져 물이 흐르지 않는다.
4) 濱棣德博 : 당시 河北東路에 있던 4州로 모두 황하가 바다로 들어가는 지점에 있다.

臣聞河本泥沙라 無不淤之理하니 淤澱之勢는 常先下流라 下流淤高면 水行不快하니 乃自上流低下處決은 此其常勢也라 然避高就下가 水之本性이라 故河流已棄之道는 自是難復이라 臣不敢遠引書史하야 廣述河源이요 只以今所欲復之故道하야 言天禧以來屢決之因하리이다

신이 듣건대 黃河는 본래 진흙과 모래로 되어 있어 진흙탕이 되지 않을 리가 없으니, 진흙이 퇴적되는 형세는 항상 하류에서 먼저 이루어집니다. 하류에 진흙이 높이 쌓이면 물의 흐름이 시원스럽지 못하게 되니, 이에 상류의 낮은 곳부터 둑이 터지는 것은 통상적인 형세입니다. 그러나 높은 곳을 피하여 아래로 흐르는 것이 물의 본성입니다. 그러므로 황하의 흐름이 이미 끊긴 물길은 본래 회복하기 어려운 것입니다.

신은 감히 멀리 서적과 史書를 끌어와서 황하의 근원에 대해 광범위하게 말하지 않고, 단지 지금 회복하고자 하는 옛 물길을 가지고서 천희 연간 이래로 황하가 자주 터졌던 원인을 말해보겠습니다.

初天禧中에 河出京東하야 水行於今所謂故道者러니 水旣淤澁이라 乃於滑州天臺埽決하고 尋而修塞에 水復故道라가 未幾에 又於滑州南鐵狗廟[1]決하니 今所謂龍門埽[2]者也라 其後數年에 又議修塞하야 水令復故道러니 已而又於王楚[3]埽決하니 所決差小하고 與故道分流라 然而故道之水가 終以壅淤라 故又於橫壟大決하니 是則決河非不能力塞이요 故道非不能力復이나 不久終必決於上流者는 由故道淤高하야 水不能行故也라

당초 天禧 연간에 황하가 京東路로 나와서 지금 말하는 옛 물길로 물이 흘러갔었는데, 강물 속에 진흙이 퇴적되어 흐름이 원활하지 못하자 이에 滑州 天臺의 제방이

터졌고, 얼마 뒤에는 제방을 보수해 터진 곳을 막자 물이 다시 옛 물길로 흘러가다가 오래지 않아 또 활주 남쪽 鐵狗廟 쪽의 제방이 터졌으니, 오늘날 말하는 龍門埽라는 것입니다. 그 몇 해 뒤에 또 터진 제방을 보수해 막자고 의논하여 황하의 흐름을 옛 물길로 되돌아가게 했는데 이윽고 또 王楚埽가 터졌습니다. 터진 곳이 다소 작고 강물이 옛 물길과 나누어 흘렀습니다. 그런데도 옛 물길의 물이 마침내 이 때문에 진흙으로 막혔으니, 그래서 또 橫壟 쪽의 제방이 크게 터지고 말았습니다.

이렇고 보면 황하가 터지는 것은 힘으로 막을 수 없는 것은 아니고 옛 물길은 힘으로 회복할 수 없는 것은 아니나, 오래지 않아 마침내 상류에서 터지는 것은 옛 물길에 진흙이 높이 쌓여 물이 흘러갈 수 없기 때문입니다.

1) 鐵狗廟 : 滑州 남쪽에 있던 지역이다.

2) 龍門埽 : 埽는 볏짚, 돌덩이, 나뭇가지 등을 한데 모아 묶어서 만든 제방이다. 용문은 지명으로 山西省 河津縣 서북쪽과 陝西省 韓城市 동북쪽에 있다. 황하가 이곳에 이르면 양쪽 언덕이 깎아지른 절벽처럼 마주 서 있어 그 형상이 闕門과 같다 하여 붙여진 이름이다. ≪書經≫ 〈夏書 禹貢〉에 "황하를 인도하되 적석으로부터 용문에 이른다.〔導河積石 至于龍門〕" 하였다.

3) 王楚 : 澶州에 있던 지역이다.

**及橫壟既決**하야 **水流就下**하니 **所以十餘年間河未爲患**이라가 **至慶曆三四年**하야 **橫壟之水**가 **又自下流先**淤라 **是時**에 **臣爲河北轉運使**러니 **海口已**淤**一百四十餘里**라 **其後遊金赤三河**[1]가 **相次又**淤하니 **下流既梗**에 **乃又於上流商胡口決**이라 **然則京東橫壟兩河故道**는 **皆是下流**淤**塞河水已棄之高地**라 **京東故道**는 **屢復屢決**하니 **理不可復**은 **其驗甚明**하니 **則六塔所開故道之不可復**은 **不待言而易知**라

橫壟 쪽의 제방이 터지자 그제야 물이 아래로 흘러갔으니, 이런 까닭에 10여 년 동안 황하의 재앙이 되지 않았습니다. 그러다가 慶曆 3, 4년에 이르러 횡롱의 물이 또 하류부터 먼저 진흙으로 막혔습니다. 이때 신이 河北轉運使로 있었는데 海口에 이미 진흙으로 막힌 것이 140리나 되었습니다. 그 뒤 遊河・金河・赤河 세 가닥 물줄기가 차례로 또 진흙이 쌓여 막히니, 하류가 이미 막히자 또 상류인 商胡 쪽 어귀

가 터졌습니다.

이렇고 보면 京東・橫壟 두 지역에 있는 黃河의 옛 물길은 모두 하류가 진흙으로 막혀 황하의 흐름이 이미 끊긴 높은 땅입니다. 京東路에 있는 옛 물길은 누차 회복되었다가 누차 터졌으니, 이치상 회복시킬 수 없다는 것은 이미 분명한 사실입니다. 그렇다면 六塔河에서 연다는 옛 물길을 회복시킬 수 없음은 굳이 말하지 않아도 쉽게 알 수 있을 것입니다.

1) 遊金赤三河 : 遊河・金河・赤河로, 황하가 바다로 들어가는 어귀에 있는 세 가닥의 물줄기이다.

**臣聞議者計度京東故道功料**에 **止云銅城已上地高**라하니 **不知大抵東去皆高而銅城**[1]**已上乃特高耳**요 **其東比銅城已上則似低**하고 **比商胡已上則實高也**라 **若云銅城已東地勢**陡**下**라하면 **則當日水流宜決銅城已上**이니 **何緣而頓**淤**橫壟之口**며 **亦何緣而大決也**아 **然則兩河故道**를 **既皆不可爲**하니 **則河北水患**을 **何爲而可去**리오 **臣聞智者之於事**에 **有不能必**이어든 **則較其利害之輕重**하야 **擇其害少者而爲之**면 **猶勝害多而利少**어든 **何況有害而無利**리오 **此三者**는 **可較而擇也**라

신은 듣건대 의논하는 사람이 京東路에 옛 물길을 여는 데 드는 힘과 물자를 말하면서 단지 "銅城 이상은 땅이 높다." 하였다고 하니, 대저 동쪽으로 가면서는 모두 높고 동성 이상은 특히 높을 뿐이며 그 동쪽은 동성 이상에 비하면 낮은 듯하고 商胡 이상에 비하면 높다는 사실을 알지 못한 것입니다. 만약 동성 동쪽은 지세가 갑자기 낮아진다고 하면 당시 물의 흐름이 응당 동성 이상에서 터졌어야 하는데, 무슨 연유로 갑자기 橫壟 어귀에서 진흙이 쌓였으며, 또한 무슨 연유로 제방이 크게 터졌겠습니까. 그렇다면 황하의 옛 물길은 이미 모두 어떻게 해볼 수 없으니, 河北路의 수해를 어떻게 하면 없앨 수 있겠습니까.

신은 듣건대 지혜로운 사람은 일에 있어서 기필할 수 없을 경우에는 그 이로움과 해로움의 경중을 비교하여 해로움이 적은 쪽을 선택해서 하면 그나마 해로움이 많고 이로움이 적은 것보다는 낫다고 하였습니다. 그런데 하물며 해로움은 있고 이로움은 없음에 있어서이겠습니까. 이 세 가지를 비교하여 선택할 수 있을 것입니다.

1) 銅城 : 現 山東 東阿縣 북쪽 40리 거리에 있다.

臣見往年商胡初決之時에 議欲修塞하니 計用一千八百萬稍芟일새 科配六路一百有餘州軍이라 今欲塞者가 乃往年之商胡니 必須用往年之物數요 至於開鑿故道하얀 張奎元計功料極大하야 後來李參等減得全少로되 猶用三十萬人이라 然欲以五十步之狹으로 容大河之水는 此可笑也요 又欲增一夫所開三尺之方하야 倍爲六尺하니 且闊厚三尺而長六尺이 已是一倍之功이니 在於人力에 已爲勞苦라 若云六尺之方을 以開方法[1]筭之면 乃八倍之功이니 此豈人力之所勝이리오하니 是則前功浩大而難興하고 後功雖小而不實이라

신은 보건대 지난해 商胡 쪽 제방이 처음 터졌을 때 논의하여 보수해 막고자 했더니, 계산상 1천8백만 稍芟이 필요하기에 6路 1백여 州·軍에 분담시켰습니다. 지금 제방이 터진 곳을 막고자 하는 것이 바로 지난해 상호의 그곳이니 필시 지난해의 물량이 필요할 것이고, 옛 물길을 열고 뚫는 데 이르러서는 張奎가 원래 계산한 공정과 필요한 물자가 매우 많아서 그 후에 李參 등이 매우 적게 줄였는데도 오히려 30만 명의 인력이 필요하였습니다. 그러나 50보 너비의 골짜기로 큰 황하의 물을 받아들이고자 하니, 이는 우스운 일입니다.

게다가 한 인부가 열어야 할 사방 3척의 수로를 넓혀 곱절인 6척으로 증가시키고자 합니다. 이제 너비와 두께가 3척이고 길이가 6척인 것이 이미 배의 공력이 드는 것이니, 사람의 힘에 있어 이것도 너무 수고롭습니다. 그런데 만약 사방 6척 땅을 開方法으로 계산하면 여덟 배의 공력이 드니, 이 어찌 사람의 힘이 감당할 수 있는 것이겠습니까. 이렇게 되면 앞의 공사는 매우 커져서 시작하기 어렵고 뒤의 공사는 비록 작으나 부실하게 될 것입니다.

1) 開方法 : 수학 용어로서, 즉 平方根(제곱근)을 구하는 算法이다. 면적을 산출하는 방법이다.

大抵塞商胡開故道凡二大役은 皆困國而勞人이니 所擧如此어늘 而欲開難復屢決

**已驗之故道**하야 **使其虛費而商胡不可塞**하고 **故道不可復**하니 **此所謂有害而無利者也**라 **就使幸而暫塞暫復**하야 **以紓目前之患**이라도 **而終於上流必決**이 **如龍門橫壟之比**하야 **重以困國勞人**이리니 **此所謂利少而害多也**라

대저 商胡에 터진 제방을 막고 옛 물길을 여는 이 두 가지 큰 역사는 모두 국가를 곤궁하게 하고 사람을 수고롭게 하는 것입니다. 거론한 바가 이와 같거늘 회복시키기 어렵고 자주 제방이 터진다는 사실이 이미 증명된 옛 물길을 열어서 비용만 허비할 뿐 상호의 제방이 터지는 것은 막지 못하고 옛 물길은 회복시키지도 못하게 만들고자 하니, 이것이 이른바 "해로움만 있고 이로움은 없다."는 것입니다.

가사 요행으로 잠시 터진 제방을 막고 잠시 옛 물길을 회복하여 목전의 근심을 풀 수 있다손 치더라도, 마침내 龍門과 橫壟의 경우처럼 상류에서 반드시 터져서 거듭 국가를 곤궁하게 하고 사람을 수고롭게 하게 될 터이니, 이것이 이른바 "이로움은 적고 해로움은 많다."는 것입니다.

**若六塔者**는 **於大河有減水之名**하고 **而無減水之實**이라 **今下流所散**이 **爲患已多**하니 **若全回大河以注之**면 **則濱棣德博河北所仰之州**는 **不勝其患**이요 **而又故道淤澁**이면 **上流必有他洪之虞**니 **此直有害而無利耳**라 **是智者之不爲也**라

六塔河와 같은 경우는 黃河에 있어 水量을 감소시켰다는 명목만 있고 수량을 감소시킨 실질이 없습니다. 지금 하류의 물이 흩어짐에 우환을 끼치는 것이 이미 많으니, 만약 황하의 물을 전부 다 돌려서 육탑하로 흘러들게 하면 濱州・棣州・德州・博州 등 河北 위쪽의 고을들은 그 우환을 감당할 수 없을 것입니다. 또 옛 물길이 잘 통하지 않으면 상류에 필시 홍수가 날 우려가 있으니, 이것은 단지 해로움만 있을 뿐 이로움은 없습니다. 이것은 지혜로운 사람이 하지 않는 일입니다.

**今若因水所注**하야 **增治隄防**하고 **疏其不流**하야 **浚以入海**면 **則可無決溢散漫之虞**라 **今河所歷數州之地**는 **誠爲患矣**요 **隄防歲用之夫**는 **誠爲勞矣**나 **與其虛費天下之財**하고 **虛擧大衆之役**하되 **而不能成功**하야 **終不免爲數州之患**하고 **勞歲用之夫**니 **則此所謂**

害少者니 乃智者之所擇也라

그렇게 하면 지금 만약 강물이 흘러가는 곳에다 제방을 더 잘 쌓고 물이 흐르지 못하는 곳을 틔워주어서 물길을 준설하여 바다로 물이 흘러들게 하면 제방이 터져 물이 넘치고 사방으로 범람하는 우려가 없게 될 것입니다. 지금 黃河가 지나가는 몇 州의 땅은 진실로 우환이 되고 해마다 제방을 쌓는 데 동원되는 인부는 참으로 수고로울 터이나, 천하의 재물을 헛되이 낭비하고 많은 인력이 드는 공사를 헛되이 일으켰는데도 성공을 거두지 못하여, 마침내 몇 州의 환란이 되고 해마다 동원되는 인부를 수고롭게 함을 면치 못하는 것보다 나으니, 이것이 앞에서 말한 "해로움이 적다."는 것으로 지혜로운 사람이 선택할 바입니다.

大抵今河之勢가 負三決之虞하니 復故道면 上流必決이요 開六塔이면 上流亦洪이요 今河下流를 若不浚使入海면 則上流亦決이라 臣請選知水利之臣하야 就其下流하야 求其入海之路而浚之니 不然하야 下流梗澁이면 則終虞上決에 爲患無涯라 臣非知水者요 但以今事目可驗者而較之耳라 言狂計愚하야 不足以備聖君博訪之求로소이다 此大事也니 伏乞下臣之議하야 廣謀於衆而裁擇之하소서 謹具狀奏聞하고 伏候勅旨하노이다

대저 지금 黃河의 형세는 세 곳이 터질 우려를 등에 지고 있으니, 옛 물길을 회복시키면 상류에 반드시 제방이 터질 것이고 六塔河에 물길을 열면 상류에 홍수가 생길 것이고, 지금 황하 하류를 만약 준설하여 바다로 물이 흘러들게 하지 않으면 상류에 제방이 터질 것입니다. 신은 청컨대 水利를 잘 아는 신하를 선발하여 황하의 하류에 나아가 바다로 물이 흘러드는 길을 찾아서 준설하게 해야 할 것이니, 그렇게 하지 않아 하류가 막히면 마침내 상류의 제방이 터짐에 그 우환이 한량없을 것입니다.

신은 수리를 아는 자가 아니고 단지 지금 사실을 가지고 알 수 있는 것들로 비교해보았을 뿐입니다. 말은 주제넘고 계책은 어리석어 성군께서 많은 사람들에게 두루 의견을 물어 대책을 강구하시는 뜻에 부응하지 못합니다. 이는 大事이니, 엎드려 바라옵건대 신의 의논을 하달하여 뭇사람들에게 두루 계책을 의논하여 헤아려 선택하소서. 삼가 狀을 갖추어 아뢰고 엎드려 勅旨를 기다립니다.

## 03. 論修河 第三狀* 黃河를 수리하는 문제를 논한 셋째 狀

* 이 글은 仁宗 嘉祐 원년(1056) 2월에 지어진 것으로 제목을 〈論修六塔河〉라고도 한다. 이때 歐陽脩가 거란에 使臣으로 갔다가 돌아와 이 글을 올려 六塔河의 공사를 그만둘 것을 청하면서 육탑하를 수리하는 일의 해로움을 자세히 말하였다. 그러나 비답을 받지 못하였고, 그해 4월에 商胡의 북쪽 물길을 막아서 물을 육탑하로 들어가게 했는데 당장에 河口가 터져서 무수히 많은 사람들이 익사하였다.

較前二狀에 更勝하고 亦與前二狀相發明이라

앞 두 狀에 비교하면 더욱 낫고 또한 앞 두 狀과 뜻을 서로 드러낸다.

右臣伏見朝廷定議開修六塔河口하야 回水入橫壠故道하니 此大事也라 中外之臣이 皆知不便하되 而未有肯爲國家極言其利害者는 何哉아 蓋其說有三하니 一曰畏大臣이요 二曰畏小人이요 三曰無奇策이라 今執政之臣[1)]이 用心於河事亦勞矣라 初欲試十萬人之役하야 以開故道하고 旣又捨故道而修六塔이라가 未及興役하야 遽又罷之하고 已而終爲言利者所勝하야 今又復修하니 然則其勢難於復止也라 夫以執政大臣銳意主其事로도 而又有不可復止之勢하니 固非一人口舌可回此라 所以雖知不便而罕肯言也라

신은 삼가 보건대 조정이 六塔河 어귀를 열고 수리하여 물길을 돌려 橫壠의 옛 물길로 흘러들게 하기로 의논을 결정했으니, 이는 大事입니다. 중외의 신하들이 모두 그것이 온당치 못함을 알지만 국가를 위해 그 利害를 자세히 말하려 하는 사람이 없는 것은 어째서겠습니까. 대개 그 이유가 세 가지 있으니, 첫째는 대신을 두려워하는 것이고, 둘째는 소인을 두려워하는 것이고, 셋째는 특별한 계책이 없는 것입니다.

지금 집정대신들이 黃河의 일에 마음을 쓰는 것이 또한 수고롭습니다. 처음에는 10만 명의 인부를 써서 옛 물길을 열고자 했고, 이윽고 또 옛 물길을 버리고 육탑하를 수리하다가 공사를 일으키기도 전에 갑자기 또 파기하였고, 얼마 안 되어 마침내

이로움을 말하는 사람에게 설득되어서 지금 또다시 육탑하를 수리하니, 그렇다면 그 형세가 다시 그만두기는 어려울 것입니다. 대저 집정대신이 예의 그 일을 주관하고서도 또다시 그만둘 수 없는 형세에 있으니, 진실로 한 사람의 입으로 이를 되돌릴 수는 없습니다. 그런 까닭에 그 일이 불편한 줄 알지만 말하려는 이가 드문 것입니다.

1) 執政之臣：宋나라 때 재상인 樞密使・參知政事를 執政大臣이라 하였다.

**李仲昌**은 **小人**이라 **利口僞言**에 **衆所共惡**어늘 **今執政之臣**이 **旣用其議**하니 **必主其人**이라 **且自古未有無患之河**하니 **今河浸恩冀**는 **目下之患雖小**나 **然其患已形**하고 **回入六塔**은 **將來之害必大**나 **而其害未至**라 **夫以利口小人爲大臣所主**어늘 **欲與之爭未形之害**하니 **勢必難奪**이라 **就使能奪其議**라도 **則言者猶須獨任恩冀爲患之責**하야 **使仲昌得以爲辭**하고 **大臣得以歸罪**리니 **此所以雖知不便而罕敢言也**라

李仲昌은 소인입니다. 말을 잘하고 거짓말을 잘하여 사람들이 모두 싫어합니다. 그런데 지금 집정대신이 이미 그 주장을 따랐으니 필시 그 사람을 추천할 것입니다. 게다가 예로부터 우환이 없는 黃河는 있지 않았으니, 지금 황하가 恩州와 冀州를 침범하는 것은 목전의 우환이 비록 작으나 그 우환이 이미 나타났고, 六塔河로 물길을 돌려넣는 것은 장래의 해로움은 반드시 클 터이나 그 해로움은 아직 이르지 않았습니다.

대저 말 잘하는 소인이 대신의 추천을 받고 있거늘 그와 더불어 아직 나타나지 않은 해로움을 두고 다투고자 하니 형세상 반드시 이기기 어려울 것입니다. 가령 그의 주장을 이기더라도 말한 사람이 오히려 은주와 기주가 우환을 입는 책임을 홀로 지게 되어서, 이중창으로 하여금 할 말이 있게 하고 대신으로 하여금 죄를 다른 쪽에 돌릴 수 있게 할 것이니, 이것이 비록 이 일이 불편한 줄을 알더라도 감히 말하는 이가 드문 까닭입니다.

**今執政之臣**이 **用心太過**하야 **不思自古無不患之河**하고 **直欲使河不爲患**하니 **若得河不爲患**이면 **雖竭人力**이라도 **猶當爲之**어든 **況聞仲昌利口詭辯**이 **謂費物少而用功不**

**多**하니 **不得不信爲奇策**이라 **於是**에 **決意用之**어늘 **今言者謂故道旣不可復**이요 **六塔又不可修**라하고 **詰其如何**면 **則又無奇策以取勝**이니 **此所以雖知不便而罕肯言也**라

지금 집정대신이 너무 지나치게 마음을 써서 예로부터 환난이 나지 않는 黃河는 없었다는 사실을 생각하지 않고 곧바로 황하로 하여금 우환이 되지 않게 하고자 하니, 만약 황하가 우환이 되지 않을 수 있다면 비록 인력을 다 들이더라도 수리해야 할 것입니다.

더구나 듣건대 李仲昌이 말재주로 궤변을 늘어놓아 "쓰이는 물자는 적고 공사에 드는 힘도 많지 않을 것이다."라고 한다 하니, 특별한 계책이라 믿지 않을 수 없을 것입니다. 이에 뜻을 결정하여 실행에 옮기려 하거늘 지금 말하는 사람이 "옛 물길을 회복할 수 없고 게다가 六塔河는 수리할 수 없다." 하고, 그러면 어떻게 할 것이냐고 물으면 또 반박해 이길 수 있는 별다른 계책이 없으니, 이것이 비록 이 일이 불편한 줄은 알아도 말하려 드는 사람이 드문 까닭입니다.

**衆人所不敢言**이어늘 **而臣今獨敢言者**는 **臣謂大臣非有私仲昌之心也**요 **直欲興利除害爾**니 **若果知其爲患愈大**면 **則豈有不回者哉**리오 **至於顧小人之後患**하얀 **則非臣之所慮也**라 **且事欲知利害權重輕**하야 **有不得已**하면 **則擇其害少而患輕者爲之**는 **此非明智之士不能也**라 **況治水**는 **本無奇策**이라 **相地勢**하고 **謹隄防**하야 **順水性之所趨爾**니 **雖大禹**라도 **不過此也**[1]라

뭇사람들이 감히 말하지 않는 바이거늘 신이 지금 홀로 감히 말하는 것은, 신은 '대신이 이중창을 사사롭게 편드는 마음을 가진 것이 아니고 단지 이로움을 일으키고 해로움을 없애고자 하는 것일 뿐이다.'라고 생각해서입니다. 만약 과연 그 우환이 더욱 크다는 사실을 안다면 어찌 뜻을 돌리지 않을 리가 있겠습니까. 소인들의 우환을 돌아보는 것으로 말하자면 신이 염려하는 바가 아닙니다.

그리고 일에 있어 利害를 알고 경중을 저울질하여 부득이한 점이 있으면 그중에서 해로움이 적고 우환이 가벼운 것을 선택하여 하는 것은 지혜가 밝은 선비가 아니면 할 수 없습니다. 더구나 治水는 본래 특별한 방법이 없어 지세를 살피고 제방을

신중히 쌓아서 물의 형세가 나아가는 바를 따르는 것일 뿐이니, 비록 禹임금이라 할지라도 이에 지나지 않습니다.

1) 雖大禹 不過此也 : 孟子가 "우임금이 물을 흘러가게 하신 것은 일이 없는 바를 행하셨다.〔禹之行水也는 行其所無事也〕" 하였다. ≪孟子 離婁 下≫ 이는 물이 잘 흘러가는 길로 물을 흘려 보내고 인위적으로 물길을 막거나 돌리지 않았다는 뜻이다.

夫所謂奇策者는 不大利則大害니 若循常之計면 雖無大利나 亦不至大害니 此는 明智之士 善擇利者之所爲也라 今言修六塔者는 奇策也나 然終不可成而爲害愈大하고 言順水治堤者는 常談也나 然無大利하며 亦無大害하니 不知爲國計者欲何所擇哉아 若謂利害不可必이요 但聚大衆하고 興大役하야 勞民困國하야 以試奇策하야 而僥倖於有成者인댄 臣謂雖執政之臣이라도 亦未必肯爲也라 臣前已具言河利害甚詳이로되 而未蒙採聽이라 今復略陳其大要하노니 惟陛下詔計議之臣擇之하소서

대저 이른바 특별한 계책이란 것은 크게 이롭지 않으면 크게 해로운 법이니, 만약 평상한 계책을 따르면 비록 큰 이로움은 없더라도 큰 해로움에는 이르지 않으니, 이것은 지혜가 밝은 선비로 이로움을 잘 선택하는 이가 하는 바입니다.

지금 六塔河를 수리하자고 말하는 것은 특별한 계책이나 끝내 성공할 수 없고 해로움만 더욱 클 것이며, 물의 성질을 따라서 제방을 수리하자는 것은 평상한 얘기이나 큰 이로움은 없고 큰 해로움도 없을 것이니, 국가를 위해 계책을 세우는 이는 어느 쪽을 선택할지 알지 못하겠습니다.

만약 이로움과 해로움을 꼭 단정할 수 없고 단지 많은 인부를 모으고 큰 역사를 일으켜서 백성을 수고롭게 하고 국가를 곤란하게 하여 특별한 계책을 시험해서 요행히 성공을 거둘 수 있기를 바랄 뿐이라 한다면, 신은 생각건대 비록 집정대신이라도 반드시 그 일을 하려 들지 않을 것입니다. 신이 예전에 이미 황하의 치수에 대한 이해를 상세히 갖추어 말했는데 아직도 채택되지 못하였습니다. 이제 다시 그 大要를 대략 진달하오니, 계획하고 의논하는 신하들에게 명하여 선택하게 하소서.

臣謂河水未始不爲患이니 今順已決之流하야 治隄防於恩冀者는 其患一而遲하고 塞商胡復故道者는 其患二而速하고 開六塔以回今河者는 其患三而爲害無涯라 自河決橫龍以來로 大名[1]金堤[2]埽歲歲增治하고 及商胡再決而金堤益大加功하되 獨恩冀之間은 自商胡決後로 議者貪建塞河之策이요 未嘗留意於隄防이라 是以今[3]河水勢浸溢하니 今若專意併力於恩冀之間하야 謹治隄防하면 則河患可禦하야 不至大害라

신은 생각건대 黃河는 애초부터 우환이 되지 않은 적이 없었으니, 지금 이미 제방이 터진 물줄기를 따라서 恩州와 冀州에 제방을 쌓는 것은 그 우환이 하나이고 더디며, 商胡 쪽을 막아서 옛 물길을 회복하는 것은 그 우환이 둘이고 빠르며, 六塔河에 물길을 열어서 지금 황하의 물줄기를 그쪽으로 돌리는 것은 그 우환이 세 가지이고 그 해로움이 무한합니다.

橫龍 쪽에 황하가 터진 이래 大名縣 金堤의 埽를 해마다 增設하였고, 상호의 제방이 재차 터졌을 때에 미쳐서는 금제를 더욱 크게 보수하였지만, 유독 은주와 기주 지역에는 상호가 터진 뒤로 의논하는 이들이 황하를 막는 계책을 주장하려 하고 제방을 쌓는 데는 유의하지 않았습니다. 이런 까닭에 지금 황하의 水勢가 더욱 범람하니, 지금 만약 은주와 기주 지역에 마음을 쏟고 힘을 모아서 제방을 잘 보수한다면 황하의 우환을 막을 수 있어서 큰 해로움에는 이르지 않을 것입니다.

1) 大名 : 河北 大名縣이다.
2) 金堤 : 橫龍과 商胡 부근에 있었던 지역으로 추정된다.
3) 今 : 本集에는 '令'자로 되어 있다.

所謂其患一者는 十數年間에 今河下流淤塞하니 則上流必有決處라 此一患而遲者也라 今欲塞商胡口하야 使水歸故道하면 治堤修埽에 功料浩大하고 勞人廢物에 困弊公私니 此一患也요 幸而商胡可塞하고 故道復歸라도 高淤難行하야 不過一二年間에 上流必決이니 此二患而速者也라

앞에서 말한 그 우환이 하나라는 것은 10여 년 동안 지금 黃河 하류가 진흙으로 막혔으니, 상류에는 필시 둑이 터진 것이 있으리라는 것입니다. 이것이 '우환이 하

나이고 더딘 것'입니다. 지금 만약 商胡 어귀를 막아서 강물을 옛 물길로 돌아가게 하고자 하면, 제방과 埽를 보수함에 공정과 필요한 물자가 막대하고 사람을 수고롭게 하고 물자를 허비함에 公私 간에 모두 곤궁하고 피폐해질 것이니, 이것이 하나의 우환입니다. 요행으로 상호 어귀를 막을 수 있고 옛 물길로 강물을 돌아가게 한다 하더라도 진흙이 높이 쌓여서 강물이 잘 흐르지 못하여 불과 한두 해 사이에 상류가 반드시 터질 것이니, 이것이 '우환이 둘이고 빠른 것'입니다.

今六塔河口는 雖云已有上下約이나 然全塞大河正流면 爲功不小하고 又開六塔河道하야 治二千餘里하야 隄防移一縣兩鎭이면 計其功費又大於塞商胡數倍니 其爲困弊公私를 不可勝計니 此一患也요 幸而可塞하야 水入六塔而東이라도 橫流散溢에 濱棣德博與齊州之界가 咸被其害라 此五州者素號富饒라 河北一路財用所仰이어늘 今引水注之면 不惟五州之民이 破壞田産이요 河北一路坐見貧虛리니 此二患也요 三五年間에 五州凋弊하고 河流注溢하고 久又淤高하야 流行梗澁하면 則上流必決이라 此三患也니 所謂爲害而無涯者也라 今爲國謀計者가 本欲除一患而反就三患하니 此臣所不諭也라

지금 六塔河 어귀는 비록 이미 위아래 쪽에 저지하는 곳이 있으나 黃河의 본류를 모두 막자면 드는 공력이 작지 않을 것이고, 또 육탑하의 물길을 열어서 2천여 리 물길을 보수해서 제방을 한 縣, 두 鎭으로 옮기면 헤아려 보건대 그 공력과 비용이 商胡 쪽을 막는 것보다 몇 배나 더 클 것이니, 그 公私 간을 곤궁하게 하고 피폐하게 하는 것을 이루 헤아릴 수 없을 것입니다. 이것이 한 가지 우환입니다.

그리고 요행히 황하의 본류를 막아서 강물을 육탑하로 흘러들게 하여 동쪽으로 흐르게 할 수 있다 하더라도, 강물이 마구 흐르고 범람하여 濱州·棣州·德州·博州·齊州 일대가 모두 그 피해를 입게 될 것입니다. 이 다섯 州는 본래 부유한 고을로 이름난 곳들이라 河北路 일대의 財用을 이 고을들에 의지하거늘, 지금 물을 끌어다 육탑하로 흘러들게 하면 이 다섯 州의 백성들만 그 전답의 농사가 파괴될 뿐 아니라 하북로 일대가 앉아서 빈곤하게 될 터이니, 이것이 두 가지 우환입니다.

3, 5년 사이에 다섯 州가 피폐하고 황하의 흐름이 범람할 것이고, 게다가 오래

지나면 진흙이 쌓여 강물이 잘 흐르지 못하면 상류의 제방이 반드시 터질 것입니다. 이것이 세 가지 우환이니, 앞에서 말한 '해로움은 무한하다.'는 것입니다. 그런데 지금 국가를 위해 계책을 잘못 세우는 자는 본래 한 가지 우환을 제거하고자 하여 도리어 세 가지 우환에 나아가니, 이것이 신이 납득하지 못할 바입니다.

**至如六塔**하얀 **不能容大河**하고 **橫壟故道**는 **本以高淤難行而商胡決**이어늘 **今復驅而注之**면 **必橫流而散溢**이리니 **自澶至海二千餘里堤埽**를 **不可卒修**요 **修之雖成**이라도 **又不能捍水**니 **如此等事甚多**는 **士無愚智皆所共知**라 **不待臣言而後悉也**라

六塔河로 말하자면 黃河를 다 수용하지 못하고 橫壟의 옛 물길은 본래 진흙이 높이 쌓여 강물이 흐르기 어렵기 때문에 商胡 쪽이 터졌던 것인데, 지금 다시 물을 몰아서 그 옛 물길에 흘러들게 하면 필시 물이 제멋대로 흘러 범람할 것입니다. 澶州로부터 바다에 이르기까지 2천여 리의 제방을 갑자기 수리할 수 없고 비록 수리를 다 할 수 있다 하더라도 물을 막을 수 없습니다. 이와 같은 것은 일이 매우 많으니, 선비들이면 아무리 어리석은 사람이라도 다 알고 있는 바라 굳이 신이 말하지 않아도 잘 알 수 있을 것입니다.

**臣前未奉使契丹時**에 **已嘗具言故道六塔**을 **皆不可爲**요 **惟治堤順水爲得計**하고 **及奉使往來河北**하야 **詢於知水者**하니 **其說皆然**이라 **雖恩冀之人今被水患者**도 **亦知六塔不便**하고 **皆願且治恩冀堤防爲是**하니 **下情如此**로되 **誰爲上通**이리오 **臣旣知其詳**하니 **豈敢自默**가 **伏乞聖慈特諭宰臣**하야 **使更審利害**하야 **速罷六塔之役**하며 **差替李仲昌等不用**하고 **選一二精幹之臣**하야 **與河北轉運使副及恩冀州官吏**하야 **相度隄防**하고 **併力修治**하면 **則今河之水**가 **必不至爲大患**이라 **且河水天災**는 **非人力可回**니 **惟當順導防捍之而已**요 **不必求奇策立難必之功**하야 **以爲小人僥冀恩賞之資也**라 **況功必不成**하고 **後悔無及者乎**아 **臣言狂計愚**하니 **惟陛下裁擇**하소서

신이 거란으로 사신 가기 전에 이미 옛 물길과 六塔河는 수리할 수 없고 오직 제방을 쌓고 물길을 따르는 것이 옳은 계책이라는 것을 갖추어 말하였고, 使命을 받들

고 河北을 왕래할 때 水利를 아는 사람들에게 물었더니, 그들의 말도 모두 그러하였습니다. 비록 恩州와 冀州의 사람들 중 지금 水患을 입은 사람일지라도 육탑하를 수리하는 것은 온당치 못하다는 것을 알고 있었고, 모두 은주와 기주에 제방을 보수하는 것이 옳다 여기고 이를 원하고 있었습니다. 백성들의 마음은 이와 같지만 누가 위로 전달하겠습니까. 신이 이미 그 상세한 사실을 알고 있는 터에 어찌 감히 스스로 잠자코 침묵할 수 있겠습니까.

엎드려 바라옵건대 성상께서는 특별히 宰臣들에게 下諭하시어 다시 利害를 살펴보아 육탑하의 공사를 속히 그만두고, 李仲昌 등을 파면시키고 쓰지 말며, 일에 능숙한 한두 사람을 뽑아서 河北轉運副使 및 恩州와 冀州의 官吏에 제수하여 제방을 살펴보고 힘을 합쳐서 수리하게 하소서. 그렇게 하면 지금 황하의 물이 반드시 큰 우환이 되는 데는 이르지 않을 것입니다.

게다가 황하의 天災는 사람의 힘으로 되돌릴 수 있는 것이 아니니, 오직 물길을 순순히 인도하고 제방을 쌓아 막아야 할 뿐이요, 굳이 특별한 계책을 찾아 기필하기 어려운 공적을 세우고자 하여 소인들이 恩賞을 요행으로 얻으려 하는 데 바탕이 되게 할 필요는 없습니다. 더구나 공적을 이룬다고 보장할 수 없고 후회해도 손 쓸 수 없게 됨에 있어서겠습니까. 신은 말은 狂妄하고 계책은 우매하니, 폐하께서 헤아려 선택하소서.

## 04. 再論水災狀* 재차 水災를 논한 狀

* 이 글은 仁宗 嘉祐 원년(1056)에 지어진 것이다. 이해 5월에 京師에 큰 비가 그치지 않고 6월까지 내려 水災를 이루고 말았다. 歐陽脩의 이 글은 표면적으로는 수재를 논하는 것이지만 사실은 어진 人材를 등용하기 위한 것이었다. 그래서 곧바로 황제에게 包拯, 張瓌, 呂公著, 王安石 등을 추천하여 어려운 시국을 구제하고자 하는 한편, 수재가 난 뒤 각 지방의 賑恤에 대해 자기의 의견을 개진하였다.

因水災하야 議及用賢하니 亦探本之論이라

수재로 인하여 어진 인재를 등용하는 데까지 의논이 미쳤으니, 역시 근본을 찾는 논의이다.

右臣伏覩近降手詔컨대 以水災爲變하야 上軫聖憂라 旣一人形罪己之言하니 宜百辟無遑安之意어늘 而應詔言事者猶少하고 亦未聞有所施行하니 豈言者不足採歟아 將遂無人言也니 豈有言不能用歟아 然則上有詔而下不言하고 下有言而上不用이니 皆空言也라

신은 근자에 내리신 손수 쓰신 詔書를 삼가 보건대 수재를 변고라 하여 성상께서 비통한 심정으로 근심하시는 것이었습니다. 이미 一人이신 성상께서 자기를 죄책하는 말씀을 하셨으니 의당 백관들은 안일을 바라는 마음이 없어야 하거늘, 조서에 부응하여 일의 대책을 말하는 자는 오히려 적고 또한 아직 시행한 바가 있다는 말을 듣지 못하였으니, 어쩌면 말한 자가 채택되기에 부족한 것입니까. 그렇다면 장차 아무도 말하는 사람이 없게 될 것입니다. 어쩌면 말을 채택할 수 없는 것입니까. 그렇다면 위에 詔命이 있어도 아래에서 말하지 않고 아래에서 말이 있어도 위에서 채택하지 않을 것이니, 모두 빈말이 되고 말 것입니다.

臣聞語曰 應天以實이요 不以文이며 動民以行이요 不以言이라호라 臣近有實封[1)]應詔하야 竊謂水入國門에 大臣奔走하고 淤浸社稷하고 破壞都城은 此天地之大變也니 恐非小有所爲하야 可以消弭라하야 因爲陛下하야 陳一二大計나 而言狂計愚하야 不足以感動聽覽이라

신은 듣건대 옛말에 이르기를 "하늘의 뜻에 부응하기를 실질로써 해야 하고 형식으로 해서는 안 되며, 백성을 움직이기를 행동으로써 해야 하고 말로써 해서는 안 된다." 하였습니다. 신은 근자에 詔命에 부응하여 封事를 올려서 "물이 國門 안에 들어와 대신이 달아나고 사직이 물에 잠기고 도성이 파괴된 것은 천지의 변괴이니, 소소한 일을 하는 것으로 이 큰 재이를 막을 수는 없습니다." 하였고, 이어서 폐하께 한두 가지 큰 계책을 진달했으나 말은 狂妄하고 계책은 우매하여 성상의 이목을 감

동시킬 수 없었습니다.

1) 實封 : 密封하여 올리는 上奏文이다. 즉 封事와 같은 말이다. 여기서는 본서 권2 〈論水災疏〉를 가리킨다.

臣日夜思惟컨댄 方今之弊는 紀綱之壞가 非一日이며 政事之失이 非一端이요 水災至大하며 天譴至深은 亦非一事之所致라 災譴如此요 而禍患所應于後者가 又非一言而可測이니 是則已往而當救之弊가 甚衆하고 將來而可憂之患이 無涯하니 亦非獨責二三大臣所能取濟온 況自古天下之治는 必與衆賢共之也라 詩曰 濟濟多士여 文王以寧[1]이라하고 書載堯舜之朝一時同列者로 夔龍稷契[2]之徒二十餘人하니 此特其大者爾요 其百工[3]在位가 莫不皆賢也라 今欲救大弊弭大患하되 如臣前所陳一二大計를 旣未果爲하고 而又不思衆賢以濟庶務하니 則天變何以塞이며 人事何以修리오 故臣復敢進用賢之說也하노이다

신은 밤낮으로 생각건대 지금의 폐해는 기강의 무너짐이 하루가 아니며 정사의 잘못이 한 가지가 아니고, 홍수의 재앙이 지극히 크고 하늘의 견책이 지극히 깊은 것은 또한 한 가지 일로 초래된 것이 아닙니다. 홍수의 재앙과 하늘의 견책이 이와 같고 후일에 應報로 나타날 禍患을 또 한마디 말로 헤아릴 수 없습니다. 이는 이미 지나간 마땅히 고쳐야 할 병폐는 매우 많고 앞으로 올 근심스러운 환난이 무한한 것이니, 또한 두세 대신만 독책하여 구제할 수 있는 바가 아닙니다. 하물며 예로부터 천하가 잘 다스려진 것은 반드시 많은 어진 이들과 함께 다스렸기 때문입니다. ≪詩經≫에 "많고 많은 선비들이여! 文王이 이들 때문에 편안하시다." 하였고, ≪書經≫에는 堯·舜의 조정에서 같은 시기에 반열에 있었던 이로 夔·龍·稷·契의 무리 20여 명을 기재하였으니, 이는 단지 그중 두드러진 인물들일 뿐이고 벼슬자리에 있던 백관들도 모두 어진 이가 아님이 없었습니다.

지금 큰 병폐를 고치고 큰 환난을 막고자 하면서도 신이 앞서 진달한 한두 가지 큰 계책과 같은 것들을 이미 실행에 옮기지 않으셨고 또 어진 이들로써 모든 일들을 구제하려고 생각하지 않으시니, 그렇다면 하늘의 변고를 어떻게 막으며 사람의 일

을 어떻게 해내겠습니까. 그러므로 신이 다시 감히 어진 인재를 등용하라는 말씀을 올리는 것입니다.

1) 濟濟多士 文王以寧 : ≪詩經≫ 〈大雅 文王〉에 보인다.
2) 夔龍稷契 : 모두 舜임금의 名臣들로 夔는 음악을 맡았고, 龍은 諫言을 맡았고, 稷은 농사를 맡았고, 契은 교육을 맡았다. ≪書經 虞書 舜典≫
3) 百工 : 百官과 같은 말이다. ≪書經≫ 〈虞書 堯典〉에 "진실로 백공을 다스려서 모든 공적이 다 넓혀질 것이다.〔允釐百工 庶績咸熙〕" 하였다.

臣材識愚暗하야 不能知人이나 然衆人所知者를 臣亦知之라 伏見龍圖閣直學士知池州包拯은 淸節美行이 著自貧賤하고 讜言正論이 聞于朝廷하야 自列侍從으로 良多補益이라 方今天災人事非賢罔乂之時하야 拯以小故棄之遐遠[1]하니 此議者之所惜也라 祠部員外郎直史館知襄州張瓌[2]는 靜默端直하고 外柔內剛하며 學問通達하고 似不能言者[3]로되 至其見義必爲하얀 可謂仁者之勇[4]이니 此朝廷之臣이요 非州郡之才也라 祠部員外郎崇文院檢討呂公著[5]는 故相夷簡之子니 淸靜寡欲하야 生長富貴하되 而淡於榮利하고 識慮深遠하며 文學優長이 皆可過人이로되 而喜自晦默하니 此左右顧問之臣也라 太常博士群牧判官王安石[6]은 學問文章이 知名當世로되 守道不苟하야 自重其身하며 論議通明하고 兼有時才之用하니 所謂無施不可者라

신은 재주와 식견이 우매하여 사람을 알아보지는 못합니다. 그러나 뭇사람들이 알아보는 사람은 신도 알고 있습니다. 삼가 보건대 龍圖閣直學士 知池州 包拯은 맑은 절개와 아름다운 행실이 빈천할 때부터 드러났고 곧은 말과 바른 논의가 조정에서 알려져서 侍從의 반열에 있을 때부터 성상께 보익함이 참으로 많았습니다. 지금 天災와 人事를 어진 이가 아니면 다스릴 수 없는 때를 당하여 포증을 작은 일 때문에 먼 지방에 버려두었으니, 이는 의논하는 이들이 애석해하는 바입니다.

祠部員外郎 直史館 知襄州 張瓌는 靜默 단정하고 외유내강하며 학문이 있고 식견이 틔었고 말을 잘하지 못하는 듯하지만 옳은 일을 보면 반드시 실행하는 데 이르러서는 仁者의 용기라 할 만하니, 이는 조정에 있을 신하이고 州郡을 다스릴 인재가 아닙니다.

祠部員外郎 崇文院檢討 呂公著는 故相 呂夷簡의 아들로 淸靜하고 욕심이 적어 부귀한 집안에서 생장했지만 榮利에는 淡泊하고, 識慮가 심원하며 문학이 넉넉하기가 모두 남들보다 뛰어났음에도 자신의 재능을 감추기를 좋아하니, 이는 폐하의 좌우에 고문으로 두어야 할 신하입니다.

太常博士 群牧判官 王安石은 학문과 문장이 당세에 이름났지만 도를 지키고 구차하지 않아 자기 몸가짐을 무겁게 가지며 의논이 通明하고 게다가 당세에 쓰일 수 있는 재능을 가졌으니, 이른바 어느 곳이든 쓰이지 못할 데가 없는 인재입니다.

1) 拯以小故棄之遐遠 : 包拯이 龍圖閣直學士로 瀛州・楊州・廬州의 知事를 역임하고 刑部郎中으로 자리를 옮겨 있을 때 保任을 잘못한 것 때문에 兵部員外郎 知池州로 좌천된 것을 가리킨다. ≪宋史 包拯傳≫ 保任은 추천하여 벼슬하게 한 사람에 대해 보증을 서는 것이다. 즉 추천하고 보증을 서준 사람이 죄를 지었기 때문에 포증이 좌천된 것이다.

2) 張瓌 : 자는 唐公이고, 英宗 때 벼슬이 左諫議大夫 翰林侍讀學士에 이르렀다. 관직에 있을 때 일을 만나면 직언하여 權臣의 비위를 거슬러 누차 파직되었으나 끝내 지조를 굽히지 않았다.

3) 似不能言者 : 겸손하여 자신을 내세우지 않는 모습이다. ≪論語≫ 〈鄕黨〉에 "공자가 향당에 계실 때는 신실하여 마치 말을 잘하지 못하는 것 같았다.〔孔子於鄕黨 恂恂如也 似不能言者〕" 하였다.

4) 仁者之勇 : ≪論語≫ 〈憲問〉에 공자가 "인자는 반드시 용기가 있다.〔仁者 必有勇〕" 하였다.

5) 呂公著 : 本書 권3 〈薦王安石呂公著箚子〉 題下註 참조.

6) 王安石 : 本書 권3 〈薦王安石呂公著箚子〉 題下註 참조.

凡此四臣者는 難得之士也어늘 拯以小過棄之하고 其三人者는 進退與衆人無異하니 此皆爲世所知者 猶如此라 臣故知天下之廣에 賢材淪沒於無聞者 不少也라 此四臣者는 名迹已著하니 伏乞更廣詢採하고 亟加進擢하야 置之左右면 必有裨補라 凡臣所言者는 乃願陛下聽其言하고 用其才하야 以濟時艱爾요 非爲其人私計也라 若量霑恩澤稍陞差遣之類는 適足以爲其人累耳니 亦非臣薦賢報國之本心也라

무릇 이 네 신하들은 얻기 어려운 선비들이거늘 包拯은 작은 잘못 때문에 버림을 받았고 나머지 세 사람들은 진퇴가 일반 사람들과 다름이 없으니, 이는 모두 세상 사람들이 알아보는 자인에도 오히려 이와 같습니다. 신이 그러므로 이 넓은 천하에 어진 인재가 이름이 알려지지 않은 채 파묻히고 만 사람들이 적지 않을 것임을 아는 것입니다. 이 네 신하는 이름과 행적이 이미 드러났으니, 엎드려 바라옵건대 더욱 널리 인재를 묻고 찾아서 속히 발탁하여 좌우에 두소서. 그렇게 하시면 반드시 성상께 도움이 있을 것입니다.

무릇 신이 말한 바는 바로 성상께서 그 말을 듣고 그 인재를 써서 당세의 간난을 구제하시길 바라는 것이지, 그 사람을 위해 사사로이 계책을 세우는 것은 아닙니다. 성은을 입어 조금 승진하는 따위와 같은 것은 단지 그 사람에게 누가 될 뿐이요, 또한 신이 어진 인재를 천거하여 국가에 보답하는 본심이 아닙니다.

**臣伏見近年變異**가 **非止水災**요 **譴告丁寧**이 **無所不有**라 **董仲舒曰 國家將有失道之敗**어든 **而天乃先出災害以譴告之**하고 **不知自省**이면 **又出怪異以警懼之**하고 **尙不知變**이면 **而傷敗乃至**[1]라하니 **斯言極矣**라 **伏惟陛下切詔大臣**하야 **深圖治亂**하야 **廣引賢俊**하야 **與共謀議**니 **未有衆賢竝進而天下不治者**라 **此亦救災弭患一端之大者**라

신은 삼가 보건대 근년의 災異는 수재에 그치는 것이 아니고 간곡한 하늘의 譴告가 있지 않는 바가 없었습니다. 董仲舒가 이르기를 “국가에 장차 도를 잃은 잘못이 있으면 하늘이 미리 災害를 내어서 견고하고, 그래도 스스로 알아차리지 못하면 또 변고를 내어서 놀라고 두려워하게 하고, 그래도 고칠 줄 모르면 패망의 재앙이 이른다.” 하였으니, 이 말이 더할 나위 없습니다.

삼가 바라건대 폐하께서는 간절히 대신에게 명하여 治亂을 깊이 도모하고 어질고 뛰어난 인재를 널리 불러들여서 함께 의논해야 할 것이니, 어진 인재들이 함께 조정에 나아갔는데도 천하가 잘 다스려지지 않는 경우는 있지 않습니다. 이것이 또한 재해를 구제하고 환난을 막는 한 가지 큰 방책입니다.

1) 國家將有失道之敗……而傷敗乃至 : ≪漢書≫ 〈董仲舒傳〉에 보인다.

**臣又竊見京東京西**가 **皆有大水**하니 **竝當存恤**이어늘 **而獨河北遣使安撫**하고 **兩路遂不差人**이라 **或云 就委轉運使**라하니 **此則但虛爲行遣爾**라 **兩路運司**[1]**只見河北遣使**하고 **便認朝廷之意有所重輕**하야 **以謂不遣使路分**은 **非朝廷憂恤之急者**라하고 **兼又放稅賑救**이 **皆耗運司錢物**이니 **於彼不便**이요 **兼又運使未必皆得人**이며 **其才未必能救災恤患**이라 **又其一司自有常行職事**하니 **亦豈能專意撫綏**리오 **故臣以爲虛作行遣爾**라

신은 또 보건대 京東路와 京西路에 모두 큰 홍수가 있었으니, 모두 응당 보살피고 구휼하여야 하거늘 河北路에만 사신을 보내 安撫하고, 이 두 지방에는 사람을 差遣하지 않고 말았습니다. 혹자는 "위무하는 일까지 轉運使에게 다 위임했다." 하니, 이는 헛된 조처일 뿐입니다. 이 두 지방(路)의 전운사들이 단지 하북로에만 按撫使를 보낸 것을 보고 곧 조정의 뜻이 輕重을 두는 바가 있음을 알고서 "안무사를 보내지 않는 지방은 조정이 급하게 구휼하는 것이 아니다." 하고, 게다가 세금을 면제하여 진휼하는 것이 모두 轉運司의 재물을 소모하니, 그 부서에 있어서도 불편합니다. 게다가 轉運使로 반드시 모두 좋은 사람을 얻는다고 보장할 수도 없으며, 그들의 재능이 반드시 災異를 구제하고 환난을 구휼할 수 있다고 보장할 수도 없습니다. 더구나 저 한 부서(轉運使)는 평상으로 하는 職事가 있으니, 또한 어찌 백성들을 安撫하는 데 전념할 수 있겠습니까. 그러므로 신은 공연히 하는 조처일 뿐이라 하는 것입니다.

1) 運司 : 轉運司의 약칭으로 한 방면의 財賦를 관장하는 부서이다.

**伏乞各差一使於此兩路安撫**하면 **雖未能大段有物賑濟**나 **至於興利除害**하고 **臨時措置**하며 **更易官吏**하고 **詢求疾苦**하야 **事旣專一**에 **必有所得**이니 **與就委運司**로 **其利百倍也**라

엎드려 바라옵건대 이 두 지방(路)에 각각 한 명씩 按撫使를 보내 안무하게 하소서. 그렇게 하면 비록 대단히 물자가 있어 진휼하지는 못할지라도 이로움을 일으키고 해로움을 없애고 제때에 맞추어 조치하며 관리를 바꾸고 백성의 질고를 묻는 데 이르러서는 맡은 일에 전일하여 반드시 소득이 있을 터이니, 轉運司에 모두 위임하는 것과는 그 이익이 백 배나 더 많을 것입니다.

又聞兩浙[1)]大旱에 赤地千里라 國家運米가 仰在東南하니 今年災傷을 若不賑濟면 則來年不惟民饑라 國家之物이 亦自闕供이니 此不可不留心也라 竊聞三司今歲京師糧米가 已有二年備準外에 猶有三百五十萬餘未漕之物이라하니 今年東南旣旱하니 則來年少納上供이라 此未漕之米을 誠不可不惜이나 然少輟以濟急이라도 時亦未有所闕이니 欲下三司勘會하야 若實如臣所聞이어든 則乞量輟五七十萬石物하야 與兩浙一路하야 令及時賑救一十三州하되 只作借貸면 他時米熟에 不妨還官이나 然所利甚博也라 此非弭災之術이요 亦救災之一端也라 臣愚狂妄하니 伏望聖慈特賜裁擇[2)]하소서

또 듣건대 兩浙路 지방에 큰 가뭄이 들어서 천 리에 맨땅이 다 드러났다고 합니다. 국가에서 쌀을 운반해 오는 것이 동남 지방에 의지하니, 올해의 재해를 만약 진휼하지 못하면 내년에는 백성들이 굶주릴 뿐 아니라 국가의 재물도 절로 공급이 결핍될 것입니다. 이는 관심을 두지 않아서는 안 됩니다.

삼가 듣건대 三司에 비축해둔 올해 경사의 미곡이 이미 2년 정도의 예비 분량 외에도 아직 漕運하지 않은 곡물 350만 섬이 있다고 합니다. 올해 동남 지방에 이미 가뭄이 들었으니, 내년에는 上供을 적게 납부하게 될 터라 이 아직 조운하지 않은 곡물을 진실로 아끼지 않을 수 없습니다.

그러나 조금 조운을 중지하여 급박한 상황을 구제하더라도 현재로는 아직 부족한 바는 없을 터이니, 三司에 명령을 내려 조사해보게 하여 만약 신이 아뢴 바와 실제로 같다면 바라건대 5, 70만 섬의 곡물을 경사로 운송하지 말고 양절 지방에 주어서 제때에 늦지 않게 13州를 진휼하되, 단지 백성들에게 곡식을 빌려주는 방식을 쓰면 훗날 곡식이 익었을 때 관부에 還納하게 해도 무방할 것입니다. 그래도 이익은 매우 많을 것입니다. 이는 재이를 막는 방법이 아니고 또한 재이를 구제하는 한 가지 방책이기도 합니다. 신은 어리석고 狂妄합니다. 엎드려 바라옵건대 성상께서 특별히 헤아려 선택해주소서.

1) 兩浙 : 浙東과 浙西의 합칭이다. 唐 肅宗 때 浙江 南東 지방을 浙江東路와 浙江西路라 불렀고, 錢塘江 이남 지역을 약칭으로 浙東, 이북 지역을 약칭으로 浙西라 불렀다. 宋나라 때에 와서는 兩浙路를 두었는데 그 지역은 現 江蘇省 長江 이남 및 浙江省 전역에 해당한다.

2) 伏望聖慈特賜裁擇 : 本集에는 이 구절 뒤에 "삼가 장을 갖추어 아뢰고 엎드려 칙지를 기다립니다.〔謹具狀奏聞 伏候勅旨〕"라는 구절이 있다.

宋大家歐陽文忠公文抄 卷8

# 狀

## 01. 論乞廷議元昊通和事狀* 元昊가 和親을 청한 것을 조정에서 의논해줄 것을 논한 狀

* 이 글은 仁宗 慶曆 3년(1043)에 지어진 것이다. 이해 정월에 元昊가 사람을 보내 귀순하여 稱臣하고 宋나라와 화친을 맺고자 하였다.

**歐公於西事**에 **獨持不和之議**라 **此狀借人言**하야 **以感悟主上**이 **最婉而暢**이라

歐陽公이 서쪽 변방의 일에 있어서 홀로 講和하지 말자는 주장을 견지하였다. 이 장은 남의 말을 빌어서 임금을 감동시켜 깨닫게 하는 것이 매우 婉曲하고 유창하다.

**右臣近有奏論今後軍國大事**를 **不須秘密**이요 **請集百官廷議**러니 **近聞元昊再遣使人**하야 **將至闕下**[1)]라하니 **和之與否**가 **決在此行**이라 **竊計廟謀**가 **合思成筭**이라 **臣謂此最大事也**니 **天下安危繫之**라 **今公卿士大夫愛君憂國者**가 **人人各爲陛下深思極慮**하야 **惟恐廟堂之失策**하야 **遂落西夏之姦謀**하야 **衆口紛紛**하야 **各有論議**라

신은 근자에 上奏하여 군국의 대사는 굳이 비밀로 할 필요가 없으니 백관을 모아 조정에서 의논하기를 청하였습니다. 그런데 근자에 듣건대 元昊가 재차 使者를 보내어 장차 대궐 아래 이를 것이라 하였으니, 강화하느냐 여부가 결단코 이 使行에 달려 있습니다. 짐작컨대 조정이 이 일을 의논하여 응당 계책을 생각했을 것입니다.

신은 생각건대 이는 매우 큰일이니 천하의 안위가 여기에 달렸습니다. 지금 공·경·사대부로서 임금을 사랑하고 국가를 근심하는 이는 사람마다 폐하를 위해 극도

로 깊이 생각하여 오직 조정이 실책하여 마침내 西夏의 간사한 꾀에 빠질까 염려하고 있습니다. 그래서 많은 사람들이 분분히 말하여 저마다 의논을 내고 있습니다.

1) 右臣近有奏論今後軍國大事……將至闕下 : 本書 권4 〈論乞令百官議事箚子〉 참조.

**一曰 天下困矣**라 **不和則力不能支**니 **少屈就之**면 **可以紓患**이라

첫째는 "천하가 피곤해질 것입니다. 강화하지 않으면 힘이 견디지 못할 것이니, 조금 우리 뜻을 굽혀서 저들의 뜻에 맞춰주면 환난을 풀 수 있을 것입니다." 합니다.

**一曰 羌夷**[1]**險詐**하니 **雖和而不敢罷兵**이면 **則與不和無異**라하니 **是空包屈就之羞**요 **全無紓患之實**이라

둘째는 "오랑캐는 음험하고 속임수를 잘 쓰니 비록 강화하더라도 감히 우리 군사를 철수하지 않는다면 강화하지 않은 것과 같습니다." 하니, 이는 저들에게 뜻을 굽혔다는 수치만 부질없이 안을 뿐 환난을 푸는 실질은 전혀 없는 것입니다.

1) 羌夷 : 중국 서쪽에 사는 羌族으로 여기서는 西夏를 가리킨다.

**一曰 自屈志講和之後**로 **退而休息**하야 **練兵訓卒**하야 **以爲後圖**라 **然此亦必不能者**니 **只以河朔之事可知**라 **蓋慮纔和之後**에 **便忘發憤**하고 **因循弛廢**하야 **爲患轉深**이라

셋째는 "뜻을 굽혀서 강화한 뒤로 물러나 휴식하면서 병졸을 훈련시켜 뒷일을 도모해야 합니다." 합니다. 그러나 이 또한 필시 불가능할 것이니, 단지 黃河 이북의 경우로 보면 알 수 있습니다. 대개 강화한 뒤에 곧바로 발분하기를 잊고 그럭저럭 지내고 해이해지면 환난이 더욱 깊어질까 염려한 것입니다.

**一曰 縱使元昊復臣**하야 **西邊減費**라도 **不弛武備**하고 **不忘後圖**라 **然猶有大可憂者**하니 **北戎將攬通和之事**하야 **以爲己功**하야 **過有邀求**라가 **遂興兵革**이면 **是暫息小患於關西**하고 **復生大患於河北**이라

넷째는 "비록 元昊가 다시 稱臣하여 서쪽 변방에 軍費가 감소되더라도 武備를 느슨히 풀지 말고 후일을 도모하기를 잊지 말아야 합니다." 하는데, 그래도 오히려 크게 근심스러운 것이 있으니, 北戎(거란)이 장차 우리가 西夏와 화친을 맺은 일을 가지고서 자기 공로라 하여 과도하게 요구하다가 마침내 병란을 일으키면, 이는 關西에서 작은 우환을 잠시 그치게 하고 河北에서 큰 우환을 다시 일으키는 셈이 됩니다.

**臣忝爲耳目之官**이라 **見國有大事**하고 **旁採外論**에 **所聞如此異同**이라 **然大抵皆謂就和則難**하고 **不和則易**니 **不和則害少**하고 **和則害多**라 **然臣又不知朝廷之意**가 **其議云何**라

신은 외람되게 폐하의 耳目을 대신하는 관원이 되었는 터라 국가에 대사가 있는 것을 보고 바깥의 의논을 두루 모았더니 들은 바가 이와 같이 달랐습니다. 그러나 대저 모두 강화를 하기는 어렵고 강화하지 않기는 쉬우니, 강화하지 않으면 해가 적고 강화하면 해가 많다고 여기는 것입니다. 그러나 신은, 조정의 뜻은 그 의논이 어떠한지 또 알지 못하겠습니다.

**臣見漢唐故事**컨대 **大事必須廷議**하니 **蓋以朝廷示廣大**하야 **不欲自狹**하며 **謀臣思公共**하야 **不敢自强**이라 **故擧事多臧**에 **衆心皆服**이라 **伏思國家自兵興以來**로 **常秘大事**하야 **初欲隱藏護惜**하야 **不使人知**나 **及其處置乖違**하얀 **豈能掩蔽**리오

신이 漢唐의 고사를 보건대 대사는 반드시 조정에서 의논하였으니, 대개 조정은 광대한 도량을 보이고 스스로 도량을 협소하게 하지 않고자 했으며, 謀臣은 다 함께 의논하고 감히 자신만 나서서 힘쓰고자 하지 않았기 때문입니다. 그런 까닭에 하는 일이 대개 선하여 뭇사람의 마음이 모두 복종했던 것입니다. 엎드려 생각건대 국가가 병난이 일어난 이래 항상 대사를 비밀로 감추어 처음에는 은폐하고 두호하여 사람들이 알지 못하게 하였지만, 그 일처리가 어긋남에 미쳐서는 어찌 엄폐할 수 있겠습니까.

**臣謂莫若採大公之議**하며 **收衆善之謀**라가 **待其都無所長**하야 **自用廟謀**라도 **未晚**이라

其元昊請和一事를 伏乞於使人未至之前에 集百官廷議하소서 臣只自朝夕以來로 諸處詢訪하야 已聞衆說如此하니 若使竝集於廷하야 各陳所見이면 必有長策하야 以裨萬一이라 謹具狀[1)]하노이다

신은 생각건대 만약 크게 공정한 의논을 채택하고 모든 좋은 계책을 거두다가, 전혀 좋은 계책이 없을 때를 기다려 비로소 廟堂의 계책을 쓰더라도 늦지 않을 것입니다. 元昊가 강화를 청한 한 가지 일을, 삼가 바라건대 저들의 使者가 아직 오기 전에 백관을 모아 조정에서 의논하소서. 신은 단지 조석으로 각처를 순방하여 이미 뭇사람들의 말을 들은 것이 이와 같으니, 만약 조정에 모두 모이게 하여 저마다 자기 소견을 진달하게 한다면 필시 좋은 계책이 있어 만에 하나라도 도움이 될 것입니다. 삼가 狀을 갖추어 올립니다.

1) 謹具狀 : 本集에는 이 구절 뒤에 "奏聞 伏候勅旨" 여섯 글자가 더 있다.

## 02. 論西賊議和請以五問詰大臣狀* 西賊이 和親을 청함에 있어 다섯 가지 물음으로 大臣에게 힐문할 것을 논하는 狀

* 이 글은 仁宗 慶曆 3년(1043)에 지어진 것이다. 당시 歐陽脩는 知諫院으로 있었다. 西賊은 西夏를 가리킨다.

要之以五事라

다섯 가지 일로 요약한 것이다.

右臣伏見張子奭이 奉使賊中[1)]하야 近已到闕이라 風聞賊意가 雖肯稱臣이나 而尙有數事邀求라하니 未審朝廷如何處置오

신은 삼가 보건대 張子奭이 賊中(西夏)에 사신으로 갔다가 근자에 대궐로 돌아왔습니다. 풍문으로 듣건대 적의 뜻이 비록 稱臣하려고는 하지만 그래도 몇 가지 요구사항이 있다고 하니, 알지 못하겠습니다만 조정이 어떻게 처리하려고 하십니까.

1) 張子奭 奉使賊中：≪宋史≫〈外國傳〉에 "慶曆 2년에 元昊가 사신을 보내 강화를 청하였으나 참람된 王號는 삭제하려 하지 않았다. 그 이듬해 또 사신을 보내왔을 때에도 송나라 황제에 대해 '父'라 부르고 稱臣하지는 않았다. 仁宗이 장자석 등을 서하로 보내 이 문제를 재차 의논하게 하였고, 원호도 如定 등을 송나라로 보내와 의논을 계속하게 하였다.

**臣聞善料敵者**는 **必揣其情僞之實**이요 **能知彼者**라야 **乃可制勝負之謀**라하니 **今賊非難料難知**요 **但患爲國計者**가 **昧於遠見**하야 **落彼姦謀**하야 **苟一時之暫安**하고 **召無涯之後患**하니 **自爲削弱**하야 **助賊姦謀**는 **此左傳所謂疾首痛心**[1]이요 **賈誼所以太息慟哭**[2]**者也**라

신은 듣건대 "적을 잘 요량하는 자는 반드시 그 진정과 거짓의 실상을 헤아리고 상대방을 잘 아는 자라야 이기고 지는 계책을 장악할 수 있다." 하였는데, 지금 적은 요량하기 어렵지도 알기 어렵지도 않고, 단지 국가의 계책을 세우는 자가 원대한 견식에 어두워 저들의 간사한 계책에 빠져서 일시의 짧은 안일을 구차히 탐내고 끝없는 후일의 환난을 초래하니, 스스로 땅을 깎고 병력을 약화시켜 적의 간사한 계책을 돕는 것은 바로 ≪春秋左氏傳≫에 이른바 "머리가 아프고 마음이 아프다."는 것이요, 賈誼가 말한 "크게 탄식하고 통곡할 만하다."는 것입니다.

1) 左傳所謂疾首痛心：춘추시대 秦나라가 晉나라와 令狐에서 맹약을 맺기로 약정하였는데, 晉侯가 먼저 도착하였다는 이유로 秦伯이 약정을 어기고 신하를 보내어 대신 맹약을 맺게 하였다. 그 후로도 秦나라가 晉나라를 우호국으로 대우하지 않았다.

晉侯 厲公이 呂相을 秦나라로 보내 斷交를 통고하면서 이 사실을 두고 "楚나라 사람들도 이랬다저랬다 마음이 변하는 君主를 미워하여 역시 사자를 보내와서 우리에게 통고하기를 '秦나라가 영호의 맹약을 저버리고 우리 초나라에게 사자를 보내와서 맹약을 요구하였다. 맹약할 때 秦나라는 하늘의 上帝와 秦나라의 三公, 초나라의 三王에게 분명히 고하기를 「내가 비록 晉나라와 왕래하지만 나는 오직 이익만을 볼 뿐이다.」라 하였다. 그러므로 초나라 왕인 나는 秦나라 군주에게 아름다운 덕이 없는 것이 미웠다. 그러므로 공포하여

언행이 일치하지 않는 자를 징계하는 것이다.' 하였습니다.

제후들이 모두 이 말을 듣고 이 때문에 극심한 분통으로 마음 아파하고 머리 아파하여 과인을 가까이하였습니다.〔楚人惡君之二三其德也 亦來告我曰 秦背令狐之盟而來求盟于我 昭告昊天上帝秦三公楚三王曰 余雖與晉出入 余唯利是視 不穀惡其無成德 是用宣之 以懲不壹 諸侯備聞此言 斯是用痛心疾首 暱就寡人〕" 하였다. ≪春秋左氏傳 成公 13년≫

2) 賈誼所以太息慟哭 : 賈誼는 漢 文帝 때 사람이다. 그는 불과 스무 살의 어린 나이로 문제의 깊은 신임을 얻어 太中大夫로 발탁되어 服色, 制度, 官名 등에 걸쳐 대대적인 개혁을 주장하다가 당시 대신이었던 周勃, 灌嬰 등의 참소를 입었다. 그리하여 문제의 신임을 잃고 長沙王의 太傅로 좌천되어 서른셋의 젊은 나이로 죽었다.

그가 匈奴의 변경 침입 및 제후들의 발호로 인한 국가의 위기상황을 타개하기 위해 상소하여 時務策을 건의하였다. 그 글이 〈陳政事疏〉인데 그 서두에서 "신이 지금의 時事를 생각해보건대 통곡할 만한 것이 하나요, 눈물을 흘릴 만한 것이 둘이요, 길게 탄식할 만한 것이 여섯 가지요, 기타 도리에 어긋나고 도를 해치는 것은 이루 다 열거할 수 없습니다.〔臣竊惟事勢 可爲痛哭者一 可爲流涕者二 可爲長太息者六 若其他背理而傷道者 難徧以疏擧〕" 하였다. ≪漢書 賈誼傳≫

今議賊肯和之意가 不過兩端而已라 欺罔天下者는 必曰 賊困窘而求和라하고 稍能曉事者는 皆知賊權詐而可懼라 若賊實困窘이면 則正宜持重以裁之어니와 若知其詐謀인댄 則豈可厚以金繒하야 助成姦計리오

지금 적의 강화하려는 뜻에 대해 논의하는 것은 두 가지에 불과합니다. 천하를 기망하는 자는 필시 "적이 곤궁하여 강화하려 한다."라 하고, 다소 사리를 아는 자는 모두 적이 권모술수를 부리는 것이라 두려워할 만한 줄 압니다. 만약 적이 실제로 곤궁하다면 그야말로 신중히 制裁해야 할 것이지만, 만약 권모술수를 부리는 줄 안다면 어찌 금과 비단을 많이 주어서 간사한 계책을 도와서야 되겠습니까.

昨如定[1)]等回에 但聞許與之數가 不過十萬이러니 今子奭所許가 乃二十萬이요 仍聞賊意未已하야 更有過求라하니 先朝與契丹通和에 只用三十萬이라가 一旦劉六符[2)]輩來에 又添二十萬이어늘 今昊賊[3)]一口에 許二十萬하니 到他日更來에 又須一二十萬이라 使四夷窺見中國廟謀勝筭이 惟以金帛告人하니 則邈川首領[4)]이 豈不動心이리오 一旦興兵이면 又須三二十萬이리니 生民膏血有盡하고 四夷禽獸無厭이로되 引之轉糸[5)]에 何有限極이리오 今已許之失은 既不可追어니와 分外過求는 尙可抑絶이라 見今北虜往來하야 尙在沿邊市易하니 豈可西蕃絶遠을 須要直至京師[6)]리오 只用[7)]此詞면 自可拒止라

근자에 如定 등이 돌아갈 때에는 단지 주기로 허락한 금품의 수량이 10만에 불과했는데, 지금 張子奭이 허락한 것이 20만이고, 이어서 듣건대 적의 욕심이 끝없어 다시 지나친 요구가 있다 합니다. 先朝 때 契丹과 강화를 맺을 때 단지 30만을 썼다가 하루아침에 劉六符 등이 오자 또 20만을 더 주었습니다. 그런데 지금 昊賊(元昊)의 한마디에 20만을 허락하였으니 훗날 저들이 다시 오게 되면 또 1, 20만이 더 필요할 것입니다. 사방의 오랑캐들로 하여금 중국 조정의 좋은 계책이란 게 오직 금과 비단을 가지고 남에게 고하는 것뿐임을 알게 할 것이니, 이렇게 되면 邈川의 수령이 어찌 욕심을 움직이지 않겠습니까. 그가 하루아침에 군사를 일으키면 또 2,30만이 필요할 것입니다. 백성들의 膏血은 다함이 있고 금수와 같은 사방 오랑캐들은 만족함이 없을 터이니, 액수를 끌어올려 점점 더 많이 요구함에 어찌 한계가 있겠습니까. 지금 이미 허락한 잘못은 지나간 일이라 어찌할 수 없지만 분수에 넘친 지나친 요구는 그래도 거절할 수 있을 것입니다. 지금 北虜(거란)가 왕래하며 아직 沿邊에서 물물교역을 하고 있으니, "어찌 머나먼 서쪽 변방 사람들을 구태여 곧바로 京師에까지 오게 할 수 있으리오."라고 하는 이 한마디 말을 하면 절로 거절할 수 있을 것입니다.

1) 如定 : 慶曆 3년(1043)에 元昊가 강화를 의논하기 위해 보낸 사신이다. 聿舍, 張延壽, 楊守素 등이 동행하였다.

2) 劉六符 : 경력 2년에 遼나라가 송나라에 보낸 사신이다. 땅을 떼어달라고 하는 등 과도한 요구를 하였다.

3) 昊賊 : 元昊를 가리킨다.
4) 邈川首領 : 邈川은 지명으로 본래 羌族의 땅이었다가 漢나라 때 중국에 점령되었다. 宋나라 때에는 邈川城이라 부르다가 宣和 초에 樂州로 고치고 이 지역을 다스리는 수령에게 邈川大首領을 제수하였다. 막천은 現 青海 西寧市 동쪽 樂都縣에 해당한다.
5) 衆 : 本集에는 '來'자로 되어 있다.
6) 豈可西蕃絶遠 須要直至京師 : ≪宋史≫에는 '豈可令西蕃直至京師'로 되어 있다.
7) 用 : ≪宋史≫에는 '以'자로 되어 있다.

至如青鹽弛禁하얀 尤不可從이니 於我에 雖所損非多나 在賊則爲利甚博이온 況鹽者民間急用이니 旣開其禁이면 則公私往來에 姦細不分이라 若使賊捐百萬之鹽하야 以啗邊民이면 則數年之後에 皆爲盜用矣라

青鹽의 판매금지를 풀어달라는 요청과 같은 것으로 말하자면 더욱 들어주어서는 안 되니, 우리에게는 비록 손실이 많지 않으나 적에게는 이익됨이 매우 큽니다. 더구나 소금이란 것은 민간에 시급히 필요한 것이니, 그 판매금지를 풀어주면 公私간에 왕래하며 매매하는 과정에서 姧細(첩자)를 분간하지 못할 것입니다. 가사 적이 백만의 소금을 덜어내어서 우리 변방 백성들을 유혹한다면 몇 해 뒤에는 우리 소금이 적에게 盜用될 것입니다.

凡此三事가 皆難允許라 今若只爲目下苟安之計면 則何必愛惜이리오 盡可曲從이어니와 若爲社稷久遠之謀인댄 則不止目前이요 須思後患이라 臣願陛下試發五問하야 詢於議事之臣하소서

무릇 이 세 가지 일은 모두 윤허하시기 어려울 것입니다. 지금 만약 단지 목전의 안일만 구차히 바라는 계책을 세운다면 무엇하러 굳이 아낄 필요가 있겠습니까. 모두 다 적의 요구를 따라주면 될 것입니다. 그렇지만 국가 사직을 장구히 보전할 계책을 세운다면 생각이 목전에 그쳐서는 안 되고 모름지기 후환을 생각해야 할 것입니다. 신은 바라건대 폐하께서는 시험 삼아 다섯 가지를 가지고서 국사를 의논하는

신하들에게 물어보소서.

一問西賊不因敗衄하고 忽肯通和之意하니 或用計困之하야 使就和乎아 或其與北虜連謀而僞和乎아

첫째, "西賊(서하)이 전쟁에서 패하지도 않고 느닷없이 강화를 맺을 뜻을 보이니, 혹 계책을 써서 지치게 하여 강화에 나아가게 할 것인가? 혹 北虜(거란)와 연통해 계책을 세우고서 거짓으로 강화할 것인가?"라고 물으소서.

二問旣和之後에 邊備果可徹而寬國用乎아

둘째, "강화를 맺은 뒤에는 변방의 방비를 과연 거두어서 국가의 財用을 넉넉하게 할 수 있겠는가?"라고 물으소서.

三問北使一來에 與二十萬하고 西人一去에 又二十萬이니 從今更索이면 又更與之라 凡廟謀爲國計者가 止有此策而已乎아

셋째, "北虜의 사신이 한 번 오자 20만을 주었고 西賊 사람이 한 번 갈 때 또 20만을 주었으니, 이제부터 다시 요구한다면 또다시 주어야 할 것이다. 무릇 조정에서 국가를 위해 계책을 세우는 자가 이러한 계책만 가지고 있단 말인가?"라고 물으소서.

四問旣和之後에 能使北虜不邀功責報乎아 虜或一動이면 能使天下無事乎아

넷째, "강화를 맺은 뒤에 北虜로 하여금 공로를 내세우고 보답을 요구하지 않게 할 수 있는가? 북로가 혹 한 번이라도 움직이면 천하를 무사하게 할 수 있는가?"라고 물으소서.

五問元昊一議에 許二十萬하니 他日保不更有邀求乎아 他日有求면 能不更添乎아

다섯째, "元昊의 한 번 주장에 20만을 주기로 허락하였으니, 훗날 다시 요구하는 일이 없다고 보장할 수 있는가? 훗날 요구가 있으면 더 주지 않을 수 있겠는가?"라

고 물으소서.

陛下赫然以此五事問之하야 萬一能有說焉이면 非臣所及이어니와 若其無說이면 則天下之憂가 從此始矣라 方今急和謬議는 旣不可追요 許物已多하니 必不能減이라 然臣竊料元昊不出三五年이니 必須更別猖獗하야 以邀增添이어늘 而將相大臣은 只如今日之謀하야 定須更與添物이니 若今日一頓盡與면 則他時何以添之리오 故臣願惜今日所求하노이다 其如西賊에 雖和라도 所利極鮮이요 若和而復動이면 其患無涯니 此臣前後非不切言이니 今無及矣라 伏望陛下留意而思之요 且可不與하노이다 彼若實欲就和면 雖不許此亦可어니와 若實無和意與之면 適有後虞라 謹具奏聞하고 伏候勅旨하노이다

폐하께서 준엄하게 이 다섯 가지로 물어보셔서 만일 대답하는 말이 있으면 신이 알 바가 아니지만 만약 대답할 말이 없다면 천하의 근심이 이로부터 비롯할 것입니다. 지금 강화를 서두른 그릇된 논의는 이미 지난 일이라 어찌할 수 없고 주기로 허락한 물품이 이미 많으니 필시 줄일 수 없을 것입니다.

그러나 신은 생각해보건대 元昊가 나오지 않은 지 3, 5년이니 반드시 다시 다른 방법으로 창궐하여 물품을 더 주기를 요구할 것입니다. 그런데도 將相大臣들은 단지 지금의 계책과 같이 틀림없이 물품을 더 줄 터이니, 만약 지금 한꺼번에 다 주어버리면 훗날에는 무엇을 가지고 더 줄 수 있겠습니까. 그러므로 신은 바라건대 지금 저들이 요구하는 것을 아끼소서. 西賊의 경우는 비록 강화를 맺더라도 이익되는 바는 지극히 적고 만약 강화를 맺은 뒤에 저들이 다시 움직인다면 그 환난은 무한할 것입니다. 이 점은 신이 그동안 간절히 말하지 않은 것이 아니니, 지금은 언급하지 않겠습니다.

삼가 바라옵건대 폐하께서는 유념해서 생각하여 우선 물품을 주지 않아야 할 것입니다. 저들이 만약 실제로 강화에 나아가고자 한다면 비록 이를 허락하지 않더라도 괜찮겠지만, 만약 실제로 강화할 뜻이 없는데 물품을 주면 단지 훗날의 우려만 있을 것입니다. 삼가 갖추어 아뢰고 엎드려 勅旨를 기다립니다.

## 03. 論西賊議和利害狀* 西賊과 和親을 맺는 것의 이해를 논한 狀

* 이 글은 仁宗 慶曆 3년(1043)에 지어진 것이다.

當時揣上下必聽其稱臣處和矣어늘 歐公特欲持重此事하야 以籠西夏라

생각해보면 당시에 상하가 필시 西夏의 稱臣하고 강화하자는 요청을 들어주었을 터인데, 歐陽公은 유독 이 일에 신중을 기하여 서하를 농락하고자 하였다.

右臣伏自如定等到京以來로 竊聞朝議不許賊稱吾祖하고 必欲令其稱臣然後에 許和[1)]라하니 此乃國家大計요 廟堂得策이라 蓋由陛下至聖至明하야 不苟目前之事하고 能慮嚮去之憂하야 斷自宸衷하야 決定大議라 然數日來에 風聞頗有無識之人이 妄陳愚見하야 不思遠患하고 欲急就和라하니 臣雖知必不能上惑聖聰이나 然亦慮萬一少生疑沮면 則必壞已成之計라 臣職在言責에 理合辨明이라

신은 如定 등이 京師에 도착한 이래로 삼가 듣건대 "조정의 의논은 적이 '吾祖'라 칭하는 것을 허락하지 말고 반드시 稱臣하게 한 뒤에야 강화를 허락하고자 한다."고 하니, 이는 바로 국가의 큰 계책이요 조정의 타당한 계책입니다. 대개 폐하께서 지극히 聖明하시어 목전의 일에 구차히 얽매이지 않고 과거의 우환을 생각하여 聖心으로 판단하여 큰 의논을 결정하셨습니다.

그러나 며칠 이래로 풍문으로 듣건대 식견 없는 사람이 어리석은 견해를 함부로 진달하여 먼 앞날의 우환을 생각하지 않고 급히 강화를 맺고자 하는 경우가 제법 있다고 하니, 필시 위로 성상의 총명을 미혹시킬 수 없다는 것은 신이 비록 알지만 만일 조금이라도 의심하고 머뭇거리는 마음이 생기면 이미 이루어진 계책을 반드시 무너뜨릴까 또한 염려됩니다. 신은 직분이 言責에 있는 터라 이치상 응당 이 문제의 옳고 그름을 변별하여 밝혀야 합니다.

1) 右臣伏自如定等到京以來……許和 : 慶曆 3년(1043)에 西夏의 임금인 趙元昊가 사신을 보내 강화를 청하면서 "남방 泥定國 兀卒은 부친 대송황제께 글을

올립니다.〔男邦泥定國兀卒 上書父大宋皇帝〕" 하고 조원호란 이름을 曩霄로 고치고 칭신하지 않았다. 兀卒은 바로 吾祖란 뜻으로 可汗이란 호칭과 같다. 송나라 조정에서는 "吾祖를 올졸로 고친 것은 송나라 조정을 모독하는 것이니, 허락할 수 없다." 하였다. 올졸은 옛날 羌族의 한 부족인 黨項의 말로 서하 임금의 자칭이다. ≪宋史 外國傳 夏國 上≫

**伏自西賊請和以來**로 **衆議頗有異同**하야 **多謂朝廷若許賊不稱臣**이면 **則慮北戎別索中國名分**이라하니 **此誠大患**이라 **然臣猶謂縱使賊肯稱臣**이라도 **則北戎尙有邀功責報之患**이니 **是臣與不臣**이 **皆有後害**라 **如不得已**인댄 **則臣而通好**가 **猶勝不臣**이나 **然於後患不免也**라 **此有識之士憂國之人所以不願急和者也**라

삼가 생각건대 西賊(서하)이 강화를 청한 이래로 뭇사람들의 의논이 자못 달랐습니다. 대다수 "조정이 적이 稱臣하지 않는 것을 허락한다면 北戎(거란)이 따로 중국에 대해 명분을 찾을 것이다." 하니, 이는 진실로 큰 근심거리입니다.

그러나 신은 외려 이렇게 생각합니다. 비록 적이 기꺼이 칭신하더라도 북융은 오히려 공로를 내세우고 보답을 요구할 우려가 있으니, 이는 칭신하거나 칭신하지 않거나 간에 모두 후환이 있는 것입니다. 만약 부득이한 경우에는 적이 칭신해서 강화를 맺는 것이 그래도 칭신하지 않는 것보다는 낫습니다. 그러나 후환은 면치 못할 것입니다. 이것이 식견 있는 선비와 국가를 근심하는 사람이 급히 강화하는 것을 원치 않는 까닭입니다.

**今若不許通和**라도 **不過懼賊來寇耳**라 **且數年西兵遭賊而敗**하니 **非是賊能善戰**이요 **蓋由我自繆謀**라 **今如遣范仲淹處置邊防**하야 **稍不失所**면 **賊之勝負**는 **尙未可知**라 **以彼驕兵**으로 **當吾整旅**하야 **使我因而獲勝**이면 **則善不可加**어니와 **但得兩不相傷**이라도 **亦已挫賊銳氣**요 **縱仲淹不幸小敗**라도 **亦所失不至如前後之繆謀**니 **是比於通和之後**에 **別有大患**이면 **則所損猶少**니 **此善筭之士見遠之人所以知不和害小而不懼未和也**라

지금 만약 강화를 맺는 것을 허락하지 않더라도 적이 와서 침략할까 지나치게 두

려워할 것은 없습니다. 게다가 몇 해 동안 서쪽 변방의 우리 군사들이 적을 만나서 패하였으니, 이는 적이 잘 싸워서가 아니라 대개 우리가 계책을 잘못 세웠기 때문이었습니다.

지금 만약 范仲淹을 보내 변방의 방어를 처리하게 하여 조금도 실수하지 않으면 적과의 승부는 오히려 알 수 없습니다. 저들의 교만한 병사로 우리의 정돈된 군대를 만나서 가사 우리가 승리를 거둔다면 더할 나위 없이 좋겠지만, 단지 양쪽이 모두 피해를 입지 않더라도 이미 적의 예기를 꺾을 것이고, 비록 범중엄이 불행히 조금 패전하더라도 그 손실은 그동안 잘못된 계책과 같은 데 이르지는 않을 것입니다. 이는 강화를 맺은 뒤에 따로 큰 우환이 있는 것에 비하면 손실은 오히려 적을 터이니, 이것은 계책을 잘 세우는 선비와 식견이 원대한 사람이 강화하지 않는 것이 해가 작음을 알아서 강화하지 않는 것을 두려워하지 않는 까닭입니다.

**臣謂方今不羞屈志急欲就和者**는 **其人有五**하니 **一曰不忠於陛下者 欲急和**하며 **二曰無識之人 欲急和**하며 **三曰姦邪之人 欲急和**하며 **四曰疲兵懦將 欲急和**하며 **五曰陝西之民 欲急和**라

신은 생각건대 지금 뜻을 굽힘을 부끄러워하지 않고 서둘러 강화를 맺고자 하는 자는 다섯 부류의 사람이 있습니다. 첫째는 폐하께 불충한 자가 강화를 서두르고자 하며, 둘째는 식견 없는 사람이 강화를 서두르고자 하며, 셋째는 간사한 사람이 강화를 서두르고자 하며, 넷째는 피로한 병졸과 나약한 장수가 강화를 서두르고자 하며, 다섯째는 陝西 지방 사람들이 강화를 서두르고자 합니다.

**自用兵以來**로 **居廟堂者勞於斡運**하고 **在邊鄙者勞於戎事**하니 **若有避此勤勞**하야 **苟欲陛下屈節就和**하야 **而自偸目下安逸**하고 **他時後患**은 **任陛下獨當**이면 **此臣所謂不忠之臣欲急和者也**라 **和而偸安**은 **利在目下**하고 **和後大患**은 **伏而未發**하니 **此臣所謂無識之人欲急和者也**라

군사를 동원한 이래로 廟堂에 있는 사람은 계책을 운용하느라 수고하고 변방에

있는 사람은 전투를 하느라 수고하였으니, 만약 이 수고를 회피하여 폐하로 하여금 절개를 굽혀 강화를 맺게 하여 자신은 목전의 안일만을 잠시 누리고 뒷날의 후환은 폐하께서 홀로 책임지건 말건 아랑곳하지 않는다면, 이는 신이 말한 '불충한 신하가 강화를 서두르고자 한다.'는 것입니다.

강화하여 잠시 안일한 것은 이익이 목전에 있고 강화한 뒤 큰 우환은 숨어서 나타나지 않으니, 이것이 신이 말한 '식견 없는 사람이 강화를 서두르고자 한다.'는 것입니다.

**自兵興以來**로 **陛下憂勤庶政**이어늘 **今小人但欲苟和之後**에 **寬陛下以太平無事**하야 **而望聖心怠於庶政**하고 **因欲進其邪佞**하야 **惑亂聰明**이라 **大抵古今人主憂勤**이 **小人所不願也**니 **此臣所謂姦邪之人欲急和也**라 **屢敗之軍**이 **不知得人則勝**하고 **但謂賊來常敗**하니 **此臣所謂懦將疲兵欲急和也**라

병란이 일어난 이래로 폐하께서는 온갖 정무를 보느라 근심하고 근면하시거늘, 지금 소인들은 단지 구차히 강화한 뒤에는 태평무사한 시대라는 말로 폐하의 마음을 느긋하게 풀어놓아 폐하의 마음이 정무에 태만하기를 바라고, 이어서 간사한 말을 올려 폐하의 총명을 어지럽히려 하고 있습니다. 대저 고금에 임금이 정무를 보느라 근심하고 근면한 것은 소인이 바라지 않는 바이니, 이것이 신이 말한 '간사한 사람이 강화를 서두르고자 한다.'는 것입니다.

누차 패전한 군사는 좋은 인재를 얻으면 승리한다는 것을 알지 못하고 단지 적이 오면 늘 패한다고만 하니, 이것이 신이 말한 '나약한 장수와 피로한 병졸이 강화를 서두르고자 한다.'는 것입니다.

**此四者皆不足聽也**라 **惟西民困乏**하니 **意必望和**라 **請因宣撫**하야 **使告以朝廷非不欲和而賊未遜順之意然後**에 **深戒有司**하야 **寬其力役**이 **可也**요 **其餘一切小人無識之論**은 **伏望聖慈絶而不聽**하야 **使大議不沮**하고 **而善算有成**이면 **則社稷之福也**라 **謹具狀奏聞**하고 **伏候勅旨**하노이다

이 네 가지는 모두 들으실 만한 것이 못 됩니다. 오직 서쪽 변방 사람들이 시달리고 궁핍하니, 생각건대 필시 강화를 바랄 것입니다. 청컨대 宣撫하시는 차제에 '조정이 강화하고자 하지 않는 게 아니라 적이 恭順하지 못하다.'는 뜻을 일러주소서. 그런 뒤에 有司를 깊이 경계시켜 그 力役의 부담을 느슨히 줄여주도록 해야만 할 것입니다. 그 나머지 일체 소인들의 식견 없는 말들은 삼가 바라옵건대 성상께서 끊어버리고 듣지 마소서. 그리하여 큰 논의가 저지되지 않고 좋은 계책이 성공을 거두게 된다면 사직의 복일 것입니다. 삼가 狀을 갖추어 아뢰고 엎드려 勅旨를 기다립니다.

## 04. 言西邊事宜 第一狀* 西邊의 事宜를 말한 첫째 狀

* 이 글은 英宗 治平 2년(1065)에 지어졌다. 歐陽脩는 당시에 59세였고 參知政事를 맡고 있었다.

**此等兵疏는 當與趙充國度羌虜十二事[1)]相上下라**

이와 같은 兵事에 관한 疏들은 응당 趙充國이 西羌을 헤아려 올린 열두 가지 방책과 서로 우열을 겨룰 만하다.

1) 趙充國度羌虜十二事 : 趙充國은 漢나라 때 隴西縣 上邽 사람으로 字는 翁孫이다. 武帝 때에 匈奴 정벌에 공을 세워 中郎將이 되었고, 宣帝 초기에는 천자를 옹립한 공으로 營平侯에 봉해졌다.

宣帝 때 오랑캐 先零이 여러 羌族과 함께 작은 종족 등을 협박하여 모두 한나라를 배반하게 하여 반란을 일으키자 조충국이 70여 세의 고령에도 불구하고 詔書를 받들어 반란 진압에 나섰다. 그가 金城에 갔을 때 屯田 시행에 관하여 열두 가지 방략을 건의하였는데, 兵農一致 정책을 시행하자는 것이 그 골자였다. ≪漢書 趙充國傳≫

이 방략은 ≪漢書≫에 "條不出兵留田便宜十二事"로 되어 있는데, 원래 제목이 〈屯田十二便宜策〉이다.

右臣伏見諒祚狂僭[1)]에 釁隙已多하니 不越歲하야 必爲邊患이라 臣本庸暗하야 不達時機하고 輒以外料敵情하고 內量事勢하며 鑑往年已驗之失하고 思今日可用之謀하니 雖兵不先言이라 俟見形而應變이나 然坐而制勝이 亦大計之可圖라 謹具條陳하야 庶裨萬一하노이다

신은 삼가 보건대 諒祚가 미치고 참람된 짓을 하여 분란을 일으킨 것이 이미 많으니, 이해를 넘지 않아 필시 변방에 우환이 될 것입니다. 신은 본래 용렬하고 우매하여 시국의 機宜를 알지 못하고 문득 밖으로 적의 속마음을 헤아리고 안으로 일의 형세를 헤아리며 지난해 이미 징험한 잘못을 거울삼고 지금 쓸 만한 계책을 생각하였으니, 兵事에는 비록 말을 앞세우지 않는 법이라 적의 형태가 나타나기를 기다렸다가 변화에 대응해야 하지만 앉아서 승리를 거두게 하는 것이 역시 도모함직한 큰 계책입니다. 삼가 조목조목 진달하여 만에 하나라도 도움이 되길 바랄 뿐입니다.

1) 諒祚狂僭 : 本書 권3〈乞獎用孫沔箚子〉題下註 참조.

臣所謂外料敵情者는 諒祚世有夏州하되 自彝興克叡[1)]以前엔 止於一鎭五州而已러니 太宗皇帝時에 繼捧繼遷[2)]始爲邊患하고 其後遂陷靈鹽하야 盡有朔方之地라 蓋自淳化咸平으로 用兵十五餘年하되 旣不能剪滅이라 遂務招懷러니 適會繼遷爲潘羅支所殺이어늘 其子德明乃議歸款이라 而我惟以恩信으로 復其王封하고 歲時俸賜를 極於優厚하니 德明旣無南顧之憂하고 而其子元昊亦壯이라 遂併力西攻回紇하야 拓地千餘里러라

신이 말한 '밖으로 적의 속마음을 헤아린다.'는 것은 다음과 같습니다.

諒祚는 대대로 夏州를 소유하였지만 彝興과 克叡 이전에는 1鎭 5州에 그칠 뿐이었습니다. 그런데 太宗황제 때 繼捧과 繼遷이 처음으로 우환거리가 되었고, 그 후에는 마침내 靈州와 鹽州를 함락시켜 북방의 땅을 모두 차지하였습니다.

대개 淳化·咸平 연간(990~1003)으로부터 전란이 일어난 지 15여 년이 되었지만 이미 적을 섬멸하지 못하였으므로 마침내 적을 회유하는 데 힘썼습니다. 그런데 마침 계천이 潘羅支에게 살해되자 그 아들 德明이 귀순할 의사를 밝혔습니다. 이에 우

리는 오직 은혜와 신의로 대하여 왕의 爵封을 회복시켜주고 세시의 하사품을 극히 豊厚하게 주니, 德明이 이미 남쪽을 돌아보는 근심이 없어졌고 그 아들 元昊도 장성한 터라 마침내 힘을 합쳐서 서쪽으로 回紇을 공격하여 땅 천여 리를 넓혔습니다.

1) 彝興克叡 : 彝興은 성이 李氏이고 본래 夏州 사람으로 彝超의 아우이다. 본명은 彝殷이었는데 宋 宣帝의 이름이 殷이었으므로 피휘하여 고쳤다. 本姓은 拓跋氏였는데 唐 貞觀 초에 拓拔赤辭란 자가 당나라로 귀순하니 太宗이 李氏를 姓으로 하사하고 靜州와 邊州 등을 주어서 처우하였다. 그 후 夏州에 거주하는 자를 平夏部라 불렀다. 당나라 말엽에 拓跋思恭이 夏州를 다스리면서 銀州・夏州・綏州・宥州・靜州를 통괄하였다.

克叡는 이흥의 아들로 그의 뒤를 이어서 지위를 물려받았다. 극예는 初名은 光叡였는데 송 태종의 이름이 光이었으므로 避諱하여 고쳤으며, 부친 이흥이 죽은 뒤 權知州事로부터 檢校太保・定難軍節度使에 제수되었다. 송 태종은 본명이 匡義인데, 光義로 고쳤다가, 즉위한 뒤에 다시 炅으로 고쳤다. ≪宋史 外國傳≫

2) 繼捧繼遷 : 繼捧과 繼遷은 모두 李繼筠의 아우이다. 송 태종 때 계봉이 송나라로 조회 왔고 계천은 도망쳐 망명하였다. 태종이 계봉을 보내 계천을 불렀고 그래도 오지 않자 여러 차례 토벌하였으나 이기지 못하였다. 眞宗 咸平 5년(1002)에 송나라를 침공하여 靈州・定州・懷遠 등지를 함락시켰으나 麟州의 일전에서 크게 패전하였다. 이때 화살을 맞고 潘羅支에게 살해되었다. ≪宋史 外國傳≫

**德明旣死**에 **地大兵强**일새 **元昊遂復背叛**하니 **國家自寶元慶曆以後**로 **一方用兵**에 **天下騷動**하야 **國虛民弊**라 **如此數年**에 **元昊知我有厭兵之患**하고 **遂復議和**어늘 **而國家待之**에 **恩禮又異於前矣**라 **號爲國主**에 **僅得其稱臣**하고 **歲予之物**이 **百倍德明之時**요 **半於契丹之數**라

德明이 죽었을 때에 땅은 크고 병력은 강해졌기 때문에 元昊가 마침내 다시 배반하니, 우리 국가가 寶元・慶曆 연간(1038~1048) 이후부터 한 방면에 군사를 동원함에 천하가 소란하여 나라는 텅 비고 백성은 피폐하였습니다. 이와 같이 몇 해를 보내는 동안에 우리가 전란을 싫어해 근심한다는 것을 원호가 알고서 마침내 강화

를 의논하거늘, 우리 국가가 저들을 대우함에 은혜와 예의가 또 예전보다 달라졌습니다. 그래서 國主라 호칭하여 겨우 稱臣만 얻었고 세시로 주는 하사품은 덕명 때보다 백 배를 더 주고 契丹에 보내는 수량에 반이 되었습니다.

**今者諒祚**는 **雖曰狂童**[1]이나 **然而習見其家世所爲**하니 **蓋繼遷之叛而復王封**하며 **元昊再叛而爲國主**하니 **今若又叛**이면 **其志可知**라 **是其欲自比契丹**하야 **抗衡中國**하야 **以爲鼎峙之勢爾**니 **此臣竊料敵情**이 **在於此也**라

지금 諒祚는 狂童입니다. 그러나 그 집안에서 대대로 해온 바를 익히 보았으니, 繼遷이 배반했다가 다시 왕에 봉해졌고 元昊가 다시 배반했다가 國主가 되었으니 지금 만약 또 배반한다면 그 뜻을 알 수 있습니다. 이는 스스로 자기 나라를 契丹에 비겨서 중국과 대등한 입장에 서서 세 나라가 鼎立하는 형세를 만들고자 하는 것입니다. 이는 신이 헤아려보건대 적의 속마음이 여기에 있습니다.

1) 狂童 : ≪詩經≫ 〈鄭風 褰裳〉에 "그대가 진정 나를 그리워할진댄, 치마를 걷어 올리고 溱水를 건너가겠지만, 그대가 나를 그리워하지 않을진댄, 어찌 다른 남자가 없으리오. 狂童이 미쳤구나.〔子惠思我 褰裳涉溱 子不我思 豈無他人 狂童之狂也且〕" 한 데서 온 말로 미친 짓을 하는 아이란 뜻이다.

**夫所謂內量事勢者**는 **蓋以慶曆用兵之時**로 **視方今禦邊之備**하야 **較彼我之虛實强弱**하야 **以見勝敗之形也**라 **自眞宗景德二年**에 **盟北虜於澶淵**하고 **明年始納西夏之款**하야 **遂務休兵**하고 **至寶元初**하야 **元昊復叛**하니 **蓋三十餘年矣**라 **天下安於無事**하야 **武備廢而不修**하고 **廟堂無謀臣**하며 **邊鄙無勇將**이라 **將愚不識干戈**하고 **兵驕不識戰陣**하야 **器械朽腐**하고 **城郭隳頹**어늘 **而元昊勇鷙桀黠之虜也**라 **其包畜姦謀**하야 **欲窺中國者**가 **累年矣**로되 **而我方恬然不以爲慮**하고 **待其謀成兵具**하야 **一旦反書來上然後**에 **茫然不知所措**하야 **中外震駭**에 **擧動倉惶**하니 **所以用兵之初**에 **有敗而無勝也**라 **旣而朝廷用韓琦范仲淹等**하야 **付以西事**하야 **極力經營**하고 **而勇夫銳將**이 **亦因戰陣稍稍而出**하니 **數年之間**에 **人謀漸得**하고 **武備漸修**하야 **似可支吾矣**라 **然而天下已困**일새

**所以屈意忍恥**하야 **復與之和**하니 **此慶曆之事爾**라

대저 이른바 '안으로 일의 형세를 헤아린다.'는 것은 대개 慶曆 연간에 전쟁을 치렀을 때를 가지고 현재 변방 방어의 대비와 견주어 저들과 우리의 虛實과 강약을 비교하여 승패의 형세를 아는 것입니다. 眞宗 景德 2년(1005)에 澶淵에서 北虜(거란)와 맹약을 맺었고, 그 이듬해 처음으로 西夏의 화친을 받아들여서 드디어 휴전하는 데 힘썼고, 寶元 초에 이르러 元昊가 다시 배반하였으니, 그동안 30여 년의 세월이 흘렀습니다.

천하가 무사한 데 안주하여 武備를 팽개쳐두고 보수하지 않았고 조정에는 謀臣이 없으며 변방에는 용장이 없었습니다. 장수는 어리석어 전투를 알지 못하고 병사는 교만하여 戰陣을 알지 못하여 무기는 낡아 썩었고 성곽은 허물어졌습니다. 게다가 원호는 용맹하고 교활한 오랑캐라 간특한 꾀를 품고서 중국을 노린 지가 여러 해였습니다. 우리는 바야흐로 편안히 여겨서 염려하지 않고 저들의 계책이 이루어지고 병력이 갖추어져서 하루아침에 반란을 통고하는 國書가 올라온 뒤에야 茫然自失하여 어찌할 줄 모르고 中外가 크게 놀라 거동에 경황이 없으니, 그런 까닭에 전쟁하던 당초에 패배만 있고 승리는 없었습니다.

이윽고 조정이 韓琦와 范仲淹 등을 기용하여 西邊의 일을 맡겨 이들이 힘을 다해 경영하고 용감한 사내와 날랜 장수들 또한 戰陣을 통하여 조금씩 나왔습니다. 그리하여 몇 해 동안에 사람의 계책이 점차 성과를 거두고 武備가 점차 보수되어 지탱할 수 있을 것도 같았습니다. 그러나 천하는 이미 지칠 대로 지쳤습니다. 그래서 뜻을 굽히고 치욕을 참고서 다시 적과 강화를 맺었으니, 이는 慶曆 연간의 일입니다.

**今則不然**하야 **方今甲兵雖未精利**나 **不若往年之腐朽也**요 **城壘粗嘗完緝**하니 **不若往年之隳頽也**요 **土兵蕃落**[1]을 **增添訓練**하니 **不若往年寡弱之驕軍也**요 **大小將校曾經戰陣者**가 **往往尙在**하니 **不若往年魏昭炳夏隨之徒綺紈子弟也**요 **一二執政之臣**이 **皆當時宣力者**라 **其留心西事熟矣**니 **不若往時大臣茫然不知所措者也**라

지금은 그렇지 않아 현재 갑옷과 병기가 비록 단단하고 예리하게 정비되지는 못했으나 왕년에 낡고 썩었던 경우와는 같지 않고, 성곽과 보루는 그런대로 튼튼히

보수되었으니 왕년의 허물어졌던 경우와는 같지 않고, 변방 토착민 출신의 병사들을 더 모아서 훈련하였으니 왕년의 소수에다 나약하고 교만한 군사와는 같지 않고, 대소 장교들로서 전쟁을 치른 경험이 있는 자가 왕왕 있으니 왕년의 부유한 집안 자제인 魏昭炳과 夏隨 같은 자들과는 같지 않고, 한두 執政大臣들이 모두 당시에 힘을 썼던 자들로서 西邊의 일에 마음을 두고 익히 생각해왔으니 망연히 어찌해야 할지 몰랐던 왕년의 대신들과는 같지 않습니다.

1) 蕃落 : 변방 이민족 출신의 군사를 말한다.

蓋往年以不知邊事之謀臣으로 馭不識干戈之將하고 用驕兵執朽器하야 以當桀黠新興之虜하니 此所以敗也라 方今謀臣武將과 城壁器械가 不類往年하고 而諒祚狂童이 不及元昊遠甚이요 往年忽而不思러니 今又已先覺하야 可以早爲之備하니 苟其不叛則已어니와 若其果叛이면 未必不爲中國利也라 臣謂可因此時하야 雪前恥收後功이로되 但顧人謀如何爾라 若上憑陛下神威睿算하야 係纍諒祚君臣하야 獻於廟社면 此其上也요 其次는 逐狂虜於黃河之北하야 以復朔方故地요 最下는 盡取山界하야 奪其險而我守之하야 以永絶邊患이라 此臣竊量事勢하야 謂或如此라

대개 왕년에는 변방의 일을 알지 못하는 謀臣으로써 전투를 알지 못하는 장수를 부리고 교만한 군병으로 낡은 무기를 잡게 하여 새로 일어난 교활한 도적을 막았으니, 이것이 패배한 까닭입니다. 지금은 모신·武將과 성곽·무기가 왕년과 같지 않고 狂童에 불과한 諒祚는 사려가 깊은 元昊에 못 미치며, 왕년에는 소홀히 여겨 생각하지 못했는데 지금은 또 적의 뜻을 미리 깨달아 일찍이 대비할 수 있으니, 진실로 배반하지 않는다면 그만이겠지만 과연 배반한다면 반드시 중국에 이롭지 못하지는 않을 것입니다.

신은 생각건대 이때를 기회로 삼아 예전의 치욕을 씻고 훗날의 전공을 거둘 수 있을 것이지만 계책을 어떻게 잘 세우느냐에 달렸을 뿐입니다. 만약 위로 폐하의 신령한 위엄과 슬기로운 결단에 힘입어 양조와 그 신하들을 사로잡아서 종묘사직에 바칠 수 있다면 이것이 가장 좋고, 그 다음은 黃河 북쪽으로 미친 도적(거란)을 쫓아내어 북방의 옛 땅을 수복하는 것이고, 가장 낮은 방책은 저들이 살고 있는 山界의 땅을

죄다 점령해서 그중 험준한 곳을 빼앗아 우리가 지켜서 변방의 우환을 길이 끊는 것입니다. 이는 신이 일의 형세를 헤아려 혹 이와 같을 것이라 생각한 것입니다.

**臣所謂鑑往年已驗之失者**는 **其小失非一**이라 **不可悉數**니 **臣請言其大者**하리이다 **夫夷狄變詐**하야 **兵交陣合**에 **彼佯敗以爲誘**어늘 **我貪利而追之**라가 **或不虞橫出而爲其所邀**하고 **或進陷死地而困于束手**하니 **此前日兵**[1]**敗之戒**라 **今明習兵戰者**도 **亦能知之**하니 **此雖小事也**나 **亦不可忽**이어니와 **所謂大計之繆者**는 **攻守之策**이 **皆失爾**라

신이 말한 '지난해의 이미 징험한 잘못을 거울삼는다.'는 것은 그 작은 잘못이 한두 가지가 아니라 이루 다 셀 수 없으니, 신은 그중에 큰 것을 말하겠습니다. 대저 오랑캐는 속임수를 잘 부려 軍陣이 교전할 때 저들이 거짓으로 패한 척하여 유인하면 우리는 이로움을 탐내어 추격하다가 혹 뜻하지 못한 적의 기습이 갑자기 나와서 邀擊을 당하기도 하고 혹 나아가서 사지에 빠져 속수무책의 곤경에 처하기도 하니, 이것이 지난날 우리 군사의 패전에 대해 경계할 바로 지금 전투에 밝고 익숙한 사람도 잘 알고 있습니다. 이는 비록 작은 일이나 소홀히 여겨서는 안 되거니와 이른바 큰 계책이 어긋났다는 것은 攻守의 계책이 모두 잘못된 것입니다.

1) 兵 : 本集에는 '屢'자로 되어 있다.

**臣視慶曆禦邊之備**컨댄 **東起麟府**하고 **西盡秦隴**[1]하야 **地長一**[2]**千餘里**에 **分爲路**[3]**者五**요 **而路分爲州軍**[4]**者又二十有四**요 **而州軍分爲寨爲堡爲城者 又幾二百**이니 **皆須列兵而守之**라 **故吾兵雖衆**이나 **不得不分**이요 **所分既多**에 **不得不寡**어늘 **而賊之出也**에 **常擧其國衆**하야 **合聚爲一而來**하니 **是吾兵雖多**나 **分而爲寡**요 **彼衆雖寡**나 **聚之爲多**라 **以彼之多**로 **擊吾之寡**하니 **不得不敗也**라 **此城寨之法**이 **既不足自守矣**요 **而五路大將所謂戰兵者**는 **分在二十四州軍**하니 **欲合而出**이면 **則懼後空而無備**하고 **欲各留守備而合其餘**면 **則數少不足以出攻**하니 **此當時所以用兵累年 終不能一出者 以此也**라 **夫進不能出攻**하고 **退不能自守**하니 **是謂攻守皆無策者**니 **往年已驗之失也**라

신은 慶曆 연간의 변방 방비를 보건대 동쪽으로 麟府에서 시작하여 서쪽으로 秦隴 끝에 이르기까지 땅의 길이가 1천여 리에 나누어 路로 된 것이 다섯이고 路가 나뉘어 州·軍이 된 것이 또 스물넷이고 주·군이 나뉘어 寨가 되고 堡가 되고 城이 된 것이 또 거의 2백이니 모두 군대를 두어서 지켜야 했습니다. 그러므로 우리 군사가 비록 많더라도 나뉘지 않을 수 없고, 나뉨이 이미 많음에 수가 적어지지 않을 수 없거늘 적이 출전할 때에는 늘 그 나라의 무리들을 다 동원하여 하나로 합쳐서 옵니다.

이렇고 보면 우리의 군사는 비록 많으나 나뉘어져서 적고 적의 무리는 비록 적으나 모여서 많습니다. 따라서 저들의 많은 군사로 우리의 적은 군사를 공격하니 우리가 패하지 않을 수 없었던 것입니다. 이는 城寨의 법이 이미 스스로 수비할 만한 것이 못 됩니다.

게다가 5路 대장이 이른바 전투병이라는 것은 나뉘어 24州·軍에 있으니, 합쳐서 출전하고자 하면 후방이 텅 비어 방비가 없을까 염려되고 각각 머물러 수비하고 그 나머지 병력을 모으고자 하면 숫자가 적어서 나가 공격하기에 부족하니, 당시에 여러 해 동안 用兵하면서도 한 번도 나가 공격하지 못했던 까닭이 이 때문이었습니다. 대저 나아가 공격하지도 못하고 물러나 스스로 지키지도 못하니, 이것을 攻守에 모두 계책이 없다는 것으로 왕년이 이미 징험한 잘못입니다.

1) 秦隴 : 秦嶺과 隴山의 병칭으로 現 陝西와 甘肅 일대이다.
2) 一 : 本集에는 '二'자로 되어 있다.
3) 路 : 宋·元 때 행정구역 이름이다. 송나라 때의 路는 明·淸 때의 省과 같고 元나라 때의 路는 명·청 때의 府와 같다.
4) 州軍 : 宋나라 때의 지방 행정구역의 명칭들이다. 宋나라는 全國을 18路로 나누고 路 아래에 州·府·軍·監 322곳을 두었다.

**臣所謂今日可用之謀者**는 **在定出攻之計爾**니 **必用先起制人之術**이라야 **乃可以取勝也**라 **蓋列兵分地而守**하면 **敵得時出而撓於其間**하야 **使我處處爲備**를 **常如敵至**하면 **師老糧匱**하고 **我勞彼逸**이라

신이 말한 '지금 쓸 만한 계책'이란 것은 나가 공격하는 계책을 결정하는 데 있을 뿐이니, 반드시 먼저 일어나 적을 제압하는 계책을 써야 비로소 승리를 거둘 수 있습니다. 대개 병력을 나열하고 땅을 나누어 지키면 적이 때때로 나와서 그 사이에 우리 군사를 동요시켜서 우리로 하여금 곳곳마다 방비하게 하기를 늘 적이 공격해 오는 것처럼 하게 할 터이니, 이렇게 되면 군사는 지치고 군량은 떨어지며 우리는 피로하고 적은 편안할 것입니다.

**昔周世宗以此策困李景於淮南**[1]하고 **昨元昊亦用此策**하야 **以困我之西鄙**라 **夫兵分備寡**는 **兵家之大害也**니 **其害常在我**하고 **以逸待勞**는 **兵家之大利也**니 **其利常在彼**라 **所以往年賊常得志也**라 **今誠能反其事**하야 **而移我所害者予敵**하고 **奪敵所利者在我**하면 **則我當先爲出攻之計**하야 **使彼疲於守禦**리니 **則我亦得志矣**라

옛날 後周 世宗이 이 계책으로 淮南에서 李景을 곤경에 빠뜨렸고 근래 元昊도 이 계책을 써서 우리의 서쪽 변병을 곤경에 빠뜨렸습니다. 대저 군사를 나누어 적은 적을 방비하는 것은 兵家의 큰 해로움이니 그 해로움은 늘 우리 쪽에게 있고, 편안한 군사로써 피로한 군사를 기다리는 것은 병가의 큰 이로움이니 그 이로움은 늘 상대편에 있습니다. 이런 까닭에 왕년에 적이 늘 뜻을 이룰 수 있었던 것입니다.

지금 진실로 그 일을 반대로 뒤집어서 우리에게 해로운 것을 옮겨서 적에게 주고 적에게 이로운 것을 빼앗아 우리에게 둘 수 있다면, 우리는 응당 먼저 나가서 공격하는 계책을 써서 저들로 하여금 수비하는 데 지치게 할 수 있을 터이니, 그렇게 된다면 우리도 뜻을 이룰 수 있을 것입니다.

1) 昔周世宗以此策困李景於淮南 : 世宗은 성명이 柴榮이며 後周의 황제로 954~959년까지 재위하였다. 후주는 五代의 마지막 왕조이고 후주 세종은 오대를 통틀어 제일의 명군이라고 일컬어진다. 그는 문무를 겸비한 英明한 임금으로 특히 儒學과 문장에 뛰어난 선비들을 불러 모아서 제도를 고찰하고 禮樂을 바로잡는 등 후세에 본받을 만한 업적을 많이 남겼다.

≪宋史≫ 〈李景傳〉에 "顯德 2년(955)에 후주 세종이 淮南을 정벌하여 正陽에서 李景의 군사를 격파하고 마침내 진격하여 壽州를 포위하였다." 하였다.

凡出攻之兵은 勿爲大擧니 我每一出에 彼必呼集而來拒하리니 彼集於東이어든 則別出其西하고 我歸彼散이어든 則我復出而彼又集이리니 我以五路之兵으로 番休出入하야 使其一國之衆으로 聚散犇走하야 無時暫停이면 則無不困之虜矣라 此臣所謂方今可用之謀也라

대저 나가 공격하는 군사는 대거 움직여서는 안 되니 우리가 한 번 나갈 때마다 저들은 반드시 군사를 불러모아서 와서 막을 것입니다. 저들이 동쪽에 모이면 따로 군사를 내어 저들의 서쪽으로 나가며, 우리는 돌아오고 저들은 흩어지면 우리는 다시 나가고 저들은 다시 모일 터이니, 우리가 5路의 군병으로 번갈아 쉬며 나갔다 들어왔다 하여 저 한 나라의 무리들로 하여금 모였다 흩어졌다 분주히 움직이느라 잠시도 쉴 때가 없게 하면 피곤하지 않을 오랑캐가 없을 것입니다. 이것이 신이 말한 '지금 쓸 만한 계책'입니다.

蓋往年之失은 在守하고 方今之利는 在攻이라 昔至道中에 亦嘗五路出攻矣로되 當時將相이 爲謀不密하니 蓋欲攻黠虜方强之國에 不先以謀困之하고 而直爲一戰必取之計하야 大擧深入이라 所以不能成功也러라

대개 왕년의 잘못은 수비한 데 있었고, 지금의 이로움은 공격하는 데 있습니다. 옛날 至道 연간(995~997)에도 일찍이 5路의 군사가 나가 공격한 적이 있었지만 당시 將相이 계책을 쓰는 게 치밀하지 못했으니, 대개 교활한 적으로 바야흐로 강성한 나라를 공격하고자 하면서 먼저 계책으로 상대편을 곤란하게 하지 않고 곧바로 일전을 겨루어 반드시 승리하려는 계책을 써서 군사를 대거 동원하여 깊이 쳐들어갔습니다. 그런 까닭에 성공을 거두지 못했던 것입니다.

夫用兵이 至難事也라 故謀旣審矣면 則其發也必果라 故能動而有成功也라 若其山川之險易와 道里之迂直과 蕃漢兵馬之强弱과 騎軍步卒長兵短兵之所利와 與夫左右前後에 一出一入과 開闔變化에 有正有奇한 凡用兵之形勢는 有可先知者요 有不可先言者라

대저 用兵은 지극히 어려운 일입니다. 그러므로 계책이 이미 신중하면 그 출동은 반드시 과감한 법입니다. 그러므로 출동하면 성공을 거둘 수 있는 것입니다. 산천의 험하고 평탄한 지형, 도로의 굽음과 곧음, 변방 민족과 한족 兵馬의 강약, 기병·보졸과 긴 병기·짧은 병기의 이로움 및 좌우전후로 한 번 나가고 한 번 들어오는 것과 開合하고 변화함에 정공도 있고 기습도 있는 등 무릇 용병의 형세는 미리 알 수 있는 것이 있고 미리 말할 수 없는 것이 있습니다.

**臣願陛下遣一重臣**하야 **出而巡撫**하야 **遍見諸將**하야 **與熟圖之**하야 **以先定大計**하되 **凡山川道里蕃漢步騎出入之所宜可先知者**를 **悉圖上方略**하고 **其餘不可先言**은 **付之將率**하야 **使其見形應變**에 **因敵制勝**하고 **至於諒祚之所爲**하얀 **宜少屈意含容而曲就之**하야 **旣以驕其心**하고 **亦少緩其事**하야 **以待吾之爲備**하고 **而且嚴戒五路**하야 **訓兵選將**하고 **利器甲**하며 **畜資糧**하야 **常具軍行之計**라가 **待其反書朝奏則王師暮出**하야 **以駭其心而奪其氣**하야 **使其支吾不暇**하면 **則勝勢在我矣**라

신은 원컨대 폐하께서 한 重臣을 보내서 중신이 나아가 변방을 순찰하고 慰撫하면서 장수들을 두루 만나 깊이 의논해 도모하여 먼저 큰 계책을 정하되, 무릇 산천과 도로, 변방 민족과 한족의 보병과 기병, 나가고 들어오는 것에 대해 마땅히 미리 알아야 할 바를 도면에 자세히 그려 方略을 올리게 하고, 그 나머지 미리 말할 수 없는 것들은 장수에게 맡겨서 형세를 보고 임기응변하며 적의 동태에 따라 승리를 거두게 하소서.

그리고 諒祚가 하는 바로 말하자면, 조금 뜻을 굽혀 포용하여 저들의 뜻에 맞추어 주어 저들의 마음을 교만하게 해놓고 또 그 일을 조금 늦춤으로써 우리가 대비를 갖출 때를 기다리는 한편, 5路에 엄히 경계하여 병사를 훈련하고 장수를 선발하며 무기를 손질하고 군량을 비축하여 군사가 출동할 수 대책을 늘 갖추어두게 하소서. 그렇게 해두고 기다렸다가 저들의 반란을 통고하는 國書가 아침에 올라오면 우리 군사는 저녁에 출동하여 저들의 마음을 놀라게 하고 저들의 기운을 빼앗아서 지탱하기에도 겨를이 없게 해야 할 것입니다. 그렇게 하면 勝勢는 우리에게 있을 것입니다.

往年에 議者亦欲招輯橫山蕃部하야 謀取山界之地라 然臣謂必欲招之인댄 亦須先藉勝捷之威하야 使其知中國之彊이니 則方肯來附也라 由是言之컨댄 亦以出攻爲利矣라

왕년에 의논하는 이도 橫山의 변방 부락 사람을 불러 모아서 山界의 땅을 탈취할 것을 도모하였습니다. 그러나 신은 생각건대 반드시 변방 부락 사람들을 불러모으고자 한다면 역시 먼저 승첩의 위세를 빌어서 중국의 위엄을 알게 해야 할 것이니, 그렇게 해야 비로소 와서 붙좇을 것입니다. 이런 관점에서 말한다면 역시 나가 공격하는 것이 이롭다고 여겨집니다.

凡臣之所言者가 大略如此[1]라 然臣足未嘗踐邊陲하고 目未嘗識戰陣하니 以一儒生偏見之言으로 誠知未可必用이로되 直以方當陛下勞心西事廣詢衆議之時하야 思竭愚慮하야 備芻蕘之一說[2]爾라

무릇 신이 말씀드린 바는 대략 이와 같습니다. 그러나 신은 발이 변방을 밟은 적이 없고 눈이 戰陣을 보아서 안 적이 없으니, 일개 유생의 편견으로 하는 말로 본다면 진실로 반드시 채택될 만하지는 않은 줄 압니다. 단지 바야흐로 폐하께서 서쪽 변방의 일에 노심초사하시어 뭇사람들의 의견을 두루 묻고 계신 때에 어리석은 생각이나마 다 말씀드려 芻蕘의 한마디 말로 삼고자 생각했을 뿐입니다.

1) 如此 : 本集에는 이 뒤에 '爾'자가 있다.

2) 芻蕘之一說 : 芻蕘는 꼴을 베고 나무를 하는 사람으로 하찮은 사람을 뜻한다. 즉 아무리 하찮은 사람의 말이라고 하더라도 그 가운데에는 쓸 만한 말이 있으므로 성인은 이를 취한다는 뜻이다. ≪詩經≫ 〈大雅 板〉에 "선민이 말씀하셨나니, 꼴 베고 나무하는 사람에게도 묻는다.〔先民有言 詢于芻蕘〕" 한 데서 온 말이다.

## 05. 論契丹侵地界狀* 거란이 영토를 침범한 것에 대해 논하는 狀

* 이 글은 仁宗 慶曆 4년(1044)에 지어진 것이다. 이해에 歐陽脩가 河東으로 사신 나가서 올린 글을 모은 ≪河東奉使奏草≫ 2권이 있는데 이 글은 그중의

한 편이다. 이 밖에도 〈奏北界爭地界〉와 〈乞令邊臣辨明地界〉 두 편이 있는데 역시 이 당시에 지은 것으로 ≪河東奉使奏草≫에 실려 있다.

**忠謀深識之言**이라

충성스런 계책에 식견이 깊은 말이다.

**右臣**은 **伏見北虜**가 **近於界首**[1]에 **添建城寨**하고 **及拘囚定州巡兵湯則**[2]하고 **侵過銀坊冶谷地界等事**라 **竊聞朝廷至今未有分明嚴切指揮**하야 **令邊臣以理爭辨**하니 **竊料朝廷之意**는 **必謂爭之恐有引惹之虞**니 **此乃慮之過而計之失也**라

신은 北虜(거란)가 근자에 邊境에 城寨를 더 세운 것과 定州의 巡邊指揮使 湯則을 구금하고 邊境의 銀坊과 冶谷 등지를 침범한 것 등의 일을 삼가 보았습니다. 그런데 삼가 듣건대 "조정이 지금까지도 분명하고 嚴切한 지휘를 내려 邊臣으로 하여금 이치로써 爭辨하게 했다."라는 말을 듣지 못했습니다. 적이 생각건대 조정의 뜻은 필시 쟁변했다가 분란을 야기할 우려가 있을까 염려했을 터인데, 이는 바로 지나친 염려요 잘못된 계책입니다.

1) 界首 : 邊境과 같은 말이다.

2) 巡兵湯則 : 歐陽脩의 〈乞令邊臣辨明地界〉에 "거란이 巡邊指揮使 湯則을 사로잡아 구금하고 銀坊 이남 邊境을 침범하였다." 하였다.

**夫虜性貪狼**하야 **號爲犬戎**[1]이요 **欺弱畏强**에 **難示以怯**이라 **今杜之於早而力爲拒絶**이라도 **猶恐不能**이어든 **若縱之不爭而誘其來侵**이면 **乃是引惹**라 **況西山**[2]**道路有三十餘處**가 **皆可行兵**하니 **其險要所扼**이 **在於軍城銀坊**[3]**等路**어늘 **爲彼奪據而不爭**이면 **則北寨王柳**[4]**等口**를 **漸更來侵**하리니 **豈能爭矣**리오 **是則西山險要**가 **盡爲彼奪**이니 **一日使虜以大兵渡易水**하야 **由威虜**[5]**之西平陸**[6]**而來**하야 **以奇兵自飛狐**[7]**出西山諸口而下**면 **則我腹背受敵**[8]**之患**을 **不知何以禦之**오 **此蓋兵法必爭之地也**라 **且與人爲隣敵而自棄險要**하야 **任彼奪據而不爭**하니 **雖使我弱彼强**이라도 **尙須勉强**이어든

何況勢鈞力敵하고 又違誓約하야 而彼曲我直乎아

대저 北虜는 탐욕스럽고 사나워 犬戎이라 불리며, 약한 자는 속이고 강한 자는 두려워하니 겁을 내는 태도를 보여서는 곤란합니다. 이제 일찌감치 막아서 힘써 거절하더라도 오히려 불가능할까 염려되는데 하물며 풀어놓아서 쟁변하지 않고 와서 침공하도록 유인하면 이는 바로 분란을 야기하는 것입니다.

하물며 西山의 도로에 30여 곳이 모두 군사를 용병할 만한 곳인데 그 지형이 험하여 요충이 되는 곳들이 軍城과 銀坊 등지에 있습니다. 그런데 이곳이 빼앗겨 점거되어 있는데도 쟁변하지 않는다면 北寨와 王柳 등 어귀를 점차 다시금 침공해 올 터이니, 어떻게 쟁변해 막을 수 있겠습니까. 이렇게 되면 서산의 험한 요새가 모두 저들에게 빼앗기게 될 것이니, 어느 날 적이 대군을 거느리고 易水를 건너서 威虜의 서쪽 평탄한 땅을 경유해 와서 기습하는 군대(奇兵)를 가지고서 飛狐로부터 서산의 여러 어귀로 나와서 내려온다면 우리가 배와 등으로 적의 공격을 받는 우환을, 알지 못하겠습니다만 어떻게 막겠습니까. 이는 대개 병법에서 반드시 쟁취해야 하는 곳입니다.

게다가 남과 이웃하는 적이 되어 있는 판국에 스스로 요충지를 버려 저들이 탈취하도록 내버려두고 쟁변하지 않으니, 비록 우리가 약하고 저들이 강하더라도 오히려 힘써 쟁취해야 하거늘, 하물며 형세는 균등하고 힘은 대등하며 게다가 맹약을 어겨서 저들은 그르고 우리는 바르다고 함에 있어서이겠습니까.

1) 號爲犬戎 : ≪唐宋八大家文鈔 校注集評≫에는 '知足無時'로 되어 있다.
2) 西山 : 現 山西와 河北 북부 일대를 가리킨다.
3) 軍城銀坊 : 軍城은 軍城寨로 宋나라 때 定州에 속하면서 軍寨가 되었다. 銀坊은 銀坊城으로 역시 송나라 때 定州에 속하며, 군사적으로 요충지였다.
4) 北寨王柳 : 北寨와 王柳 모두 북송 때의 軍寨로 軍城寨 서쪽에 있었고 송나라 때 眞定府에 속하였다. 왕류는 王柳口鋪의 약칭이다.
5) 威虜 : 威虜軍인데 후에 遂城縣으로 바뀌었다. 송나라 때는 定州에 속하여 軍寨가 되었다.
6) 平陸 : 평탄한 육지로 험준한 산악인 西山과 상대하여 말한 것이다.
7) 飛狐 : 河北 淶源縣 남쪽에 있는데 양쪽의 벼랑이 깎아지른 듯이 서 있고 한

가닥 좁은 길이 나 있다. 이 길이 구불구불 백여 리나 이어져 있다. 이곳은 옛날 하북의 평원과 북방 邊境의 郡을 잇는 교통의 요충지였다. 송나라 때 이미 遼나라의 영토에 들어갔다.

8) 腹背受敵 : 배와 등 양쪽에서 적의 공격을 받는다는 뜻인데 飛狐 지역은 동쪽에 있고, 威虜 지역은 동쪽에 있기 때문에 이렇게 말한 것이다.

**臣謂朝廷所以然者**는 **蓋由未察虜中强弱之形**하야 **而不得其情僞之實也**라 **臣又見朝廷常有懼虜之色**하고 **而無憂虜之心**이라 **夫憂之與懼**가 **名近而意殊**하니 **憂者**는 **深思極慮而不敢暫忘**이요 **懼者**는 **臨事惶惑而莫知所措**라

신은 생각건대 조정이 그렇게 하는 까닭은 대개 적의 형세가 강한지 약한지를 살피지 못하여 저들의 하는 일이 진실인지 거짓인지 알 수 없기 때문입니다. 신은 또 보건대 조정이 늘 적을 두려워하는 기색이 있고 적을 근심하는 마음은 없습니다. 대저 근심과 두려움은 이름은 비슷하지만 뜻은 다르니, 근심이란 지극히 깊이 생각하여 감히 잠시도 잊지 못하는 것이고, 두려움이란 막상 일을 만나 두려워하고 마음이 흔들려 어찌할 줄 모르는 것입니다.

**今邊防之事**가 **措置多失其機者**는 **懼敵之意過深也**라 **若能察其强弱之形**하야 **得其情僞之實**이면 **則今日之事**는 **誠不足懼**요 **而將來之患**은 **深有可憂**어늘 **奈何不憂其深可憂**하고 **而反懼其不足懼**아 **且戎虜**[1]가 **雖以戰射爲國**이나 **而耶律氏**[2]**自幼承其父祖**하야 **與中國通和之後**에 **未嘗躬戰陣遭勍敵**하고 **謀臣舊將**이 **又皆老死**하니 **今其臣下如賈寧**[3]**者無三兩人**이라 **寧才不及中人**이로되 **已是彼之傑者**니 **所以君臣計事**가 **動多不臧**이라

지금 변방을 방어하는 일에 있어 그 조치가 기회를 잃는 경우가 많은 것은 적을 두려워하는 마음이 지나치게 깊기 때문입니다. 만약 적의 형세가 강한지 약한지를 살펴서 저들의 하는 일이 진실인지 거짓인지 알 수 있다면, 지금의 일은 진실로 두려워할 게 못 되고 장래의 우환은 깊이 근심할 만하거늘, 어찌하여 깊이 근심할 만한 것은 근심하지 않고 두려워할 게 못 되는 것을 두려워한단 말입니까.

게다가 戎虜는 비록 전투와 활쏘기로 나라를 만들었으나 耶律氏(耶律宗眞)가 어릴 때부터 그 조부와 부친을 계승하여 중국과 화친을 통한 뒤로는 몸소 전쟁을 치르고 강한 적을 만난 적이 없고 謀臣과 옛 장수들도 모두 늙어서 죽었으니, 지금 그 신하는 貫寧 같은 자가 두세 사람도 없습니다. 관녕의 재주는 중간 정도의 사람에도 못 미치는데도 이미 저들 중에서 걸출한 자이니, 그런 까닭에 君臣의 일을 계획하는 것이 번번이 좋지 못한 것입니다.

1) 戎虜 : 西戎과 北虜의 병칭이다. 즉 중국 서쪽과 북쪽의 오랑캐를 가리킨다.
2) 耶律氏 : 거란족 수령의 姓이다. 916년에 耶律阿保機가 스스로 왕위에 오른 뒤 국호를 거란이라 하였고 그 2년 뒤에 皇都에 도읍을 세웠다. 그리고 947년에 국호를 遼나라로 고치고 황도를 上京으로 고쳤다. 여기서는 遼 興宗인 耶律宗眞을 가리킨다.
3) 貫寧 : 거란에 세 사람의 貫寧이 있다. 한 사람은 乙保部의 수령으로 遼 聖宗 統和 7년(989)에 鞠을 칠 때 말에 부딪쳐 죽었으니 이 사람은 분명 아니다.
또 한 사람은 遼 聖宗 開泰 4년(1015)에 樞密使의 책임을 맡았으나 ≪遼史≫에 열전이 없어 행적을 자세히 알 수 없다.
또 한 사람은 蕭惠로 일명 蕭貫寧이라 한다. 소관녕은 聖宗 때 거란의 行宮都部署·南京軍統使를 역임하였고 同中書門下平章事에 올랐으며 魏國公에 봉해졌다. 興宗 때는 知興州府·東京留守를 역임하고 檢校太師가 되었으며, 侍中·南院樞密使를 겸임하였고, 전후로 鄭王·趙王·齊王에 봉해졌다. 慶曆 2년에 거란이 송나라에게 瓦橋關 남쪽 땅을 요구할 때에도 그가 계책을 내었다. 소관녕은 遼 道宗 淸寧 2년(1056)에 죽었으니, 향년 62세였다.
이 글에서 관녕은 아래 두 사람 중 한 사람일 터인데 추밀사를 맡았던 소혜가 여기서 말한 관녕일 듯하다.

當初對梁適遣使河西하야 使與中國通好[1]하고 及議和垂就하야 不能小忍하야 以邀中國厚利하야 乃與元昊爭夾山小族하야 遂至交兵而累戰累敗하야 亡人失馬에 國內瘡痍[2]하고 誅斂山前에 漢人怨怒라 往時虜殺漢人者罰하고 漢人殺虜者死러니 近聞反此二法하야 欲悅漢人하되 漢人未能收其心하고 而虜人亦已怒矣요 又聞今春以來로

**渤海之類**가 **所在離叛攻劫**이라가 **近纔稍定**[4)]이라 **方且招輯敗亡**하고 **修完器甲**하되 **內恐國中之復叛**하고 **外有西夏之爲虞**라 **心自懷疑**하야 **憂我乘虛而北襲**이라 **故於界上**에 **勉强虛張**하야 **囚我巡兵**하고 **侵我地界**하니 **蓋其實弱而示彊者**는 **用兵之詭計**라 **故臣謂苟能察其彊弱**하야 **知其情僞**면 **則無不爭之理**니 **何必懼其不足懼哉**리오

당초 契丹이 梁適을 만나고서 河西에 사신을 보내 중국과 화친을 맺게 하였고 화의가 거의 이루어질 때에 미처 조금 참지 못하고서 중국에 많은 이익을 요구하였습니다. 그리하여 거란이 元昊와 夾山의 작은 부족을 놓고 다투다가 마침내 서로 교전하여 여러 차례 싸워 여러 차례 패하여 사람을 잃고 말을 잃어 국내는 피폐해지고 山前에서 誅戮함에 중국 사람들이 원망하고 노하였습니다. 예전에 거란은 자기 나라 사람이 중국 사람을 죽인 자는 벌을 주고 중국 사람이 자기 나라 사람을 죽인 자는 죽였습니다. 그런데 근자에 듣건대 이 두 가지 법을 반대로 적용하여 중국 사람들의 환심을 사려고 하였지만 중국 사람들의 마음은 수습하지 못하고 자기 나라 사람들은 이미 노하였다 합니다.

또 듣건대 올봄 이래 渤海의 부족들이 곳곳에서 거란을 배반하여 공격하다가 근자에야 조금 진정되었기에 거란이 바야흐로 패전해 도망친 군사들을 불러 모으고 무기를 수리하였지만, 안으로는 나라 안에서 다시 반란을 일으킬까 걱정스럽고 밖으로는 西夏가 근심거리가 되어 마음속으로 스스로 의심을 품고서 우리가 허점을 틈타서 북쪽으로 습격할까 근심한다고 합니다. 그래서 국경 지역에 애써 虛張聲勢를 부려서 우리 巡邊指揮使 〈湯則을〉 구금하고 우리 국경을 침범하였으니, 대개 실상은 약하면서 강한 모습을 보이는 것은 用兵術의 속임수입니다. 그러므로 신은 진실로 적의 형세가 강한지 약한지를 살펴서 적의 하는 일이 진실인지 거짓인지 안다면 적과 싸우지 않을 이치가 없으니, 무엇하러 굳이 두려할 게 못 되는 것을 두려워하겠습니까.

1) 當初對梁適遣使河西 使與中國通好 : 梁適은 자가 仲賢이고 東平 사람이다. 宋眞宗 때 秘書省正字에 제수되었고 仁宗 때 審刑詳議官·右正言이 되었고 知制誥로 승진하였으며, 전후로 兗州·延州·澶州·秦州 수령을 역임하였고 樞密副使에 발탁되었다가 參知政事로 자리를 옮기고 同中書門下平章事에 올랐

다. 熙寧 3년(1070)에 세상을 떠났다.

河西는 황하 서쪽인 現 甘肅省・青海省 일대를 가리키는데 당시에는 西夏의 영토에 들어가 있었다. '거란이 양적을 만나고서 하서에 사신을 보내 중국과 화친을 맺게 하였다.'는 일은 慶曆 3년(1043)에 있었다. ≪遼史≫〈興宗本紀〉에 "重熙 12년(1043) 봄 正月 辛未日에 同知析津府事 耶律敵烈과 樞密院都承旨 王惟吉을 보내어 西夏를 회유하여 송나라와 화친하게 하였다." 하였다.

2) 乃與元昊爭夾山小族……國內瘡痍 : 慶曆 4년(1044)에 遼나라 夾山 부락 呆兒族 8백 戶가 元昊에게 귀순하니, 遼 興宗이 서하에게 돌려줄 것을 요구하였으나 서하가 들어주지 않았다. 이에 흥종이 대군을 거느리고 서하를 침공하자 형세가 불리해진 서하가 和議를 청하였으나 들어주지 않았다. 그러다가 서하의 지구전에 지쳐 마침내 서하의 공격을 받고 흥종의 군사는 대패하였다. ≪宋史 外國傳 西夏≫

협산 부락은 거란의 부족 이름으로, 現 내몽고 자치구 武川縣 서남쪽에 있었다.

3) 又聞今春以來……近纔稍定 : 女眞과 渤海가 거란을 배반한 일을 가리킨다. 여진은 周나라 肅愼氏에게서 시작되었고 隋나라 때는 靺鞨이라 불리었고 五代 때 여진이라 명칭을 고쳤고 北宋 때 거란에 귀속되었다. 그 후 完顔部의 추장인 阿骨打가 각 부족을 통일하여 金나라를 세워 송나라와 대립하였다.

발해는 唐나라 때 高句麗의 유민과 말갈족이 세운 나라로 遼 天顯 원년(926)에 요나라에 의해 멸망하여 東丹으로 이름이 바뀌었다. ≪遼史 太祖本紀 下≫

'以來'는 저본에 '女眞'으로 되어 있으나, 四庫全書 ≪唐宋八大家文鈔≫에 의거하여 '以來'로 바로잡았다.

自國家困於西鄙用兵으로 常慮北戎이 合謀乘隙而動이라가 及見二虜相失而交攻하얀 議者皆云中國之福이라하니 夫幸其相攻이 爲我之福이면 則不幸使其解仇而復合이 豈不爲我禍乎아 臣謂北虜昨所以敗於元昊者는 亦其久不用兵이라가 驟戰而逢勍敵耳라 聞其自敗衄以來로 君臣恐懼하야 日夜謀議하야 通招丁口하고 揀[1]募甲兵하야 處處開教閱之場하고 家家括糧馬之數라하니 以其天姿驍勁之俗으로 加以日夜訓練

**之勤**이면 **則其彊難敵矣**라

국가가 서쪽 변방에서 用兵하느라 지친 뒤부터 늘 北戎(거란)이 西夏와 계책을 합하여 틈을 타고 움직일까 늘 염려하다가 두 오랑캐가 서로 사이가 나빠져 서로 공격하는 것을 보고는 의논하는 이들이 모두 중국의 복이라 합니다. 대저 저들이 서로 공격하는 것이 중국의 복이라고 다행스럽게 여긴다면 불행히도 저들로 하여금 원한을 풀고 다시 화합하는 것이 어찌 우리의 화가 되지 않겠습니까.

신은 생각건대 北虜가 근자에 元昊에게 패한 까닭은 역시 오랫동안 용병하지 않다가 갑자기 싸워 강한 적을 만났기 때문일 뿐입니다. 듣건대 저들이 참패한 이래 君臣이 두려워하여 밤낮으로 대책을 의논하여 장정들을 모집하고 甲兵들을 가려뽑아 모아서 곳곳마다 훈련하는 장소를 열고 집집마다 군량과 말의 수량을 긁어모으고 있다 하니, 천성적으로 날래고 굳센 백성인데다 날마다 부지런히 훈련시킨다면 그 강함은 대적하기 어려울 것입니다.

1) 揀 : 本集에는 '柬'자로 되어 있다.

**今虜國**에 **雖未有人**이나 **然大抵爲國者**는 **久無事則人難見**하고 **因用兵則將自出**이니 **使其交戰旣頻**에 **而謀臣猛將**이 **爭能並出**이면 **則是夾山一敗**가 **警其四十年因循之弊**하야 **變驕心而爲憤志**하고 **化惰卒而爲勁兵**하고 **因屢戰而得驍將**이니 **此乃北虜之福**이요 **非中國之福也**라 **此臣所謂將來之患者也**라

지금 저 오랑캐의 나라에 비록 인물이 있지 않다 하지만 대저 국가란 것은 오래 무사태평하면 인물을 보기 어렵고 용병하다 보면 장수가 절로 나오는 법이니, 가사 교전이 이미 잦음에 謀臣과 猛將이 다투어 나올 수 있다면 이는 夾山에서의 한 번 패전이 40년 동안 그럭저럭 무사안일에 빠졌던 저 나라 사람들을 경각시켜 교만한 마음을 憤怒하는 뜻으로 변화시키고 나태한 병졸을 강한 병사로 변화시키고 여러 차례의 전투를 통하여 날랜 장수를 얻게 될 터이니, 이는 바로 北虜의 복이요 중국의 복이 아닙니다. 이것이 신이 말하는 '장래의 우환'이라는 것입니다.

然二虜勢非久相攻者也라 一二年間不能相幷則必復合이니 使北虜驅新勵之彊兵하야 無西人之後害而南向以窺河北이면 則又將來之患大者也라 臣雖不知朝廷顧河北爲如何나 但於本路之事에 以今年較去年이면 則亦可見이라 去年以前에 河北官吏를 無大小皆得擧材而擇能하야 急於用人如不及者는 惟恐一事之失計故也라

그러나 저 두 오랑캐는 형세상 오래 서로 공격할 사이는 아닙니다. 한두 해 사이에 어느 한쪽이 병합하지 못하면 필시 다시 화합할 것이니, 가사 北虜가 새로 훈련시킨 强兵을 몰고서 西夏 사람들이 뒤에서 공격할 우려 없이 남쪽을 향해 진격하여 河北路를 노린다면 이는 또 장래의 큰 우환일 것입니다. 신은 비록 조정이 하북로를 어떻게 보는지 모르겠지만 단지 本路(하북로)의 일에서 올해를 가지고서 지난해와 비교해보면 알 수 있습니다. 지난해 이전에 하북로의 관리들을 크고 작은 직책에 관계없이 모두 재주 있는 이를 기용하고 능력 있는 이를 가려뽑아서 마치 서두르지 않으면 때를 놓치기라도 할 듯이 사람을 쓰는 데 급급했던 것은 오직 한 가지 일이라도 계책이 잘못될까 걱정했기 때문이었습니다.

自今春已來로 差除[1)]漸循舊弊하야 凡幹敏之吏 熟於北方事者를 擧留奏乞[2)]하되 百不一從하니 不惟使材臣能吏不勸以怠요 亦足見朝廷不憂河北之事辦否也라

올봄 이래로 差遣이 점차 예전의 폐습을 따라서 才幹이 있고 민첩한 관리로 북방의 일에 익숙한 자를 신원보증을 서서 유임시켜 주기를 주청하여도 백 번에 한 번도 들어주지 않으니, 재주 있는 신하와 능력 있는 관리를 권면하지 못할 뿐 아니라 아마도 조정이 河北路의 일을 해결하느냐 여부를 근심하지 않는다는 것을 잘 알 수 있습니다.

1) 差除 : 差遣과 같은 말로 임명한다는 뜻이다.
2) 擧留奏乞 : 擧留는 保擧留任의 준말로 그 관리에 대해 유임하도록 보증을 서는 것이다. 奏乞은 奏請과 같은 말이다. 즉 그 관리에 대해 신원보증을 서고서 유임시켜 달라고 청하는 것이다.

至如廢緣邊久任之制하야 而徙劉貽孫[1)]하야 以王世文[2)]當冀州하고 李中吉[3)]當廣

信[4)]하고 王中庸[5)]當保州[6)]하고 劉忠順[7)]當邢州하니 如此數人은 於閑慢州軍에도 尙憂敗政이어든 況於邊要之任乎아 臣愚以朝廷不以北事爲憂면 則又怯懼如此하니 旣曰懼矣면 則於用人之際에 又若忽而不憂하니 此臣之所未諭也라

邊境 일대에 임기를 오래 두는 제도를 폐지하여 劉貽孫을 옮기고서 王世文으로 冀州를 맡게 하고, 李中吉로 廣信을 맡게 하고, 王中庸으로 保州를 맡게 하고 劉忠順으로 邢州를 맡게 하였으니, 이 몇 사람 같은 경우는 한가하고 중요하지 않은 州軍에서도 政事를 망칠까 걱정이 되는데 하물며 변방의 중요한 직임에 있어서이겠습니까. 신의 어리석은 생각으로는 조정이 북방의 일을 근심하지 않는다고 여기면서 또 겁을 내고 두려워함이 이와 같고, 이미 두려워한다고 한다면 사람을 쓸 때 또 소홀히 여기고 근심하지 않는 듯하니, 이것이 신이 납득하지 못할 바입니다.

1) 劉貽孫 : 葉淸臣이 "재능과 무용이 있고 강단이 있다.〔才武剛斷〕" 하였다. ≪宋史 葉淸臣傳≫
2) 王世文 : 王審琦의 아들로 벼슬이 內殿崇班에 이르렀다.
3) 李中吉 : 미상.
4) 廣信 : 現 河北 徐水縣 지역이다.
5) 王中庸 : 修河使 內殿崇班致祭使가 되었다는 기록이 있다. ≪宋史 外國傳 夏國 上≫
6) 保州 : 본래는 莫州 淸苑縣 保塞軍이었는데 후에 州가 되었다. 治所는 河北 保定市 지역에 있었다.
7) 劉忠順 : 미상.

臣聞虜人侵我冶谷[1)]하야 雖立寨屋三十餘間이나 然尙遲延하야 未敢便貯兵甲하고 更伺我意緊慢이라하니 若不及早毁拆而少緩縱之하야 使其以兵守之하면 則尤難爭矣라 此旦夕之間에 不可失也라

신은 듣건대 오랑캐 사람들이 우리 冶谷을 침범하여 비록 軍寨의 집 30여 칸을 지었으나, 아직도 시일만 끌 뿐 감히 대뜸 병기와 갑옷을 비축해두지 않고서 다시금 우리가 긴장하는지 태만한지 엿보고 있다고 하니, 만약 일찌감치 그 집을 허물지

않고 조금이라도 느슨히 풀어놓아서 저들로 하여금 병력으로 지키게 한다면 더욱 다투기 어려울 것입니다. 이는 조석 사이에 서둘러야 하고 기회를 놓쳐서는 안 되는 것입니다.

1) 冶谷 : 곧 冶河로 宋나라 眞定府에 있던 지명이다.

**至於湯則**하얀 **亦聞囚而未敢殺**이라하니 **此亦不可不爭**이라 **臣願陛下但以將來之患爲憂**하야 **不忘此事**요 **用人之際**에 **革去舊例而惟材是擇**하되 **勿聽小人之繆謀**하고 **勿於忠良而疑貳**하야 **使得上下畢力**이면 **庶幾漸成禦備**라

湯則으로 말하자면 역시 저들이 구금해두었을 뿐 감히 죽이지는 않았다고 하니, 이 문제 또한 쟁변하지 않을 수 없습니다. 신은 원컨대 폐하께서 단지 장래의 우환을 근심하여 이 일을 잊지 말 것이며 사람을 쓸 때 예전의 관례를 혁파하고 오직 재능이 있는 사람을 가려뽑되 소인의 그릇된 계책을 듣지 말고 忠良한 신하에 대해 의심을 두지 마소서. 그렇게 하여 상하가 힘을 다한다면 거의 변방의 備禦를 점차 완성할 수 있을 것입니다.

**至於目今小事**하야도 **未銷過自怯懼**하니 **夫事之利害**를 **激切而言**이면 **則議者以爲太過**요 **言不激切**이면 **則聽者或未動心**이니 **此自古以爲難也**라 **況未形之事**는 **雖曰必然**이나 **而敢冀盡信乎**아 **伏望陛下留意聽納**하야 **不以人廢言**이면 **則庶竭愚瞽**하야 **少裨萬一**이라 **謹具狀奏聞**하노이다

목금의 작은 일에 이르러서도 지나치게 스스로 겁내고 두려워하는 마음을 없애지 못하니, 일의 利害를 격렬하고 간절하게 말하면 의논하는 이들이 너무 지나치다고 할 것이고, 말이 격렬하고 간절하지 않으면 듣는 사람이 혹 마음을 움직이지 않을 것이니, 이것이 예로부터 어렵다고 여기는 점입니다. 더구나 아직 조짐이 나타나지 않은 일은 비록 반드시 그렇다 하더라도 감히 다 믿어주길 바랄 수 있겠습니까. 삼가 바라옵건대 폐하께서는 신의 말을 유념하여 받아들여 사람이 변변찮다고 해서 말을 무시하지 마소서. 그렇게 하신다면 어리석은 견해를 다 아뢰어 만에 하나라

도 도움이 될까 합니다. 삼가 狀을 갖추어 아룁니다.

## 06. 論劉三嘏事狀* 劉三嘏의 일을 논한 狀

* 이 글은 仁宗 慶曆 4년(1044)에 지어진 것이다. 劉三嘏는 遼나라 사람으로 劉鎭行의 아들이다. 進士試에 급제하였고 駙馬都尉가 되었다. 〈一矢斃雙鹿賦〉를 지어 遼 聖宗에게 바치니 성종이 그 아름다운 문장을 가상히 여겼다. 부인인 공주와 사이가 좋지 못하여 남쪽으로 도망쳐서 송나라로 왔는데 송나라가 요나라로 돌려보내 피살되었다.

通達之識이니 而其文當與漢谷永諫不受伊莫演之降及揚雄諫不受單于朝書로 參看이라

통달한 식견이니, 그 글은 응당 伊莫演의 투항을 받아들이지 말라고 諫한 漢谷永의 글 및 單于(선우)의 朝書를 받지 말라고 간한 揚雄의 글과 함께 참조해 보아야 한다.

臣伏見契丹宣徽使[1)]劉三嘏가 挈其愛妾兒女等七口하야 向化南歸[2)]하야 見在廣信軍[3)]하야 聽候朝旨라 竊慮朝廷只依常式하야 投來人等을 依例約回不納이라 國家大患이 無如契丹하니 自四五十年來로 智士謀臣이 晝思夜筭하야 未能爲朝廷出一奇策하야 坐而制之러니 今天與吾時하야 使其上下乖離하야 而親貴臣忽來歸我하니 此乃陛下威德所加요 祖宗社稷之福이라 竊慮憂國之臣이 過有思慮하야 以爲[4)]納之別恐引惹라하니 臣請略陳納之却之二端利害하리니 伏望聖慈裁擇其可하소서

신은 삼가 보건대 契丹의 宣徽使 劉三嘏가 그 애첩과 자녀 등 일곱 식구를 데리고 남쪽으로 와 중국에 귀순하여 현재 廣信軍에서 조정의 勅旨를 기다리고 있습니다. 조정이 단지 常式에 의거하여 우리 쪽으로 넘어오는 사람을 규약에 따라 돌려보내고 받아들이지 않을까 염려됩니다.

국가의 큰 우환이 거란만 한 게 없으니, 4, 50년 이래로 지모가 있는 선비와 모책

을 세우는 신하들이 밤낮으로 생각해도 조정을 위해 하나의 탁월한 계책을 내놓아 앉아서 거란을 제어하지 못하였는데, 이제 하늘이 우리에게 時運을 주어서 저들의 상하를 괴리시켜 친척인 높은 신하가 홀연 우리에게 오게 하였으니, 이는 바로 폐하의 위엄과 덕이 가해진 덕택이요 우리 祖宗 사직의 복입니다. 나라를 근심하는 신하가 지나치게 사려하여 '받아들이면 달리 분란을 야기할까 걱정이 된다.'고 할까 염려되니, 신이 유삼하를 받아들이는 경우와 돌려보내는 경우, 두 가지의 利害를 대략 진달할까 합니다. 삼가 바라옵건대 성상께서는 헤아려 채택하소서.

1) 宣徽使 : 內官의 名簿 및 郊祀의 연회를 총괄하는 관직이다.
2) 向化南歸 : 직역을 하면 "중국의 교화를 향하여 남쪽으로 송나라로 돌아온다."는 말인데 중국으로 귀순한다는 뜻이다.
3) 廣信軍 : 송나라 때는 河北 西路에 속했는데 太平興國 6년(981)에 易州 遂城縣을 威勇軍으로 바꾸었고, 景德 원년(1004)에 광신군으로 바꾸었다. 現 河北 徐水縣에 해당한다.
4) 以爲 : 本集에는 '以謂'로 되어 있다.

**往年山遇捨元昊而歸朝**어늘 **邊臣爲國家存信**하야 **拒而遣之**하니 **元昊甘心山遇**하야 **盡誅其族**[1]이라 **由是**로 **河西之人**이 **皆怨朝廷不納**하고 **而痛山遇以忠而赤族**이라 **吾旣自絶西人歸化之路**하고 **堅其事賊之心**이나 **然本欲存信以懷元昊**하되 **而終至叛逆**하여 **幾困天下**하니 **是拒而不納**이 **未足存信**이요 **而反與賊堅人心**이니 **此已驗之效也**라 **其後朝廷悟其失計**하야 **歸罪郭勸**[2]이나 **悔已難追矣**라 **此事不遠**하야 **可爲鑑戒**하니 **伏望陛下思之**하소서 **此不可拒而可納一也**라

왕년에 山遇가 元昊를 버리고 우리 조정에 귀순하였는데 邊臣이 국가의 신의를 보존하기 위해 거절하고 그를 西夏로 돌려보냈는데 원호가 산우에게 분풀이를 하여 그 일족을 죄다 죽이고 말았습니다. 이로부터 河西 사람들이 모두 우리 조정이 산우를 받아들이지 않은 데 대해 분노하고 산우가 충성을 바치다가 일족이 몰살당한 것을 애통해하였습니다. 우리가 서하 사람이 귀화하는 길을 이미 스스로 끊고, 적을 섬기는 마음을 견고하게 하였습니다. 그러나 본래는 신의를 보존하여 원호를 회유

하려는 것이었는데 마침내 반역하여 거의 천하를 곤경에 빠뜨리는 데 이르고 말았으니, 이는 거절하고 받아들이지 않은 것이 신의를 보존하지 못하고 도리어 적에게 넘겨주어 서하 사람들의 마음을 견고하게 하였으니, 이는 이미 징험해 드러난 사실입니다.

그 후 조정이 잘못 생각했음을 후회하여 郭勸에게 죄를 돌렸으나 후회해도 이미 소용이 없었습니다. 이는 멀지 않은 과거의 일이라 鑑戒로 삼을 만하니, 엎드려 바라옵건대 폐하께서는 생각하소서. 이것이 거절하지 말고 받아들여야 하는 첫째 이유입니다.

1) 往年山遇捨元昊而歸朝……盡誅其族 : 山遇는 元昊의 부하로 景祐 원년(1034)에 一族을 거느리고 송나라로 귀순하여 장차 원호가 반란을 일으킬 것임을 알려주었다. 그러나 宋나라에서는 그를 서하로 돌려보냈고 산우 일족은 모두 살해되었다.

甘心은 죽여서 마음이 후련하게 분풀이를 하는 것이다. ≪春秋左氏傳≫ 莊公 9年에 "管仲과 召忽은 원수이니, 받아들여서 분풀이를 하고 싶다.〔管召讎也 請受而甘心焉〕" 하였는데 杜預의 注에 "감심은 마음이 후련하게 살육함을 말한다.〔甘心 言快意戮殺之〕" 하였다.

2) 郭勸 : 자는 仲懷이고 鄆州 遂城 사람이다. 山遇가 송나라로 귀순했을 때 郭勸이 李渭와 의논하여 "德明 때부터 조공을 바친 지 40년 동안 귀화해 오는 사람을 머물러둔 적이 없다." 하여 돌려보냈다.

三嘏**是契丹貴臣**이니 **秉節鉞**[1]**兼宣徽**하니 **可謂至親且貴矣**라 **一旦君臣離心**하야 **走而歸我**하니 **是彼國中大醜之事**라 **必須掩諱**하야 **不欲人聞**이니 **必不敢明言求之於我**라 **此其可納二也**라

劉三嘏는 契丹의 신분이 높은 신하로 節鉞을 잡고 宣徽使를 겸임하였으니, 왕실의 至親이요 존귀한 신분이라 할 만합니다. 그런데 하루아침에 君臣의 마음이 離反되어 도망쳐서 우리에게 왔으니, 이는 저들 나라 안의 매우 추한 일입니다. 따라서 필시 엄폐하여 사람들이 알지 못하게 하고자 할 터이니, 필시 우리에게 공공연히 유삼하를 돌려보내라고 감히 요구하지는 못할 것입니다. 이것이 받아들여야 하는

둘째 이유입니다.

1) 節鉞 : 節은 符節이고 鉞은 斧鉞로 節度使나 장군이 되어 軍權을 장악하고 있음을 상징한다. 節은 手旗의 형상으로 만들고 鉞은 도끼의 형상으로 만든 것이다. 부월은 軍令을 어긴 자에 대한 生殺權을 상징한다.

**況彼來投**에 **又無追者相繼**하야 **既絶蹤跡**하고 **別無明驗**하니 **雖欲索之於我**나 **難以爲辭**라 **此其可納三也**라

더구나 저 사람이 우리 쪽으로 넘어올 때에 뒤쫓는 자가 따라오지 않아 이미 그의 종적이 끊어졌고 따로 분명한 증거도 없으니, 비록 우리 쪽에 요구하고자 하더라도 이유를 댈 말을 찾기가 어려울 것입니다. 이것이 받아들여야 하는 셋째 이유입니다.

**三嘏既彼之貴臣**이니 **彼國之事**를 **無不與知**라 **今既南來**하니 **則彼之動靜虛實**를 **我盡知之**니 **可使契丹日夕懼我攻取之不暇**어든 **安敢求索於我**하야 **自起兵端**이리오 **若使契丹**이 **疑三嘏果在中國**이라도 **則三四十年之間**에 **卒無南向之患**이니 **此又納之大利**라 **其可納四也**라

劉三嘏는 이미 저들 중에 신분이 높은 신하이니, 저들 나라의 사정을 알지 못하는 게 없을 것입니다. 지금 이미 남쪽으로 왔고 보면 저들의 동정과 허실을 우리들이 죄다 알 수 있을 것이니, 契丹으로 하여금 우리가 공격해 올까 밤낮으로 두려워하기에도 겨를이 없을 터인데 어찌 감히 우리에게 요구하여 스스로 전쟁의 단서를 일으킬 수 있겠습니까. 가사 거란은 유삼하가 과연 중국에 있을 것으로 의심한다 하다라도 3, 4년 사이에는 끝내 남쪽으로 침공해 올 우려가 없을 것이니, 이는 또 유삼하를 받아들이는 것의 크게 이로운 점입니다. 이것이 받아들여야 하는 넷째 이유입니다.

**彼既窮來歸我**하니 **若拒而遣之**하야 **使其受山遇之禍**면 **則幽燕**[1]**之間**에 **四五十年來**에 **心欲南向之人**이 **盡絶其歸路**하야 **而堅其事狄之心**하야 **思爲三嘏報仇於中國**하고 **又終不能固契丹之信**이리니 **此爲誤計**니 **其失尤多**라 **且三嘏在中國**이면 **則契丹必盡疑**

**幽燕之人**이리니 **是其半國離心**하야 **常恐向背**라 **凡契丹南寇**에 **常藉幽燕**하니 **使其盡疑幽燕之人**이면 **則可無南寇之患**이라 **此又可納大利五也**라

저 사람이 이미 궁하여 우리 쪽으로 넘어왔으니, 만약 거절하여 돌려보내 山遇의 경우와 같은 화를 받게 한다면 幽燕 지역에 4, 50년 이래 남쪽 송나라로 귀화할 마음을 먹었던 사람들이 모두 귀화할 길이 끊겨서 오랑캐인 契丹을 섬기려는 마음만 견고하게 가지고서 유삼하를 위해 중국에 복수하리라 생각할 것이며, 게다가 그렇게 해도 거란과의 신의를 견고하게 할 수 없을 것입니다. 이는 그릇된 계책이니, 그 잘못이 더욱 큽니다.

게다가 유삼하가 중국에 있으면 거란이 필시 유연 지역의 사람들을 모두 의심할 것이니, 이는 나라 반쪽 사람의 마음이 離反하여 늘 배반할까 두려워하게 되는 것입니다. 무릇 거란이 南侵할 때 늘 유연 지역을 바탕으로 삼아 의지하였으니, 유연 지역 사람들을 모두 의심하게 된다면 남침할 우려가 없을 수 있을 것입니다. 이것이 또 받아들이는 것이 크게 이로운 다섯째 이유입니다.

1) 幽燕 : 幽州와 燕山으로 現 북경 일대를 가리킨다. 본래는 송나라의 땅이었는데 당시 거란의 영토에 속하였다.

**古語曰 天與不取**면 **反受其咎**라하니 **此不可失之幾也**라 **其劉三嘏**를 **伏望速降密旨與富弼**하야 **令就近安存**하고 **津遣赴闕**[1]하소서 **惟乞決于睿斷**하고 **不惑群言**하소서 **取進止**하소서

옛말에 "하늘이 주는데도 받지 않으면 도리어 재앙을 받는다." 하였으니, 이는 잃어서는 안 되는 중요한 기회입니다. 劉三嘏를, 삼가 바라옵건대 속히 密旨를 내려 富弼에게 주어서 가까운 곳에 안전하게 머물러두었다가 나루를 경유해 대궐로 호송해 보내게 하소서. 바라옵건대 성상의 판단으로 결정하시고 뭇사람들의 말에 현혹되지 마소서. 성상께서 결정하소서.

1) 津遣赴闕 : 조정으로 보내라는 뜻이다. '津遣'은 나루를 경유하여 보낸다는 뜻이다.

### 譯者 略歷

啓明大學校 中語中文學科 卒業
高麗大學校 大學院 國語國文學科 文學博士
民族文化推進會 附設 常任硏究員 卒業
朝鮮大學校 漢文學科 敎授 歷任
韓國古典飜譯院 附設 古典飜譯敎育院 敎授(現)

### 論著 및 譯書

〈貫道·載道·道文一致의 상호관계 및 개념·성격 再考〉,
〈漢文古典 文集飜譯의 특성과 문제점〉 등
≪寒洲 李震相의 主理論 硏究≫, ≪儒學的 思惟와 韓國文化≫(공저) 등
≪挹翠軒遺稿≫, ≪月沙集≫, ≪容齋集≫, ≪鵝溪遺稿≫, ≪石洲集≫ 등



東洋古典譯註叢書 45
譯註 唐宋八大家文抄 歐陽脩 1　　25,000원

2009년 12월 30일 초판 발행
2012년 5월 10일 초판 2쇄

譯　註　李相夏
編　輯　古典國譯編輯委員會
發行人　李啓晃
發行處　社團法人 傳統文化硏究會
서울시 종로구 낙원동 284-6 낙원빌딩 411호
전화 : (02)762-8401　전송 : (02)747-0083
전자우편 : juntong@juntong.or.kr
홈페이지 : juntong.or.kr
사이버書堂 : cyberseodang.or.kr
온라인서점 : book.cyberseodang.or.kr
등록 : 1989. 7. 3. 제1-936호

인쇄처 : 한국법령정보주식회사(02-462-3860)
총　판 : 한국출판협동조합(070-7119-1750)

ISBN 978-89-91720-74-9 94820
89-85395-71-8(세트)